情报学学科体系、
学术体系和话语体系论纲

苏新宁　章成志 等◎著

科学出版社

北京

内 容 简 介

本书指出了构建中国特色情报学三大体系的必要性，全面梳理了中国情报学学术史，分别从中国特色情报学学科体系、学术体系、话语体系三个方面进行了深入探索，提出了重要观点和对策建议，最后指出中国情报学学科未来建设道路。本书紧密联系中国社会发展需要，对推进中国特色情报学学科体系、学术体系、话语体系建设具有重要作用，为构建中国特色情报学科学体系提供有力理论指导和坚定学术支撑、对中国情报学的未来发展具有重要的参考价值。本书系国内全面论证中国特色情报学三大体系建设的首部专著，具有重要的学术创新价值与研究方向引领作用。

本书可以作为情报学、信息管理等学科博士生、硕士生、高年级本科生的研究读本和参考资料。

图书在版编目（CIP）数据

情报学学科体系、学术体系和话语体系论纲／苏新宁等著. --北京：科学出版社，2024. 8. --ISBN 978-7-03-079428-4

Ⅰ. G250-12

中国国家版本馆 CIP 数据核字第 2024L9E784 号

责任编辑：陈会迎／责任校对：王晓茜

责任印制：张 伟／封面设计：有道设计

科 学 出 版 社 出版

北京东黄城根北街 16 号
邮政编码：100717
http://www.sciencep.com

涿州市殷润文化传播有限公司印刷
科学出版社发行 各地新华书店经销

*

2024 年 8 月第 一 版 开本：720×1000 1/16
2024 年 8 月第一次印刷 印张：20 3/4
字数：430 000

定价：258.00 元
（如有印装质量问题，我社负责调换）

前　言

在 2016 年 5 月 17 日的哲学社会科学工作座谈会上，习近平总书记明确指出，我国哲学社会科学要"提出具有主体性、原创性的理论观点，构建具有自身特质的学科体系、学术体系、话语体系，我国哲学社会科学才能形成自己的特色和优势"，"不断推进学科体系、学术体系、话语体系建设和创新，努力构建一个全方位、全领域、全要素的哲学社会科学体系"①。情报学作为一门同时涵盖社会科学和自然科学，深度应用信息技术的学科，面临的核心问题是如何发挥其学科优势，以及如何建立起中国特色情报学学科体系、学术体系和话语体系。在新时代背景下，这是情报学领域应该关注的问题。情报学学科需要拓展，其理论和知识体系需要演进，而情报学的话语则需要更加体现其学科内涵。情报学应当成为国家安全与发展中的"耳目""尖兵""参谋"，并肩负起保护国家安全与发展的责任。

本书是马费成教授主持的国家社会科学基金"加快构建中国特色哲学社会科学学科体系、学术体系、话语体系"研究专项项目"新时代中国特色图情学科基本理论问题研究"（项目编号：19VXK09）研究成果之一。在接受了情报学基本理论问题研究的任务后，我们针对构建中国特色情报学学科体系、学术体系、话语体系（简称中国特色情报学三大体系）这一问题进行了深入研究，分别从中国特色情报学学科体系、学术体系、话语体系三个方面进行深入探索，提出重要的观点或对策建议，最后指出中国情报学学科未来建设道路。希望这一成果对推进中国特色哲学社会科学学科体系、学术体系、话语体系建设有抛砖引玉的作用。

本书的出版具有如下意义。

首先，推进中国特色情报学三大体系建设。针对目前中国情报学三大体系建设水平总体不高、学术原创能力还不强等问题，梳理中国情报学学术史，分别从中国特色情报学学科体系、学术体系、话语体系三个方面进行深入探索，为推进中国特色情报学三大体系建设提供理论指导和学术支撑。

---

① 习近平主持召开哲学社会科学工作座谈会并发表重要讲话[EB/OL]. https://www.gov.cn/xinwen/2016-05/17/content_5074162.htm[2016-05-17].

其次，为构建中国特色情报学科学体系提供有力理论指导和坚定学术支撑。将习近平新时代中国特色社会主义思想与情报学三大体系进行紧密关联和融合，围绕当前情报学三大体系所存在的重要问题，深入挖掘本学科关于情报学三大体系的代表性成果，为构建中国特色情报学科学体系提供有力理论指导和坚定学术支撑。

最后，对中国情报学的未来发展具有重要的参考价值。系统梳理了中国情报学的发展历史、界定情报学重要学术概念，全面和深入地总结了中国情报学学术观点与学术思想，构建了中国特色情报学三大体系，为中国情报学未来发展提供重要的参考价值。

全书共 6 章，涉及情报学学术史、情报学学科体系、情报学学术体系、情报学话语体系、情报学未来建设道路等方面的内容。

第 1 章为引论。系统梳理我国情报学三大体系的发展历程和变化规律，并指出加快建设中国特色情报学三大体系的契机，同时提出中国特色情报学三大体系的特色应表现出：具有大情报观的情报学学科体系、体现守正与拓展并举的情报学学术体系、凸显情报的情报学话语体系。

第 2 章为情报学学术史梳理。梳理情报学的产生和发展的历程以及情报学理论与方法。分析了情报学研究主题的变迁以及不同时代情报学的研究热点，解析了中国特色情报学的基本问题，明晰了情报学的研究范式及学术思想发展轨迹，剖析了 information（信息）与 intelligence（情报）思想的变迁和思考。此外还探讨了研究环境对情报学发展的驱动。

第 3 章为情报学学科体系。主要阐述了情报学学科的目标与任务，并分析了情报学研究领域的变化和发展规律，提出了设计新时代情报学学科体系的基本思路。特别指出，情报学研究与国家安全战略和社会发展实践有着紧密联系，以此架构的情报学学科才能确保学科建设符合学科发展规律和现实社会需求。另外，还对情报学与其他相关学科的关系做出了全面的分析。

第 4 章为情报学学术体系。主要从情报概念、情报学相关概念、情报学哲学基础、情报学基本原理等四个方面阐述，具体内容包括：全面梳理和设计了新时代符合社会需求的情报学理论体系，归纳总结了情报学方法体系研究成果，系统阐述了中国经典情报学学术观点与学术思想，总结提炼了情报学未来发展的主要观点，分析展望了中国特色的情报学重点研究领域。

第 5 章为情报学话语体系。重点阐述了中国特色的情报学话语体系的核心概念，并探讨了面向国家战略的情报学话语体系内容。阐释了情报学话语体系的话语域、话语权和话语深度等问题，探讨了情报学话语的影响速度和影响广度，并强调了具有情报元素的情报学话语影响力和影响域。

　　第 6 章为情报学未来发展。主要围绕学术研究、人才培养和学科应用三个方面阐述了情报学未来发展。探讨了在国家战略的新需求和新的信息环境下,如何将数智技术赋能于情报学研究和情报工作,如何在支撑国家安全战略中发挥情报学与情报工作的作用。另外还阐释了情报学在国家安全战略语境下的核心概念以及情报服务于国家安全战略的历史沿革。

　　本书为集体智慧和劳动的成果,第 1 章由苏新宁撰写,第 2 章由朱晓峰领衔撰写(沈思和谢靖参与撰写),第 3 章由李树青领衔撰写(丁晓蔚参与撰写),第 4 章由章成志领衔撰写(李博闻、张恒和钱玲飞参与撰写),第 5 章由王东波领衔撰写(孔玲、叶文豪和王涛参与撰写),第 6 章由杨国立领衔撰写(潘有能、许鑫和周鑫参与撰写)。苏新宁负责全书的大纲拟定,苏新宁和章成志负责全书的统稿、定稿以及审校工作。

　　本书的撰写与出版工作得到国家社会科学基金专项项目的资助,在此表示感谢。

　　由于作者的水平和能力的限制,本书难免有疏漏之处,衷心欢迎各位专家、学者和广大读者给予批评指正,共同推动中国特色情报学三大体系研究的不断深入。

苏新宁　章成志

2023 年 10 月 6 日

目　　录

第1章 引　论

2016年5月17日，习近平在哲学社会科学工作座谈会上明确指出，我国哲学社会科学要"提出具有主体性、原创性的理论观点，构建具有自身特质的学科体系、学术体系、话语体系，我国哲学社会科学才能形成自己的特色和优势""不断推进学科体系、学术体系、话语体系建设和创新，努力构建一个全方位、全领域、全要素的哲学社会科学体系"①。情报学作为一个社会科学与自然科学全面交叉、信息技术深入应用的学科，如何发挥自己学科优势，建立中国特色情报学学科体系、学术体系和话语体系，是新时代情报学领域应该关注的问题。

新的时代、新的需求赋予了情报学新的使命。原有的情报学学科体系、学术体系、话语体系需要顺应时代发展进行拓展和深化。环境的变化、技术的发展、学科之间的交叉渗透以及情报需求的改变，促进了情报学研究与情报工作的纵深及拓展。情报学学科需要拓展，情报学理论和知识体系需要演进，情报学的话语需更加体现学科内涵。情报学应当成为国家安全与发展中的"耳目""尖兵""参谋"，肩负起服务国家安全与发展的使命。

1.1　中国特色情报学起源与发展概述

中国情报学的起源与中国科技情报工作紧密相关，并随着情报工作的不断深化、科学技术快速发展、信息技术的广泛应用、研究环境的逐步改变而不断发展。从1958年成立中国科学情报大学算起，中国情报学至今已有60多年的发展历程。情报学学科虽然诞生时间不长，但在学界同仁的共同努力以及在外部环境的促进下，得到非常迅速的发展。

---

① 习近平主持召开哲学社会科学工作座谈会并发表重要讲话[EB/OL]. https://www.gov.cn/xinwen/2016-05/17/content_5074162.htm[2016-05-17].

1.1.1 中国情报学起源

中华人民共和国成立初期，我国科技水平落后、发展缓慢，同时面对西方国家科技和经济的封锁，科研人员获取科技资料十分困难。在这样的背景下，在党和国家领导人的关心与重视之下，我国的科技情报工作正式开展起来。1956 年，周恩来总理建议，在编制国家第二个五年计划中，把加强科学研究工作作为重要方面纳入国家发展规划[①]，并在《1956—1967 年科学技术发展远景规划纲要》中明确提出要大力开展科技情报工作[②]。同年，中国科学院成立了中国科学院科学情报研究所，1958 年更名为中国科学技术情报研究所。1956 年起，国家各行业（航空、医学、铁道、建筑、国防、化工、电子、煤炭等）科学技术情报研究所陆续建立，各省区市情报研究所也相继成立。所以，1956 年可视为我国科技情报事业正式兴起之年。

在情报工作开展之初，业界深感人才匮乏。1958 年，中国科学院创办了中国科学情报大学，专门设立了科技情报系，并于 1959 年招收了第一届科技情报专业的本科生，同年中国科学情报大学并入中国科技大学。这之后一直到 1978 年，由于国家处于调整之期，科技情报专业也中断了招生并遭停办[③]。虽然，中国科学情报大学和当时的科技情报专业是昙花一现，但仍可视为中国情报学发展和情报教育的开端。

1978 年，武汉大学率先建立了科技情报专业，并招收情报学专业本科生[④]。考虑到当时我国特殊国情，国外的情报学教育不能完全照搬，因此当时创办科技情报专业的唯一依据就是中国已经建立的中国科技情报体系，即依照当时科技情报工作的工作流程、核心任务及组织体系来建立我国的科技情报专业。当时建立的情报学学科体系主要是两个面向，即面向我国科技发展、面向文献交流。因此，当时情报学主要关注科技文献中情报交流规律的研究。

在研究生培养方面，中国科学技术情报研究所（1992 年 9 月更名为中国科学技术信息研究所）于 1978 年开始招收科技情报学硕士研究生。1990 年 11 月，武汉大学图书情报学院（现信息管理学院）经国务院学位委员会批准，建立了我国第一个情报学博士点，标志着我国情报学教育形成了由"学士—硕士—博士"三层次学位构成的完整体系。在博士后人才培养方面，2002 年中国科学技术信息研

① 周恩来. 关于发展国民经济的第二个五年计划的建议的报告[N]. 山西政报, 1956, (18): 38-61.
② 周晓英, 陈燕方, 张璐. 中国科技情报事业发展历程与发展规律研究[J]. 科技情报研究, 2019, 1(1): 13-28.
③《中国情报学百科全书》编委会. 中国情报学百科全书[M]. 北京: 中国大百科全书出版社, 2010: 191-196.
④ 武汉大学信息管理学院. 世纪历程: 武汉大学信息管理学院百年院史（1920—2020）[M]. 武汉: 武汉大学出版社, 2020: 69.

究所设立了国内首家情报学科博士后科研工作站；2003 年武汉大学设立了国内首家情报学科博士后科研流动站。

除了科技情报外，其他学科领域也逐步开展了情报学的人才培养与相关研究。1979 年，中国人民大学一分校（现归属北京联合大学）招收了首届社会科学情报专业本科生。1985 年，白求恩医科大学招收第一届医学图书情报学本科生①。南京农业大学于 1985 年成立了图书情报专业，并于 1986 年招收了首届面向农业领域的图书情报本科生。1990 年，中国农业科学院科技情报研究所获得科技情报硕士学位授予权，成为首个主要面向农业情报方向招生的硕士点。2018 年，我国首个面向农业情报的情报学（一级学科）博士点落户南京农业大学。1986 年，中国人民解放军国际关系学院（2017 年并入国防科技大学）率先招收军事情报方向本科生；1990 年，设立了我国首个军事情报学硕士点；1998 年，设立了第一个军事情报学博士点。2005 年，教育部将公安情报学纳入本科专业目录，中国人民公安大学成立公安情报学系，开始招收公安情报学专业全日制本科生②。2009 年，中国科学院上海生命科学信息中心（现隶属于中国科学院上海营养与健康研究所）设立了生物情报学硕士专业。

情报领域的相关学会（协会）在 1978 年后陆续成立。1978 年，中国科学技术情报学会成立，随后各省区市相继建立了科学技术情报学会；1980 年，国家六部委联合多家社团组织，汇聚研究信息科学和信息技术在医药卫生领域应用的专家学者、技术人员和管理人员，成立了中国医药信息学会；1986 年中国社会科学情报学会成立；1988 年中国国防科学技术情报学会成立③，1995 年中国科学技术情报学会竞争情报分会成立。同时，其他各行业学会下几乎均设有与信息技术相关的专业委员会。

综上，我国情报学起源于科技情报工作，情报学的理论、方法及技术主要围绕科技情报（文献）工作流程进行深入探讨，相关原理主要针对文献规律而产生。可以说，我国的科技情报工作推动了我国情报学的诞生，情报学学科的发展为我国情报工作的繁荣发展注入了学术细胞，促进了情报工作向纵深发展。

① 王伟. 我国高等医学信息教育 25 周年发展历程述要与评价[J]. 中华医学图书情报杂志，2010，19(11)：4-7，21.
② 谢晓专. 公安情报学学科体系的构建[J]. 情报资料工作，2012，(4)：17-21.
③ 1993 年在民政部社团管理司登记时，名为中国国防科学技术情报学会，1998 年改名为中国国防科学技术信息学会。

1.1.2 中国情报学发展

如前所述，我国情报学主要依赖科技情报工作体系、情报工作任务创建。由于我国早期的科技情报工作与科技文献密切相关，情报学创建之初，很多基础理论、研究方法与图书馆学并没有明显的区分，而且很多情报研究所派生或依附于图书馆，因此，在图书情报学界，有一种声音在呼吁"图书情报一体化"[①]，虽然这种讨论更主要的是针对图书情报机构和工作"一体化"的讨论，但不可避免地也涉及情报学学科建设。随着信息"爆炸"的出现和网络的普及，有关"图书情报一体化"的讨论开始逐渐减弱。

20 世纪 80 年代前后，情报机构尤为注重情报的检索服务，从手工检索到单机检索，再到联机检索，情报学研究的核心之一也是围绕情报检索，不断探索检索理论、技术和算法，同时也开始关注联机检索的方法和相关数据库的解析。另外，学术界出现了对汉字信息检索与文献标引技术的理论、方法进行研究的热潮，这一热潮源于我国的汉字信息处理系统工程（"748 工程"）的启动，"748 工程"的其中一个分支就是汉字情报检索，20 世纪 80 年代至 90 年代初对情报检索算法的研究、汉语信息的自动处理探索，为情报学研究带来了很大的活力，促进了情报学研究与计算机的紧密结合。

自 20 世纪 90 年代开始，情报机构开始注重数据库的建设，1991 年中国科学技术情报研究所重庆分所成功研制了"中文科技期刊篇名数据库"，其后多种用于文献和情报服务的数据库陆续由情报和文献服务机构开发。中国科学技术信息研究所、原化工部科技情报研究所[②]分别开发了联机情报检索系统面向公众服务。与此同时，情报机构的科技查新工作开展得如火如荼，在国家层面，一些部委相继批准建立了数以百计的科技查新工作站。总之，情报工作与计算机密切联系，促进了情报学教育与研究向计算机情报管理与利用方面不断深入。

20 世纪 90 年代初，信息化浪潮袭来，情报学的学科发展也顺应这种变化，学科开始向信息管理拓展。1992 年，国家科委科技情报司改名为国家科委科技信息司，随后大量情报研究所更名为信息研究所，图书情报系（学院）更名为信息管理系（学院），情报专业许多课程名称中原有的"情报"改成了"信息"。情报学研究完全拓展到了"信息"。之后，互联网的普及与发展，更加速凸显出情报学的"信息"和"网络"的属性，信息构建理论被引入情报学领域，网络信息资源建设的方法与技术成为情报学重要研究内容。在互联网的快速普及和推动下，

---

① 赵晓. 1979—2013 年"图书情报一体化"理论研究述评[J]. 公共图书馆，2013，(4)：23-27.

② 化工部科技情报研究所（1959 年成立）和化工部经济信息中心（1984 年成立）于 1992 年合并成立为中国化工信息中心有限公司。

各种网络信息资源库开始建设并陆续提供服务，如万方数据知识服务平台、维普网、中国知网（China National Knowledge Infrastructure，CNKI）等陆续建成并向用户提供学术资源服务。一些围绕信息的情报学理论被学者提出，如马费成教授从信息链结构角度提出情报离散分布原理、有序性原理、相关性原理、易用性原理、小世界原理、对数透视原理[①]，梁战平研究员又补充了四个理论，即重组原理、隐藏原理、可视化原理、最小努力原理[②]。

大数据时代的到来，为情报学带来新的机遇、增添了新的活力，国家战略的制定和新技术的应用给情报学带来了新的增长点，情报学界明确感到情报必须与国家战略、决策支持更加紧密联系。2015 年中共中央办公厅、国务院办公厅印发《关于加强中国特色新型智库建设的意见》，这一文件成为情报工作向智库（think tank）转型的风向标，智库功能被列为情报能力的重要组成部分，情报学的研究重点从文献、信息向"情报"转移，情报学理论研究和应用实践迎来了又一次高潮。2011 年首届全国情报学博士学术论坛召开，2014 年《情报杂志》主办了"华山情报论坛"，后来还发起了"情报学学科建设"的焦点话题。2017 年，首届"情报学与情报工作发展论坛"（其后发展成中国情报学年会）在南京大学召开，并发布了《情报学与情报工作发展南京共识》，对情报学与情报工作提出的五个重新定位[③]，为情报学与情报工作未来发展指明了方向。2019 年第三届"情报学与情报工作发展论坛"在华中师范大学召开，并正式升级为中国情报学年会。以上这些学术论坛（会议）重点探讨了情报学学科的未来发展、情报学研究的主要方向、情报工作的重点任务，特别是《情报学与情报工作发展南京共识》提出的五个重新定位，为情报学在国家战略和社会发展中展现"情报"话语指明了新的方向。

经过半个多世纪的发展，我国情报学研究领域已从科技情报拓展到医学、农学、社会科学、公安、军事、安全、国防等领域，情报学硕士点（包括专业学位硕士点）近百个，十四所高校拥有情报学（二级学科代码为 120502）博士点，三所高校拥有军事情报学（二级学科代码为 110504）博士点[④]。每年有数以千计的情报学硕士与博士走向社会，并在各行各业中发挥重要作用，情报学学科已经走上了快速发展的道路。

---

① 马费成. 论情报学的基本原理及理论体系构建[J]. 情报学报，2007，26(1)：3-13.
② 梁战平. 我国科技情报研究的探索与发展[J]. 情报探索，2007，(7)：3-7.
③ 中国科学技术情报学会，中国社会科学情报学会. 情报学与情报工作发展南京共识[J]. 情报学报，2017，36(11)：1209-1210.
④ 苏新宁. 新时代情报学教育的使命与定位[J]. 情报学报，2020，39(12)：1245-1252.

1.1.3 加快建设中国特色情报学契机

情报学是一个应用型学科，也是一个交叉型学科，更是一个渗透到各行各业、各个研究领域的实践型学科。在新时代、新环境、新技术的驱动以及国家安全与发展战略的需求下，情报学迎来了大好的发展机遇，建设中国特色情报学学科体系、学术体系、话语体系已成为趋势，建立面向国家安全与发展的大情报科学体系已在学界达成共识。顺应时代变化的情报学理论与方法亟待创新，充满情报学知识的学科核心话语期待在国家安全与发展战略中发挥更加重要的作用。

中国情报学虽然创建时间不长，但中国情报思想却源远流长。实际上，早在中国古代，饱含中国特色情报思想的《孙子兵法》《六韬》《三十六计》《间书》等军事著作就已出现，虽然这些思想并没有在情报学理论中得到明确表述，但其中很多思想影响着中国情报学与情报工作的理论研究和实践探索。因此，合理吸收这些思想，结合时代特征、技术发展、国家需求以及现有情报理论，为建设中国特色情报学学术体系提供了十分有利的条件。

中国情报学诞生之初就打上了中国特色的烙印，即使在后来的不断发展和变化中，也都与国家需要、科技发展、社会需求、国家安全紧密联系在一起。今天，情报学与情报工作已渗透到各行各业以及众多研究领域，大情报学科的思维与情报学学科的发展，都为加快建设新时代中国特色的情报学学科体系创造了条件，在情报引领科技[①]、情报服务健康[②]、情报促进农业[③]、情报主导警务[④]、情报维护安全[⑤]、情报助力决策[⑥]、强国必须具有强大的情报系统[⑦]等思想的指导下，建立中国特色的，覆盖科技、文化、经济、医药、生态、安全、国防、军事等领域的大情报学学科体系已成为可能。

情报学学术思想通过其理论、基本原理及相关应用反映出来，情报学理论和基本原理主要围绕情报工作实践、情报的属性、情报的增值等研究不断得到充实和丰富。例如，有关文献分布规律的相关理论，有关信息组织的有序性原理、相关性原理、重组原理等，有关信息利用的相关性原理、最小努力原理等，有关刻

---

① 王玮康，杨国立. 支持创新驱动发展的引领型科技情报工作研究[J]. 情报理论与实践，2021，44(6): 50-54，49.
② 邓胜利. 党的十九大专栏：健康中国战略与图书情报服务创新[J]. 图书情报知识，2018，(2): 4.
③ 魏翠翠，金潞，刘彬. 助力产业扶贫的农业科技情报服务实现路径研究：以五华高山红薯产业为例[J]. 广东农工商职业技术学院学报，2020，36(2): 6-10.
④ 谢晓专. 公安情报学与情报学的关系研究[J]. 情报杂志，2012，31(6): 1-7.
⑤ 佚名. 做好国家情报工作，维护国家安全利益[J]. 现代世界警察，2018，(3): 127-128.
⑥ 赵丽娟，王大龙，李昊青. 构建决策情报服务体系的思考[J]. 情报理论与实践，2012，35(7): 24-27.
⑦ 高金虎. 一个情报强国的崛起路径：以美国为例[J]. 情报杂志，2020，39(1): 1-9，62.

画情报属性的隐藏原理、小世界原理等，有关情报定量化的对数透视原理和可视化原理等。这些理论构建了情报学基本知识体系，体现了情报学学术体系基本框架。随着大数据时代的到来，面对海量、多样化、不断变化的数据，如何从中挖掘并分析情报，对情报学理论、方法和技术提出了新的要求，同时，也为丰富情报学学术体系带来了契机。

随着大情报学科的建立，情报学学科布局将更加完善，情报学知识体系将更加成熟。在国家安全与发展框架下，在国家战略的需求下，情报学话语体系需要拓展，话语力度亟待加强，话语权亟须重塑。国家的科技规划、科学评价、科技预测、科技竞争期待情报学知识体系来阐释，社会发展、经济繁荣、文化传承、全民健康、应急事件处理等领域也希望情报学有所作为，国家安全、军情研究、国防科技等领域更需要加强情报功能。因此，情报学必须要有担当，把握机遇，增强话语能力，重塑在国家战略中的话语地位。

1.2 中国特色情报学学科体系、学术体系、话语体系

一门学科的学科体系、学术体系、话语体系是紧密相关、相互影响的。学科体系确定学科话语的空间，虽然学科可能跃出这个空间发声，但话语的作用会大大减弱；学术体系显现学科的话语能力和核心话语权，只有厚重、完善的学科理论体系与知识体系，才能保证学科话语的权威性和认可度；学科的话语体系表现为学科研究成果的落地和学科理论方法的应用，学科的话语体系必须以学科体系为框架、以学术体系为核心来阐释本学科对社会发展和相关问题的见解。

1.2.1 大情报观下的情报学学科体系

众所周知，学科是相对独立的知识体系。情报学学科是关于情报在生产、交流过程中所涉及的理论、技术和方法等的知识体系；从信息链角度来看，是从数据和信息到知识、情报，再到情报服务过程中采用的理论技术和方法；从大情报观出发，从国家安全与发展的视角来看，情报学学科体系是一个涉及众多领域的学科体系，是具有横断性质的学科，是具有决策支持能力的学科。

围绕情报学科建设，许多学者也发表过自己的观点。马费成和李志元[①]从新文科背景出发，提出图书情报学科建设要注意四个方面的问题，即关注社会需求、

---

① 马费成，李志元. 新文科背景下我国图书情报学科的发展前景[J]. 中国图书馆学报，2020，46(6)：4-15.

重视交叉融合、加强理论创新、坚守人文传统。包昌火等①认为，情报学学科体系是以总体国家安全观和总体国家发展观为指导思想，围绕 information 的 intelligence 化这一研究任务展开的知识结构体系和理论框架。杨建林②提出了融合 information 思维与 intelligence 思维的情报学学科体系基本框架，这个框架是由情报学基础理论、支撑理论、情报与情报学史、情报方法技术体系构成的情报学基础性知识体系。张庆芝和李广建③认为情报学的学科体系架构是将情报学理念、思维、意识、原则运用于各应用分支学科（科技情报学、军事情报学、安全情报学、经济情报学、医学情报学、农业情报学等），它们共同构建了情报学学科体系。

有关情报学的分支学科，也有不少学者对某分支学科进行过专门论述。卢胜军等④解析了钱学森的科技情报思想，从情报的实践性、科学性、完备性、前瞻性、系统性、战略性、指导性、集成性、思维性、针对性等方面，阐述了钱学森的科技情报理论体系。丁晓蔚和苏新宁⑤从国家战略、风险防控、技术条件等方面，探讨金融情报学的内容和任务，阐述了将情报学知识体系应用于金融实践的过程，架构了金融情报学的框架。商瀑⑥从总体国家安全观视角论证了国家安全情报学科的建设，强调应根据情报特点、情报制度、情报理论建立国家安全情报学科，使之成为探寻国家安全情报战略、国家安全情报观，并以情报应急方案为实践导向，增强国家安全风险治理能力，提供情报支撑的综合性科学。高金虎⑦从国家安全情报工作实践的视角论述了国家安全情报学的研究对象，认为该学科体系包括国家安全情报理论、实践、历史和思想，并强调理论源于实践，历史阐释缘由与规律，思想经过积淀形成理论。

上述研究成果，从各自角度探讨了情报学的学科建设问题，为全面架构情报学学科体系提供了一定启示。我们认为：中国特色的情报学学科体系建设要从总体国家安全观出发，满足国家安全与发展的需要，树立服务国家战略和促进社会发展的目标，建设满足各行各业、各个领域对情报需求的大情报学科框架。这个框架要求各分支情报学能够各司其职，且彼此相互融合和促进。因此，大情报观下的情报学是一个能够适应国家战略需求的情报学学科体系，涉及科技、经济、

①　包昌火，金学慧，张婧，等. 论中国情报学学科体系的构建[J]. 情报杂志，2018，37(10)：1-11，41.

②　杨建林. 情报学学科体系的再认识[J]. 现代情报，2020，40(1)：4-13，23.

③　张庆芝，李广建. 情报学体系架构初探[J]. 图书情报研究，2020，13(1)：5-13.

④　卢胜军，赵需要，栗琳. 钱学森科技情报理论体系及其意义[J]. 情报科学，2012，30(9)：1418-1423，1435.

⑤　丁晓蔚，苏新宁. 金融情报学：情报学的重要分支学科[J]. 情报学报，2020，39(2)：158-170.

⑥　商瀑. 国家安全情报学学科建设论纲：研究对象、学科特点、体系及研究方法[J]. 情报杂志，2018，37(8)：6-11，17.

⑦　高金虎. 论国家安全情报工作：兼论国家安全情报学的研究对象[J]. 情报杂志，2019，38(1)：1-7.

农业、医学、环境、能源、军事、安全、国防等多个领域,这些不同领域的情报学,在理论方法技术上相互融合;在职能上各司其职,在各自领域展现情报能力和发挥情报作用;在科学研究上加强协作,积极联合各领域学者攻克学术难关,承担国家有关重大攻关项目。最终建成对国家战略发挥重要作用的中国特色情报学学科体系。

1.2.2　守正与拓展下的情报学学术体系

学术体系是解释学科研究对象、发展规律,并形成体系化的理论和专门知识。一门学科的学术体系是由学科的基本理论、基本原理、基本范畴、学术命题、逻辑阐释以及专门知识构成。情报学学术体系,是将情报作为研究对象进行理论和方法的研究,并形成情报学体系化的理论和专门知识,具体包括:阐释情报学基本原理和基本范畴,凝练和探索情报学研究的学术命题和应用领域,提出情报学思想内涵、时代内涵、知识体系。所以,情报学学术成果是以问题为导向,运用情报学理论与方法,产生以情报为主体、具有原创性的情报产品。

新的环境、新的需求以及学科交叉促使情报学理论、方法和研究范式发生变化,也推动着情报学研究的繁荣与发展。传统的以文献和信息为研究对象的情报学原理是建立在小样本和有限数据基础之上的[1][2],但在大数据环境下,这些理论和原理需要验证,需要拓展,更需要创新。例如,巴志超等[3]提出,大数据语境下的情报学基础理论需要重构。过去军、民情报学研究各自为政,分别沿着各自领域发展,但在国家安全与发展框架下,大情报学科的发展需要两者融合。例如,卢胜军等[4]认为,军民融合为情报概念、原理、规律等内核变化提供了良好体制、机制基础和政策环境:情报学理论呈现出从分离、分散、分化,逐渐向共性趋同、相互融合、共通内核发展的特征;杨国立和李辉[5]认为,从信息链的要素及其之间相互转化关系上可梳理出军民情报的共同基础,并以此融合两者的基础理论。

我们认为:在新时代和大数据环境下,作为交叉性的学科,情报学必须打破学科壁垒,有效地吸收其他学科理论和方法,保证情报学理论研究具有更大的创新空间,知识体系能够得到更大的拓展。

学科交叉为情报学研究带来了很多新的增长点,促使学术研究领域得到拓展。

---

① 马费成. 论情报学的基本原理及理论体系构建[J]. 情报学报, 2007, 26(1): 3-13.
② 梁战平. 我国科技情报研究的探索与发展[J]. 情报探索, 2007, (7): 3-7.
③ 巴志超, 李纲, 周利琴, 等. 数据科学及其对情报学变革的影响[J]. 情报学报, 2018, 37(7): 653-667.
④ 卢胜军, 周静, 牛海波. 统一情报论视角下情报学理论体系研究进展[J]. 情报学进展, 2020, 13: 85-119.
⑤ 杨国立, 李辉. 军民情报学融合的基础分析[J]. 情报理论与实践, 2020, 43(5): 80-84.

然而，拓展必然带来学科研究的扩散，为保证情报学能够沿着"情报"这一核心发展，学术共同体对新形势下的学科发展已达成共识——"守正与拓展"。情报学研究要在"拓展"中不忘夯实学科的理论基础和知识体系，同时积极将情报学知识体系、理论方法传播出去，去影响其他学科，扩展其应用领域；同时，在"守正"中，要积极吸收其他学科理论、方法、知识来壮大情报学学科，保证新的情报学理论、方法和知识体系能够紧密围绕"情报"这个"根"。

情报学在中国诞生以来，其基础理论、知识体系历经了很大的发展变化。从早期基于文献的情报学基础理论，到强调信息的情报学理论，再到网络环境下专注信息构建、信息传播的情报学理论，这些基础理论除了针对的对象（文献、信息、网络资源）不同以外，其中都包含了情报产生过程中所依赖的基础理论，所产生的知识体系也都在不断地扩展和成熟。今天，我们进入了大数据时代，数据科学理论、人工智能技术等均影响着情报学的研究，情报学理论亟待拓展与创新。所以，情报学需要拓展、需要创新、需要新知识的注入，当然，新的情报学学术体系在拓展的过程中必须牢记"守正"。

1.2.3　凸显情报的情报学话语体系

"话语"是指人们说话的语言或书写下来的文字。学科话语体系主要指用学科的知识、基本理论来阐释问题的话语表达体系。话语体系作用主要通过话语权来体现，话语权不仅仅是说话的权利，更是指话语产生的效果和影响。话语权的大小主要通过话语的影响力来体现，考察话语主体阐述的言论是否影响着他人观念和行为，是否影响着决策部门对政策的制定等。话语权由五个要素组成：话语主体、话语受众、话语内容、话语方式、话语影响力[①]。前两个要素一目了然，其他三个要素中，话语内容是学科话语的内涵、灵魂，也包括了学科的话语空间，它界定了学科话语体系的话域，展现出学科话语在此话域中的核心竞争力；话语方式体现了学科的话语能力；话语影响力强调的是话语对政府决策、公众行为等产生的作用。

情报学话语体系是指用情报理论、情报思维、情报知识来阐释学术问题，解决现实问题。也就是用情报知识奠定话语基础，用情报理论树立话语核心，用情报思维展现话语技巧，以体现出情报学话语自信，表现与其他学科不同的话语创新，凸显出情报学的核心话语权。情报学话语权来自学科知识体系，更需要学科的自信、责任和担当。情报学话语体系及核心话语权主要体现在如下六个方面。

---

① 唐爱军. 把牢解读中国制度的话语权[J]. 马克思主义与现实，2020，(5)：82-89.

1. 文献规律和科学评价的情报话语

情报学最早的基础理论主要基于文献的理论，如反映文献分散规律的布拉德福定律、反映文献中词频规律的齐普夫定律、反映论文作者分布的洛特卡定律以及反映科技文献增长和老化规律的相关理论等。近几十年，情报学界根据文献引用关联，建立了引文索引，开创了许多与引用相关的文献引用分析理论。因此，借助文献相关理论，情报学对核心期刊、引文索引、引文分析、期刊评价、学术评价等方面的话语权应当体现出来。通过话语让学界真正了解它们的功能和作用，而不是曲解和片面地使用它们。以引文索引为例，它不只是用来评价期刊，更主要的是可以通过引文分析了解科学的源流，展现学科或研究领域的交叉，发现学术共同体，通过引用分析进行客观的学术影响力评价，同时帮助科学管理、规划和决策部门进行科学管理、科研规划和科技决策等。

2. 学术资源建设与服务的情报话语

情报机构是最早开展信息资源建设的机构，情报学对信息构建、信息采集、信息组织、信息检索、信息处理、信息分析以及信息服务有一整套完整的理论技术和方法，对"信息—知识—情报"的转换以及信息的再生有一套科学的理念。因此，情报学科对学术资源架构、组织、分类、检索、处理以及服务方式有独特的话语地位。例如，学术资源建设如何满足学术研究、科技查新、科研管理、学术规范的要求，在服务理念、科技安全、广泛传播等方面，情报话语均具有独特的功能。

3. 科学发展与科技规划的情报话语

中国情报学诞生之初主要是面向科技发展和培养科技情报人才而建立的学科，长期以来情报学科与情报工作为我国的科技发展、科技振兴、科技创新、科技规划等做出了重要贡献，发挥了情报话语在科技发展和科技规划中的重要作用。借助情报理论方法、通过情报分析手段，不仅可以展现科学研究的热点和未来发展趋势，而且可以通过对新技术、新材料功能的分析，预测将会引起的产业革命。同时，通过对科学技术发展的情报的分析，可以为国家、地区、行业领域科学技术发展规划提供建议。因此，情报学借助学科的知识体系和学科能力引领学科发展、探索学科未来、预测产业革命，为国家、地区、行业领域科学技术发展规划提供具有情报话语的建议。

4. 面对国际竞争的科技对抗、科技竞争的情报话语

竞争情报是情报学科的重要分支领域，它的主要作用是：支持危机预警、提供决策依据、进行技术跟踪、促进组织学习。其主要研究内容包括：以战略或战术为导向的竞争情报，以技术或竞争目标为导向的竞争情报，以及对竞争对手、自身、市场和行业的研究①。面对国际竞争中的科技对抗、科技竞争，情报话语尤其重要，同样，针对国际科技竞争中所遇到或潜在的"卡脖子"技术的情报分析，也需要竞争情报在其中发挥作用，发出情报话语。

5. 军事国防安全外交的情报话语

情报工作源于军事，在军事形势分析、世界军事发展潮流、战略和战术分析中，情报都发挥着重要甚至决定性的作用。军事科技、国防科技的发展需要情报做参谋，科技发展需要情报进行趋势分析，国家安全也需要情报来保障。因此，军事形势、军事发展潮流等需要军事情报的话语，军事科技发展、国防科技发展需要科技情报、国防情报、军事情报提供话语，国家安全需要来自安全情报的话语。

6. 其他领域话语

大情报学科的体系框架及情报学的话语会涉及许多领域，虽然这些领域和专业可能不属于情报学，但从情报学理论、思想、知识的角度去观察问题、发出话语，可能会起到独特的效用，如针对信息经济与经济发展指数的情报话语，预测和防范金融危机、金融风暴的情报话语，针对环境、生态、健康、现实社会问题的情报话语，有关智库建设的情报话语，有关应急响应、国际关系与外交问题的情报话语等。这些情报话语可从另一个角度对这些领域的专业话语进行补充。

1.2.4　学科体系、学术体系、话语体系之间关系

学科体系、学术体系、话语体系密切相关，它们是范围、内涵、表达方式的关系。即学科体系确定了话语范围，学术体系体现了话语的内涵，话语体系展示了话语表达方式。更确切地说，学科体系和学术体系是话语体系的基础，学科话语体系的形成源于该学科体系具有明确的研究对象与框架，以及该学科学术体系具有扎实深厚的专业知识。没有完善的学科体系和学术体系，没有厚重的理论基础和扎实的知识体系，学科话语能力就会减弱，话语权就得不到保证。

---

① 沈固朝. 竞争情报的理论与实践[M]. 北京：科学出版社，2008：37-43.

　　长期以来，我国情报学领域总有这样一种认同感：情报学学科在国家、政府层面的决策中，话语影响力不大，话语权较弱，没有学科应有的话语地位。究其原因，主要是情报学缺乏对情报学话语体系建设的重视，没有很好地去思考本学科的核心话语如何体现，对体现本学科专业知识、理论知识的话域的界定比较模糊。当然，这些问题的存在，也是由于本学科的研究领域随着国家和社会的需求在不断转型和深化，而学科核心话语范围也应顺应形势不断变化。新的时代、新的使命、新的任务，需要我们重新定位并审慎规划情报学的学科体系、学术体系和话语体系，以促进情报学更加快速发展。

　　面对新的时代和新的环境，情报学应坚持"守正"与"拓展"方略。积极"拓展"，把先进的理念、技术、方法拿进来，并把核心成果应用出去；同时不忘学科本质、不离学科基点，坚定"守正"，加强学科能力建设，守住"情报"这个"根"。确保学科的"守正"与"拓展"能够更好地展现学科话语魅力、话语权，滋养学科核心竞争力和话语体系。

　　一门学科的话语体系是建立在完善的学科体系、扎实深厚的学术体系之上的，有底气、有思想、有自信、有感染力、有影响力、有主导权的学科话语体系需要学科的理论、思想、知识的强有力支撑。情报学话语体系建设首先要紧跟时代，深入探索，不断完善学科理论，以开拓的视野构建话语体系，确保中国特色情报学能够发情报思想之声、在国家战略中展现情报之魂、落实情报决策支持之力，不忘初心、牢记使命、不负时代，在国家安全与社会发展中发挥更大作用。

第 2 章　情报学学术史梳理

在我国，"情报学"这一名词提出之初就与科技文献工作产生了密切关系，当时情报学研究重点也和文献交流紧密相关，许多基本概念、基本理论都是围绕着科技文献交流而产生的，随着时代的发展、需求的不同、环境的变化、国家战略的需要，情报学研究重点也在不断发生变化。因此，梳理情报学的产生和发展具有重要现实意义，提醒我们坚守学科初心、牢记学科使命、坚定学科信心。情报学者 Buckland 和 Liu[①]指出："情报学理论研究者缺乏'史'的意识，而史则是理论研究的基础，每一位研究者的思维和认识，都无法超越历史的局限。所以研究者应学习情报学史知识，进行研究要有'史'的意识。"为此，本章首先厘清情报学研究理论与方法的高频词，以期了解我国情报学学术研究的已有基本科学原理、基本法则及其变化；其次，基于情报学学术史的梳理，借助自然语言处理和文本挖掘技术，总结和提炼中国情报学的基本问题；再次，通过文献调研法、自然语言处理技术分析情报学的研究范式及学术思想，展现情报学学科的发展轨迹；最后，探索不同环境下情报学学科的发展变化。

2.1　情报学研究理论与方法的梳理

1987 年，周晓英[②]对《情报学报》等三本刊物 1980—1985 年研究论文的研究方法进行基于抽样的调查研究，指出传统的通用方法有助于情报学理论体系的形成，外来学科方法有助于提高情报学理论体系的严谨性，更新情报学的学科思维方式、特征方法，则标志了情报学的成熟与独立；1995 年，华薇娜[③]同样开展了情报学研究方法使用情况的调查研究，发现研究方法单一，定性分析远多于定量分析；2002 年，马德辉[④]选取 1991—2000 年《全国报刊索引（哲学社会科学版）》

---

① Buckland M，Liu Z. History of information science[J]. Annual Review of Information Science and Technology，1995，30（30）：385-416.

② 周晓英. 情报学方法及其对情报学理论体系的影响[J]. 情报学报，1987，6(6)：451-457.

③ 华薇娜. 我国 80 年代图书馆学情报学研究状况的定量分析[J]. 情报学报，1995，(3)：218-226.

④ 马德辉. 1991—2000 年我国情报学理论研究论文统计分析[J]. 图书情报工作，2002，(3)：49-51.

收录的情报学理论论文（即归在 G350 情报学类目下的文章），合计 1315 篇，从年代、著者、期刊、主题等角度对情报学研究论文进行了分析，发现情报学定量研究增长较快，并指出，在构建情报学方法论体系的同时，注意借鉴移植其他学科的方法。

　　由于中国知网、万方数据知识服务平台等学术资源库相继投入服务，为学界从量化入手研究情报学研究的发展提供了有力手段。2012 年，王知津等[1]利用中国知网的中国期刊全文数据库，选取"情报学"为检索词，选择"题名""主题""关键词""摘要"四个检索字段，从 1990—2011 年我国情报学理论研究的 4727 篇文献中，筛选得到情报学理论研究论文 1960 篇，并进行了我国情报学理论研究的趋势分析，包括知识化趋势、人文化趋势、定量化趋势以及研究方法多元化趋势。2014 年，马晴[2]选取万方数据知识服务平台为检索数据库，选取"情报学"为检索词，通过"题名""主题""关键词""摘要"四个检索字段查询 2003—2012 年我国情报学理论研究的 3299 篇论文，筛选得到情报学理论研究期刊论文 822 篇，基于这些论文分别从论文数量分布、作者分布、机构分布、期刊分布以及关键词分布五个角度对情报学的发展情况进行了归纳，总结出学科发展知识化、研究方法多元化等结论。2015 年，王芳等[3]收集了《情报学报》在 2000—2013 年所有文章的全文，在去除会议通知、书评等后共获得 1822 篇论文，通过编制的主题编码表、文章类型编码表、理论使用位置与使用类型编码表等，对文献进行编码，分析了我国理论应用情况及其在文献主题、文章类型、理论使用位置、使用类型及时间上的分布等。2016 年，王芳等[4]以"中图分类号=G35*"检索条件进行全文检索，采用内容分析法对应用于 53 本情报学期刊中的 817 条理论在 1991—2015 年的应用频次进行统计分析，追溯分析理论的来源学科，定义并计算了理论的学科专属度。2018 年，王芳等[5]又对 2008—2017 年 52 种图书情报学期刊的全部学术论文进行分析，采用基于自然语言处理和深度学习方法构建的理论识别模型，对论文所研究的理论进行自动识别并人工审核，比较分析情报学理论在情报学科、图书情报学科、社会学科和全学科研究中的学术影响力。

　　[1] 王知津，王璇，韩正彪. 90 年代以来我国情报学理论研究期刊论文统计分析[J]. 图书馆理论与实践，2012，(1)：21-26.

　　[2] 马晴. 2003—2012 年我国情报学理论研究论文统计分析[J]. 河北科技图苑，2014，(2)：65-67.

　　[3] 王芳，史海燕，纪雪梅. 我国情报学研究中理论的应用：基于《情报学报》的内容分析[J]. 情报学报，2015，34(6)：581-591.

　　[4] 王芳，陈锋，祝娜，等. 我国情报学理论的来源、应用及学科专属度研究[J]. 情报学报，2016，35(11)：1148-1164.

　　[5] 王芳，赵洪，张维冲. 我国情报学科理论研究形态及学术影响力的全数据分析[J]. 图书情报知识，2018，186(6)：15-28.

　　上述研究对于揭示我国情报学学科的理论研究与应用发展做出了很大贡献，但是存在以下局限：首先，数据对象过于狭窄。无论是时间跨度（大多为十年左右），还是所在期刊范围（以《情报学报》为数据来源），无论是检索词（以"情报学"作为检索词），还是检索分类号（以"G35*"作为中图分类号），都不能完整体现和反映情报学的总体情况和发展脉络。其次，数据处理结果的精确度说服力还有待加强。基于全文检索方式的处理结果，往往是按照相关性进行排序；基于大规模数据集的多维统计分析，由于大规模的高质量精校全文数据难以加工和获取，处理结果的精准性有待进一步提升。

　　为了更加全面、准确地梳理我国情报学研究的历史发展，我们以 1980—2019 年这四十年图书情报 CSSCI（Chinese social sciences citation index，中文社会科学引文索引）（2017—2018 年以及 2019—2020 年核心版）中的 19 种期刊的所有论文作为数据集（不含《档案学通讯》和《档案学研究》，共有论文 145 180 篇）。

2.1.1　情报学论文的数据整理

　　本章分析情报学研究的数据源来自 CSSCI 中的 19 种期刊，由此整理出情报学研究论文的数量和期刊分布。具体而言，采用规则筛选和人工筛选结合的方式完成情报学研究论文的筛选，并计算每种期刊的论文数量和占比情况。

　　首先，所有论文先删除通知、会议等非研究性论文。然后，将期刊分为非单纯情报学期刊（如《中国图书馆学报》《大学图书馆学报》等）、图书情报综合期刊（如《图书情报工作》《图书情报知识》等）和单纯情报学期刊（如《情报学报》《情报科学》《情报杂志》等）。其次，对于非情报学和图书情报综合期刊，筛选规则为尽量找寻可能的情报学论文，如论文标题、关键词、摘要中包含"情报"（或者"信息""数据""知识"等）且论文标题中不含"图书馆"（或者"馆员""阅览室""农家书屋"等），这些论文去重后通过人工阅读论文标题的方式，进行研判筛选。再次，对于情报学期刊，筛选规则为先保留明显为情报学研究主题对应论文，专门筛选"图书馆"等非情报学研究主题对应论文（以《情报理论与实践》为例，1980—2019 年可能的非情报学论文为："图书馆"主题的 592 篇、"数字图书馆"主题的 191 篇、"高校图书馆"的 121 篇和"图书馆学"的 68 篇等），将这些论文标题中包含"图书馆""图书馆员""图书馆学""馆藏""馆长""馆员""阅览室""农家书屋""阅读""读者决策采购"等词汇的论文先行删除，剩余论文去重处理后，再人工阅读论文标题，进行研判筛选。最终，从 145 180 篇学术论文中区分出 68 641 篇情报学研究论文，论文在各刊中的数量分布情况见表 2-1。

表 2-1　19 种图书情报学 CSSCI 期刊论文数

序号	刊名	收录年份	总论文数/篇	情报学论文数/篇	占比
1	《信息资源管理学报》	2011—2019 年	501	491	98.00%
2	《情报学报》	1982—2019 年	3 986	3 848	96.54%
3	《情报杂志》	1982—2019 年	13 281	11 524	86.77%
4	《情报理论与实践》	1980—2019 年	7 308	6 336	86.70%
5	《情报科学》	1980—2019 年	10 028	8 589	85.65%
6	《数据分析与知识发现》	2017—2019 年	6 479	5 134	79.24%
7	《图书情报工作》	1980—2019 年	15 488	9 781	63.15%
8	《图书情报知识》	1983—2019 年	4 974	3 044	61.20%
9	《情报资料工作》	1994—2019 年	4 681	2 537	54.20%
10	《图书与情报》	1982—2019 年	5 432	2 604	47.94%
11	《现代情报》	1982—2019 年	14 093	5 615	39.84%
12	《中国图书馆学报》	1980—2019 年	3 332	958	28.75%
13	《图书馆学研究》	1982—2019 年	12 678	2 493	19.66%
14	《图书馆论坛》	1991—2019 年	8 520	1 632	19.15%
15	《图书馆杂志》	1982—2019 年	10 097	1 727	17.10%
16	《图书馆》	1980—2019 年	7 616	884	11.61%
17	《大学图书馆学报》	1983—2019 年	4 849	476	9.82%
18	《图书馆建设》	1980—2019 年	8 994	759	8.44%
19	《国家图书馆学刊》	1980—2019 年	2 843	209	7.35%
	总计		145 180	68 641	47.28%

2.1.2　情报学研究的主题分布

本部分主要通过对筛选出的 68 641 篇情报学论文进行人工清洗和筛选，并通过主题确定和相关统计，明确情报学论文的主题社区以及年代分布情况。

第一，对原始数据进行人工清洗和筛选。剔除关键词为空的篇目。第二，因需将文件导入 Science of Science（Sci2）Tool 工具（https://sci2.cns.iu.edu/user/index.php）中，按照 Web of Science 数据库集的文献格式，将文件进行格式转换。第三，考虑到时间跨度大，在汇总文献进行计量时可能会出现信息量过度堆砌现象，故将完成格式转换的文件导入 Sci2 Tool 工具中后，利用 Sci2 Tool 工具 Slice Table of Time 功能将该文件进行时间切分。鉴于 2000 年为 21 世纪开启的元年，依照时间序列对 19 种核心期刊的 68 641 篇文献进行区间划分。第四，为了解情报学研究的领域分布，提取十段区间，分别为 1980—1983 年、1984—1987 年、1988—1991 年、1992—1995 年、1996—1999 年、2000—2003 年……将数据表导入 Sci2 Tool 工具。第五，设置关键词阈值为 9，利用关键词的共现关系抽取其共现网络。由于 SLM（smart local moving，智能局部移动）算法在模块优化方面优于传统 Louvain 算法和 Louvain 多级细分算法①，因此，选用新型 SLM 算法进行主题社区探测。第六，模块度在大于 0.4 的划分标准下，设定主题社区探测解析率为默认的 1.0（分辨率与主题社区数量成反比，不人为干预主题社区粒度级别或不破坏机器默认聚类结果）；同时，单次运行算法迭代设置为 10 次，以确保聚类结果收敛、识别的社区结构最优。最终，形成了 11 个主题社区，分别为情报学基础研究、信息检索、国外情报学研究、图书情报学科、信息资源、信息经济与信息产业、情报服务、信息计量、信息分析、知识管理与竞争情报、信息社会（表 2-2）。

表 2-2　情报学研究的 11 个主题社区一览表

主题社区	关键词
情报学基础研究	情报、情报信息、图书情报、情报学、情报研究、情报理论、科技情报、地位、情报需求、情报意识、情报源、情报用户、科学管理、情报产品、文献资料、情报交流、社会效益、技术情报、科学情报、咨询服务、情报专业、情报事业、情报资源
信息检索	情报检索、分类法、中图法、目录学、检索工具、书目、工具书、索引、主题词表、文献检索、二次文献、叙词表、文摘、检索刊物、分类标引、检索策略、本体、关联数据、知识组织、元数据、文本挖掘、知识库、领域本体、语义网、协同过滤、质量控制、编目、科技文献、推荐系统、语义标注、资源发现系统、社会化标签、信息抽取、语义检索、本体构建、情境感知、文本聚类、语义相似度、用户偏好、知识元、机器学习、语义关系、自动标引、自然语言处理、知识表示、资源描述与检索、用户兴趣、信息聚合、语料库、元数据标准、知识链接、本体映射、知识关联、主题标引
国外情报学研究	计算机、数据库、情报教育、隐私保护、信息公开、隐私政策、个人信息保护、科研数据服务、政策文本、数据馆员、数据监管、公共安全、公共图书馆法、政府开放数据、数据服务、个人信息、利益相关者、网络安全、数据质量、政策工具、可持续发展、政策、数据政策、元数据标准、政府信息公开、微政务、政府数据开放、"一带一路"、科学数据共享、数据监护、数据治理、地方政府、保障机制、风险管理、信息安全、数据安全、数据管理、机构知识库
图书情报学科	情报学、情报科学、图书情报、思维形式、对象、领域、情报学教育、情报学发展、图书情报事业、情报学家、文献情报、图书情报工作、教育改革、创新教育、教学内容、课程设置、信息素质、人才培养、用户教育、信息素养、信息教育、信息能力、比较研究、MOOC（massive open online courses，大型开放式网络课程）、iSchool、大数据、学科建设、学科发展、学科定位、总体国家安全观、南京共识、学科交叉、学科融合

① Waltman L，van Eck N J. A smart local moving algorithm for large-scale modularity-based community detection[J]. The European Physical Journal B，2013，86(11)：471.

续表

主题社区	关键词
信息资源	网络信息资源、政府信息资源、数字信息资源、信息资源管理、政府信息、信息共享、信息资源整合、信息资源规划、信息资源开发、个人信息、信息技术、理论研究、安全信息、资源配置、科技信息、政府网站、文献资源、信息不对称、公共部门信息、公共绩效管理、增值利用、大数据、人工智能、智慧城市、云计算、电子政务、信息安全
信息经济与信息产业	信息产业、信息经济、经济效益、信息高速公路、信息服务业、信息市场、信息商品、信息经济学、信息咨询业、第三产业、信息咨询、知识产权、体制改革、咨询产业、产业政策、信息产品、信息经纪人、知识经济、信息市场、对策研究、运行机制、新型城镇化
情报服务	情报服务、信息服务、知识服务、经济效益、社会效益、专利文献、情报用户、用户需求、定题服务、文献服务、书目情报服务、跟踪服务、情报活动、信息服务工作、情报管理、信息高速公路、知识经济、知识组织、知识创新、知识服务、学习型组织、业务流程重组、业务外包
信息计量	布拉德福定律、普赖斯指数、文献老化、被引半衰期、社会网络分析、知识图谱、文献计量、网络计量、专利计量、可视化、引文分析、共词分析、共现分析、聚类分析、期刊评价、统计分析、计量分析、内容分析、因子分析、词频分析、主题分析、主成分分析、共被引分析、文献计量学、评价指标、H 指数、影响因子、学术影响力、科学计量学、替代计量学、文献计量分析、期刊评价、学术评价、被引频次、共词网络、引文网络、Altmetrics（替代计量学）、研究范式
信息分析	关联数据、本体、情感分析、专利分析、深度学习、文本挖掘、主题模型、用户画像、机器学习、个性化推荐、LDA（latent Dirichlet allocation，隐含狄利克雷分布）模型、支持向量机、神经网络、关联规则、情感词典、语义网、信息抽取、语义相似度、微博舆情、科技文献、推荐系统、用户评论、情感分类、微博话题、学术文献、舆情监测、长尾理论、中文分词、自动分类、数据仓库
知识管理与竞争情报	知识管理、竞争情报、隐性知识、显性知识、知识共享、知识地图、知识融合、知识转移、知识创造、知识获取、知识整合、知识挖掘、竞争情报系统、知识管理系统、知识生态系统、知识网络、知识资本、知识链、企业竞争情报、反竞争情报、知识结构、中小企业、组织学习、竞争对手、竞争力、竞争优势、竞争战略、知识仓库、组织知识、知识价值链、竞争情报分析
信息社会	数字鸿沟、信息生态、信息公平、网络舆情、影响因素、微博、微信、社交媒体、突发事件、用户行为、扎根理论、信息行为、信息传播、社会化媒体、信息生态、微信公众平台、系统动力学、用户体验、微信公众号、虚拟社区、演化博弈、结构方程模型、意见领袖、网络谣言、技术接受模型、社会化阅读、信息搜寻行为、信息偶遇、信息构建、信息过载、信息分享、公共文化服务、公共数字文化资源、信息素养、知识社区

　　将上述主题社区的相关数据，导入镝数软件绘制了多轴气泡图，以直观形象地展现 1980—2019 年情报学研究主题的年代分布情况（图 2-1）。其中，气泡的大小指示相对重要程度，没有气泡不代表数字为零。

　　由图 2-1 可以看出，情报学论文的主题社区随着时间的推移发生了很大变化，研究重点也在不断转移，通过数据梳理出如下特点。

1. 图书情报学科的研究相对稳定，始终是学界热点

　　图 2-1 显示，"图书情报学科"这一研究主题，相对变化的程度比较小（其他主题随着时间的推移，文献数量的变动程度普遍比较剧烈），表明图书情报学

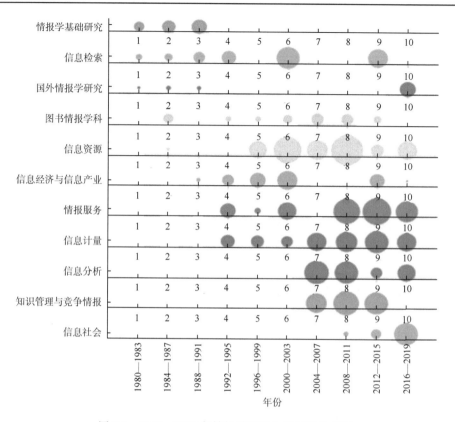

图 2-1　1980—2019 年情报学研究主题年代分布图

科的研究相对稳定。早在 20 世纪 70 年代后期，情报学作为一门学科在中国得到了蓬勃发展，其中重要标志是情报学教育的开展。1987 年，陈明先①在严怡民先生的指导下指出，尽管情报学受到过文献学、图书馆学的束缚，但它最终将摆脱这些束缚，走向标准的研究情报的学科。同年，华勋基②提出了包括情报基础理论、情报应用理论和情报实用技术的情报科学的总体结构。这些研究表明，时至 20 世纪 80 年代末 90 年代初，随着情报的含义、作用、观点等基础研究的层出不穷，以及情报学期刊的飞速发展，以科技情报为核心的情报学学科地位正式树立。近年来，大数据时代、总体国家安全观的出现，促使情报学科的研究必须随着历史的演化而变革。2017 年，由中国科学技术情报学会和中国社会科学情报学会联合发布的《情报学与情报工作发展南京共识》指出，在国家需要和历史发展的背景下，情报学与情报工作走过了以科技文献、信息管理、网络信息为主的发展历程，

① 陈明先. 情报学理论的历史及其思考[J]. 图书情报知识，1987，(4)：36-44.
② 华勋基. 试论情报科学体系[J]. 情报学报，1987，6(6)：446-450.

需要重新定位情报学科的发展目标，坚守情报阵地，在国家创新驱动发展战略和总体国家安全观的框架下建设学科，走出一条中国特色的情报学发展道路。一言以蔽之，作为一个专门研究情报与情报现象的知识体系，情报学学科的研究始终是学者较为关注的热点。

2. 信息资源、情报服务的研究占比较大，始终是学界重点

无论是信息资源，还是情报服务，理论文献的数量明显较多。就信息资源主题而言，早在 20 世纪 80 年代，"开发信息资源，服务四化建设"已经成为我国科技情报工作的基本方针①。起初的研究主要聚焦档案信息资源，无论是开发历史档案信息资源，还是开发科研档案信息资源，目的都是为经济建设服务，为领导决策服务。随着国际互联网的飞速发展，作为一种有别于传统物质资源、能量资源的新型资源——网络信息资源的出现，极大地推动了信息资源研究的发展。2000—2003 年以及 2008—2011 年，成为信息资源研究的快速发展期。2000年，孙建军和戴咏梅②结合网上信息利用的实际提出了网络信息资源配置的必要性及若干经济学、用户需求原则；2001 年，丘莉莉③对网络环境下信息资源的管理、开发和利用做了具体阐述；2002 年，查先进④指出：政府信息资源由于直接关系到国民经济和社会发展的状况与水平，也逐渐受到关注和重视。这些研究表明，2000—2003 年主要还是网络信息资源的概念界定、作用意义等基础理论研究。随后，2008—2011 年关于信息资源共建共享、资源配置、开发利用等深层次研究层出不穷。近年来，资源保障体系建设、数据资源建设、特色文献资源建设等成为信息资源主题研究的突出热点，并且与智库建设、科学数据、"一带一路"以及公共数字文化服务等结合更加紧密⑤。尤其是文献信息资源保障体系研究，无论是政策文本分析与演化规律之类的理论研究，还是红色文献资源创新服务模式之类的应用探索，都不断涌现。未来，信息资源主题的研究，将围绕"数据"在科学数据资源建设与管理等方面形成更加广泛的研究内容和研究热点。

就情报服务主题而言，相关研究一直伴随着情报学的发展而不断推进。20 世纪 80 年代初，情报服务研究从介绍国外情报服务入手，通过介绍美国海运工业情

---

① 周美瑛. 改革情报体制 开发信息资源[J]. 图书与情报，1987，(4)：6-8.
② 孙建军，戴咏梅. 高速信息网络的信息资源配置[J]. 情报杂志，2000，19(5)：40-43.
③ 丘莉莉. 网络环境下信息资源管理、开发和利用[J]. 情报资料工作，2001，(S1)：118-119.
④ 查先进. 网络环境下政府信息资源的共享与保密[J]. 图书情报知识，2002，(4)：2-5.
⑤ 肖希明，石庆功，刘奕. 信息资源建设："十三五"回望与"十四五"前瞻[J]. 图书情报工作，2021，65(1)：55-63.

报服务的组织和形式①、丹佛研究所情报服务特点②、日本科技情报中心的情报服务工作评价问题③，努力推动我国情报服务从文献资料服务转变为真正的情报服务。究其根源，任何一个国家想要迅速掌握世界科学技术成果，并跟上科学发展的步伐，就必须使科学情报服务高效、优质、低耗和多能④。从情报事业创立背景中可以发现，情报工作者为了突破西方国家的科技封锁，尽力收集世界科技资料，通过选择、整理、翻译、分析研究，为我国各级科学研究机构提供信息和情报服务。在 1992—1995 年和 2000—2003 年两个时间段，由于改制和信息高速公路的出现，情报服务格局发生了巨大变化，关于情报服务的研究形成了一个小热潮。无论是企业的自我情报服务，还是咨询机构的有偿情报服务，抑或是政府部门的公益情报服务⑤，都强调服务内容不能仅局限于自然科学，服务对象要面向企业，服务方式要提升到信息层次而非停滞在文献层次。但是，从文献数量而言，情报服务真正形成研究浪潮是 2008 年至今。究其原因，一方面是信息技术的飞速发展带来的用户需求、服务方式的变化；另一方面是学者将本体、语义网、知识挖掘等技术引入情报服务领域，在大数据环境下，利用云计算等方法构建知识服务创新平台，更好地满足用户需求⑥。未来，应急情报服务、智慧情报服务、安全情报服务等方面的探索，将给情报服务如何发展提供新思路。

3. 信息检索、信息计量的研究持续稳定，始终是学界核心点

信息检索和信息计量的相关研究，都是情报学研究的恒久话题，是情报学科的"核心"与"根据地"。就信息检索而言，早在 1980 年，赵宗仁⑦就梳理了国外计算机情报检索的发展历史，对国外情报检索理念和技术的引入起到了促进作用；1983 年，毕强和迟忍⑧专门开设计算机情报检索知识讲座，对计算机情报检索的普及具有很好的帮助。到了 20 世纪 90 年代初，通过卫星通信网络和计算机专用终端建设的大型联机系统、联机数据库，促使计算机情报检索从单机到联机。20 世纪 90 年代末，国际互联网的发展，又促使网络信息检索成为必然。从手工情报检索、机械情报检索到计算机情报检索、网络情报检索，情报检索工作方式不断变化，引发了信息检索技术与算法的相关研究。无论是用于脱机情报检索的

① 孟广均. 美国海运工业情报服务[J]. 情报科学，1980，(2)：105.
② 郭后光. 丹佛研究所提供情报服务的特点[J]. 情报学刊，1980，(3)：85.
③ 曾茂林. 情报服务工作及其评价问题[J]. 兵工情报工作，1981，(5)：13-19.
④ 毕强. 发展中的几种情报服务形式[J]. 情报知识，1982，(3)：24-27.
⑤ 曾建勋. 论面向企业的情报服务[J]. 情报学刊，1993，(4)：304-307.
⑥ 刘忠宝，赵文娟. 1990—2020 我国知识服务的文献计量学研究[J]. 图书情报导刊，2020，5(11)：27-32.
⑦ 赵宗仁. 计算机情报检索的历史发展与启示[J]. 情报学刊，1980，(2)：33-44.
⑧ 毕强，迟忍. 计算机情报检索知识讲座（一）计算机情报检索的历史和发展[J]. 情报知识，1983，(3)：22-27.

定题情报检索实用算法——逻辑树检索法①，还是用于网上全文数据库检索的全文本动态超文本锚点生成技术②，信息检索研究者不断创新，努力提升检索的易用性和适用性。易宝（北京）信息技术有限公司的 TRS 系统、王码全文检索系统以及"北城""北大""海文""方正"等全文检索管理系统，也实现了我国全文检索技术以及全文检索系统初步发展。进入 21 世纪，自然语言检索、跨语言检索、智能信息检索、基于语义的图像和视频检索及检索系统评价研究成为热点③。现今的信息检索研究，主要强调两个方面，一个方面是如何提升检索语言的建模和应用手段；另一个方面是如何考虑信息检索系统的智力或智能因素。

就信息计量研究主题而言，早期，由于方法和手段的限制，信息计量多利用数学与统计学的人工统计分析，进行文献统计。到了 20 世纪 90 年代，计算机辅助信息计量分析的研究取得明显进展，CSSCI 等中文引文索引数据库的出现，为科学计量分析与评价提供了必需的大量数据。2000 年以后，邱均平④发表了信息计量学的系列论文，促进了情报学领域对信息计量学的研究。随着信息计量分析的深入开展，需要进行计量分析研究的对象也越来越广泛，出现了两种计算机辅助信息计量分析方式：第一种，利用计算机软件进行相关分析、回归分析、统计词频分析等；第二种，利用文献信息计量学基本规律的数学表达式和计算机软件建立文献信息计量规律的数学模型并进行分析⑤。无论是词频聚类计量分析、共现计量分析，还是引文数据库与基于词频聚类的计量分析方法相结合形成的引文分析系统，都是信息计量研究的阶段性热点。随着计量学的研究对象从文献扩展到整个人类知识体系，基于知识单元进行分析的需求也随之增加，这需要新一代的人工智能和可视化工具的有效支持⑥。2007 年后，CiteSpace、HistCite、NetDraw 等知识图谱工具在信息计量学研究中逐渐得到广泛使用。近年来，随着信息技术尤其是大数据技术的发展，信息检索和信息计量都焕发了勃勃生机。信息检索在利用本体展开语义检索、自然语言处理、知识关联等方面不断前行，信息计量在期刊评价、学术评价等方面进行因子分析、引文分析、可视化分析的成果丰硕。

4. 信息分析等三个主题的研究发展迅猛，成为学界研究增长点

在 2004 年之前，无论是信息分析、信息社会方面的研究，还是知识管理

①　苏新宁. 定题情报检索实用算法[J]. 情报学报，1992，11(1)：19-27，51.

②　苏新宁. 超文本技术在全文检索系统中的实现[J]. 情报学报，2000，19(6)：582-585.

③　屈鹏，李璐，张丽丽. 情报检索发展的几个前沿问题[J]. 图书情报工作，2008，52(3)：19-24.

④　邱均平. 信息计量学（一）第一讲信息计量学的兴起和发展[J]. 情报理论与实践，2000，23(1)：75-80.

⑤　王知津，姚广宽. 三大中文数据库引文功能比较：CNKI、Vip 和 CSSCI 实证研究[J]. 图书情报知识，2005，(3)：61-65.

⑥　赵蓉英，赵月华. 信息计量工具发展研究[J]. 情报科学，2013，31(12)：19-26.

与竞争情报研究，都有不少论述。然而，知识管理与竞争情报、信息分析相关研究在 2004—2007 年开始迅速发展；而信息社会的研究则是在 2008 年后快速增长。

就知识管理主题而言，早在 1989 年王跃进等①从机器翻译视角深入研究了知识和知识管理，对知识库管理系统的管理功能和管理机制进行了分析，提出了知识库管理系统的设计方案，总结了基于知识的机器翻译的知识内容和特点，对实用性的科技文献文摘翻译的知识表示方法进行了探讨，叙述了用产生式规则来表述语言规则和翻译规则的书写格式、编码方法和匹配及执行过程，并对知识库管理系统的管理功能和管理机制进行了分析，提出了知识库管理系统的设计方案。其后，2007—2009 年的相关论文数量明显增多，增速加快②，究其原因，21 世纪被公认为是知识经济的时代，经过早期知识管理主题的摸索，知识管理核心概念的界定不断涌现，知识管理学科体系③、知识管理的指标评价体系等理论体系不断构建，知识管理与创新模式开始融合。时至今日，知识管理的核心问题——从数据到信息再到知识的增值，没有发生根本的变化④，而海量异构数据、人工智能等使得知识管理在理念、体系、技术和方法方面面临新的挑战。

就竞争情报主题而言，对于竞争情报的作用、特性及种类、竞争情报的搜集方法已经有所研究⑤。2005 年以来，我国对竞争情报的研究进入高峰期⑥。原因在于 21 世纪情报研究从科技领域快速转向经济与创新，竞争情报的研究也逐渐由理念转向实践，内容涉及竞争情报与情报学的关系、竞争情报的基本理论方法与技术、竞争情报系统的开发与应用等。2008 年开始，基于实证手段研究竞争情报逐渐增多，尤其是专利竞争情报、竞争情报作用方面的实证研究⑦。如今，由于科技发展变化日新月异，科技竞争日益需要情报的支撑，国家科技竞争情报态势感知研究为竞争情报领域注入新的活力⑧。

就信息分析主题而言，早期的信息分析主要是针对科技信息进行搜集和分析，为科研机构和科研人员提供服务⑨。20 世纪 90 年代，也有研究从决策与信息的关系出发，讨论为决策服务的信息分析研究的目标和内容⑩。21 世纪初期，由于信

① 王跃进，李生，邱祥辉. 基于知识的机器翻译中的知识和知识管理[J]. 情报学报，1989，8(5)：321-329.
② 陈瑾宇，陶秋燕，孙世强. 基于 Citespace 的知识管理研究综述[J]. 中国管理信息化，2020，23(11)：193-197.
③ 储节旺，郭春侠.知识管理学科体系构建研究[J]. 情报理论与实践，2008，31(6)：806-810.
④ 董小英，胡燕妮，曹珅珅. 数字经济时代的知识管理：挑战与趋势[J]. 图书情报工作，2019，63(1)：60-64.
⑤ 刘怀宝. 略谈竞争情报及其搜集方法[J]. 图书情报知识，1987，(2)：30-32.
⑥ 何艳宁. 2005—2009 年我国竞争情报研究综述[J]. 情报探索，2010，(4)：49-51.
⑦ 申学文. 我国竞争情报实证研究文献综述[J]. 竞争情报，2021，17(5)：19-28.
⑧ 李梦婷，石进，李明. 国家科技竞争情报态势感知研究[J]. 情报杂志，2021，40(9)：52-57.
⑨ 肖慎华. 信息分析方法的演进[J]. 农业图书情报学刊，2015，27(7)：109-111.
⑩ 李思一. 为决策服务的信息分析研究[J]. 情报学报，1994，(4)：253-261.

息化进程的加快，信息资源的猛增，信息分析越来越广泛地深入经济、社会、科技等各个领域，研究范围和方法也不断拓展。在比较分析、推理、分析与综合等定性分析方法的基础上，社会网络分析法、共词分析法、本体方法等定量分析方法不断被使用。大数据时代的信息分析，从分析对象、数据处理方式、分析方法和工具、分析思维等方面都发生巨大变化①。对情感分析、专利分析、深度学习、文本挖掘进行舆情监测等成为新热点，厚数据分析等各种信息分析新模式构建②成为信息分析研究的新方向。

就信息社会主题而言，20 世纪 80 年代，我国开始重视信息技术对社会的影响和社会信息化发展所产生的问题，情报学领域最早开始进行信息社会主题的研究③。20 世纪 80 年代中期，胡昌平、汪冰等较早涉及情报社会学问题的研究，分析了信息社会的结构、社会的信息需求、社会信息系统、信息产业与信息化等问题。20 世纪 90 年代初，信息高速公路的建设，信息社会研究的不断推进，术语规范化和标准化，被认为是信息社会的关键④。世纪之交，符福峘⑤围绕信息社会主题出版了题为《信息社会学》的专著，探讨了信息社会的基本标志和特征、信息社会结构、信息社会组织、社会信息资源配置、社会信息化测度与评价。2007 年，黄长著和周晓英⑥提出“信息社会的发展实质上是人类向知识社会的迈进，世界各国通过技术的手段创建一个崭新的知识环境”。这意味着在信息社会进程中，情报学从满足文献需求发展到满足知识的需求，从提供信息发展到提供数字化资源系统，从提供进入资料的物理入口发展到构建进入知识的智能入口，从重视技术环境发展到重视社会环境，从关注物的因素发展到关注人的因素⑦。此后，信息社会主题的研究迅猛增长，不仅重视信息社会学的基本概念与内涵、信息社会学的发展历史与特征等基本问题研究，而且关注现实重要问题的研究，包括网络社会问题研究、公共信息空间研究、信息生态问题研究、社会信息化管理与控制研究、社会治理信息化问题研究等。2016 年以后，大数据的发展、信息技术的变革带来了种种异化现象，如信息垄断、信息欺诈、信息鸿沟等。“数字鸿沟”“信息生态”“信息公平”等热门关键词表明，如何建立公平、公开、共享的信息社会，成为急需解决的重要课题，信息公平、信息公开与信息共享成为信息社会研

① 文庭孝，姜坷炘，赵阳，等. 大数据时代的信息分析变革研究[J]. 图书情报知识，2015，(5)：66-73.

② 孙智中，张晨. 基于厚数据的信息分析：内涵与模式[J]. 情报资料工作，2020，41(3)：69-75.

③ 黄少宽，黄晓斌. 我国信息社会学的研究进展与发展方向[J]. 新世纪图书馆，2016，(8)：60-65.

④ 刘涌泉. 信息社会和术语学[J]. 情报科学，1993，(5)：21-24，80.

⑤ 符福峘. 信息社会学[M]. 北京：海洋出版社，2000：1-2.

⑥ 黄长著，周晓英. 情报学进展系列论文之二信息社会建设进程中情报学的新视角[J]. 情报资料工作，2007，（2）：5-9.

⑦ 周晓英. 数字时代情报学学科发展动向[J]. 数字图书馆论坛，2006，(10)：32-37，71.

究的焦点视角。

5. 情报学基础研究等三个主题的研究起伏明显，成为学界研究异化点

图 2-1 表明，情报学基础研究主题的研究相对集中于 1991 年之前；国外情报学研究主题，1991 年之前相对较多，但更多的是在 2016 年之后；信息经济与信息产业主题的研究，1988 年开始兴起，在 2000—2003 年达到顶峰，2012—2015年又出现一个研究热潮。

就情报学基础研究主题而言，主要关注情报、情报信息、图书情报等情报学基本理论问题。以情报的基本概念为例，20 世纪 80 年代关于情报的含义、作用、观点等的研究层出不穷。研究表明，到 1982 年关于情报的定义就有 33 种①，加上《辞典》《辞源》的种种解释，至少 40 种②。情报学术争鸣对情报学研究产生了很好的影响，这些讨论试图摆脱概念混乱不清的状态，达到全新的认知境界，统一共同意念③。早期的这些研究，推动了情报学的理论和原理、方法和工具、流派与学派逐渐完善。1992 年之后，情报学科主题代替了情报学基础研究主题，更加关注情报学的学科体系、知识体系，努力构建完整、科学的情报理论体系。此外，还综合运用数学、管理科学等其他学科的理论与方法，确保情报研究的定量化和理论化。因此，情报学基础研究主题在 1991 年之后相对鲜见。

就国外情报学研究主题而言，在 20 世纪 80 年代，就积极引进和嫁接国外相关理论与方法。例如，介绍国外关于"信息社会""情报时代""信息爆炸"的论著④；述评美国著名情报学家 M. C. 约维兹（M. C. Yovits）关于广义情报系统与情报的概念、接收情报后的决策程序与决策模型、情报各变量的定义及其测度⑤；运用系统论，分析我国科技情报工作体制弊病以及探讨科技情报工作的宏观运动规律⑥⑦。这些研究，为我国情报学理论研究和情报工作实践提供了诸多参考和借鉴。2016 年之后，无论是国际环境还是国家战略，无论是技术变革还是用户需求变化，无论是情报学和情报工作的变与不变⑧，还是情报服务迈向 3.0⑨，都促使情报界的学者不仅将研究焦点放在政府数据开放、科学数据共享、情报教育、数据

① 夏宗辉. 论情报的概念[J]. 情报学刊，1981，（2）：4-13.
② 杨沛霆. 论情报概念与情报功能的演变[J]. 情报学报，1982，1（1）：94-97.
③ 杨沛霆，王松益，赵宗仁. 我国情报学研究的进展[J]. 情报学报，1986，5(S1)：273-283.
④ 孟广均. 目前国外关于情报理论几个问题的讨论[J]. 情报科学，1980，(4)：88-91.
⑤ 马费成. 述评约维兹的情报理论观点[J]. 情报学刊，1984，(4)：26-30.
⑥ 卢太宏，杨联纲. 变革中的情报工作新观念与新方式[J]. 科技情报工作，1987，(3)：15-17.
⑦ 吴达人. 试论国家科技情报系统的整体有序性[J]. 情报学报，1982，(1)：77-85.
⑧ 王知津. 大数据时代情报学和情报工作的"变"与"不变"[J]. 情报理论与实践，2019，42(7)：1-10.
⑨ 吴晨生，李辉，付宏，等. 情报服务迈向 3.0 时代[J]. 情报理论与实践，2015，38（9）：1-7.

监管等新兴领域，而且聚焦在情报体系、情报工作管理制度、学科结构等情报理论研究的传统领域，通过总结美国情报学科结构[①]、量化分析美国情报管理制度[②]、梳理美国情报体系发展沿革[③]，理性挖掘国外尤其是西方发达国家在情报研究、情报工作中的优势、劣势及其根源，以期兼容并蓄，有取舍地学习。

就信息经济与信息产业研究主题而言，早期的相关研究不仅是因为社会信息化浪潮，而且是因为情报体制改革，也是出于图书情报事业在信息经济中崛起的美好愿景[④]。研究焦点主要是对信息化的认知、对信息定义的理解、对信息经济与信息产业的认知、信息化与信息系统的关系、信息商品的定价、信息经济学的讨论等。信息产业是我国的支柱产业，促使信息产业演变规律、形成机制等理论研究，以及人才队伍建设、信息产业发展规划等实践探索不断涌现。经过 40 多年的发展，必要的历史梳理以及实践案例总结促使信息经济与信息产业主题在2012—2015 年出现小的研究热潮。

2.1.3　情报学研究的热点分布

本部分从研究论文的关键词出现频率和不同年代分布情况入手，为展现情报学研究热点的时代特征，以十年为一个区间，在前述数据处理基础上将所有关键词分类汇总为四段区间，分别为 1980—1989 年、1990—1999 年、2000—2009 年、2010—2019 年。将生成的数据表导入镝数软件，通过词云工具，生成了四个关键词词云图（图 2-2），由图 2-2 可以看出，情报学研究热点与社会发展、国家需求、技术进步关联紧密，时代烙印明显。

（a）1980—1989年　　　　　　　　　　　（b）1990—1999年

① 邵安. 美国情报学科结构、专业内容与高校分布[J]. 情报理论与实践，2020，43(5)：203-207.

② 马海群，邹枕龙，王今. 基于多源流理论的美国情报管理制度变革动因研究[J]. 情报理论与实践，2021，44(5)：1-7.

③ 王守都. 后冷战时期美国情报体系发展沿革：改革实践、旧问题与新挑战[J]. 情报杂志. 2021，40(6)：1-9.

④ 彭长城. 图书情报事业在信息经济中的崛起[J]. 图书与情报，1984，(4)：16-18，11.

（c）2000—2009年　　　　　（d）2010—2019年

图2-2　1980—2019年情报学研究论文关键词的词云图

1. 1980—1989年，情报学研究在探索中不断演进

梳理我国情报学研究的整个历程，始终与当时的情报工作紧密结合，20世纪80年代也是如此。当时，随着中国科技情报事业的复苏与繁荣，相关学术研究工作也迅猛发展。1983年著名科学家钱学森发表题为《科技情报工作的科学技术》的重要讲话，提出科技情报工作是一门科学技术[①]。"情报工作""情报机构"等关键词表明，为了支持国家现代化建设，诸多学者探讨我国情报工作面临的新形势、新任务与新挑战，研究情报机构的组织结构与运行机制，探讨如何为我国科研生产和经济体制改革与发展提供情报支持和保障服务等，这些研究有力指导了当时的情报工作。情报研究与情报实践紧密结合，情报工作相关的理论与实践层出不穷，成为当时研究的焦点。

随着改革开放和四个现代化建设，如何贯彻国家改革开放的方针政策，跟上国家改革开放的步伐，适应社会主义市场经济发展的需要，情报学与情报工作需要重新确立自己的社会地位和功能，有效地为国民经济建设服务。因此，情报学与情报工作的研究成为学者非常关注的领域。情报工作需要采用新技术，逐步实现现代化，与情报技术研究相关的词汇"情报检索""情报系统""计算机"成为热门关键词。

与此同时，"情报""情报科学""情报研究"等关键词说明，何谓情报及情报是否是一门科学等基础理论研究层出不穷。1980年，杨沛霆在《科技情报工作》第1期首次讨论了intelligence和information两词的区别和联系。钱学森[①]在1983年的国防科技情报工作会议中指出，"情报是一种特别的精神财富，是一种特别的知识"，所谓特别是指"情报是激活了、活化了的知识，是激活了、活化了的精神财富""情报就是为了解决一个特定的问题所需要的知识，要注意它的及时性和针对性这个要求"。1987年，卢太宏和杨联纲[②]在《变革中的情报工作

① 钱学森. 科技情报工作的科学技术[J]. 兵工情报工作，1983，(6)：3-10.
② 卢太宏，杨联纲. 变革中的情报工作新观念与新方式[J]. 科技情报工作，1987，(3)：15-17.

新观念与新方式》中首次提出大情报观，并界定为"从科技情报延拓到各类社会需求的情报，从单一领域的情报系统演变为综合的社会情报系统"。

在国内外情报学对比研究方面，"苏联""日本""美国"这些热门关键词，充分说明了当时情报学界对国外哪些国家的情报学与情报工作成果更为关注。总体而言，无论是苏联图书馆学的梳理①，还是苏联科技情报的几点体会②，无论是日本中小企业情报工作特色总结③，还是日本情报科学研究和教育的动向跟踪④，无论是美国《化学文摘》的系列研究，抑或是美国情报教育的各种考察，都是经验介绍和历史的总结，属于"他山之石"的借鉴，尚未形成系统、综合的对比研究。

2. 1990—1999 年，情报学研究在改革中不断完善

由于信息化浪潮的冲击、机构改制的推动，本时期的情报学研究备受冲击。面对如潮的信息革命，处在高速发展阶段的中国，也开始奋力发展信息产业，信息科学在我国迎来了大发展时期。"信息产业""信息服务""情报服务"等热门关键词，说明了"情报"一词被"信息"替代后整个情报学研究的演化和变革。"情报学""学科""information""情报"等热门关键词，表明整个情报学研究依旧关注情报学的核心内涵、学科地位和未来发展。"知识""Web""网络"的出现，表明情报学始终紧随时代、技术的脉搏。

同时，"市场经济""经济""企业"表明情报研究面临严峻挑战。正如郎诵真等⑤在 1999 年所言，在市场经济与网络条件下，情报研究应在发展战略模式、服务模式、业务模式、人才模式四个方面进行变革和更新。"中国""美国"两个热门关键词，说明美国成为我国情报学定标对象，并开始梳理思考本国情报学的历史成就和未来发展。

值得关注的是，"中文""计算机"表明情报学研究已经具体深入解决汉语文献处理的难处。苏新宁 1993 年至 1997 年在《情报学报》发表的 6 篇系列论文《汉语文献检索词自动标引研究》《汉语词切分标引算法的改进》等，将研究焦点放在了"汉语文献自动标引"就是有力的例证。实际上，中文信息处理不仅是规模开发中文信息资源、发展我国信息服务业的需要，也是情报学自身如何适应信息社会语言处理需要的方向性问题⑥。无论是自适应汉语词数据库的实

① 彭斐章，郭星寿，焦玉英. 苏联图书馆学的现状[J]. 图书情报知识，1988，(2)：24-27，32.

② 顾永春，郭仁松. 搜集和分析苏联科技情报的几点体会[J]. 兵工情报工作，1983，(1)：27-29，23.

③ 单纪才. 日本中小企业情报工作特色[J]. 情报科学，1982，(5)：85-90.

④ 吴建中. 日本情报科学研究和教育的动向[J]. 情报科学，1984，(1)：78-82.

⑤ 郎诵真，王曰芬，朱晓峰. 市场经济和网络条件下的情报研究模式[J]. 图书情报知识，1999，(1)：17-20.

⑥ Yu Z. 试论现代语言学的发展与图书情报研究的新领域[J]. 图书情报工作，1998，(10)：30-32.

现①、中文机读目录字符集②、汉语自动分词研究③，还是中文声数编码方案④、异形国标码二义性问题⑤，都表明将计算机引入中文信息处理后，情报学研究者聚焦汉字处理技术、中文应用系统开发、中文信息处理的基础理论，产生了大量的研究成果。

3. 2000—2009 年，情报学研究在发展中不断迁移

21 世纪初的第一个十年，是信息技术飞速发展的十年。无论是用户信息获取渠道，还是用户本身需求，都在飞速变化，情报学研究必然需要突破传统的科技文献范围，向信息科学方向延伸，注重划分研究领域，总结已有情报工作特点，并探究新时期情报的学科地位。

在研究领域方面，热门关键词"知识管理"说明共同关注知识管理与情报学的研究成果大量涌现。知识管理在理论研究、工作实践、研究方法、研究内容和专业教育等方面对情报学产生着重大的影响⑥，2009 年，盛小平和刘泳洁⑦基于文献计量法论证了知识管理不是一种管理时尚，而是一门学科和管理上的高级阶段。与此同时，"知识管理"成为热门关键词，也说明信息服务转变为知识服务，不仅仅是思想观念的转变，更是一种全新的服务模式，是提高情报研究水平和服务质量的必然要求，甚至有学者提出了"图书情报工作的核心能力应定位于知识服务"的观点⑧。

热门关键词"竞争情报"发源于美国的竞争情报研究，20 世纪 80 年代被引入中国后越来越受到我国学术界和企业界的重视⑨。1995 年 4 月组建的中国科学技术情报学会竞争情报分会极大地推动了我国竞争情报研究，也为竞争情报在企业中的应用提供了理论和方法上的支持⑩。竞争情报从理论到实践的拓展，不仅验证了竞争情报的价值与功能，而且，越来越多的咨询机构和高校及研究机构开始

---

① 周国栋，王永成. 自适应汉语词数据库的实现[J]. 情报学报，1994，13(3)：172-176.

② 沈艺. 中文机读目录字符集的完整性[J]. 现代图书情报技术，1996，(5)：44-47.

③ 尹锋. 汉语自动分词研究的现状与新思维[J]. 现代图书情报技术，1998，(4)：22-26.

④ 史崇政. TMK 声数汉语卡技术[J]. 情报理论与实践，1990，(5)：33-35.

⑤ 沈艺. 浅析异形国标码二义性所造成的误检[J]. 情报理论与实践，1990，(5)：31-32.

⑥ 赵益民，柯平. 近十年知识管理对情报学的影响研究回顾[J]. 情报资料工作，2009，(1)：10-15.

⑦ 盛小平，刘泳洁. 知识管理不是一种管理时尚而是一门学科：兼论知识管理学科研究进展[J]. 情报理论与实践，2009，32(8)：4-7.

⑧ 张晓林. 走向知识服务：寻找新世纪图书情报工作的生长点[J].中国图书馆学报，2000，(5)：32-37.

⑨ 贡金涛，贾玉文，李森森. 1998—2007年中国大陆竞争情报研究现状的计量分析[J]. 情报杂志，2009，28(12)：106-109.

⑩ 莫毅易，周九常. 网络组织对竞争情报的影响[J].情报杂志，2007，26(5)：111-114.

深入研究竞争情报的方法论，并开发出系列实用工具，辅助企业应用①。另外，企业开展竞争情报所需的企业竞争情报系统、竞争情报方法、反竞争情报体系、竞争情报人才，也促进了竞争情报的理论研究和教育研究。

"电子政务""电子商务"等热门关键词从积极角度而言，拓展了情报学研究的领域和范围；但是，也表明当时情报学研究具有发散性甚至是有一定的盲目性。

在研究方法方面，我国身处科技情报实践前沿的研究者一直重视总结归纳和抽象升华与情报感知相关的经验和规律，杜元清②用"有组织的'惦记'和'监测'"总结科技情报工作特点。贺德方③提出"事实型数据+专有方法工具+专家智慧"的科技情报及政策研究方法论，对于整个情报研究工作具有十分重要的指导作用。"本体"的出现被迅速引用到中文语义识别等研究④，基于本体的智能信息检索对提高查全率和查准率具有一定指导意义⑤。

4. 2010—2019 年，情报学研究在进步中不断彰显中国特色

2010 年至今，大数据环境及国家安全与发展战略给情报工作发展带来了前所未有的机遇与挑战，情报事业正在进入一个由新技术、新环境、新需求以及情报学发展新方向共同构筑的新时代。

由于情报学的研究内容和情报工作的内容与数据具有高度的相关性⑥，热门关键词"大数据""云计算""可视化"充分表明大数据为情报学发展带来了新机遇⑦。众多学者以国家安全治理与经济社会发展、大数据智能环境为背景，以情报学和情报工作的"变"与"不变"为主线，系统解析了情报学研究的新形势、新技术、新的现实困境，探讨了新时代情报学研究在角色定位、体制构建、军民融合、智库发展等多个层面多个维度的变革思想、发展战略和可行路径。热门关键词"情报学""教育"正是这些学者研究焦点的体现。2020 年，苏新宁⑧从新时代情报学教育的使命入手，探讨了未来情报学教育的定位，提出了情报学教育的

---

① 王强，余振刚，付宏. 基于互联网舆情新视角的竞争情报研究进展：竞争情报国际会议（2012）综述[J]. 图书情报知识，2013，(4)：51-58.

② 杜元清. 信息环境与信息传递样式[J]. 情报理论与实践，2009，32(8)：16-20.

③ 贺德方. 基于事实型数据的科技情报研究工作思考[J]. 情报学报，2009，28(5)：764-770.

④ 王昊，苏新宁. 基于模式匹配的中文通用本体概念抽取模型[J]. 情报理论与实践，2008，31(2)：292-297，291.

⑤ 陈晓金，王兵. 信息检索技术研究与实践[J]. 情报资料工作，2008，(3)：33-35，42.

⑥ 王知津. 大数据时代情报学和情报工作的"变"与"不变"[J]. 情报理论与实践，2019，42(7)：1-10.

⑦ 苏新宁. 大数据时代情报学学科崛起之思考[J]. 情报学报，2018，37(5)：451-459.

⑧ 苏新宁. 新时代情报学教育的使命与定位[J]. 情报学报，2020，39(12)：1245-1252.

七大使命：培养"耳目、尖兵、参谋"式人才、培养科学技术的领航者、培养国家安全领域的情报人才、培养能够担当决策参谋的情报人才、培养在各行各业具有高度嗅觉的情报学家、培养为人民服务的咨询服务人才、培养探索情报理论技术与方法的情报学人；刘浏等①围绕情报学教育的内涵讨论、人才培养和课程设置，对改革开放以来情报学教育的发展历程进行了完整的回顾，认为中国情报学走出了一条中国特色的专业建设道路。

2009年，梁战平②预言，科技情报工作将发生四个转变和具备四个新功能。四个转变为由静态转变为动态、由简单转变为复杂、由个体作业转变为团队作业、由传统的信息服务转变为先进的知识服务。四个新的功能为独特的资源整合功能、专门的知识挖掘功能、快速的情报服务功能、安全的网络传递功能。本阶段"知识服务""知识管理""知识共享""知识图谱""用户行为"等一系列热门关键词，表明大数据时代的情报学研究仍然需要以用户需求为中心，以知识服务为理念，但是手段与方法，技术与工具，发生了根本性变化。同时，也正如胡昌平和吕美娇③所述，"知识形态及其转化""基于用户认知的智能交互机制""信息时空结构探索与理论模型"等问题的研究，是面向应用的情报学前沿发展。

2019年至今，情报学研究继续坚守情报阵地，不忘初心、牢记使命，努力走出一条中国特色的情报学发展道路④。梳理我国情报学学科体系、学术体系、话语体系的发展历程⑤，为中国特色情报学研究指明了方向；充分融合各类情报学分支，重构中国特色情报学理论体系和学科专业体系⑥，为中国特色情报学学科构建提供了策略；研究《孙子兵法》涵盖的传统情报战争的核心理论方法⑦，为中国特色情报战略布局寻找思想源泉；梳理美国情报研究特色教育的专业概况和教学实践情况，总结美国情报研究特色教育的发展特点⑧，探索我国开展情报研究特色教育的条件与要求。

① 刘浏，王东波，沈思，等. 大数据时代情报学教育的回顾与展望[J]. 情报学报，2020，39(12)：1264-1271.
② 梁战平. 情报学和情报工作的发展趋势[J]. 图书情报工作，2009，53(2)：5-7.
③ 胡昌平，吕美娇. 大数据与智能环境下的情报学理论发展[J]. 情报理论与实践，2020，43(10)：1-6.
④ 苏新宁. 不忘初心、牢记使命 展望情报学与情报工作的未来[J]. 科技情报研究，2019，1(1)：1-12.
⑤ 苏新宁. 中国特色情报学学科体系、学术体系、话语体系论纲[J]. 中国图书馆学报，2021，47(4)：16-27.
⑥ 杨建林，苗蕾. 情报学学科建设面临的主要问题与发展方向[J]. 科技情报研究，2019，1(1)：29-50.
⑦ 孙瑞英. 面向文化自信的中国特色国家情报战略运筹研究：基于《孙子兵法》的"三维"战略布局[J]. 现代情报，2020，40(7)：43-51.
⑧ 陈美华，王延飞.情报研究特色教育条件探索：以美国教育实践为例[J]. 情报理论与实践，2021，44(5)：29-35.

2.1.4　情报学研究的理论、方法高频词分布

分析情报学研究的理论、方法高频词分布，目的在于厘清我国情报学学科的理论和方法应用情况。关于情报学的学科成熟性一直存有争议，重要原因之一是情报学研究中经典理论的缺乏。1998 年，赫约兰德（Hjorland）指出："众所周知，情报学缺乏好的理论。大多数的工作具有一种实用的属性而拒绝科学的分析和一般化。"即使到了 21 世纪，美国情报学界仍在讨论能否建立一个情报的一般理论或"美国"式理论体系。不可否认的是，情报学的学科理论体系需要进一步发展健全。

为更加清晰地了解我国情报学学科的理论和方法应用情况，基于 1980—2019 年 40 年时间图书情报 CSSCI（2017—2018 年以及 2019—2020 年核心版）的 19 种期刊中的 68 641 篇情报学研究论文，表 2-3—表 2-6 分别列出 1980—2019 年我国情报学论文中应用的高频理论、模型、原理和方法。在具体分析中，由于关键词是简明、确切地记述论文核心、基石的最重要词语，也就是说，在关键词中出现的理论、模型、原理和方法，最能反映该理论是论文的理论基础、理论依据，远远比在全文中出现这些内容更有说服力。因此，这些高频理论、模型、原理和方法，均来自这些论文的关键词。

表 2-3　1980—2019 年我国情报学论文中有关理论的高频词一览表

序号	名称	序号	名称	序号	名称	序号	名称	序号	名称
1	扎根理论	11	组织理论	21	模糊理论	31	信息觅食理论	41	图式理论
2	长尾理论	12	互信息理论	22	期望确认理论	32	学习理论	42	信息生态理论
3	计划行为理论	13	灰色系统理论	23	前景理论	33	超循环理论	43	系统理论
4	耗散结构理论	14	激励理论	24	社会网络理论	34	粗糙集理论	44	小世界理论
5	社会资本理论	15	信息交换理论	25	决策理论	35	动机理论	45	效用理论
6	灰色理论	16	创新扩散理论	26	治理理论	36	范式理论	46	协同学理论
7	协同理论	17	社会认知理论	27	共生理论	37	混沌理论	47	信息不对称理论
8	TRIZ 理论	18	博弈论	28	结构洞理论	38	接受理论	48	知识管理理论
9	生命周期理论	19	证据理论	29	期望理论	39	理性行为理论	49	知识组织理论
10	元理论	20	行动者网络理论	30	权变理论	40	利益相关者理论	50	"三个世界"理论

注：TRIZ 理论表示发明问题解决理论，是俄文的英文音译 teoriya resheniya izobreatatelskikh zadatch 的缩写，英文全称是 theory of the solution of inventive problems

表 2-4　1980—2019 年我国情报学论文中有关模型的高频词一览表

序号	名称	序号	名称	序号	名称	序号	名称	序号	名称
1	结构方程模型	11	解释结构模型	21	社会交换模型	31	回归模型	41	概率主题模型
2	向量空间模型	12	演化模型	22	灰色模型	32	试验模型	42	技术接受模型
3	评价模型	13	Kano 模型	23	知识管理模型	33	五力模型	43	用户满意度模型
4	主题模型	14	成熟度模型	24	UTAUT 模型	34	知识服务模型	44	元数据模型
5	技术接受模型	15	SIR 模型	25	本体模型	35	知识共享模型	45	最大熵模型
6	LDA 模型	16	图模型	26	博弈模型	36	知识链模型	46	PROV 模型
7	用户模型	17	信任模型	27	可视化模型	37	知识转移模型	47	SEIR 模型
8	布尔模型	18	信息系统成功模型	28	期望确认模型	38	巴斯模型	48	文献增长模型
9	心智模型	19	语义模型	29	CRF 模型	39	DEA 模型	49	信息传播模型
10	用户兴趣模型	20	Logistic 模型	30	隐马尔可夫模型	40	S-O-R 模型	50	信息化指数模型

注：SIR 模型为一种传播模型，S 表示易感者（susceptible），I 表示感染者（infective），R 表示康复者（recovered）；Logistic 模型表示逻辑斯谛模型；UTAUT 模型表示整合信息技术接受和使用（unified theory of acceptance and use of technology）模型；CRF 模型表示条件随机场（conditional random field）模型；DEA 模型表示数据包络分析（data envelopment analysis）模型；S-O-R 模型中 S 表示刺激（stimuli），O 表示组织（organism），R 表示反应（response）；PROV 模型表示数据溯源（provenance）模型；SEIR 模型中 S 表示易感者（susceptible），E 表示潜伏者（exposed），I 表示感染者（infected），R 表示康复者（recovered）

表 2-5　1980—2019 年我国情报学论文中有关原理的高频词一览表

序号	名称	序号	名称	序号	名称	序号	名称
1	对数透视原理	6	熵增原理	11	二八原理	16	透视原理
2	粒度原理	7	系统原理	12	反馈控制原理	17	小世界原理
3	帕累托原理	8	NAT 工作原理	13	共词聚类原理	18	协同学原理
4	效益原理	9	弹性原理	14	红绿灯原理	19	最大熵原理
5	马克思主义哲学原理	10	递归原理	15	木桶原理	20	最小作用量原理

注：NAT 表示网络地址转换（network address translation）

表 2-6　1980—2019 年我国情报学论文中有关分析方法的高频词一览表

序号	名称	序号	名称	序号	名称	序号	名称
1	文献计量	9	层次分析	17	可视化分析	25	回归分析
2	综述（述评）	10	聚类分析	18	关联分析	26	实验法
3	引文分析	11	案例法	19	共现分析	27	语义分析
4	统计分析	12	因子分析	20	实证分析	28	德尔菲法
5	比较研究	13	问卷调查	21	主成分分析	29	SWOT 分析
6	社会网络分析	14	链接分析	22	词频分析	30	结构分析
7	共词分析	15	情感分析	23	专利计量	31	访谈法
8	内容分析	16	网络计量	24	主题分析	32	元分析

注：SWOT 中，S 表示优势（strength），W 表示弱势（weakness），O 表示机会（opportunity），T 表示威胁（threat）

　　由表 2-3 可见，情报学研究领域的广泛性，必然需要多样化的基础理论。例如，扎根理论主要用于影响因素、形成机理分析等方面的研究；长尾理论早期多用于图书馆服务、资源等方面的研究，近期开始应用于领域新兴前沿探寻模型构建等研究[1]；计划行为理论多用于参与行为、采纳行为、合作行为等方面的实证研究，大多作为结构方程模型的基础理论，研究各种行为的影响因素、使用意愿；耗散结构理论作为系统论中的经典理论，多用于情报系统、信息系统、科研数据管理系统等方面的研究；社会资本理论多用于虚拟社区的知识共享、用户行为等方面的研究。仔细审视这些理论，充分证明了国内情报学对本学科理论的应用、继承与发展不足[2]，更多偏向社会科学、自然科学的理论研究成果。

　　由表 2-4 可以看出，我国情报学论文中高频模型里只有极少数模型偏向思维模型，这种模型往往适用于定性分析，如五力模型通常用于竞争情报战略优选、竞争情报环境分析。其他大多数模型属于数理模型，被用于情报学的定量研究与实证分析。例如，作为多元数据分析重要工具的结构方程模型，被广泛应用于网络用户社会化信息搜寻能力[3]、公众风险信息搜索行为[4]、科学数据共享行为[5]、科学数据重用意愿[6]的实证研究中。由于这些模型本身的局限性，在情报学研究论文中应用这些模型，也大多局限于研究对象构成要素的结构研究或者关系研究。在结构研究中，大多探索这些研究对象由哪些要素构成而忽视彼此的关系。在关系研究中，多用于分析研究对象之间的相关关系，鲜有因果关系分析；换而言之，大多停留在简单线性关系分析与展现，而没有进一步剖析关系背后的演进过程或者可能机制。

　　基本原理是情报学学科范式的核心组成部分，由表 2-5 可以发现，情报学在基本原理应用方面，无论是数量还是使用频次，都很低。例如，马费成论证提出的情报学六个基本原理，只有对数透视原理和小世界原理名列其中。以对数透视原理为例，为数不多的文献包括：《网络环境下的对数透视原理》[7]《布氏情报学

　　① 廖鹏飞，李明鑫，万锋. 基于长尾关键词的领域新兴前沿探寻模型构建研究[J]. 情报杂志，2020，39(3)：51-55.
　　② 王芳，陈锋，祝娜，等. 我国情报学理论的来源、应用及学科专属度研究[J]. 情报学报，2016，35(11)：1148-1164.
　　③ 胡媛，黄依琳. 网络用户社会化信息搜寻能力实证研究[J]. 现代情报，2017，37(3)：73-78，108.
　　④ 胡向南，郭雪松，连翠红，等. 政策执行中的公众风险信息搜索行为研究：以陕南移民政策为例[J]. 情报杂志，2019，38(2)：172-180.
　　⑤ 万莉，程慧平. 基于元分析结构方程模型的科学数据共享行为因素研究[J]. 情报理论与实践，2021，44(7)：125-130，158.
　　⑥ 文静，何琳，韩正彪. 科研人员科学数据重用意愿的影响因素研究[J]. 图书情报知识，2019，(1)：11-20.
　　⑦ 肖楠，任全娥，胡凤. 网络环境下的对数透视原理[J]. 图书情报知识，2007，(3)：60-64.

思想对网络信息检索结果的认识优化》①《网络知识增长的对数透视研究——以竞争情报为例》②《知识获取的对数透视原理分析——以数据挖掘领域为例》③《我国网络舆情研究现状及其知识增长趋势分析》④。究其原因，可能是很多原理本身被广泛接受，并被作为理论研究的基本前提，即原理本身具有的普适性，导致情报学理论研究中应用原理偏少。

情报学高频分析方法，从一个侧面展现了情报学研究的变革与坚守。表 2-6显示，我国情报学论文中应用的高频分析方法不仅有因子分析、主成分分析、回归分析等统计学常用方法，也有如问卷调查、访谈法、实验法等较为通用的科学研究方法，更有引文分析、文献计量、网络计量等情报学固有方法。例如，文献计量分析方法和可视化分析广泛用于不同研究对象的现状总结、热点剖析、主题脉络、历史演进及趋势分析；社会网络分析除了用于热点实证研究之外，也专注于知识共享的量化分析……显然，这些分析方法为情报学研究提供了全新的视角，从而产生了日益多元的情报学研究领域和日益丰富的研究成果。

为了进一步探究表 2-3—表 2-6 筛选所得的情报学高频理论、模型、原理、方法中，哪些比较稳定，哪些只是时代热点的昙花一现，本章同样以十年为一个区间，分别为 1980—1989 年（第一阶段）、1990—1999 年（第二阶段）、2000—2009年（第三阶段）、2010—2019 年（第四阶段），绘制了情报学研究的高频理论、模型、原理和方法时序变化图（图 2-3）。根据它们在不同时期的变化趋势，时序变化基本可以分为增长型、下降型、波动型和昙花一现型四种类型。

1. 增长型

整个阶段的相关研究数量明显增长。其中，扎根理论、信息交换理论、社会认知理论、行动者网络理论、前景理论、粒度原理、LDA 模型、可视化分析等都属于近十年飞速增长类型；长尾理论、计划行为理论、协同理论、生命周期理论、博弈论、小世界原理、成熟度模型、语义模型、心智模型、社会网络分析、共词分析、共现分析、链接分析、实证分析等都属于近二十年飞速增长类型；范式理论、文献计量、综述（述评）、引文分析、内容分析、层次分析、聚类分析、因子分析、词频分析等始终处于飞速增长状态。

---

① 娄银银，刘春茂. 布氏情报学思想对网络信息检索结果的认识优化[J]. 情报杂志，2008，(8)：61-63.

② 张晋朝，李改霞. 网络知识增长的对数透视研究——以竞争情报为例[J]. 图书情报工作，2011，55(2)：78-82.

③ 江雪琴，张志平，李琳娜. 知识获取的对数透视原理分析——以数据挖掘领域为例[J]. 情报杂志，2014，33(7)：156-160.

④ 曹树金. 我国网络舆情研究现状及其知识增长趋势分析[J]. 情报资料工作，2016，(6)：17-22.

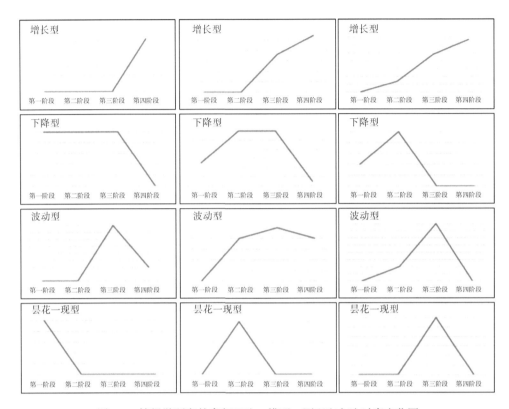

图 2-3　情报学研究的高频理论、模型、原理和方法时序变化图

2. 下降型

历史上在某个或者某几个阶段比较重要，近期的相关研究数量明显减少，且明显低于前几个阶段，如耗散结构理论、灰色系统理论、结构洞理论、系统理论、试验模型、反馈控制原理等。

3. 波动型

整个阶段的相关研究数量涨落变化明显，如决策理论、模糊理论、信息化指数模型等。

4. 昙花一现型

只在某个特定阶段出现，其余阶段的研究数量均为零，且最近阶段也为零，如知识链模型、帕累托原理、效益原理、弹性原理、共词聚类原理、红绿灯原理、协同学原理等。

　　统计分析显示，近六成的高频原理属于"昙花一现型"，超过六成的高频理论和高频模型、超过八成的高频方法都属于"增长型"。这一方面验证了有关学者提出的"情报学基本原理存在'基本原理过于简单'等种种不足"[①]，"难以产出有见解的情报产品"[②]等观点，另一方面说明作为一门年轻的、充满活力的学科，情报学学科建设面临的问题主要是学科知识体系建设方面的问题[③]。

2.2　情报史视角下的中国特色情报学基本问题

　　在中国情报学的学术发展过程中，关于情报学基本问题的探讨由来已久，并源源不断地有学者就情报学的基本问题提出自己的思考或给出自己的观点[④⑤]。然而，鉴于情报学的交叉学科背景和涉及广泛的理论基础，对上述问题的探讨依然没有构建一套统一的定义和体系。随着新文科建设的发展，梳理情报学基本问题对于当前情报学的发展更具有特殊的意义[⑥]。为了更好地定量化解释相关问题，以情报学学术史梳理为基础，借助自然语言处理和文本挖掘的技术，结合情报学文献的题录信息，采用多种工具和可视化手段，以期总结和提炼中国情报学在基本问题讨论中的演变、发展特点及其规律。

2.2.1　学术范畴、命题、思想与观点

　　梳理学科发展轨迹的前提是搞清楚某一学科在本学科中的基本问题。对情报学来说，需要梳理的是一些基本关注点并进行提炼，主要包括：学科的基本学术范畴，在这个范畴下有哪些重要的、基本的学术命题、学术思想和学术观点。在此基础上，拓展讨论哪些学科的基本范畴、基本命题、基本学术观点、基本学术思想是中国特有的，并可以用于开展学科建设的。按照定义的外延范围，学术范畴、学术命题、学术思想与学术观点的定义具体如表 2-7 所示。学术命题、学术范畴、学术思想和学术观点及其体系化的系统是构成学术体系的重要因素。在情报学理论探讨中，学者经常就某一具体研究提出涉及上述四项基本问题的一些自己的见解。

---

　① 杨建林. 情报学基本原理的再认识[J]. 情报学报，2019，38(11)：1212-1221.
　② 李辉. 新时代我国科技情报工作的价值定位与发展方略[J]. 科技情报研究，2019，1(1)：51-63.
　③ 杨建林，苗蕾. 情报学学科建设面临的主要问题与发展方向[J]. 科技情报研究，2019，1(1)：29-50.
　④ 杨国立，苏新宁. 迈向 Intelligence 导向的现代情报学[J]. 情报学报，2018，37(5)：460-466.
　⑤ 杨建林. 情报学哲学基础的再认识[J]. 情报学报，2020，39(3)：317-329.
　⑥ 马费成，李志元. 新文科背景下我国图书情报学科的发展前景[J]. 中国图书馆学报，2020，46(6)：4-15.

表 2-7　概念界定观点

概念	概念描述	引用
学术命题	学术命题是学术体系逻辑化构建中的基本要素，它们是具体性的学术观点的体现，也是开放性的学术研究的原点。在中国情报学与情报工作的本土演进中需要关注特有的理论命题	李阳和孙建军[①]
学术范畴	各门学科都有自己的一些基本范畴。情报学可以分成若干个基本研究范畴，综合构成了情报学的整体	许立达[②]
学术思想	学术思想往往是指相对完整的理论体系，有科学的哲学基础，有一以贯之的主线。情报学学术思想的发展历程是一个由信息环境维、理论创新维和学派维所形成的动态的三维立体结构	刘春茂[③]
学术观点	学术观点一般是指对学术问题的具体看法。观点：处于一定立场，分析事物利弊和适用性的表达。情报学基本观点主要指讨论情报的本质、情报学理论基础、情报科学研究方法等的观点	李志生[④]

　　为更加清晰地阐释我国情报学领域关注的基本问题，我们基于 1980—2019 年的图书情报 CSSCI（2017—2018 年以及 2019—2020 年核心版）的 19 种期刊中的 68 641 篇情报学研究论文，采用正则表达式匹配的方法初筛 1980—2019 年我国情报学论文中提及学术范畴、学术命题、学术思想与学术观点的论文。表达式匹配结果和对应论文返回结果如表 2-8 所示。

表 2-8　情报学基本问题相关论文

概念	内容描述特征（必须满足其中之一）	论文数量/篇
学术命题	1）标题、关键词含"命题" 2）摘要中符合正则："提出\w*命题"或者"该命题"	27
学术范畴	1）论文标题中含"范畴" 2）关键词字段中包含"范畴" 3）摘要中符合正则："研究\w*范畴"或者"纳入\w*范畴"	100
学术思想	1）标题、关键词含"思想" 2）摘要中符合表述："基于……思想"	132
学术观点	摘要中符合表述："从……的观点看"或者"本文根据……的基本观点"	793

　　在初步筛选的结果中，一些论文的匹配结果较为精确，如《简论信息、知识、情报的范畴及其数学表述》，也有一些匹配结果虽然符合描述特征，但是研究主

---

① 李阳，孙建军. 中国情报学与情报工作的本土演进：理论命题与话语建构[J]. 情报学报，2018，37(6)：631-641.

② 许立达. 情报学的对象和范畴与局部空间理论[J]. 情报学报，1983，(2)：161-164.

③ 刘春茂. 情报科学思想发展脉络的走向分析[J]. 中国图书馆学报，2001，(5)：9-11.

④ 李志生. 情报学基本观点论要[J]. 图书情报工作，1990，(2)：4-8.

题过窄或者相较于情报学基本问题发生了偏移。典型代表有《知识管理思想的演化与评价》，虽含有"思想"一词但知识管理的主题更加具体，以及《数字保存的认知与实践——基于对数字保存机构的调查》一文，匹配词汇命题出现在摘要中，如"基于认知调查，提出了加强数字保存可持续性研究的命题"，但和本章研究关注的情报学学术命题发生了关注点的偏移。因此，需要利用文本标注和抽取方法，结合深度学习的文本特征表示和识别方法，对上述论文进行正则匹配结果之后的排除，以期得到更好的分析结果，从而为面向学术全文本的相关情报学基本问题的抽取奠定基础。

2.2.2　情报学界对基本问题的探讨

情报学领域对学术范畴、学术命题、学术思想与学术观点的研究一直持续，不同时代的侧重点却有所差异。一类研究者提出较为原创性的思考，如李天复[①]从系统思想出发，探讨科技情报工作的宏观运动规律。更多的研究者从情报学交叉学科的相关领域，学习并拓展一些经典或者重要的理论，提出在中国情报研究中的应用可行性和实施方案[②]。第二类是有关情报方向的探讨，如布鲁克斯情报学思想甚至古代孙子情报思想都是学者探讨的起点。第三类是从问题出发，完善或者补充相应的情报学问题，形成中国特色情报学内容体系，如周剑波和蔡丽[③]认为最佳词量应该同词表自身组配功能系数、相对满意查全率与查准率等因素有直接关系。为帮助理解情报学的现状与未来发展趋势，我们从发展的角度对中国特色情报学的科学性与发展历程进行梳理和探析。

1. 学术范畴

本节从中国特色情报学基本问题着手，对学术范畴的演化情况进行梳理。从丰富学术范畴的理论方面看，比较典型的研究是结合20世纪90年代情报学研究范畴扩大的趋势，把层次分析法的理论和方法体系融入情报学的范畴之中。例如，把信息哲学的相应理念嵌入情报学的范畴，从信息学的角度丰富范畴的内涵；以研究范畴和学科定位为切入点，探究知识构建对学术范畴的影响。从这些工作可以看出，不同的时间段被引入情报学范畴的理论和方法，较好地反映了当时的计算机或者管理学前沿趋势，从情报学发展史的角度来看，上述趋势对于预测后续

① 李天复. 科技情报工作中的系统思想[J]. 情报学报，1986，5(S1)：306-311.
② 李阳，孙建军. 中国情报学与情报工作的本土演进：理论命题与话语建构[J]. 情报学报，2018，37(6)：631-641.
③ 周剑波，蔡丽. 也谈叙词表的词量控制：与傅兰生等同志商榷[J]. 情报理论与实践，1992，(2)：5-6.

哪些理论融入情报学的范畴之中提供了有益的借鉴。

　　从完善情报学范畴内涵的角度而言，众多学者结合自身的研究对研究范畴进行了探究，具体包括：蔡刚民[1]运用对比法，通过与其他学科研究内容的比较，提出情报学的研究范畴可分为五个基本部分：情报理论学、情报方法学、情报技术学、情报效果学和情报未来学。许立达[2]论述了情报科学与情报学的区别和情报学的研究范畴，对情报主体的交流特征和情报功能的局部空间理论进行了探索。臧兰[3]从情报学理论中的几个最基本的概念出发，通过探讨这些概念与社会范畴之间的关系，说明社会范畴在情报学理论研究中所占地位。王秀成和毕强[4]对情报内容研究、科技文献研究、文献主题分析、编制文摘和索引进行了分析对比，论述了情报研究工作的范畴。蒋沁[5]在《情报研究的范畴》一文中指出，科技情报研究可以包括以下三个方面，即科技情报的价值、科技情报的内容和科技情报的数据。1990 年，要弘[6]对当时形势下科技情报的工作范畴和问题进行了初探。2007 年，化柏林和张新民[7]从学科四要素对情报学学科范畴和发展问题进行了分析。正是在上述研究者的贡献之下，关于情报学研究的范畴内涵越来越广，并在多个层面逐渐深化。

　　从类别划分而言，不属于上述两类但是也在情报学学术范畴上有贡献的研究包括：葛耀良[8]从思维、经验、知识等哲学范畴的概念出发，论述了情报与知识的关系并认为自然信息也可以成为情报，从而扩充了学术范畴的外延。另外，余丽等[9]对情报学的范畴在具体英文摘要中的分布情况进行了探究，为从真实数据对接角度了解学术范畴的内涵与外延提供了第一手的资料，丰富了情报学范畴探究的视角。

　　国外的情报学基本上可以分为"intelligence"和"information"。根据美国2020 年的学科专业分类体系，信息学、信息科学与"information"对应，这一点与国内情报学的定义相当。军事情报学、安全情报学等与"intelligence"对应。此外，美国情报学中出现了两类融合的方向，如情报与安全信息学。这两类的融合可以解决单一类别不能完全覆盖情报学领域的问题，这也是目前国内外情报学共同推进的方向。

　　[1] 蔡刚民. 情报学的科学地位及其研究范畴[J]. 情报学刊, 1982, (1): 89-90.
　　[2] 许立达. 情报学的对象和范畴与局部空间理论[J]. 情报学报, 1983, 2(2): 161-164.
　　[3] 臧兰. 情报学中的社会范畴[J]. 图书与情报, 1989, (1): 11-13.
　　[4] 王秀成, 毕强. 科技情报研究工作范畴初探[J]. 图书与情报, 1982, (3): 41-44.
　　[5] 蒋沁. 情报研究的范畴[J]. 情报科学, 1980, (1): 14-18.
　　[6] 要弘. 新形势下科技情报研究工作范畴和问题初探[J]. 情报理论与实践, 1990, (3): 47-48.
　　[7] 化柏林, 张新民. 情报学学科范畴研究的方法论[J]. 情报学报, 2007, 26(5): 774-779.
　　[8] 葛耀良. 情报知识性之我见: 兼与宋学忠同志商榷[J]. 情报科学, 1983, (4): 29-31.
　　[9] 余丽, 钱力, 付常雷, 等. 基于深度学习的文本中细粒度知识元抽取方法研究[J]. 数据分析与知识发现, 2019, 3(1): 38-45.

2. 学术命题

由于学术命题整体上相对较宏观而且具有一定的哲学思辨性，直接匹配学术命题的论文较少，大部分发生了语义偏移，具体表现如下：在标题和摘要中，出现了命题与模型、命题类型辨析、相关研究命题、考试命题和命题意义等词汇。在关键词字段，则出现假设命题、全称命题、命题改革、命题网络等词汇，发表这些论文的期刊有《情报学报》《情报杂志》《情报理论与实践》等情报学杂志，所涉及的情报学基本问题里的命题定义较为广泛。通过对文献的深度筛选和分析，与情报学所表述的学术命题比较相关的工作是：从信息的角度切入，滕毅和任虹[①]针对信息、信息创造（输入）、信息处理、信息流动（输出或传播）提出 24 条基本命题，试图解释过去专业理论与定律难以解释和解决的、图书情报事业发展中出现的新问题。李阳和孙建军[②]讨论了"体能"同构命题中的中国情报学与情报工作战略定位及发展路径，为新时代中国特色情报学学科建设与情报事业发展奠定了基础，提供了有效的方案。综上可以看出，学术命题的界定仅依靠文献字面表述，还是相当困难的，需要结合学者背景和研究经验进行凝练。情报学主要的学术命题集中在"信息"这一分析对象上，逐渐分化为"文本信息""图片信息""信息融合"等，随着大数据的发展，传统学术命题在海量数据环境下是否仍具有有效性，众多学者也展开了深入论证。

3. 学术思想

情报学学术思想的研究在情报学的研究当中是最活跃的，也是成果最多的。因此，从情报学学术史的角度对情报学学术思想进行梳理，不仅有助于总结和归纳已有的研究，而且对于促进情报学学术思想的发展具有启示作用。一方面，研究者除了借鉴钱学森、毛泽东、章学诚、彭斐章、姚名达等当代重要人物的思想应用于学术思想的构建之外[③④]，还将诸葛亮、孙子、鬼谷子、管子等的思想在当今时代加以场景化拓展，衍生出新的中国特色情报学学术思想。另一方面，德迪约的社会情报思想、贝尔金的情报学思想、贝尔纳的情报交流思想、克劳塞维茨的军事情报思想也被广泛地引入中国情报学学术思想的构建中。

具体而言，李竹和曹文振[⑤]基于钱学森情报学思想的学术作品和相关历史文

---

① 滕毅，任虹. 试探信息理论基石——24 条命题及其推论[J]. 情报杂志，1998，(5)：5-6.

② 李阳，孙建军. 中国情报学与情报工作的本土演进：理论命题与话语建构[J]. 情报学报，2018，37(6)：631-641.

③ 彭满珍. 章学诚目录学思想的演变[J]. 图书情报知识，1993，(3)：17-20.

④ 晓亮. 姚名达及其目录学思想（上）[J]. 图书与情报，1985，(1)：64-67.

⑤ 李竹，曹文振. 钱学森情报学思想研究：定名、脉络与内核：纪念钱学森院士逝世十周年[J]. 情报理论与实践，2019，42(10)：15-20，14.

本，梳理了钱学森在情报学发展史上的思想历程。胡小元等①论述了科学学与情报科学之间的交叉与联系，在此基础上通过研究贝尔纳的科学情报交流思想，对这位伟大的科学学奠基人在情报科学中的贡献给予了评价。张琪玉②在自述中，阐述了情报语言学学术思想，包括情报检索语言的研究方法、检索效率、情报检索语言等方面的研究心得与收获。谭安洛③概述了毛泽东同志决策行为中的情报思想——情报基础、情报加工、情报思维。许富宏④讨论了《鬼谷子》中蕴含的丰富情报思想，提出"揣摩""反应""飞箝"等获取对方主观信息的情报方法。吴平⑤总结并阐述了先秦两汉、魏晋南北朝、隋唐五代、宋元时代、明清时代、近代等各时期的编辑思想特征。袁兴状⑥从《三国演义》政治、军事等六个方面归纳诸葛亮的情报思想。刘忠⑦采取文本对比分析法，从情报观、情报搜集、情报分析和保密四个方面，对《孙子兵法》和《吴子兵法》两部兵学经典进行对比研究，重点阐述两者在唯物主义的情报认识论、实用主义的情报观、情报搜集研判方法和对保密的思想认识等方面的相同点和不同点。王崇⑧详述了《管子》中的情报分析思想，以及该书目中对孙子情报分析思想的继承和发展。张守卫⑨对我国古典目录学分类的精华——《直斋书录解题》，进行了详细的论述。

在形成或者构建情报学学术思想的过程中，上述代表性学术思想也被直接应用在了图书情报具体问题的解决上。从梳理情报学学术史的角度，需要对学术思想指导下的具体应用实践进行梳理。这些具体应用主要聚焦于分类目录、图书检索、学科体系构建、学科建设理论研究等方面，同时也提出一些反思。吕斌和李国秋⑩从信息和情报概念、情报工作和情报事业、情报学的性质和体系结构、情报学方法论等方面探讨和梳理了钱学森的情报学思想，并提出这些宝贵思想对于情报学的持续发展具有十分重要的启示作用。王琳⑪从情报概念的演化和情报学学科定位两个方向初步梳理了钱学森情报学思想的学术脉络，对钱学森提出的"情报是为解决特定问题而激活的知识"经典定义进行了分析，阐述了基于综合集成思

① 胡小元，辛彦怀，侯钰. 论贝尔纳的情报交流思想及其对情报科学的贡献[J]. 图书情报工作，1998，(10)：22-25.

② 张琪玉. 情报语言学的若干研究心得和收获：张琪玉学术思想自述[J]. 图书情报工作，2009，53(20)：5-9，29.

③ 谭安洛. 情报基础·情报加工·情报思维：毛泽东同志决策行为中的情报思想[J]. 情报杂志，1993，(2)：70-72.

④ 许富宏.《鬼谷子》的情报思想[J]. 图书与情报，2009，(6)：171-173.

⑤ 吴平. 中国编辑思想史的演进和特征[J]. 图书情报知识，2012，(2)：67-73，107.

⑥ 袁兴状. 从《三国演义》看诸葛亮的情报思想[J]. 情报杂志，2011，30(S1)：17-20.

⑦ 刘忠. 兵学经典孙吴情报思想异同述论[J]. 情报杂志，2019，38(1)：19-22.

⑧ 王崇. 谈《管子》中的情报分析思想[J]. 学理论，2015，(8)：8-9.

⑨ 张守卫. 论《直斋书录解题》分类思想[J]. 图书情报工作，2011，55(21)：137-142.

⑩ 吕斌，李国秋. 钱学森情报学思想及其情报学持续发展的启示[J]. 情报理论与实践，2010，33(7)：1-6.

⑪ 王琳. 钱学森情报学思想及其对情报学学科建设的启示[J]. 情报理论与实践，2012，35(12)：22-26.

想的情报概念集成观。卢胜军等①解析了在赛博空间和大数据双重视角下钱学森情报思想的主要特征和现实意义，最后提出了大成智慧时代情报工作发展的"大情报观"。王宏和王东升②评价了王宏鑫的情报学研究思路，对情报学的基础、情报测度、情报学的方法与动力做了论述。刘春茂和王琳③回顾英国著名情报学家布鲁克斯的思想体系，抽取其逻辑主线，并结合其所阐释的情报学的任务、远景目标等核心问题，呈逻辑关联地进行分析。娄银银和刘春茂④分析了布氏情报学思想对网络信息检索结果的认识优化。与本工作类似的研究是早年赵冰峰⑤对中美两国的情报思想演变的梳理，但是，该梳理没有采用定量手段进行全面分析。

目前的学术思想对其他学科的借鉴和借用较多，结合情报学领域研究问题进行了领域化的变通和改造，依然缺乏本领域核心学术思想。同时，情报学的学术思想扩散至其他学科的情况也较少，学术影响力有待加强。

4. 学术观点

相对学术思想，学术观点相对比较具体而且具有较强的主观性。从情报学学术史的角度，对情报学领域明确提出相应观点的研究进行梳理，不仅有助于从历史的角度了解在中国情报学的发展史上有哪些代表性的观点，也有益于在新的历史发展环境中提出新的学术观点。从具体某些观点对情报学影响的角度来看，比较有代表性的研究包括：王知津和江力波⑥从萨拉塞维克（Saracevic）所认为情报学发展中的三大观点出发，从意义、概念、模型三个方面对信息检索的互动性进行了详细阐述。岳剑波⑦从情报学的理论与实践、引进与创新、研究战略三个方面探寻传统研究观念的变革，以适应情报学自身及社会情报实践发展的需要。曹树金⑧讨论了国内外有关文献主题结构的观点，认为应该多级设计文献主题结构。杜余培⑨就国内情报界存在的两种观点——兰德派和米哈依洛夫派进行了剖析，并指出在情报工作中，文献资料是基础，二次文献是钥匙，情报研究是手段，情报服

① 卢胜军，王忠军，栗琳. 赛博空间与大数据双重视角下的钱学森情报思想[J]. 情报理论与实践，2013，36(4)：1-5.
② 王宏，王东升. 一种情报学思想的评介[J]. 情报杂志，1998，(4)：6-7.
③ 刘春茂，王琳. 面向"知识服务"的布鲁克斯情报学思想的现实意义分析[J]. 图书情报工作，2010，54(4)：13-16.
④ 娄银银，刘春茂. 布氏情报学思想对网络信息检索结果的认识优化[J]. 情报杂志，2008，(8)：61-63.
⑤ 赵冰峰. 论情报（上）：情报思想的历史考察与情报概念[J]. 情报杂志，2015，34(7)：1-4，21.
⑥ 王知津，江力波. 论情报学的互动观[J]. 图书与情报，2008，(1)：23-28.
⑦ 岳剑波. 我国情报学研究观念的变革[J]. 情报学刊，1990，(1)：1-3，63.
⑧ 曹树金. 文献主题分析与标引的核心技巧和规则研究[J]. 图书情报知识，1989，(1)：41.
⑨ 杜余培. 情报研究与二次文献[J]. 图书情报工作，1983，(3)：8-10.

务是目的。李志生①阐述了关于情报的本质、情报学理论基础、情报科学研究方法等方面的观点；对波普尔"三个世界"理论、布鲁克斯情报学方程式和引文分析做了鉴别和评价论证。宋学忠②对国内外学者给情报所下定义的主要观点进行了考察与分析；排斥了"广义定义"，认为"情报是知识"是偏见，否定了"传递性"。王知津等③运用归纳和思辨方法，对当代情报学哲学理论涉及的 20 种哲学思潮的观点和关联关系进行了分析。

　　另外一个视角，则是针对情报学已有研究发表自己的独到观点，并对情报学的发展产生了一定影响的代表性研究。例如，王知津④阐述了情报相关性的系统观点、目标观点、知识观点和效用观点，分析了诸种观点的形成与演化，勾画出相关性研究发展的基本脉络。肖勇⑤对 21 世纪中国情报学的发展走向进行了展望与思考，就学科建设路径方向、学科研究范式、学科体系等提出了若干观点。周庆山等⑥总结了信息生态学的发展脉络，目的在于利用生态学的观点与方法，对于推动信息生态学的进一步发展具有一定的意义。卢宏和董江山⑦从实践的角度对长期以来国内情报学领域形成的关于情报学学科性质的观点，做了一个系统的梳理，并对每一种观点的优缺点加以评述。苏瑞竹⑧简述了情报科学认知观产生的历史背景，介绍了主要代表人物及其学术观点，并对认知观进行了评价。邹永利⑨概述了情报学认知观点的研究背景、基本思想等，同时基于这一观点，考察了图书馆学情报学研究与实践中人与技术的关系、研究的主题与目的等问题。王知津等⑩在分析情报学哲学各流派观点的基础上建立了一个包括情报本体论、情报结构论、情报过程论、情报认识论、情报方法论和情报价值论的情报学哲学理论框架，并对该框架进行了深入分析和评价。

　　最后，在针对具体观点提出赞同或者补充等方面比较有代表性的研究包括：侯汉清⑪对"分类法和主题法有着根本差别"的观点提出了质疑，并着重探讨了分类法和主题法的相同之处。张新民和罗卫东⑫在总结相关性研究特别是相关性类型

① 李志生. 情报学基本观点论要[J]. 图书情报工作，1990，(2): 4-8.
② 宋学忠. 情报定义[J]. 情报科学，1982，(6): 33-38.
③ 王知津，韩正彪，周鹏. 多视角下的当代情报学哲学理论观点分析[J]. 图书情报工作，2013, 57(22): 49-59.
④ 王知津. 再论情报的相关性[J]. 情报科学，1988，(2): 71-77.
⑤ 肖勇. 新世纪中国情报学发展走向的展望与思考[J]. 情报资料工作，2007，(4): 5-10.
⑥ 周庆山，李瀚瀛，朱建荣，等. 信息生态学研究的概况与术语界定初探[J]. 图书与情报，2006，(6): 24-29.
⑦ 卢宏，董江山. 再看情报学学科性质的各类观点[J]. 情报科学，2006，(8): 1275-1280.
⑧ 苏瑞竹. 论情报学的认知观点[J]. 情报科学，2000，(6): 511-514.
⑨ 邹永利. 关于情报学认知观点的思考[J]. 图书馆，1999，(1): 4-7.
⑩ 王知津，周鹏，韩正彪. 当代情报学哲学的主要观点及其理论体系构建[J]. 情报学报，2014, 33(2): 116-129.
⑪ 侯汉清. 也谈分类法和主题法的异同[J]. 情报科学，1983，(5): 28-36.
⑫ 张新民，罗卫东. 相关性与情报学[J]. 情报理论与实践，2008，31(1): 12-14, 64.

及其关系的研究成果的基础上，提出了自己对相关性的理解和认识。

不同类别的学术观点，在学术命题和学术思想上有交融之势，特别是在信息技术的实现层面，往往会综合多种学术观点展开，殊途同归。

2.2.3　图书情报学基本问题构成要素标注及分析

在对情报学的学术范畴、学术命题、学术思想、学术观点进行情报学学术史梳理的基础上，本节提出一种面向情报学基本问题的学术思想、学术命题、学术观点与学术范畴自动抽取和发展轨迹识别的方法，总体路线如图 2-4 所示。结合领域内的情报学词表并获取期刊的关键词字段，人工标注每篇论文题录信息当中的相关概念，再利用深度语义模型构建自动化抽取模型。在抽取结果的基础上利用面向深度学习的主题模型描绘发展轨迹，最后进行可视化展现和分析。

1. 情报学基本问题的语义标注研究

根据表 2-7 和表 2-8 中对学术范畴、学术命题、学术思想与学术观点的概念界定，进行相关的标注工作，标注结果用"[]"进行标识。本节所选取的标注对象为表 2-8 初筛之后的 1052 篇涉及情报学基本问题的论文题录字段，主要包括标题、关键字、摘要三个字段，只选择题录数据是因为其表达主题集中和更有针对性。本节标注过程遵循的基本原则是题录中出现的词汇是否符合表 2-7 对概念界定的描述，从而从顶层保障标注工作符合科学研究规范。在标注的操作细则方面，对过于抽象概念不纳入标注范围，主要原因是考虑到无法从学术文献中洞悉著者是否使用。以《现代情报学的理论基础——信息哲学》[①]一文的摘要片段"通过详细分析情报学与信息哲学在研究对象、研究范畴、研究方法和伦理规范等方面的紧密联系"为例，此处的"研究范畴"描述比较抽象，对应的"情报学与信息哲学"不容易对应到情报学某一基本问题上，因此在本节的研究中不予以标记。同时，对过于具体的概念，标注结果可能无法很好地体现出共识的基本问题，也没有进行相关标记，如《产业竞争情报的内涵、意义及范畴界定》[②]中的"范畴界定"面向的"产业竞争情报"范围过窄，也没有直接标记。表 2-9 给出了上述四个概念每一项的两篇文献的标注示例。

① 陈忆金. 现代情报学的理论基础——信息哲学[J]. 图书情报工作，2005，（8）：55-58，62.
② 张立超，房俊民，高士雷. 产业竞争情报的内涵、意义及范畴界定[J]. 情报杂志，2010，29（6）：152-156.

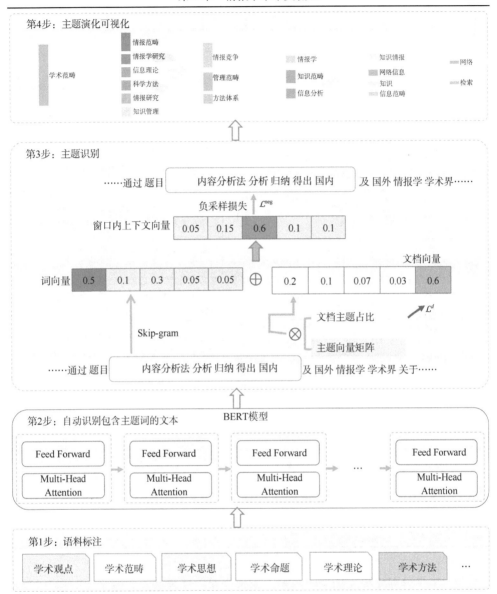

图 2-4　情报学基本问题识别及主体演示可视化技术路线图

BERT 是一种语言表征模型，全称是 bidirectional encoder representations from transformers，表示来自 transformers 的双向编码器；Skip-gram（SG）模型也叫连续跳字模型，为 Word2Vec 词嵌入算法；Feed Forward 表示前馈神经网络中的前馈机制；Multi-Head Attention 表示多头注意力机制

表 2-9　学术范畴、学术命题、学术思想与学术观点概念标注示例

概念	标题	作者	标题标注结果	摘要标注片段
学术范畴	《关于我国情报学研究范畴及情报学教育问题的思考》	罗式胜	关于我国[情报学]研究范畴及情报学教育问题的思考	我国有关[情报学的研究范畴]和情报学教育基本上是沿袭著名苏联情报学家米哈依洛夫的思想——即主张把[情报学的概念及其内容范畴]局限在[科学通讯]的基础上而展开的
学术范畴	《情报学学科范畴研究的方法论》	化柏林和张新民	情报学[学科范畴]研究的方法论	最后对[情报学研究范畴]的[动态性]与[多变性]进行了分析,并试图找出研究这种动态性变化规律的方法
学术命题	《试探信息理论基石——24 条命题及其推论》	滕毅和任虹	试探[信息理论]基石——24 条[命题]及其推论	[信息理论]的发展需要以客观公理为其基石,这些公理一般来源于前期认识、假说或[基本命题]
学术命题	《检索中的信息需求理论:将信息与知识建立联系》	宋朋	检索中的信息需求理论:将信息与知识建立联系	本文将 8 个与信息检索相近的概念(信息搜索、信息搜寻、信息使用;问题情境、问题、任务;意义构建方法、进化适应/信息觅食)进行了区分,基于这 8 个概念提出了 6 个[信息需求理论命题]
学术思想	《情报科学中情报概念的必要条件——介绍英国情报学家贝尔金的情报学思想》	唐津	情报科学中情报概念的必要条件——介绍英国情报学家[贝尔金]的情报学[思想]	英美以至整个欧洲情报学界对[Information]这个[情报科学核心概念]的讨论,自六十年代末期以来,已经越来越深入了
学术思想	《基于钱学森综合集成思想的情报学理论研究论要》	王琳	基于钱学森综合集成[思想]的情报学理论研究论要	介绍了钱学森晚年重要的学术成果——综合集成[思想],对综合集成[思想]进行了情报学解读,指出它同情报学存在着密切的关系,可以将它作为情报学的理论基础
学术观点	《再看情报学学科性质的各类观点》	卢宏和董江山	再看情报学学科性质的各类[观点]	本文从实践的角度对长期以来国内情报学领域形成的关于情报学学科性质的[观点]作了一个系统的梳理,并对每一种[观点]的优缺点加以评述
学术观点	《论情报学的认知观点》	苏瑞竹	论情报学的认知[观点]	本文简述了情报科学认知观产生的历史背景,介绍了主要代表人物及其学术[观点],并对认知观进行了评价

2. 基于序列化标注的学术思想、学术命题、学术观点与学术范畴自动识别

在序列标注方法中,句子类别划分任务主要使用 CRF、双向 LSTM+CRF 模型和 BERT 模型三种方法进行对比[①]。在深度学习模型兴起之前,CRF 是效果最好的序列标注模型之一。CRF 能够有效地识别概念中上下文之间的关系,是序列识别任务中最常见的机器学习模型。表 2-10 为用于机器学习的序列化标注示例。

---

① LSTM 表示长短期记忆神经网络(long short term memory)。

表 2-10　序列化标注符号格式

词语（word）	标记（tag）	词语（word）	标记（tag）
简	O	的	I-range
论	O	范	I-range
信	B-range	畴	E-range
息	I-range	及	O
、	I-range	其	O
知	I-range	数	O
识	I-range	学	O
、	I-range	表	O
情	I-range	述	O
报	I-range		

CRF 是 Lafferty 等[①]在 2001 年提出的一种鉴别式无向图概率模型，能够在给定一组输入随机变量条件下，求另一组输出随机变量的条件概率分布。CRF 模型的一般定义如下：对于一组观测值 X 以及一组符合一定条件概率分布的随机变量 Y，给定一个图，Y 对于 G 上的节点集合 V 中的每一个节点 v 都有一个标签 Y_v，如果以 X 为能够决定的条件，并且每一个随机变量 Y_v 对于 G 中的任意点都具备马尔可夫性质：$p(Y_v|X,Y_w,w \neq v) = p(Y_v|Y_w,w \sim v)$，那么，条件分布$(X,Y)$便是一个 CRF。基于表 2-10 生成的线性链 CRF，如图 2-5 所示。

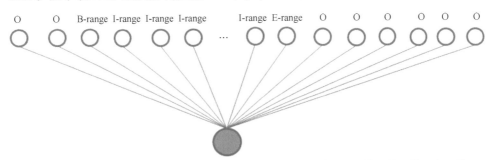

$X=\{$"简", "论", "信", "息", "、", "知","识","、", "情", "报", "的", "范", "畴", "及", "其", "数", "学", "表", "述"$\}$

图 2-5　线性链 CRF 无向图

Bi-LSTM-CRF 模型对 LSTM 这种网络和 CRF 进行了综合处理。双向LSTM+CRF 模型是在 LSTM 模型只能关注之前状态的基础上，融入上下文信息，并用 CRF 层对双向 LSTM 模型的输出建模，能够较好地拟合序列识别任务中的上

① Lafferty J D，McCallum A，Pereira F C N. Conditional random fields: probabilistic models for segmenting and labeling sequence data[R]. International Conference on Machine Learning，2001：282-289.

下文特征。在前者的基础上加入了后者，使得它们组成一个新的模型——Bi-LSTM-CRF 模型，该模型的结构如图 2-6 所示。

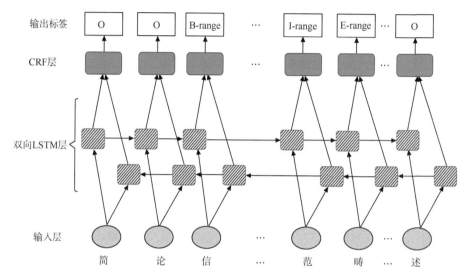

图 2-6　Bi-LSTM-CRF 模型结构

该模型很好地结合了上述两个模型的优点，在原来基础上加入 CRF 后，使得该模型可以处理得更多，会添加相关参数。Bi-LSTM-CRF 模型在引入状态下，对转移矩阵 A 进行转移，然后把矩阵 P 作为双向 LSTM 网络的输出。其中，$A_{i,j}$ 表示时序上从第 i 个状态转移到第 j 个状态的概率，$P_{i,j}$ 表示在输入观测序列中第 i 个词为第 j 个标注的概率。则函数 $S(X,Y)=\sum_{i=1}^{n}\left(A_{y_{i}y_{i+1}}+P_{iy_{i}}\right)$ 与观测序列 X 对应的标注序列 $Y=(y_1,y_2,\cdots,y_n)$ 的预期所要输出的是一致的。

BERT 模型建立在 transformer 模型的基础上，利用双向 transformer 模型强大的特征提取能力，对大规模语料进行预训练。BERT 模型在 LSTM 模型的基础上融入注意力（attention）机制，能够很好地拟合序列数据的特征。在 Google 提供的预训练模型的基础上，进行了概念识别任务，探讨了 BERT 模型在此次实验中的可行性。该模型的结构如图 2-7 所示。

上文对学术观点、学术思想、学术命题、学术范畴的学术史进行了系统而全面的梳理，我们从数据集中分别人工抽取了学术观点、学术思想、学术命题及学术范畴等四个相关概念，每个概念的分布情况如表 2-11 所示。

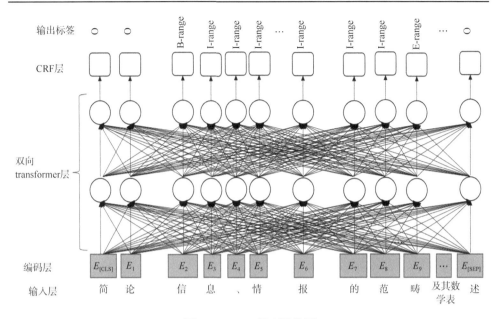

图 2-7　BERT 模型结构图

表 2-11　数据集中相关概念的数量分布

类型	训练集	测试集	平均长度
学术观点	479	60	16.72
学术思想	248	34	11.47
学术命题	15	5	18.53
学术范畴	90	15	12.73

根据人工标注结果,本节分别将这些概念进行序列标签化。具体标签如表 2-12 所示。

表 2-12　数据集中相关概念被标记形式

类型	开始标签	结束标签	中间标签
学术观点	B-idea	E-idea	I-idea
学术思想	B-mind	E-mind	I-mind
学术命题	B-pos	E-pos	I-pos
学术范畴	B-range	E-range	I-range
其他内容	O	O	O

基于所构建的情报学基本问题语料库,结合所制定的标记集合,通过 CRF 模

型、Bi-LSTM-CRF 模型和 BERT 模型，我们构建了针对情报学基本问题构成要素的自动抽取模型。对于所构建的模型，主要是基于精准率、召回率和调和平均值这三个指标对所构建模型的整体性能进行判定。在模型的具体构建过程中，训练和测试语料是按照 9∶1 的比例进行划分的。在具体训练的过程中是按照十折进行训练并构建模型的。具体三个模型的整体性能如图 2-8 所示。

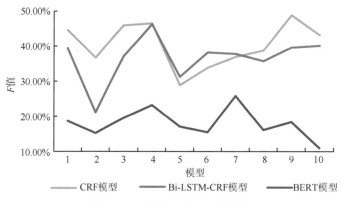

图 2-8　三种模型十折实验的结果

实验结果表明，CRF 模型的识别效果最好，Bi-LSTM-CRF 模型的识别次之，BERT 模型的识别效果较差。但是，三者模型的识别效果均没有超过 80%，分析其原因主要有以下几点：数据量比较少；需要识别的相关概念长度比较长，不利于模型进行识别；不同的学术概念由于定义的差异，识别难度也有差异。从数据集的体量上来说，学术观点和学术思想为主要的识别对象，在数据量上大于学术命题和学术范畴的数据量，因此模型在拟合这两个概念时拥有较好的识别效果。尤其是 CRF 模型的精准率明显高于召回率，而 Bi-LSTM-CRF 模型也由于其深度学习模型良好的兼容性，在精准率和召回率上相差不大。BERT 在小批量数据集上具有一定的劣势，但由于当前位置的结果和前后预测结果的相关性，在长度较小的序列效果较突出。

此次相关情报学基本问题语义知识的识别任务从识别的难度上来说远高于其他序列标注任务。其相关概念长度均在 10 个字以上，序列长度越长，模型被之前的预测状态影响的程度越低。因此，在某些结果的识别当中，出现了<E-idea>正确，但是<B-idea>识别错误。究其原因，具体如下：标注时都是以"观点""命题"这类词结尾，但是没有类似的开始；标注没有明确的规范，如"提出了考虑信息和组织氛围影响的群体观点"，其中"提"标记为<B-idea>，但是其他数据标注时又忽略了前面的"提出了考虑"，从而模型识别"信"为<B-idea>；预测到后面时，由于序列长度太长无法影响到之前的标签，该原因容易造成召回率的降低，需要调整现有模型以更好地兼容更长的序列识别任务。同时，在标注任务上，对于摘要文本中相关概念的定义不明，也造成了识别难度的增加。以"网络集群行为的观点网络社群用户观点网络结构、关系强度和意见领袖对网络集群行为主体观点"为例，在标注过程中被视为一个学术观点，但实际上也可以划分为"网络集群行为的观点""网络社群用户观点""网络结构、关系强度和意见领袖对网络集群行为主体观点"。

3. 中国特色情报学基本问题发展轨迹分析

研究者通常会用几个简要的主题词来描述一个文档集中所涉及的主题。这种主题词概括方法被称为主题模型。LDA 是最经典的一个主题模型。近年来随着深度学习的流行，Lda2vec 主题模型随之出现[①]。Lda2vec 将 LDA 和深度学习中的低维向量表示方法进行结合，充分吸收了以 LDA 为代表的主题模型中文档的生成是不同主题混合结果的优点，以及神经网络模型习惯于将文档表示为稠密向量的优势。Lda2vec 的模型框架示意图如图 2-9 所示。

Lda2vec 模型的损失函数如下：

$$\mathcal{L} = \mathcal{L}^d + \sum_{ij} \mathcal{L}_{ij}^{\text{neg}} \tag{2-1}$$

$$\mathcal{L}_{ij}^{\text{neg}} = \log\sigma\left(c_j \cdot w_i\right) + \sum_{l=0}^{n} \log\sigma\left(-c_j \cdot w_i\right) \tag{2-2}$$

其中，$\mathcal{L}^d$ 表示 Dirichlet（狄利克雷）似然下的文档权重损失函数。式（2-2）则是基于 Skip-gram（连续跳字模型）负采样损失函数进行的。其中，c_j 表示中心词所在序列（长度为窗的 2 倍）的内容的向量表示；w_i 表示中心词的向量。这里为了避免 co-adoption（共适性），会对文档向量和 pivot word vector（中枢词向量）进行 dropout（随机失活）。

整个 Lda2vec 模型的训练分为两部分。一部分用于训练得到某篇文章不同 topic（主题）所占比重的信息。另一部分用类似 Skip-gram 的方法，在 pivot word（中枢词）和 target word（目标词）确定的情况下，学习 context vector（语境词）的向量表示。举例来说，如果一篇主题偏重情报学范畴的文章，出现"管理"这个词的话，按照通常的词向量表示来说，这个词的上下位词的预测会接近于"员工""领导"等名词。但当得到这个词在本篇文档的 context vector 表示的情况下，相应的上下位词会更接近于"知识管理""数据管理"等。

① Moody C E. Mixing Dirichlet topic models and word embeddings to make Lda2vec[EB/OL]. https://www. semanticscholar.org/reader/bf8116e06f7b498c6abfbf97aeb67d0838c08609[2023-09-19].

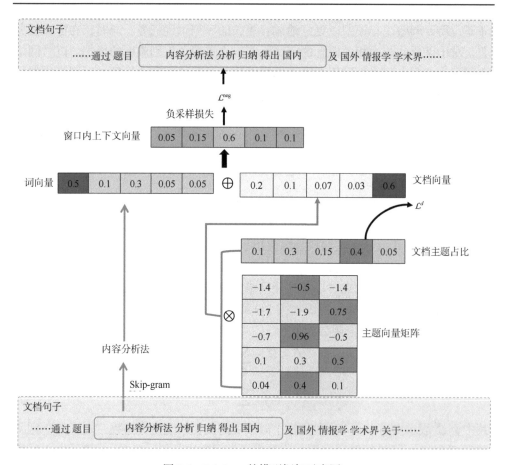

图 2-9　Lda2vec 的模型框架示意图

　　针对学术范畴、学术观点、学术思想等的主题识别，所设置的 Lda2vec 的参数如下：主题数 25 个，负采样指数 β 为 0.75，集中参数 α 为 0.04，Dirichlet 调和参数 λ 为 500，主题向量、文档向量和词向量的学习率都设为 1×10^{-3}。部分主题识别结果如表 2-13 所示。将数据集按照年份时间段划分，并以此作为模型输入，表 2-13 显示了不同时间点的主题词和对应主题概率的结果。

表 2-13　学术范畴主题识别结果

时间段	学术范畴主题识别结果
1995 年及以前	情报（1.922）；情报学（1.890）；信息（1.803）；情报研究（1.705）；知识管理（1.639）；过程研究（1.543）；国际信息经济学（1.102）；智能研究（1.006）；军事情报（1.002）
1996—2000 年	情报（1.961）；物理示能性（1.859）；知识（1.813）；用户信息行为（1.799）；信息（1.703）；情报工作范畴（1.691）；智能研究（1.542）；社会学研究（1.470）

续表

时间段	学术范畴主题识别结果
2001—2005 年	情报（1.889）；信息（1.828）；情报学（1.699）；人文技术环境（1.627）；知识概念（1.328）
2006—2010 年	信息（1.963）；知识（1.892）；情报学（1.800）；数据质量管理（1.726）；人工智能研究（1.691）；范畴模型（1.393）
2011—2015 年	信息（1.974）；情感满足（1.801）；智能研究（1.801）
2016 年及以后	数据质量管理（1.959）；知识管理（1.927）；用户信息行为（1.802）；情报学（1.759）；知识图谱（1.246）

情报学基本问题在学科发展和科学研究中具有风向标和指向作用，表现为从抽象层面上不断揭示新的思想的出现、观点的转变、命题的深化和研究范畴的变化。针对主题模型的结果按照高频词和时间段进行了可视化展示，如图 2-10—图 2-13 所示。现对演化过程中的分布和规律进行详细分析。

从图 2-10 中可以看出，学术范畴始终有一条主线，就是情报。不同时间段演化中，贯穿始终的主题词"情报""情报学"在不同时间点均有出现，伴随着每个时段中情报不同的侧重点。早期的情报和索引、军事情报相关联，中期开始和智能、人文技术及知识同时出现，而近期的情报则集中于智能研究、知识管理还有数据质量管理。其中，反映了情报从简单的收集向着深入挖掘逐层深入，也与各时间点发表的关于情报学范畴的论文基本一致。同时图 2-10 显示，信息在学术范畴前期一直保持稳定，在近期被"用户信息行为"的出现频率所取代，反映了人机交互对情报学基本问题的介入。

图 2-11 和图 2-12 对称描绘了学术观点和学术命题这一对相近又不相同的概念之间的交错关系。在学术命题中，随着时间的推移，研究者越来越重视命题的实践意义，"实践价值"一词出现的概率逐渐增高，和该词同时出现的还有高频词"特性知识"，说明情报学的命题越来越专一和细分化。相对应地，在学术观点方面，除了心理学、系统学的观点，认知观点几乎和"特性知识"同期出现，相辅相成地突出了情报学基本问题朝着实用化的方向转变。

图 2-13 中学术思想分布较其他三个概念的变迁更为复杂和有趣。众所周知，情报学的理论基础由多个学科交叉融合而成，思想方面自然也是百花齐放、百家争鸣。和前期调研的文献高度一致的是，主题演化的识别结果中目录学、孙子情报思想、情报观都和当时的时代关注点所吻合。

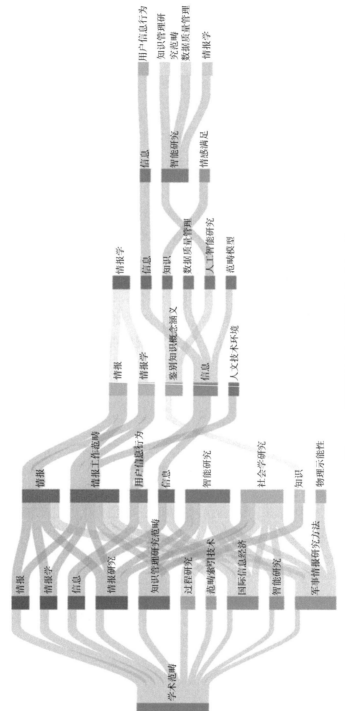

图2-10　情报学基本问题的学术范畴发展轨迹河流图

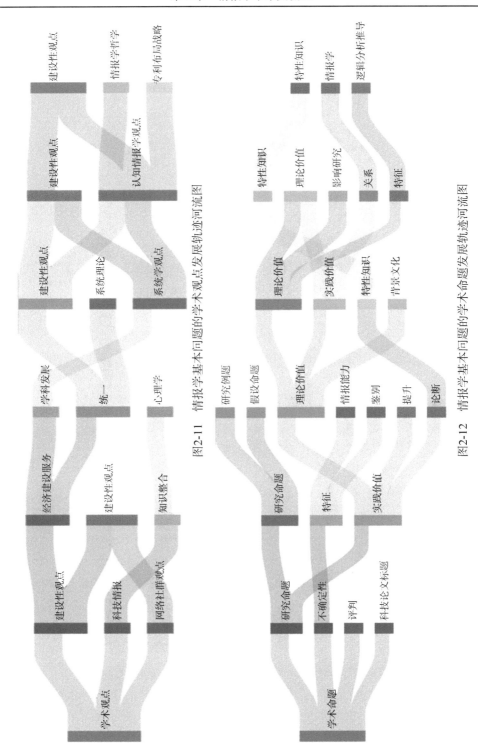

图2-11　情报学基本问题的学术观点发展轨迹河流图

图2-12　情报学基本问题的学术命题发展轨迹河流图

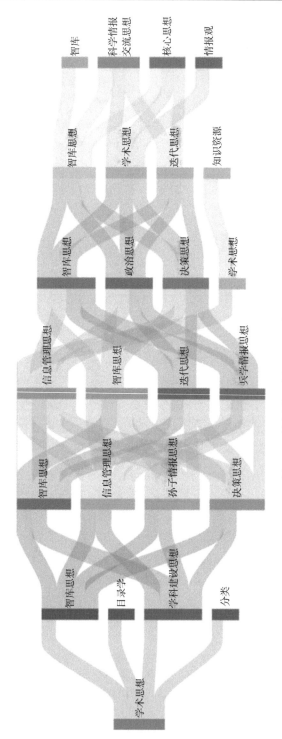

图2-13　情报学基本问题的学术思想发展轨迹河流图

综上所述，从定量的角度对四个概念的发展轨迹进行补充刻画，能对相关研究进行更好的补充，也能更好地了解基本问题在不同角度下的全貌。

2.3　情报学学科发展轨迹

随着情报学研究对象的不断改变，情报学逐渐与计算机科学、管理学、社会学等多个学科相关研究不断融合，相关的学科应用领域也在不断扩展。我们以情报学核心期刊论文为研究数据来源，通过文献调研法、自然语言处理技术中的特征词及短语结构分析，梳理情报学的研究范式及学术思想发展轨迹。在数据处理中，为了凸显情报学的核心研究内容，在 2.1 节数据基础上，进一步限定来源数据论文的学科分类为 G35，并对书评、会议简讯、通告以及序言等数据进行了排除，最终数据集为 15 083 条。

2.3.1　情报学研究范式的发展轨迹

情报学研究范式是学术思想来源、理论方法基础和实践需求的导向，厘清情报学研究范式的变迁对于梳理我国情报学学术发展历程具有非常重要的价值。"科学研究范式"一词来源于托马斯·库恩（Thomas Kuhn）所提的概念，他认为科学研究范式是用来描述常规科学内部进行集体性知识创造时的一系列社会准则和共识[①]。科学研究范式可以体现一个学科体系化的假设、概念以及研究中的共识与实践，对学科发展研究具有非常重要的指导意义。由于大数据研究的兴起，大数据驱动的第四范式也成为情报学研究范式转变的重要驱动力。我国情报学的发展经历了研究内容与研究环境的不断变化，厘清情报学的研究范式有助于把握我国情报学的发展脉络。

利用"情报学""研究范式"对数据集进行检索，获取了情报学研究范式相关重要论文，如表 2-14 所示。除了以情报学研究范式为研究主题的文献外，对于情报学研究范式的思考也出现在情报学学科体系、理论与方法等相关研究中。还有部分学者从图书情报文献学、公安情报学等大学科、子学科角度探讨情报学研究范式。

① Kuhn T S.The Structure of Scientific Revolutions[M]. Chicago：University of Chicago Press，2012.

表 2-14　情报学研究范式相关经典论文

序号	作者	题名	发表年
1	杨晓琼和韩毅	《知识管理视角中的情报学研究范式》	2007
2	肖勇	《论新世纪中国情报学的三大研究范式：成因、内容与影响》	2007
3	罗金增	《后现代主义与情报学研究范式的转向》	2008
4	杨永生	《制约情报学学科独立性的因素分析——兼论情报活动复杂性对情报学研究范式的影响》	2009
5	周晓英	《情报学进展系列论文之七 数据密集型科学研究范式的兴起与情报学的应对》	2012
6	王琳	《解释学与情报学的人文研究范式》	2012
7	李志芳和邓仲华	《科学研究范式演变视角下的情报学》	2014
8	肖勇	《论基于"三大研究范式"之上的当代中国情报学学科体系与学科群体系构建》	2017
9	王琳	《情报学研究范式与主流理论的演化历程（1987—2017）》	2018

　　情报学家 Brookes 等[①]早在 20 世纪 80 年代就对情报学范式进行了深入探讨，他们认为情报学范式是变化的范式，从自然科学借用的定量分析应当加以改进，并结合社会科学的经验数据，形成一种混合范式。马费成等[②]指出情报学研究对象将从文献走向知识，学科属性将更为复杂并与其他更多学科渗透，研究范式将走向技术价值与人文价值的统一。杨晓琼和韩毅[③]以知识管理为背景，辨析了知识管理视角下的情报学研究范式的不同层面（哲学起点、研究起点、研究对象、价值导向、研究目的、研究重点、核心内容、学科基础、应用范畴）。肖勇[④⑤]以中国情报学形成的三条研究主线作为成因，将中国情报学研究范式划分为基于 intelligence 的软科学范式、基于 information 的图书信息学范式、基于信息资源管理–知识管理（information resource management-knowledge management，IRM-KM）的管理科学范式。罗金增[⑥]在介绍后现代主义思潮影响下，提出情报学研究范式应转向认知观范式、意义构建范式、语义学范式、知识主导范式、信息经济学范式及人文范式。杨永生[⑦]指出情报学研究对象的复杂性使得情报学严重依赖于其他相

① Brookes B C，王崇德，邓亚桥，等. 情报学的基础（四）——第四篇 情报学：变化中的范式[J]. 情报科学，1984，(1)：66-77.

② 马费成，宋恩梅，张勒. IRM-KM 范式与情报学发展研究[M]. 武汉：武汉大学出版社，2008.

③ 杨晓琼，韩毅. 知识管理视角中的情报学研究范式[J]. 图书情报工作，2007，(8)：45-47.

④ 肖勇. 论新世纪中国情报学的三大研究范式：成因、内容与影响[J]. 情报学报，2007，26(5)：780-789.

⑤ 肖勇. 论基于"三大研究范式"之上的当代中国情报学学科体系与学科群体系构建[J]. 情报学报，2017，36(9)：894-907.

⑥ 罗金增. 后现代主义与情报学研究范式的转向[J]. 情报资料工作，2008，(5)：19-21，39.

⑦ 杨永生. 制约情报学学科独立性的因素分析——兼论情报活动复杂性对情报学研究范式的影响[J]. 情报资料工作，2009，(2)：14-16，23.

关学科，这也是情报学难以形成自身研究范式的主要原因。周晓英[1]指出情报学作为一个科学学科，必然会采用数据密集型科学计算的方式展开学科基本问题研究，而与科学研究的特殊关联，使得情报学有新的研究问题、研究内容以及新的研究领域。王琳[2][3]认为将解释学研究引入情报学，可以丰富和发展情报学的人文研究范式，并对 1987—2017 年情报学范式变迁和主流理论进行了评述。李志芳和邓仲华[4]认为在科学研究第四范式影响下，数据密集型科学会给情报学带来新的研究领域、研究方法，进而带来情报学交流体系和情报服务的转变。

在以上学者对于情报学研究范式的思辨基础上，可以得到如下几个方面的认识。

首先，情报学作为科学学科，与其他相关学科紧密相连，并渗透至相关学科和研究领域之中；其次，以国家需要、科技保障、社会需求和国家安全等为导向，我国情报学体系与外延不断扩展，情报工作也随之不断发展与变化，从而推动了我国情报学研究范式不断变迁；最后，以大数据为代表的信息技术革命，推动了数据密集型科学范式的发展，为新时期情报学研究范式带来了新变革。

在看到变化的同时，学界对于"情报"作为学科基础的共识不变，正如苏新宁[5]所指出的学界共识"守正与拓展"。但对于情报学范式，学界并未有统一标准。为此，杨建林[6]指出当前情报学范式存在以下问题：对情报学范式的论述过于简单；范式命名过于随意；范式被简单理解为一种研究方法；对范式融合的研究力度不够。那么，关于情报学范式的探讨，何种观点能够被学界广泛接受？这种范式是情报学科学范式还是研究范式？要回答以上问题，不妨回归对于科学范式的讨论。

吉姆·格雷从科学哲学的层面提出人类科学研究经历了实验、理论、仿真三种范式，目前正处于"数据密集型科学发现"的第四范式[7]。这一概念的提出，在学界引起巨大反响：米加宁等[8]在格雷研究基础上，进一步提出社会科学的四个研究范式与自然科学不同，其为定性研究、定量研究、社会仿真研究和大数据驱动研究。大数据的科学范式将带来信息时代知识观的革命，通过机器自动学习将取

①周晓英. 情报学进展系列论文之七 数据密集型科学研究范式的兴起与情报学的应对[J]. 情报资料工作，2012，(2)：5-11.

②王琳. 解释学与情报学的人文研究范式[J]. 图书情报工作，2012，56(24)：55-59.

③王琳. 情报学研究范式与主流理论的演化历程（1987—2017）[J]. 情报学报，2018，37(9)：956-970.

④李志芳，邓仲华. 科学研究范式演变视角下的情报学[J]. 情报理论与实践，2014，37(1)：4-7.

⑤苏新宁. 中国特色情报学学科体系、学术体系、话语体系论纲[J]. 中国图书馆学报，2021，47(4)：16-27.

⑥杨建林. 关于重构情报学基础理论体系的思考[J]. 情报学报，2020，39(2)：125-134.

⑦郎杨琴，孔丽华. 科学研究的第四范式吉姆·格雷的报告"e-Science：一种科研模式的变革"简介[J]. 科研信息化技术与应用，2010，(2)：92-94.

⑧米加宁，章昌平，李大宇，等. 第四研究范式：大数据驱动的社会科学研究转型[J]. 学海，2018，(2)：11-27.

代部分专家作用,科学发现将不再依赖于专家直觉判断,而更加依赖于数据①。从科学哲学角度,对情报学的研究范式进行探讨,在以往的学科范式研究中并不多见。显然,科学研究第四范式将大大促进情报学发展,但作为还未形成理论和方法体系的方法论,情报学中有关数据的管理理论与方法也可以为科学研究第四范式提供借鉴②。综上,第四范式的提出在学界形成了广泛的意见统一,情报学界也借鉴并吸收了第四科学范式的理念。

我们以吉姆·格雷提出的四种研究范式作为切入点,结合米加宁等提出的社会科学四个范式,在检索数据基础上通过对相关文献标题与研究范式相关特征词汇、短语特征的统计,从科学哲学角度进一步把握情报学研究范式的主要内容和变迁。这些特征词汇和短语特征来源于学者成果的论文标题,是学者常用于研究主题表达的语法通用部分,相关特征词汇、短语特征如表 2-15 和表 2-16 所示。

表 2-15　情报学研究范式相关特征词汇及频次统计

序号	词汇	频次	序号	词汇	频次
1	应用	582	13	热点分析	112
2	计量分析	387	14	初探	104
3	构建	376	15	比较分析	92
4	现状	271	16	述评	89
5	综述	256	17	定量分析	75
6	比较研究	246	18	因素分析	58
7	进展	243	19	实证分析	56
8	探讨	235	20	影响因素研究	53
9	趋势	200	21	对比分析	43
10	统计分析	198	22	演化分析	38
11	可视化分析	132	23	刍议	25
12	探析	125	24	评述	22

表 2-16　情报学研究范式相关短语特征及频次统计

序号	短语特征	频次	样例
1	基于[理论/方法/模型/数据……]的[研究对象……]	3061	《基于 DEA 方法的网络信息资源配置效率研究》
2	[理论/方法/模型……]在[研究背景……]中的[应用/分析……]	516	《文献计量学方法在科学评价中的应用探讨》
3	论[研究对象……]	483	《论竞争情报的地位、问题和对策》

---

① 戴潘. 基于大数据的科学研究范式的哲学研究[J]. 哲学动态,2016,(9):105-109.

② 邓仲华,李志芳. 基于情报学视角的科学研究第四范式需求分析[J]. 情报科学,2015,33(7):3-6,20.

续表

序号	短语特征	频次	样例
4	[……视角/环境下[研究对象……]的[……]	422	《加权引用视角下的作者学术影响力评价研究》
5	基于[理论/方法/模型/数据……]（无的）[研究对象……]	158	《基于共期刊学科类间关系构建全学科科学骨架图》
6	试论[研究对象……]	126	《试论竞争情报》
7	[研究背景……]环境下[研究对象……]	77	《网络信息环境下我国检索语言兼容探讨》
8	[研究视角……]视角下[研究对象……]	44	《社会计算视角下突发事件智能情报服务研究——以上海外滩踩踏事件为例》
9	谈[研究对象……]	39	《谈自然语言检索的发展》
10	浅谈[研究对象……]	30	《浅谈网络环境下的动态情报工作》

注：[]中标识从短语结构解析相关论文标题的术语短语成分

对于表 2-15 中的相关特征词汇，多出现在情报学科技论文标题的尾缀，这些特征词汇能够从一定角度反映相关情报学研究的研究范式。需要说明的是，由于并列结构词汇"和""与"以及标点"、"，以上相关特征词汇有少量并列出现。出现频次最多的就是"应用"一词，对应的标题一般为相关理论、方法、模型在情报学领域内的应用情况，该词反映了情报学以实践为主的学科特色。同样，"计量分析""统计分析""可视化分析""热点分析""定量分析""实证分析""对比分析""演化分析"等标题中出现的特征词，也反映了情报学研究范式的实践特征。"现状""综述""趋势""述评""进展"等词汇的出现，在实践的基础上，体现了情报学以科学情报为主要研究对象的学科特色，即对于科技进展研究的归纳与总结一直是情报学研究的重要内容，也渗透至情报学应用的其他学科研究领域。以科学计量学、文献计量学为主要成果形式的论文，成为情报学科研成果的重要组成，其中以定量分析为代表的特征词汇则反映了这些研究中情报学定量的研究范式。"构建"一词则反映了与模型、体系相关研究在情报学科技成果中的体现，是计算机仿真和社会仿真研究范式的体现。"探讨""初探""刍议"等词汇反映了情报学思辨的研究过程，即定性研究范式。

对于表 2-16 中的情报学论文标题短语特征，所在的相关位置即学者讨论的主题关键词，常见的 10 种标题短语模板及样例如表 2-16 所示。不同的模板位置具有不同的语义角色，以"基于……的……"结构为例，第一位置上经常出现的术语与理论、方法、模型、数据相关，而"的"后的语义位置上是研究对象。由于中文表达的灵活性，以"的"为代表的"定语+修饰语"也经常出现在情报学论文短语结构中，但其对于研究范式的表达性不强，这里就不再讨论。所有语义模板位置上的术语也有继续嵌套含"的"及不含"的"的"定语+修饰语"结构，但一般这种嵌套不会超过两个术语，相关术语之间的关系也完全由自身语义来表达修饰关系。总体来看，以定性研究为主的结构以"论""试论""谈""浅谈"为主，结构后的语义空间内为相关研究对象，相关研究范式多与经验范式相关。在以二元语义空间为主的"基于……（无的）……"结构中，"基于"后出现的理论、方法反映了情报学理论研究范式，模型、数据则与仿真研究范式、数据驱动研究范式相关。特别是与情报学计量相关研究数据也多以这种形式表达，如"基于 CSSCI……""基于 CNKI……"等。"……环境下……""……视角下……""……视角/环境下……的……"等结构，则从研究背景对相关研究主题进行定性研究。在三元语义空间"……在……中的……"结构中，"在"之前一般为理论、方法、模型，"在"与"中"之间为研究背景，"的"后为应用、分析等，相关研究范式与实践密切相关。通过对情报学论文短语结构的解析，可以在一定程度上反映情报学研究范式的主要形式。为了进一步剖析情报学研究范式的变迁，我们将 100 频次以上的特征词汇及短语结构进行时间线分析，如图 2-14 和图 2-15所示。

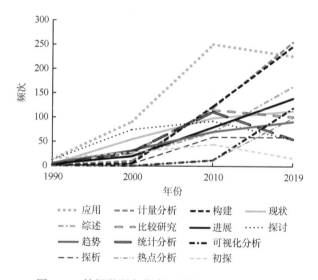

图 2-14　情报学研究范式相关特征词汇时序演变

观察图 2-14 可以发现，以"初探""探讨"为代表的词缀在 1990—2010 年基本呈现上升趋势，而 2010—2019 年则呈现下降趋势，这一数据反映了情报学研究范式中定性研究逐渐转弱，即学者不再以单纯探讨某一概念为主要研究内容。"构建""探析"在 1990—2019 年增长较多，从词汇搭配来看，与理论体系、模型、深度分析等相关的研究逐渐加强，即理论研究以建模、思辨为研究方法。以"计量分析""综述""进展""可视化分析""热点分析"为特征的词汇则体现了情报学的科学特性，即情报学研究中的定量研究范式。这些计量相关研究近

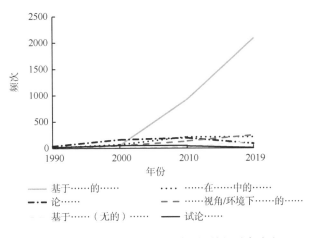

图 2-15　情报学研究范式相关短语特征时序演变

年来一直处于增长态势,特别是可视化分析在 2010—2019 年增长迅速。以"应用"为代表的特征词汇,则反映了情报学研究范式中的实践特性,即理论、方法、技术在具体实践领域的探索。

由图 2-15 可以观察到,"论……""试论……"结构在 2010 年前较为平稳,而在 2010 年后的标题中略有下滑,而"基于……的……"结构则在 2010—2019 年有较大增长。从这种标题表达的变化来看,在情报学研究中以"论"为代表的定性研究范式在 2010—2019 年逐步转为以"基于……的……"结构为代表的定量、仿真以及数据驱动研究范式。"基于……的……"结构后可以是数据、理论、方法,也同样可以表达近年来较为火热的人工智能及大数据研究。纪雪梅和王芳[①]通过对科技论文标题中的"基于"对象进行分析,将其归纳为理论、文献计量、模型与方法、网络与计算机技术、数据挖掘相关技术、研究目的与范围、实体对象等七种类型。"……在……中的……""……下……的……"等结构则体现了特定研究环境、视角下学者的研究范式,具有一定的实践特征。

综上所述,通过特征词汇和短语特征分析,我们梳理了科学哲学视角下情报学研究范式的主要形式和发展变化:在情报学研究范式中体现了定性、定量、仿真建模、数据驱动的研究范式,并逐渐从定性、定量过渡到以仿真实验和数据驱动为主的形式上来,这体现在了相关特征词汇和短语特征的演化之中;情报学研究范式在很大程度上立足于实践,这体现在了文献标题中"应用"这类相关特征词汇和短语特征之中;在情报学研究范式中计量学的研究思想是重要组成,即情报学的研究范式立足于科学研究,同时也为相关学科的科学研究服务。

---

① 纪雪梅,王芳. 学术文献题名中"基于"一词的使用规律及特征分析[J]. 情报学报,2013,32(7):697-707.

2.3.2 情报学研究思想发展轨迹

情报学究竟是译作 information science 还是 intelligence studies，这个问题一直是情报学界讨论的热点问题，这个问题也恰好反映了情报学研究思想的争议之处。作为图书情报学（library and information science）之下的情报学，information science 更易为图书情报这个大学科所接受，而从科技情报工作、竞争情报以及数据驱动下的人工智能来看，intelligence studies 更能反映情报学本质。我们检索了与情报学学科定位、情报学学科建设、情报学学科体系相关论文，列出对情报学研究思想进行深入探讨的经典论文，如表 2-17 所示。

表 2-17　情报学研究思想 information、intelligence 争论相关经典论文

序号	作者	题目	发表年
1	马费成	《规范学科名称　促进学科发展》	1996
2	包昌火	《Intelligence 和我国的情报学研究》	1996
3	包昌火、缪其浩、谢新洲	《对我国情报研究工作的认识和对策研究（上）》	1997
4	沈固朝	《为情报学研究注入 Intelligence 的理论与实践》	2005
5	包昌火、李艳	《情报缺失的中国情报学》	2007
6	包昌火	《这里的黎明静悄悄——再谈 Intelligence 与中国情报学》	2009
7	沈固朝	《两种情报观：Information 还是 Intelligence?——在情报学和情报工作中引入"Intelligence"的思考》	2009
8	包昌火	《让中国情报学回归本来面目》	2011
9	包昌火	《对我国情报学研究中三个重要问题的反思》	2012
10	高金虎	《论情报的定义》	2014
11	包昌火、马德辉、李艳	《Intelligence 视域下的中国情报学研究》	2015
12	苏新宁	《大数据时代情报学与情报工作的回归》	2017
13	杨国立、苏新宁	《迈向 Intelligence 导向的现代情报学》	2018
14	杨建林	《情报学学科体系的再认识》	2020

对于情报学是 information science 还是 intelligence studies 的争论，首先要回到学科建设上来。"图书馆与情报学"作为一级学科在 1990 年研究生学科目录中首次出现，并于 1995 年由国务院学位委员会学科评议组审定为"图书馆与情报学"（library and information science）。马费成在《规范学科名称　促进学科发展》中对一级学科名的命名进行了阐述：①与国际接轨，便于交流；②保持学科名的稳定与连续；③图书馆学情报学已形成了自身独特的研究领域，将按自身规律发展①。

---

① 马费成. 规范学科名称　促进学科发展[J]. 图书情报工作，1996，(3)：8-10.

在 20 世纪 90 年代信息化背景下，在许多环境下"情报"更多地被"信息"所替代，如"科学技术情报研究所"改为"科学技术信息研究所"，"科技情报"专业调整并入"信息管理与信息系统"专业。在这种背景下，将情报翻译作 information，拓宽了学科发展道路，情报逐渐被信息管理所取代，情报学译作 information science 被图书情报界所接受。但科研情报研究所以及从事竞争情报研究的学者，对将情报等同于 information 持不同态度。包昌火[①]提出情报研究是 information 的 intelligence 化的一项研究活动，并指出了信息与情报的区别，情报研究是对社会信息的深度加工，是开发和利用信息资源的一项研究活动，是将信息（information）转化为情报（intelligence）的系列化加工过程[②]。在之后的研究中，包昌火和李艳[③]坚持情报学应当是 intelligence 而非 information，并系列性地阐述了观点：第一，"失衡，导致了情报学既与以计算机科学为代表的信息科学类同，也与以数字图书馆为发展方向的图书馆学合流，失去了情报学的特性"；第二，中国情报学应当建立在 information 和 intelligence 两大基石上，并把 information 的 intelligence 化，即把信息转化为情报和谋略作为情报工作（intelligence services）和情报学（intelligence studies）研究的核心任务[④]；第三，情报学并非起源于文献学和图书馆学，而应是起源于军事学和谋略学，起源于人类的情报活动和咨询活动，与人类的竞争与决策相伴相生[⑤]；第四，情报不等于信息，中国情报学的英文表述不应是 information science，而应是 intelligence studies[⑥]；第五，中国情报学必将摆脱 information 和 intelligence 的迷思，以国家安全和社会发展为总体导向，以国家情报工作实践为研究内容[⑦]。沈固朝[⑧][⑨]同样认为"信息不等于情报"，指出信息需要加工、整合，汲取有特殊价值的部分才能变成可用于决策的情报，并进一步提出应在情报工作中引入 intelligence。

综合以上学者观点，对于情报学中的"information"与"intelligence"之争，在图书情报与档案管理一级学科成立之初，information 的思想有助于在图书馆学、情报学之间找到学科共同点，也有助于与国际学科体系接轨。在刚进入信息时代

① 包昌火. Intelligence 和我国的情报学研究[J]. 情报理论与实践，1996，19(6)：6.

② 包昌火，缪其浩，谢新洲. 对我国情报研究工作的认识和对策研究（上）[J]. 情报理论与实践，1997，20(3)：133-135.

③ 包昌火，李艳. 情报缺失的中国情报学[J]. 情报学报，2007，26(1)：29-34.

④ 包昌火. 这里的黎明静悄悄——再谈 Intelligence 与中国情报学[J]. 图书情报工作，2009，53(8)：5-6.

⑤ 包昌火. 让中国情报学回归本来面目[J]. 情报杂志，2011，30(7)：1.

⑥ 包昌火. 对我国情报学研究中三个重要问题的反思[J]. 图书情报知识，2012，(2)：4-6.

⑦ 包昌火，马德辉，李艳. Intelligence 视域下的中国情报学研究[J]. 情报杂志，2015，34(12)：1-6，47.

⑧ 沈固朝. 为情报学研究注入 Intelligence 的理论与实践[J]. 图书情报工作，2005，(9)：8.

⑨ 沈固朝. 两种情报观：Information 还是 Intelligence?——在情报学和情报工作中引入"Intelligence"的思考[J]. 术语标准化与信息技术，2009，(1)：22-30.

的 20 世纪 90 年代，information 思想有助于情报学拓宽学科研究范围，从以科技文献为主体的研究对象转为一切数字化的信息载体，能够更好地与信息时代的计算机科学相融合。但将情报等同于信息，也丢失了中华人民共和国成立以来情报学"耳目、尖兵、参谋"的学科特色，情报学独立于计算机科学、图书馆学的特色之处逐渐丢失。以包昌火为代表的一些情报学学者，坚持情报应当是 information 的 intelligence 化，即情报学和情报研究不能丢失智能与决策的定位，这样的观点在情报学学科定位的不断探索中，被越来越多的情报学研究人员所接受。苏新宁①指出"情报和信息并不是对立关系，而是一种相通、承继、有时甚至可以相互转换的关系"。

近年来，随着"总体国家安全观"思想的提出，情报学已不能仅仅局限于充当信息提供者角色，而应当回归"耳目、尖兵、参谋"定位，其发挥的作用也不应当仅仅局限于图书情报这个领域，还应当包括科技情报、军事情报、公安情报、商业情报、金融情报、社会情报等。因此，情报工作者必须具有面向国家安全与发展的大情报观思想，树立大情报观来做政府决策帮手，还要成为"引导"科技的尖兵②。情报学界对于情报的理解也赋予了新的含义，如"情报是政府、军队和企业为制定和执行政策而搜集、分析与处理的信息，情报是知识与信息的增值"③。新时代下的情报学，应该构建以 intelligence 为导向的情报学知识体系，界定基于 intelligence 属性的情报学核心问题域，以期强化情报学研究的大数据思维④；建立一个融合框架，将基于 information 范式的图书情报学与基于 intelligence 范式的各情报学分支统一于此框架⑤。大数据时代的到来，同样引发了学者对于情报学学科建设的思考。

综上所述，对于情报学学科思想的发展与情报学学科内涵及外延的发展紧密相关，单纯地割裂 information 与 intelligence 并不能解决指导思想的问题。正如苏新宁⑥所提"坚定守正与拓展，增强情报学话语能力"，情报学应当继承过往的优秀思想，在新的学术环境下探索自身的发展道路。

---

① 苏新宁. 大数据时代情报学学科崛起之思考[J]. 情报学报，2018，37(5)：451-459.
② 苏新宁. 大数据时代情报学与情报工作的回归[J]. 情报学报，2017，36(4)：331-337.
③ 高金虎. 论情报的定义[J]. 情报杂志，2014，33(3)：1-5.
④ 杨国立，苏新宁. 迈向 Intelligence 导向的现代情报学[J]. 情报学报，2018，37(5)：460-466.
⑤ 杨建林. 情报学学科体系的再认识[J]. 现代情报，2020，40(1)：4-13，23.
⑥ 苏新宁. 坚定守正与拓展，增强情报学话语能力[J]. 情报科学，2021，39(1)：3.

2.4　研究环境对情报学发展的驱动

情报学作为一门应用型学科，随社会需求、技术进步的发展而不断变革。在过去的四十多年间，信息技术作为最主要的推动力，对情报学的研究变革产生了巨大的影响力。情报学历经了信息时代、网络时代、社交网络时代及以大数据为代表的人工智能时代，每一次的技术变革都使得情报学的研究对象、理论、技术、方法产生了巨大改变。在这一过程中，欲满足国家、社会的需求，情报学必须不断适应社会环境带来的变化。

2.4.1　信息环境下情报学学科发展

信息时代的到来对情报学产生了深远的影响，也是专业调整较大的时代。1992年，国家科学技术委员会做出调整，把"科技情报"更名为"科技信息"，从而带动了情报学科向信息方向发展。首先，本科专业名称调整："科技情报"专业改为"科技信息"，后又并入"信息管理与信息系统"专业。其次，相关专业院系更名："图书情报系"更名为"信息管理系"。再次，相关科研院所更名："中国科学技术情报研究所"更名为"中国科学技术信息研究所"。最后，学科调整：情报学调整到管理学下并与图书馆学、档案学合并，成为新的一级学科。在这一背景下，作为本科的情报学专业不再存在，情报学与图书馆学一样，成为"图书情报与档案管理"下的二级学科，人才培养的目标也从培养科技情报工作者，逐步转向培养信息技术下的组织与服务型人才。马费成[①]指出："什么是新的信息环境？"第一个特征或条件是市场经济体制的确立和完善；第二个特征或条件是社会的发展、人民生活水平的提高、生活质量的改进；第三个特征或条件是信息技术集大成的网络化。在这种环境下，社会对于信息需求的变化非常明显，也希望有信息服务机构能够满足这种需求。因而，情报学研究由以科技情报为主，转向为面向国家、社会的多方位信息服务。

通过检索与"信息环境"相关的情报学经典论文，对其主要研究方向进行了文献回顾，主要分以下几个方面。

首先，"信息"与"情报"及"信息管理"与"情报学"关系。"情报"改为"信息"，一方面是情报学在信息时代寻找新的理论基石；另一方面是受到信息化社会以及市场经济的影响[②]。在信息化社会，"情报"改为"信息"更能适应社会潮流，更加有助于学科发展，情报学作为信息管理的一个分支将有助于人们对情报学本质的正确理解①。虽然信息与情报处于不同的应用层次，信息的外延大于情报，而情报的内涵比信息丰富，但是，在信息技术飞速发展而情报学却举步维艰的社会背景下，一部分人将情报向信息靠拢，自觉或不自觉地扩大情报的外延，其心情是可以理解的②。

其次，以"信息"作为研究对象，情报学与相关学科关系更为密切。从管理学而言，信息管理是现代信息技术环境下对信息资源、信息技术和信息系统实施计划、预算、组织、指挥、控制和协调多项职能的一种管理活动③；从信息哲学而言，它与情报学在研究方法、层次、研究对象、范围上都存在着一定的相似性和密切联系，信息哲学具有作为情报学理论基础的潜力④；从传播学而言，情报与传播是一对两位一体的概念，情报学与传播学之间既具有内在的密切联系，又有区别⑤；从生物学角度而言，因为海量的生物学数据只有经过生物信息学手段进行收集、分析和处理后才能成为有用的知识和信息，所以这些生物信息的存储、传播、检索和获取也与情报学息息相关⑥。

最后，以"信息"作为基石，情报学的外延不断扩大。随着信息时代情报学研究对象的变化，情报学的研究重点从物理层面的文献转变为认知层面的知识⑦；信息构建作为组织信息和设计信息环境、信息空间或信息体系结构，以满足需求者的信息需求的一门艺术和科学⑧，丰富了情报学的研究内容⑨。类似地，作为情报学重要分支的信息计量学，成为情报学定量化发展的需要和产物⑩。

综上所述，在信息化的背景下，情报学研究从科技情报转向为以信息为主要研究对象，情报学的研究理论、技术、方法也随之变化，与信息相关的研究不断涌现。

首先，关于信息源的变化，情报学已从科技情报转向面向社会各个领域，情报学的研究重点也从科技文献转向为认知层面的知识。

其次，信息化背景下，情报学更多地与相关学科相互渗透，如生物信息学、

① 嵇丽，王家雄. 论情报学与信息管理的关系[J]. 情报资料工作，2001，(6)：5-6，20.
② 王知津，栗莉. 信息、知识、情报：再认识[J]. 情报科学，2001，(7)：673-676.
③ 何佳讯，楼天阳. 论信息管理：情报学特色与管理学视野[J]. 中国图书馆学报，2003，(1)：15-18，30.
④ 王知津，王璇，韩正彪. 当代情报学理论思潮：信息哲学[J]. 情报理论与实践，2012，35(4)：1-6.
⑤ 成波. 情报学与传播学基本理论问题及分支理论比较研究：以信息交流为轴线的探析[J]. 图书情报工作，2006，(2)：35-39.
⑥ 方平，胡德华. 试论生物信息学及其对情报学的影响[J]. 情报科学，2002，(2)：117-119.
⑦ 余彩霞. 信息源的发展及其对情报学研究的影响[J]. 情报资料工作，2002，(6)：8-10.
⑧ 周晓英. 信息构建（IA）：情报学研究的新热点[J]. 情报资料工作，2002，(5)：6-8.
⑨ 王知津，蒋伟伟. 第三代信息构建及其对情报学的影响[J]. 情报资料工作，2004，(1)：6-9.
⑩ 王宏鑫. 信息计量学的基础与发展研究[J]. 图书情报工作，2003，(2)：7-12.

传播学、信息管理学、信息哲学等。

最后，与信息管理相关的理论研究不断丰富，如信息构建理论、信息计量学理论、信息检索、信息可视化等①，其中的一些领域逐渐形成了体系化的理论与方法。

在这种背景下，情报与信息的概念差异逐渐缩小，"信息管理"逐渐取代"情报"，并越来越多地被社会所接受。但成为"耳目、尖兵、参谋"的定位逐渐淡化，情报学成为计算机技术引领的信息科学下的分支，一些情报学家明确指出"情报"与"信息"的差异②。总体来说，得益于信息时代计算机技术的发展，以"信息"取代"情报"使得学科得到了更为广泛的认同度，"情报"与"信息"的概念逐渐模糊，情报学的研究对象、理论与方法都取得了较大进步，但"耳目、尖兵、参谋"的特色随之淡化。

2.4.2　网络环境下情报学学科发展

互联网时代的到来，是信息技术革命的一个里程碑，对情报学发展也产生了深远影响。网络时代是信息技术的延伸与发展，对社会发展产生了重要影响，人们不再仅仅通过信息服务专业人员获取信息，而是可以通过互联网自行查找和获取信息。在这一背景下，情报学的信息的组织与提供服务这一定位不变，但研究对象、环境、理论、方法均有了较大变化。

第一，面对海量的网络信息，如何有效地组织、管理、查找、利用相关的研究成为学科研究的重要内容，如信息采集、信息组织、信息检索、信息服务、语义网等；第二，搜索引擎的出现，使得信息计量学研究有了新分支——网络计量学，相关研究包括信息过滤、链接分析等；第三，与用户行为相关的研究，成为情报学研究的新课题，如信息认知、日志分析、用户行为分析等；第四，网络文献资源服务平台使得文献计量研究得以广泛实现。

在网络环境下，情报学服务对象是整个互联网社会，对互联网信息的有效组织与利用成为研究的中心环节。但互联网信息是海量的，与传统科技文献不同，信息质量参差不齐，用户的信息素养也存在差异。在这种环境下，情报学的主要研究与计算机科学下的信息科学有着许多共通之处。

同时，对于互联网信息的杂乱无序，学界提出了网络信息资源评价、链接分析等相关概念，针对互联网数据的来源质量问题，收集并整理了网络信息资源评

---

① 靖培栋. 信息可视化：情报学研究的新领域[J]. 情报科学，2003，(7)：685-687.
② 王洪林，赵冰峰. "科技情报"改名"科技信息"后的反思[J]. 情报杂志，2014，33(6)：1-3.

价的相关文献，建立了网络信息资源评价的指标体系[1]；通过综合型网站、专业型网站被链接次数及新浪网被不同类型网页链接次数，证明外链特征对于网页利用评价的可行性[2]。另外，学者也日益关注知识组织及知识服务，因为"知识组织不仅要科学地组织文献、情报信息，还要构造知识网络来揭示知识单元之间的内在联系"[3]。

计算机技术、通信技术、网络技术等信息技术的发展，在很大程度上改变了情报工作的模式，使情报学的研究内容、研究对象及理论基础在网络环境下得以丰富与发展，并产生了以网络信息计量学为代表的新兴分支学科[4]。例如，学术评价资源的数字化及网络化服务，使得 SCI（science citation index，科学引文索引）、CSSCI、CSCD（Chinese Science Citation Database，中国科学引文数据库）学术评价体系以及相关网络文献数据库成为学者进行信息计量学研究的数据来源，这些网络化的评价体系成为学者研究的计量工具[5]。而且，人机交互、信息查询中的用户行为、不同用户群体的行为表现等正在成为情报学研究者关注的热点[6]。

2.4.3　社交网络环境下情报学学科发展

社交网络是互联网发展的新变革，实现了互联网从政府、企业、研究机构、商用平台向人类社会交流的转变。智能手机与移动技术的发展，促进了信息的交流，并在相互交流中促进了人与人之间的相互影响。社交网络成为情报学研究的新课题，并形成了一系列相关成果。

首先，以学术交流为研究对象的社交网络成为情报学界关注的新热点。夏秋菊等[7]提出了科研社交网络的概念，并通过内容分析法归纳整理了现有科研社交网络的主要研究主题——科研社交网络分析工具、科研社交网络平台及科研类数据库，该研究从理论上探讨了科研社交网络概念的内涵和外延，从实践上可以为我国科研社交网络构建提供参考。贾新露和王曰芬[8]从概念、特点、研究热点等方面对学术社交网络进行了归纳，指出学术社交网络对非正式的学术交流研究具有非

---

① 张秀梅，刘俊丽，周晓英. 网络信息资源评价综述[J]. 图书馆学研究，2013，(24)：9-14.

② 刘雁，书方平. 利用链接关系评价网络信息的可行性研究[J]. 情报学报，2002，(4)：401-406.

③ 王应解. 知识组织：情报学的逻辑起点[J]. 图书与情报，2008，(3)：9-12，26.

④ 张洋，邱均平. 网络信息计量学的兴起及其哲学思考[J]. 情报杂志，2005，(1)：2-5.

⑤ 牟华，周秀霞. 网络信息计量学概论及应用探讨[J]. 情报资料工作，2002，(6)：22-24.

⑥ 赖茂生，王琳，杨文欣，等. 情报学前沿领域的确定与讨论[J]. 图书情报工作，2008，(3)：15-18.

⑦ 夏秋菊，栗文超，薛晶晶，等. 面向学术领域的新型社交平台：科研社交网络[J]. 情报杂志，2014，33(9)：167-172.

⑧ 贾新露，王曰芬. 学术社交网络的概念、特点及研究热点[J]. 图书馆学研究，2016，(5)：7-13.

常重要的意义，该研究从概念、功能上完善了学术社交网络的内涵与外延，并指出了当下学术社交网络研究的主题。其次，通过社交网络展开的用户行为成为情报学研究的对象。王曰芬等①从用户内容使用行为关系、内容贡献者特征等方面对用户内容使用行为特征进行研究，指出了用户行为的主要关注点以及影响相关用户行为的因素，研究结果表明学术社交网络能够有效促进学术交流。耿瑞利和申静②通过内容分析法归纳了社交网络用户知识共享的主要研究内容，并根据前置影响因素、过程及结果影响因素对影响社交网络用户知识共享的原因进行了深入探讨，研究有助于揭示社交网络用户知识共享的成因。周奇等③提出了利用社交网站的用户社交网络及博文信息实现基于社交团体和用户相似度的信息推荐方法，该方法可以为社交网站下不同用户群体的智能推荐提供参考。最后，社交网络改变了互联网信息传播的方式，对于网络舆情、突发事件、意见领袖的研究成为情报学的关注内容。刘嘉琪等④利用社会网络研究方法对比分析了意见领袖与普通节点的在线影响力关系，研究表明意见领袖对社交群体内部影响力巨大，但对外部传播则可能产生负向影响。郭勇等⑤以社交网络舆情为研究对象构建了意见领袖评价的"蝴蝶图示"，揭示了舆情系统内社会生态与意见领袖协同演化的内在机理，研究对于网络舆情理论研究及网络舆情的管理控制具有重要价值。

2.4.4　大数据环境下情报学学科发展

大数据时代的到来以及数据科学概念的提出，对情报学发展产生了重要影响。对于大数据环境下情报及情报工作的反思，引发了学界对于情报学发展、定位的大讨论。

1. 大数据给情报及情报工作带来的挑战

大数据时代的"数据"已经不再是过去的数据，而是包含更加有意义（情境）的语义单元，是信息、知识以及语义三者的集合体，通过数据可以直接挖掘、推

---

① 王曰芬，贾新露，傅柱. 学术社交网络用户内容使用行为研究：基于科学网热门博文的实证分析[J]. 现代图书情报技术，2016，(6)：63-72.

② 耿瑞利，申静. 社交网络用户知识共享研究：特征、内容与展望[J]. 图书情报知识，2018，(1)：4，16-26.

③ 周奇，陆敬筠，朱晓峰. 基于社交团体和用户相似度的信息推荐方法[J]. 情报理论与实践，2016，39(1)：123-127，132.

④ 刘嘉琪，齐佳音，陈曼仪. 基于社会网络分析的意见领袖与在线群体影响力关系研究[J]. 情报科学，2018，36(11)：138-145.

⑤ 郭勇，高歌，王天勇，等. 社交网络舆情意见领袖研究：蝴蝶图示、甄别及影响力评价[J]. 图书情报工作，2019，63(14)：62-73.

演出智慧，可以理解为大数据环境下的情报生态观①，所以，大数据环境下情报学应重拾情报思想，强调情报特性，重塑大情报观，拓展大情报观②。大数据的意义与价值在于：拓展了情报学的问题域，创造了新的研究方法，开拓了新的数据来源和数据获取方式，扩大了数据规模，提供了新的研究工具，增加了研究人员的参与度和学科影响力③，使得情报学内涵与外延在新的数字环境下更为清晰，情报学体系框架更为合理，更好地适应了时代发展潮流和领域发展现实，极大拓展了情报学的研究范畴，深化了情报学研究层次④。

2. 大数据环境下情报学研究对象、理论与方法的创新

大数据分析与情报分析在定量分析、多源数据融合、相关性分析方面有共通之处，但在数据对象、数据规模、分析时机和分析任务等方面有明显差异⑤，为了适应大数据的发展需要，可以将数据作为情报学的研究对象，进而建立数据情报学，调整和改革情报学原有研究内容⑥。另外，"大数据"研究方法填补了传统社会科学研究中有限的理论论证与材料支持之间的鸿沟，但是并不意味着传统方法的落后与淘汰。情报感知借助大数据分析的优势并不在于"数据"，而在于以海量数据为依托的更加具有创新性和科学性的分析方法与分析理念⑦。

3. 人工智能技术为大数据环境下情报学研究注入了新的技术动力

无论是利用深度学习模型 Bi-LSTM-CRF 实现对情报学理论与方法术语的自动标注⑧，运用 Bi-LSTM 和 BERT 深度学习模型对国外 iSchool 学校课程表课程名称进行的自动标注与提取⑨；还是以数据招聘中情报学人才素养需求为数据源，利用深度学习模型自动对相关人才素养需求进行知识标注与抽取⑩；抑或运用深度学

① 巴志超，李纲，周利琴，等. 数据科学及其对情报学变革的影响[J]. 情报学报，2018，37(7)：653-667.
② 苏新宁. 大数据时代情报学与情报工作的回归[J]. 情报学报，2017，36(4)：331-337.
③ 马费成，张瑞，李志元. 大数据对情报学研究的影响[J]. 图书情报知识，2018，(5)：4-9.
④ 曾建勋，魏来. 大数据时代的情报学变革[J]. 情报学报，2015，34(1)：37-44.
⑤ 李广建，化柏林. 大数据分析与情报分析关系辨析[J]. 中国图书馆学报，2014，40(5)：14-22.
⑥ 彭知辉. 数据：大数据环境下情报学的研究对象[J]. 情报学报，2017，36(2)：123-131.
⑦ 陈美华，王延飞. 情报感知的条件辨析[J]. 情报理论与实践，2018，41(8)：5-10.
⑧ 王昊，邓三鸿，苏新宁，等. 基于深度学习的情报学理论及方法术语识别研究[J]. 情报学报，2020，39(8)：817-828.
⑨ 沈思，左明聪，王东波，等. 基于课表知识抽取的情报学课程设置启示研究[J]. 情报学报，2020，39(12)：1253-1263.
⑩ 王东波，高瑞卿，苏新宁，等. 面向情报学课程设置的数据科学技能素养自动抽取及分析研究[J]. 情报理论与实践，2018，41(12)：61-66.

习模型，实现情报学招聘实体信息的自动标注与抽取①……以上研究表明，以深度学习为代表的人工智能技术丰富了情报学研究中关于信息抽取、自动标引等研究的技术方法，并成为当下情报学智能化研究的主要方向。

综上所述，在信息环境、网络环境、社交网络环境、大数据环境下，情报的概念、内涵与外延不断变化，以"信息"为基石促进了情报学的理论发展，但也导致了"情报"特色的不断弱化。情报学研究的对象、理论与方法在以"信息"为主导的背景下不断丰富和拓展，大数据环境为情报学从"信息"回归"情报"带来了机遇。情报工作者在坚守"耳目、尖兵、参谋"角色的同时，应当利用大数据与人工智能技术的优势，担负"引领"的历史使命。

---

① 胡昊天，王东波，邓三鸿，等. 基于情报学招聘实体挖掘的情报学教育及人才培养分析[J]. 情报理论与实践，2021，44(1)：8-17.

第3章　情报学学科体系

中国特色情报学学科体系应遵循客观规律、体现中国特色、顺应国家战略，基于此，中国特色情报学学科体系建设必须遵循社会发展、科技发展和自身学科发展的规律，聚焦国家战略和社会需求。本章首先厘清学科的目标与任务，从学科研究对象和研究内容的历史发展角度分析情报学研究领域的变化与发展规律，阐述了情报学学科的目标与任务，从学科研究对象和研究内容的历史发展角度分析情报学研究领域的变化和发展规律。同时，对于情报学研究对象，从情报发展和变化等角度进行了分析，总结了它在国家安全战略和发展战略中的作用，并阐述了情报研究在整个情报学科发展建设中的意义。在此基础上，本章从学科历史发展和学科研究对象的角度，阐述了情报学与信息技术学科、图书馆学科、信息学科、数据学科和其他相关学科的关系，并对这些学科的特点和区别做出了全面的分析。随后通过对我国情报学的历史发展进行分析，从面向国家战略层面和面向社会应用层面两个角度阐述了情报学在新时期的发展定位设计和学科体系设计。最后，在现有情报学三级学科体系基础之上，按照与国家战略相适应的情报学学科架构基本思想，围绕着情报史论学科群、情报应用学科群、情报学研究方法学科群，对情报学三级学科体系及其构成做了全面而细致的分析和阐述。

3.1　情报学学科的研究对象

研究对象的界定是学科研究和发展的基础，通过对情报学研究对象的发展和变化的分析，分辨研究对象之间的区别和联系，认识情报学研究内容在国家战略和社会发展中的重要作用，以此架构情报学学科，确保学科建设符合学科发展规律。情报学在发展过程中，除了沿着学科自身特点发展外，环境变化和社会需求也对情报学的发展产生着重要影响。同时由于情报学的研究领域不断扩展，在社会发展中所起作用越来越大，学科发展也会在守正与拓展中出现迷茫，这就需要我们尊重客观规律，在拓展中坚守学科的本质，不忘学科创建时的初心。其中，认清和围绕情报学学科的研究对象是开展学科建设和改革的核心要义。

3.1.1　情报——情报学的研究对象

在整个情报学发展历史，出现了很多基础理论，如波普尔"三个世界"理论的哲学思想、库恩的科学范式和科学革命发展动态模式、拉卡托斯的科学研究纲领方法论、马克思主义哲学理论、结构主义与后结构主义理论、后现代主义、实用主义、阐释学、现象学等①。这些不同观点背后存在的主要问题就是情报学研究对象的界定。现阶段，情报学理论在学科拓展中需要完善，在学科坚守中需要提升。这些都需要进一步明确情报学的研究对象。

按照《中国情报学百科全书》中的定义，情报学是研究事实（事件）、数据、信息、知识和情报的产生及其有效收集、组织、存储、传递、转换和利用规律，并运用现代科学技术有效地管理和利用它们进行分析、合成、发现、解答、学习和决策的一门科学②。因此，情报学是一门方法论科学，它指导着具体的情报实践，是一切情报工作的基础，具体从事某个方面的情报工作还必须掌握该领域的专业知识和技能。从这个意义上来说，情报学研究的对象就是情报，相关的情报学教育旨在让人们掌握情报运动过程的规律，建立情报思维，培养情报素质，使人们在工作中使用情报学的理论与方法去分析解决问题。只有守住情报这个根，加强情报学学科能力建设，才能更好地展现情报学的学科话语魅力③。

情报，一般意义上的理解主要是指"信息+分析"，即经过人类思维对信息进行系统分析后形成的、满足特定需求的知识成果。不同于一般的信息和知识，情报是冲突或是竞争的产物，因此在对抗双方利益冲突的关系中不具备共享性，无法实现自由检索，传播具有一定的隐匿性和定向性，使用对象一般局限于特定决策主体，具有一定的指向性。因此，情报通过人的意向性活动而得以存在，人的意识也先于情报的本质而存在。正是因为情报的内容和形式不具有先验确定的普遍形式，所以它始终是某种人类意识活动形式的产物。

随着 20 世纪以来科学技术的快速发展，人类社会对于情报分析和利用的认知也在不断变化，从以纸质印本文献为主的人工处理阶段，发展到了计算机自动处理阶段，再到 21 世纪互联网时代下大数据处理阶段，每个阶段都大约经历十到数十年的时间，几乎每代人都会面临着完全不同的情报处理场景。因此，导致人类对于情报活动方式及其价值的认知在不断地发生着改变，情报学研究方法和技术

① 王知津，王璇，韩正彪. 当代情报学理论思潮：现象学[J]. 情报资料工作，2011，32(4)：19-23.

② 《中国情报学百科全书》编委会. 中国情报学百科全书[M]. 北京：中国大百科全书出版社，2010：191.

③ 苏新宁. 情报学学科话语体系建设[J]. 信息资源管理学报，2021，11(2)：10-11.

也在环境和技术的影响下顺应变化并得到提升。从这个角度来看，情报的处理对象在不断变化，技术手段逐步更新，情报学理论、方法也得到升华，这种变化是不以人们意志为转移的。虽然时代发展、社会需求、环境变化给情报学研究带来巨大影响，但情报学的研究对象没有变，那就是"情报"。

3.1.2　对情报学研究对象的不同认识

梁战平于 2007 年就指出：我国情报学界虽然在一开始就对以唯物主义观点为指导的情报学研究对象进行研究，但研究内容相对分散，一直没有形成体系化学科理论①。例如，1983 年黄耀煌②在《情报学刊》上列举了 37 种情报的定义。截至 2010 年，关于情报概念的说法已有上百种③。情报学理论从 20 世纪 80 年代中期就进入了一种贝尔金提出的"知识非常状态"（anomalous state of knowledge，ASK），即情报学理论体系的"知识结构"不能圆满解释社会情报现象和解决实际工作问题的状态④。到了 20 世纪 90 年代，这种情况更为明显，情报学研究对象广泛，研究方法众多，研究目标漂移，致使情报学学科定位难以确定，研究对象难以聚焦。

造成这些问题的主要原因包括如下两个方面。

一方面，随着我国改革开放后市场经济的快速发展，企业和社会对于信息类人才的需求急剧增加，情报获取和分析的门槛开始降低。1987 年卢泰宏和杨联纲⑤提出了大情报观，指出将情报概念扩展到各类社会经济文化情报，将传统单一的科技情报服务扩展到面向各种社会需求的信息服务。从当时打破苏联科技情报学发展模式局限性的角度来看，具有很强的时代意义。情报逐渐让位于信息的这个现象也反映出人们对于当时信息资源改变的一种关注和重视。从此以后，对我国目前情报学影响最大的观点就是把信息看成情报，把情报学研究对象设定为信息。这些也可以从国家层面对传统科技情报工作政策的放开略窥一二。

另一方面，这种改变是由当时的环境发展所决定的。例如，传统文献信息处理方式涉及的信息资源数量有限，因此在面对海量计算机网络信息资源时，自动化处理信息的能力要求大大提升，辨别信息的能力也显著提高，以文献分析为主的传统情报服务人员本身面临着巨大的技术挑战和知识鸿沟。同时，传统情报分

① 梁战平. 情报学和情报工作的发展趋势[J]. 图书情报工作，2009，53(2): 5-7.
② 黄耀煌. 近两年我国情报概念争鸣的剖析[J]. 情报学刊，1983，(1): 23-27，74.
③ 石慧. 1976—2010 年我国情报概念研究计量分析[J]. 河南图书馆学刊，2011，(4): 15-18.
④ 王琳. 情报学基础理论研究 30 年（1987—2017）的回顾与思考[J]. 情报学报，2018，37(5): 543-560.
⑤ 卢泰宏，杨联纲. 变革中的情报工作新观念与新方式[J]. 科技情报工作，1987，(3): 2-5.

析方法也不能完全适合新时期社会情报现实需求，因此借鉴和引用其他学科，尤其是信息专业类相关知识技术也是一种情报学发展的必然要求。应该说，20 世纪90 年代以后，情报学将研究重点转向信息也正是出于对这种问题的迎合，希望通过加大对以现代互联网信息为载体的新型信息资源更多的利用来使学科发展与时俱进，增强和完善传统情报服务方法和手段，同时也适应着社会对信息处理不断增强的现实需求。适应社会高速信息化发展的大情报服务体系也是一个国家层面的问题，在当时较为宽松的国际发展环境中，这种现实的需求并不十分迫切，相反社会经济发展产生的信息化需求，以及利用信息技术改造各行各业的传统服务模式却更引人关注。

首先，情报（intelligence）不同于信息（information），信息更多表现出物质性和客观存在的特点，而情报具有主观性和价值属性，强调社会应用的特点。情报蕴含的智能性特点能够体现决策的知识水平，因此情报工作就需要由简单初级的组织整序向智力产品以及促进智力产品发展的智力活动演进。如果以信息替代情报则丧失了情报内涵，无法体现情报"耳目、尖兵"的应用价值。情报学不是单纯的信息分析，不应以信息为核心，也不是单纯的知识发现，它强调的是决策应用与价值体现。情报在服务决策过程中具有决策支持与决策参考两个方面的功能，必须围绕"用户吸收信息应用于决策"，重视情报本身决策服务的决定性功能。

只有形成决策并影响决策者，情报的功能才能有效发挥。因此，情报和决策之间的关系呈现双向影响特征。一方面，情报必须紧贴决策并有效指导决策，情报人员需要与决策者建立良好的互动机制，使情报产品可以最大限度地吸引决策者；另一方面，情报必须客观完整，不能过分受到决策的影响。在管理组织上，情报组织必须与政策制定者保持一定的距离，以保证情报产品的客观与公正。为此，在情报应用领域，还需要研究有效的工作模式。已有的一些观点包括美国学者斯蒂尔提出的菱形模式，可以最大限度地实现情报来源、搜集人员、分析人员与情报用户的良性互动[1]，还有美国情报学者克拉克提出的以目标为中心的情报工作周期和流程[2]。这些显然进一步体现了情报研究工作与信息研究工作的巨大区别。

因此，当代情报学研究对象必须体现出自身的研究特点，进一步强化情报的研究特点。只有这样，情报学研究才能回归自身的研究特点，突出面向 intelligence的研究特征，以将信息转化为情报和决策谋略作为情报工作和情报学研究的核心

① 张扬，金品轩. 国外情报学理论研究的几个关键问题：以"社会公共安全"为视角[J]. 情报探索，2014，(8)：11-14，18.

② 焦晓静，王兰成，韩锋. 知识图谱在科技情报研究中的应用模型构建[J]. 图书情报知识，2017，(3)：118-129.

任务。对应国外的相应研究，中国情报学研究的内容应该是指 intelligence studies。该表述更好地体现了为特定主体决策和行动提供信息服务的特点。当前，相关情报研究内容涉及科技服务、企业竞争、国家竞争等问题，核心问题主要包括情报收集、情报分析、反情报、情报行动、决策支持等内容，具体还可以细分为历史学派、政治学学派、社会学派和竞争情报学派等研究派系。

目前，情报学研究范围已从实践领域延伸到认知领域，并融合认知心理学和预测科学等领域的知识，需借鉴和综合社会科学、自然科学乃至新技术领域的理论研究成果和技术方法。

其次，还有一种观点认为情报学研究对象是知识。按照社会认识论的观点，知识是在社会中达成共识的客观内容，是个人知识和所在社会价值系统交互的产物。情报是一个复合和迁移的概念，不是简单的某种特定信息或特殊知识，而是体现了组织的认知对抗活动，即以信息与知识等作为中介的社会对抗活动，因此情报具有对抗性、认知性和组织性三个基本属性。1983 年 7 月，钱学森在国防科技情报工作会议上提出情报是激活、活化了的知识，或者说是通过资料提取出来的活东西，强调情报的应用结合和价值取向①。同时，知识会因为其客观的存在形式在数量激增过程中因不便传播而被堆积淹没，而情报可以看成是满足特定时期特定用户需求（包括个人、组织和国家），通过深度加工获得的一种可利用的知识，从而影响决策者的意识思维交互。因此，不同的专业背景、知识层次对情报的需求也不一样，情报最终是为特定主体决策行动提供信息服务，最终实现对信息的有序化、增值化、智能化。

3.1.3　情报学研究对象的厘清

当然，有争议、有质疑本身并没有问题，问题的关键仍然在于学科自身的建设和发展要有自己的思路，要能适应社会的需求变化和技术本身发展的要求。也就是说，情报学需要一个不随环境、技术等外在条件变化而易于发生漂移的理论核心，具有锚定（anchoring）的特点。这尤其表现在研究对象的界定上，即明确情报概念的界限和含义。

站在历史发展的角度，我们可以认为将数据、信息、知识和情报等同和区分的过程其实对应着人类处理的信息资源类型不断发展变化的过程。在早期纸质印本处理时代，信息资源更多直接表现为原始数据；在电子信息处理时代，电子信息的出现和普及使得人们可以对原始数据进行必要有效的加工整理，形成更为方

---

① 钱学森. 新技术革命与系统工程：从系统科学看我国今后 60 年的社会革命[J]. 世界经济，1985，(4)：1-9.

便获取使用的信息资源；在网络数据处理时代，尤其是互联网大数据时代，信息过载使得人们只有通过抽取有限高密度的知识才能进行有效的决策分析和情报服务。因此，情报与这些不同概念的相关性正是信息资源发展历史的现实反映。不同时代下情报学研究对象的具体区别与联系如图 3-1 所示。

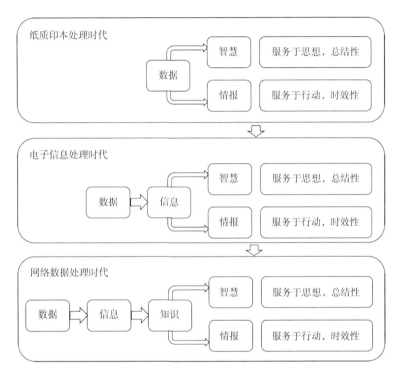

图 3-1　不同时代下情报学研究对象的区别与联系

从理论上来说，情报学研究虽然涉及数据（data）、信息（information）、知识（knowledge）、消息（message）（即 D-I-K-M）等多方面内容，但是它更应该关注这种过程的转换，强调一种以效用分析、评价和利用为目标的动态过程。从应用上讲，情报学应该强调价值属性，以情报服务为最终应用价值的体现。因此，情报学不仅具有自然科学的特点，而且还具有社会科学的特点。自然科学要求情报学必须要关注技术和方法，而社会科学则使得情报学更要关注国计民生的社会需求现实。对于情报学研究而言，没有调查研究、没有行业分析、没有需求指导的前提下做出来的研究成果显然没有实际应用价值，纵然研究方法和结论都很不错，解决不了实际问题依旧没有意义。软科学是以信息的处理为主要对象的并且为决策服务，目的是服务于社会政策设计和实施，考虑到情报服务从本质上看是为了支撑各级决策,因此情报学科具有明显的软科学特征和功能①。

情报学研究的目标并非情报技术和方法本身,而是应该面向情报服务用户,以情报服务和取得应用价值为最终目标,据此也能很好地区分于其他相关学科。如果过度强调方法,不同类型的信息资源处理方法不一样,就会导致情报学研究内容不断变化。例如,在计算机网络广泛应用之前,科技文献和人际交流是首选的信息获取途径,情报学研究主要关注图书文献的收集与整理,而到了计算机网络高度应用的今天,情报学也必然会转向以计算机技术应用为代表的智能信息处理上。相反,只有回归到情报服务工作,围绕着情报这个研究对象,才能确立情报学自身研究的学科边界。

3.2　情报学与其他学科之间的关系

情报学是一个应用型、交叉型学科,具有面向社会各领域的特点和跨学科属性,学科本身又与历史发展和社会需求紧密联系。随着时代发展和社会需求的不同,学科的定位也会发生变化。这些都使得情报学与其他许多相关学科具有交叉和密切的关系。

3.2.1　情报学学科的跨学科特点

了解情报学发展过程和更好地理解目前情报学的学科性质、发展特点及其成因,不能孤立地站在一个时间点上来思考问题,必须从历史发展的角度来分析和观察,才能厘清情报学自身研究的特点及其与时代的交互关系,从而更好地理解不同时代背景下情报学自身的建设意义。同时,也更清楚地帮助我们明晰情报学发展的未来之路。情报学者 Buckland 和 Liu②认为情报学理论研究者缺乏历史的意识,而历史是理论研究的基础,现有的学科研究都会受到历史局限性的影响。

情报学的起源和发展是顺应社会的需要与历史发展的必然,有许多背景促进了情报学的诞生。马费成③认为情报学大发展来自四大背景,即文献学背景、图书

① 肖勇. 弘扬钱学森科技情报学术思想科学界定资讯学与中国情报学[J]. 图书情报工作, 2011, (8): 30-33, 66.

② Buckland M, Liu Z. History of information science[J]. Annual Review of Information Science and Technology, 1995, 30(30): 385-416.

③ 马费成. 情报学发展的历史回顾及前沿课题[J]. 图书情报知识, 2013, (2): 4-12.

馆学背景、现代科学的情报危机或者说情报爆炸、第二次世界大战。这些都或多或少地对现代情报学的发展产生了深刻的影响。

随着数据处理技术方法的不断演变和海量数据处理分析的现实需求不断增强，各领域和各学科应用研究的交融日益密切，情报学研究也显示出了与其他相关学科的深度交叉发展特点。这种不同学科与情报学之间多方式、大跨度的广泛融合，有助于多元开放、互动协同的学科生态群建设，更有助于情报学自身的建设和发展。例如，在技术和方法方面，情报学借鉴了大量信息技术类学科的研究内容，尤其是文本挖掘、大数据分析等。在应用领域方面，情报学界广泛吸收了来自管理学科等其他学科研究的关注点，在如企业竞争情报领域（工商管理学科）、政府情报管理领域（公共管理）等都进行了大量的应用结合，甚至还催生了一些面向特定重点领域的情报学研究点，如公安情报学等。这些都促进了情报学相关理论研究和应用实践的不断深入与发展。

与多学科交融的特点也反映在学科设置上。例如，从学科硕士点所在学院的总体学科性质来看，目前我国仅 16%左右的情报学硕士点设在与信息相关的管理学院（如信息管理学院、信息科技学院、信息资源管理学院等），29%左右的设在管理类学院（包括管理学院、经济管理学院、公共管理学院等），55%左右的情报学学科专业还分布在包括历史文化学院、社会学院、人文学院、商学院、传媒学院等各类学院以及高校图书馆中①。更为突出的表现是情报学三级学科的设定，目前常见的情报学三级学科方向主要包括情报学史、情报社会学、比较情报学、情报计量学、情报心理学、情报管理学、情报服务学、情报经济学、情报检索学、情报系统理论、情报技术、科学技术情报学、社会科学情报学等，从中可以看出很多交叉学科的内容，涉及管理学、经济学、计算机科学等，甚至包括心理学等其他社会学科。

以情报这个研究对象为核心，如果考虑到各种情报的具体资源形式，如纸质印本文献、信息和大数据等，可以看出在不同的资源载体发展阶段，情报学都与不同的相关学科发生着联系，如纸质印本文献阶段与图书馆学科、大数据阶段与数据学科等。如果站在情报服务的应用领域来看，情报学本身也可以划分为各种不同的子学科类型，如面向军事的军事情报学、面向商业的竞争情报学等，具体内容如图 3-2 所示。

① 苏新宁，杨国立. 我国情报学学科建设研究进展[J]. 情报学进展，2020，（1）：1-38.

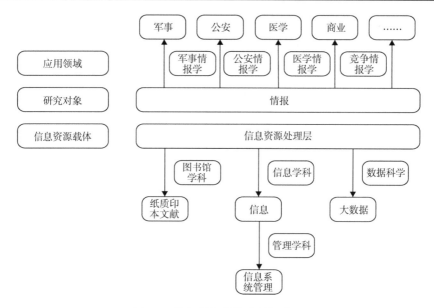

图 3-2　情报学与其他学科的关系

3.2.2　与信息技术学科的关系

从学科发展历史来看,情报学的产生和发展与信息技术的出现一直都存在着非常密切的联系,信息技术的发展为情报学的研究和应用提供了必需的技术基础,信息技术本身带来的信息需求变化也构成了情报学学科发展的重要支撑。

自第二次世界大战以来,情报工作在战争中起着至关重要的作用。到了第二次世界大战后的和平时期,情报的应用开始走出战争和谍报活动领域,逐渐成为维护国家安全、支持外交活动、促进科技创新、助力企业竞争、开展经济活动、支持政府决策等方面工作的重要力量。但是,情报虽然起源于战争,正如美国战略情报分析家谢尔曼·肯特(Sherman Kent)在 1949 年的《战略情报:为美国世界政策服务》一书所说,情报研究已经具备了学科性质,具有被广泛认可的方法论、专业术语、理论学说,以及复杂的情报工作技巧,并且情报事业拥有大量的从业人员[①]。不过,当时该学科仍然存在很多问题,如情报工作还缺乏必要的理论总结、情报语言不精确、情报文献储备不足,这也导致那个时代的情报学学科还没有形成有效的积累等。

在第二次世界大战以后,计算机技术开始快速发展,科技情报交流不断加强加深,以文献服务为基础的传统情报服务方法难以满足高效情报研究和交流的需

---

① 肯特 S. 战略情报:为美国世界政策服务[M]. 刘微,肖皓元,译.北京:金城出版社,2012:3-4.

求，世界各国学者开始广泛介入情报学方法的改良研究工作中。虽然当时发展较早，但是那时就已经提出了现在看来都很超前的一些学术观点和研究方法。例如，万尼瓦尔·布什（Vannevar Bush）早在 1945 年就提出了 Memex（一种扩展存储器，memory-extender），认为未来的人类可以将知识存储于人类大脑以外，并进行单独的维护和管理，形成一种和人类共存的独立知识体形态[①]，今天可以把它理解为现代互联网的概念雏形。1958 年 Luhn[②]在 "The automatic creation of literature abstracts" 中提出利用词频统计原理自动提取文章摘要的方法。可以看出当时人们已经充分意识到，虽然信息技术可能产生了大量信息资源，导致信息过载，但同时信息技术也提供了一种解决信息过载的途径。

　　信息技术本身一直处于不断发展变化的过程中，对相关学科的发展也在不断地产生影响，从早期的单机计算到网络计算，再到互联网计算，不论是信息资源规模和类型，还是相应的处理方法和技术，都发生了根本性的变革。这些显然会对情报学学科发展产生很大的影响，情报学必然会在研究方法和研究方向上受到当前主流信息技术带来的巨大影响，学科的交叉性也成为必然。例如，通过 1998 年到 2016 年我国图书情报国际论文的知识来源学科统计发现，计算机信息系统类和计算机理论与方法一直都处于较高的占比[③]。

　　由学科交叉带来的学科变化往往会导致人们对于学科的认知产生一些偏差。正如计算机、管理信息系统等学科内容在 20 世纪六七十年代刚出现时，也出现过类似的争论，有人质疑这些学科能否成为一个独立的学科门类，而且直到今天我们依然还能看到很多学科在快速演化，如软件工程和网络空间安全都已经从计算机学科中单独走了出来。

　　虽然情报学本身具有交叉学科的特性，但这种交叉特性应以情报学有着明确的研究对象为前提，以情报服务为目标，以情报研究为核心。因此，过度强调信息技术应用和定量化的处理，甚至为定量而定量，只会迷失学科研究初衷和目标，过分使用技术工具会使其反映现实的程度不断降低。事实上，过于量化的模型如果不能很好地解释和指导实践，或根本不联系实际，也就没有任何情报学研究的价值。例如，Buckland[④]认为脱离社会应用的情报学是形式化情报学（formalistic information science），而不是真正需要的真实情报学（realistic information science）。这种以包括国家和社会在内的现实需求为导向的情报学研

　　① Bush V. As we may think[J]. The Atlantic Monthly，1945，176(1)：101-108.

　　② Luhn H P. The automatic creation of literature abstracts[J]. IBM Journal of Research and Development，1958，2(2)：159-165.

　　③ 童寿传，李江，李东. 我国图书情报学国际化发展的现状与趋势[J]. 图书情报知识，2017，(6)：24-34.

　　④ Buckland M. What kind of science can information science be?[J]. Journal of the American Society for Information Science and Technology，2012，63(1)：1-7.

究和应用，在一定程度上体现了情报学自身所具有的社会科学研究特点。例如，Buckland 也认为情报学需要关注文化参与（cultural engagement）现象，即从社会文化的视角把握情报现象背后的复杂逻辑机制并构建情报理论。

3.2.3　与图书馆学科的关系

情报学和图书馆学关系由来已久。从字面理解，图书情报就是利用情报学的先进技术处理图书馆存储的文献资料，获得有价值的情报，满足实践中的情报需求。

1. 两个学科早期的联系

从历史发展来看，1953 年荷兰学者法拉丹（Farradane）首次提出"情报学家"（information scientist）这个名词①。值得注意的是，早期研究并没有注意信息和情报提法的不同。随后，"情报学"（information science）才作为一个学科名称在他的倡导下首次被使用，并在 1958 年由美国国家研究理事会、国家科学基金会和文献学学会等牵头召开的"国际科学情报会议"上进一步明确概念，认为情报学应该将满足科学家现实学术研究的信息需求放在首位，情报理论研究与应用需要从科学管理实践和图书馆学理论中分离出来，成为一门研究"科学文献如何交流与更好利用"的学科②。1964 年，美国匹兹堡大学首次将图书馆学与情报学合并形成"图书馆与信息科学"（library and information science，LIS）③，后期包括我国在内的部分国家也有"图书馆、情报和文献学"类似的名称。1985 年，中国科学院将中国科学院图书馆改名为中国科学院文献情报中心，这些都可以看出早期图书馆学和情报学的关系非常密切。

两个学科之间关系之所以如此密切，是具有深刻的历史原因的。例如，1955 年 9 月，美国战略情报分析家谢尔曼·肯特在中央情报局内部刊物《情报研究》创刊号中发表《情报文献的必要》一文，针对当时情报分析不注重文献获取和积累这个问题，重申了情报图书资料对情报学发展和情报工作的必要性④。因此，当时情报学的发展主要侧重于与图书馆学的结合，因为当时的情报学研究和应用主要针对纸质印本文献展开，技术手段的局限性决定了该学科与图书馆学、文献学

---

① 陈淋. 基于知识图谱的我国图书情报学发展研究[D]. 南昌：南昌大学，2016.

② 赖茂生，张莉扬. 情报学的学科发展与教育问题[J]. 情报学报，2003，22(1)：3-9.

③ Galvin T J. Pittsburgh. University of Pittsburgh Graduate School of Library and Information Sciences[J]. Encyclopedia of Library and Information Science，1977，(22)：280-291.

④ Kent S. The need for an intelligence literature[J]. Studies in Intelligence，1955，4：1-11.

的密切关系①。研究对象和工作对象的物理载体主要是图书馆存储的文献资源，因此涉及大量关于文献采集、组织（分类和标引）、加工、存储检索和流通规律的研究，即使是后期的自动化情报系统，也多是文献自动化处理系统。相应的情报学理论研究也多来自文献领域，如布拉德福定律、洛特卡定律、齐夫定律等。同时，由于计算机网络还没有像今天的互联网那样实现普遍连接，因此图书馆人员提供的各种查询联机服务是实现用户与文献沟通的关键环节，这也导致人工中介（human intermediary）研究在情报学中变得非常重要，甚至一度成为苏联情报学研究的一种时代特色。因此，在情报学学科发展的早期，人们会很自然将其与图书馆学关联起来。

这种联系直到今天依然还在深刻地影响着情报学的研究。吕红和邱均平②利用2002 年到 2011 年 9 种情报学核心期刊文献，通过基于关键词共现分析方法和网络分析方法，发现图书馆位于共现网络的中心位置，也是网络中度数中心度最大的节点，而信息服务、数字图书馆、信息资源、知识管理、网络环境、高校图书馆、信息技术七个节点的度数中心度也较大，彼此之间的关联性也都较强，其中情报学和图书馆学两个节点间的关系最强。同时发现，从一级分类号来看，2002—2011 年，国内情报学研究主题以 G（文化、科学、教育、体育）为主，F（经济）和 TP（自动化技术、计算机技术）为辅，由此可见情报学研究与经济学、计算机科学、法学、社会学等学科的研究较为紧密。从二级分类号来看，2002—2011年，国内情报学研究主题以 G25（图书馆学、图书馆事业）和 G35（情报学、情报工作）为主，以 G20（信息与传播理论）、F27（企业经济）等为辅，从中也可以看出情报学和图书馆学较为密切的联系。

因此，图书馆学科和情报学科可以进行更多深入的融合，如从关注数据—信息—知识这个角度拓展对情报学的认知，把图书馆学的理想驱动与情报学的技术驱动融会贯通，从而构成图书馆学和情报学相辅相成的知识体系以及共同开拓的研究前沿③。

2. 两个学科后期的不同

随着情报学研究对象的载体形式逐渐从传统纸质印本文献转向电子文献和网络信息，而且关于这些信息资源的利用方法，虽然诸如图书分类等传统文献管理分析方法确实可以提供基础性的信息组织功能，但是要想实现对信息的更深层次的利用，必须还需要进行更为深入的加工，而最先进的信息技术无疑提供了这种

---

① 王知津，张桂玲. 前网络时代情报学学科体系的主要结构与特征[J]. 情报资料工作，2003，(1): 6-9.
② 吕红，邱均平. 基于计量视角的国内情报学发展动向分析[J]. 情报资料工作，2014，(3): 5-12.
③ 叶鹰. 图书情报学的学术思想与技术方法及其开新[J]. 中国图书馆学报，2019，45(2): 15-25.

可能。同时，信息技术的快速发展也导致传统图书馆开始了数字化的进程，图书馆广泛适应着信息技术的变革和现代用户信息需求的发展要求，产生了诸如数字图书馆、智慧图书馆等备受关注的新形式。在两者共同发展的作用下，信息技术开始在这个时期对情报学研究产生重要影响。以计算机技术为代表的新型信息分析方法开始出现，如自动分词、词频统计、引文分析等极大地充实了原先纸质印本文献时代的情报分析方法。相比于图书馆学，情报学更注重研究对文献信息、网络信息、数据信息等多种信息资源的综合分析与应用，在应用上，也更侧重面向国家、企业和个人等不同层次来研究满足情报需求服务功能的新方法和新思路。因此，情报学研究视野从传统图书馆领域扩展到了整个社会领域，坚持多学科理论方法的融合，采用开放多维的研究视角，将学科定位从传统以图书馆用户为服务目标转向以社会大众为服务目标的更广阔空间，为相关信息活动提供基础性的理论支持和应用服务。

因此，去文献化也成为那个时代情报学的一个主要趋势。比较有代表性的事件是 1937 年成立的美国文献学学会于 1968 年改名为美国情报科学学会（American Society for Information Science，ASIS），其会刊也改称为 *Journal of the American Society for Information Science*（JASIS）。同时期，英国于 1958 年成立"情报科学家协会"（Institute of Information Scientist，IIS），美国佐治亚理工学院于 1963 年设立情报科学系（Department of Information Science）[1]。

进入 20 世纪 80 年代后，个人电脑的普及和互联网的快速发展产生了大量可利用的数据资源，并改变了以纸质印本文献为主的信息资源获取模式。这也使得传统的馆藏理论受到了冲击，如馆藏文献"莫尔斯定律"中提到的可近性已不再表现出图书馆地理位置远近，而是涉及检索与阅读系统的功能是否快捷有效[2]，物理拥有和地理优先的传统理念逐渐转移到了以逻辑拥有和可用优先的集成式现代图书馆馆藏理念。而且，网络信息资源的分布、增长、老化和传播等模式极大地迥异于传统纸质印本文献，更多呈现出复杂网络的特点，因此传统文献计量学也在逐渐向网络计量学（webometrics）发生演变。具体表现为互联网信息传播打破了传统按照文献载体区分正式交流和非正式交流的界限，尤其在科技信息传播领域更是如此。同时，用户直接传播和接受信息的能力大为提升，彻底改变了传统信息组织模式下权威信息中介不可替代的地位。更为重要的是，网络信息的快速增长还导致了过去以处理稀缺信息为主的情报学研究开始关注信息过载研究。

这里以文献计量学为例来说明图书馆学和情报学的差异。虽然情报学研究所

---

① 赖茂生，张莉扬. 情报学的学科发展与教育问题[J]. 情报学报，2003，22(1)：3-9.
② 王崇德. 网络化对图书情报学理论与方法的影响[J]. 中国图书馆学报，1998，(6)：3-8.

涉及的信息资源更为广义和全面，但是在传统文献信息资源研究领域中仍然保持着与图书馆学研究相关的内容，比较典型的就是文献计量学等内容，强调以诸如论文、图书等传统文献为研究对象，利用数学和统计学等方法来深入揭示文献等知识载体中的量化特征，据此揭示文献本身的规律和特点，并为图书情报管理服务提供决策依据。今天，以引文分析为代表的此类研究领域依然也是当代情报学研究的主要内容之一。但是，即使是这个传统领域，也存在着两个学科各自向不同侧重点分化演变的特点。例如，如果将文献资源作为重点，传统文献分析、古籍统计分析等则更强调图书馆学的研究特色，而如果将计量分析作为重点，尤其是借助于现代计算机，如以特定研究主题为研究内容，揭示研究主题的发展特点和规律，并通过有效的可视化方式予以呈现，则更强调情报学的研究特色。但是现有相关文献计量学的研究方法仍然以实证研究为主，对理论研究及其原理性分析的研究成果并不多见。因此，进一步探索传统文献计量学方面的研究内容，构建出适合现代广义信息资源体系下的文献计量学理论分析框架，在以数据计量研究基础上，探索文献计量学、信息计量学和科学计量学三者的有效的结合，这些都应该成为当代情报学学科研究的重要内容之一。

20 世纪末，情报学科逐渐倾向于信息导向，注重信息管理、知识管理等内容，情报学自身的发展与图书馆学开展呈现较为明显的区别。这可以在当时院系更名（如部分美国高校在 2000 年前将院系名称中的"信息"词语置于图书馆前面，或者取消名称中的图书馆词语等）、课程改革（如加利福尼亚大学伯克利分校放弃了传统图书馆学课程和图书馆学硕士研究生学位等）、增设情报学学位等，得以充分体现①。这种面向信息时代的转型最为明显的结果就是国外 2003 年开始的iSchool 运动，运动本意是希望解决图书馆学和情报学的有效融合问题，但是，尤其在美国的图书情报学教育实践中，随着信息科学越发强势，图书馆学越发势弱②。这些都进一步拉开了情报学研究和图书馆学研究的距离。同样，在社会需求方面，对情报学人才的需求也得到了更为快速的增长。高俊宽③通过对我国长江三角洲地区图书情报档案学硕士研究生教育的研究分析，发现我国情报学硕士研究生教育受欢迎的程度也高于图书馆学和档案学。这些在很大程度上反映了社会需求的现实情况，时至今日，将情报学和图书馆学逐渐分离的提法依然受到很多学者的关注，如 2018 年情报学与情报工作发展论坛上很多学者都提出了淡化图书情报一体

①　赖茂生. 情报学教育的现状和发展[J]. 情报理论与实践，2003，26(1)：80-84，88.

②　于良芝，梁司晨. iSchool 的迷思：对 iSchool 运动有关 LIS、iField 及其关系的认知的反思[J]. 中国图书馆学报，2017，43(3)：18-33.

③　高俊宽. 长三角地区图书馆学情报学档案学硕士研究生教育现状分析[J]. 高校图书馆工作，2010，(1)：46-49.

化的观点①。

3.2.4　与信息学科的关系

　　不论是国内还是国外，情报学与信息类学科的关系都十分紧密，彼此之间的学科研究领域也都是相互交叉的，在部分领域甚至难以分清。其中的根本原因在于情报学在发展历史中，接纳和融入了许多信息学科的研究方向和内容。从实际应用来看，情报和信息关系非常密切，体现出一种相通、承继，有时甚至可以相互转换的关系。

　　我国在 20 世纪 90 年代"情报"更名为"信息"的浪潮中，进一步模糊了情报和信息之间的界限。我国也有学者提出将我国学科设置中的"情报学"定位为"信息学"②。这种情况不仅出现在我国，国外也有类似的情况。例如，在美国专业设置标准（CIP-2010③）中，就把"情报学"（informatics）和"信息技术"（information technology）一起放在"计算机信息科学"（computer and information sciences）类目中。同时，在"情报"的名称使用上，有"information""informatics""intelligence"三种之多。与情报学相关的很多学科专业还有信息学、信息科学、管理信息系统、信息资源管理、知识管理等。

　　和情报学很相似，与信息论密切相关的信息科学一直都没有形成独立的学科门类，主要原因有两个：第一个是主要学科研究对象是电子通信传输；第二个是研究方法主要是数学。例如，香农（Shannon）甚至认为信息论就是一门数学④。这种现象非常类似于从图书文献学科产生的早期情报学，虽然这些学科在很多领域的地位一直也未被其他学科取代，但是除非这些学科所能研究的对象可以解释自然界的一切信息相关现象，否则这些学科往往更多地表现出与其他学科的密切交融性。例如，与信息论相关的信息科学更多地表现为通信数学领域的一个分支。

　　事实上，信息论学者也希望能构建一门超越计算机科学和信息论的广义的信息学科。例如，1957 年，德国计算机专家施泰因布赫（Steinbuch）创造了术语

---

　　① 司湘云，赵海平，王吉秀，等. 情报学与情报工作发展论坛（2018）纪要[J]. 信息资源管理学报，2019，9(1)：122-127.

　　② 刘强. 中国"情报学"乱象和迷途的终结与选择：基于信息与情报的本源内涵和学科机理与边界[J]. 情报杂志，2018，37(11)：1，9，2-8.

　　③ CIP-2010 是指美国学科专业分类目录 2010 版。

　　④ Shannon C E. The bandwagon[J]. IRE Transactions on Information Theory，1956，2(1)：3.

"informatik"①，1966 年苏联科学家也创造了术语"informatika"②，这些都是"informatics"词语的相关不同语言版本。后来，informatics 逐渐成为当时信息学科的主要概念，并在和其他学科融合过程中，产生了一系列相关学科研究领域，如生物信息学（bioinformatics）③。随着信息技术的不断应用，信息论相关的信息科学也开始关注计算机技术的结合，1983 年戈林首先将信息学定义为计算机科学加信息科学。到了今天，信息学更多表现为与计算机科学或计算机科学与工程密切相关④。

但是，通过对已有的信息科学研究进行分析，有关信息的定义和情报学论述的信息并不十分契合。如果站在一个统一的角度来看，信息论产生的信息科学与情报学包含的信息科学其实都是关注于各种科研和应用中的信息处理本身。信息论关注信息的结构和性质，从最初的狭义通信研究扩大到计算机相关领域，侧重于揭示机器和计算的设计特征，强调计算技术、计算方法、计算机处理和计算机应用。情报学则更关注信息的内容，侧重揭示人和社会的行为特征，是研究以情报为主的信息收集、组织、检索、交流和利用的科学。

同时，情报学学科研究目标和内容与信息学科具有根本的差异，情报学学科不仅仅强调信息处理过程，更侧重于它的价值应用和社会服务结合。这种认知也由来已久。20 世纪 70 年代产生的社会情报学（social intelligence）进一步拓展了以学术文献等传统信息资源为主要研究目标的情报学研究内容，将社会上普遍存在的情报过程或活动视为一种适应迅速变化的外部世界的有组织的能力⑤。据此，情报学所关注的情报必须服务于所在社会和人们的切实需求，重视人们在情报利用过程中的知识结构和认知能力，强调对情报传递过程的理解和对用户情报需求的把握，实现双方在认识层次而非物理层次上交互的重要性。

另外，情报学与信息科学的差别更多表现为学科研究的主要内容和目标。对于基础层次的研究内容，两者的差别随着信息技术的不断深入融合而越来越小。这构成了现代统一信息科学和统一信息理论等相关研究思潮的主要内容。也就是说，单纯以学科研究对象来做学科的划分只能形成在特定应用领域内起作用的学科研究内容。既然信息和物质、能量一样都是世界三大基本要素，那么以信息为

① Steinbuch K. Informatik：automatische informationsverarbeitung[J]. SEG-Nachrichten (Technische Mitteilungen der Standard Elektrik Gruppe) –Firmenzeitschrift，1957，4：171.

② Sackett K M，Erdley W S.The history of health care informatics[C]//Englebardt S P，Nelson R.Health Care Informatics：An Interdisciplinary Approach. St. Louis：Mosby，2002：453-477.

③ 王玲. 基于知识发现的生物信息学[J]. 生物工程进展，2000，(3)：27-29.

④ Telksnys L，Zilinskas A. Computers in Lithuania[J]. IEEE Annals of the History of Computing，1999，21(3)：31-37.

⑤ 缪其浩. 社会情报（智能）的理论、应用及其对发展中国家的意义[J]. 情报学进展，1998，2：1-28.

学科研究对象的信息学科也可以形成一类基础科学门类。相应而言，信息学科可以看成是计算信息学，而情报学则可以看成是社会信息学，它们都是一个完整体系下的不同研究内容，信息学科可以称为"工程信息科学"，情报学可以称为"社会信息科学"[1]。但是迄今为止，学界尚未构造起能够同时在各个信息领域内都发挥很大作用的大信息学科，也没有找到一种能够使各种信息学科真正统一的科学基础。在未来很长一段时间内，这种学科的分化依然还会存在。总体来看，目前还没有形成统一信息科学体系。因此，在这种学科分化的背景下，情报学不可能建立涵盖包括信息论在内的其他与信息相关的学科，更应该专注于信息中"情报"的研究和聚焦于"情报"的学科建设。

3.2.5　与数据学科的关系

数据科学发展相对较晚，它是一门以数据为研究对象的交叉性学科，尤其是与大数据处理和分析相关的研究与应用更是该学科近年来关注的主要内容。其理论基础主要来自计算机科学、应用数学、统计学、信息学等相关学科，同时研究和应用都要结合特定的行业领域，不存在纯粹意义上的大数据研究，因此数据科学研究往往还要兼备大数据所属领域或行业的专门知识。

数据科学最早由国外提出，如美国北卡罗来纳州立大学 2007 年首次设立"数据分析"硕士专业，纽约大学首创"数据科学"硕士专业。国外大数据相关硕士人才培养主要有七个方向，包括信息系统、数据科学、健康医疗、商业分析、应用统计、商务智能和 MBA（master of business administration，工商管理硕士学位）大数据方向等，其中很多应用领域都与情报学有着高度的重合[2]。在 iSchool 联盟院校中，已经有多所图书情报院系开设了数据科学与大数据技术的相关专业。但是直到现在，数据科学在我国还没有成为一门独立的学科门类，我国目前与其最为直接相关的有"大数据管理与应用"和"数据科学与大数据技术"两个本科专业方向，前者位于管理科学与工程学科门类下，而后者则位于计算机学科门类下。虽然两者侧重点不一样，但是都强调对大数据技术和方法的使用，尤其是前者和情报学的数据决策应用有着密切的关系。

我国数据科学相关本科教育开设时间较短，硕士教育也多处于探索阶段，整个学科教育环境尚不成熟，同时国内该专业多设立在计算机类、经济管理类和信

---

① 肖勇. 信息科学、资讯学和中国情报学三者辨析刍议[C]. 北京大学情报学与信息管理论坛论文集，2010：158-164.

② 阮敬，刘宏晶，纪宏. 国外大数据硕士人才培养的经验与启示：基于大数据文本挖掘[J]. 统计与信息论坛，2017，32(9)：29-36.

息管理类学院，探索与情报学专业的融合可以看成一条有益的选择①。按照马费成和宋恩梅②提出的观点，情报学研究对象的发展方式经历了从传统印本纸质文献到电子信息，再到知识的过程，我们可以看出数据科学反映了现今社会对于在海量信息资源中发掘有效知识的迫切需求，从这个角度来看，和情报学学科比较一致。

可以从正反两个方面来对这两个学科进行对比思考。

第一，两者的区别很明显。首先，数据不是情报，情报虽然来自数据，但是并不仅仅表现为原始的数据，只能说数据科学主要研究的大数据是当前大数据环境下的一种特殊信息资源形态，而情报学所研究的信息资源类型更为宽泛；其次，两个学科的目标并不一致，数据科学更侧重于方法论和强调方法的研究，强调数据本身的处理与应用，注重挖掘方法的改进、新模式的挖掘等，这与情报提供决策支持和价值服务的目标并不属于同一个层面，数据科学给现代情报学提供了分析利用大数据信息资源的现实基础和条件。例如，情报学相关的大数据主要研究文献大数据、文本大数据和行为大数据，更注重资源的收集与整理服务，在进行数据分析时有明确的任务导向和既定的模式。

第二，大数据为情报学的发展带来了机缘，两者在当前大数据时代，确实存在着互补所长的现实需求。

首先，大数据分析是大数据技术最为重要的应用方向，主要实现从海量数据中识别帮助决策的隐藏模式、未知的相关联系以及其他有用信息。和情报学一样，两者都是以信息和数据作为基础计算资源，大数据为情报学补充了来自海量异构数据的分析能力，尤其在知识图谱和社会网络等方面。因此，情报学研究方法具备数据科学的特点，大数据相关技术能为情报学提供新的有效手段。情报学与数据科学的融合则可以进一步提升现有情报学研究方法的先进性，增强现代情报分析技术和能力。

其次，数据科学可以结合情报学寻求应用价值的目标导向。同时，情报机构也是大数据行业中重要成员，情报学已有的分析方法和理论也能为大数据分析提供更有价值的应用方向。例如，利用医药文献引文分析实现对药物和疾病隐含关系的发现③，利用人物关联的知识图谱实现对公安情报决策服务的支持等④。

---

① 陈沫，李广建，陈聪聪. 情报学取向的"数据科学与大数据技术"专业人才培养[J]. 图书情报工作，2019，63(12): 5-11.

② 马费成，宋恩梅. 情报学的历史沿革与研究进展[C]//查先进.情报学研究进展.武汉：武汉大学出版社，2007: 1-34.

③ Song M，Kang K，An J Y. Investigating drug-disease interactions in drug-symptom-disease triples via citation relations[J]. Journal of the Association for Information Science and Technology，2018，69(11): 1355-1368.

④ 冯元为. 基于知识图谱构建人物关系的设计与实现[D]. 重庆：重庆大学，2016.

　　因此,陈沫等①提出可以设立面向情报服务的"数据科学与大数据技术"专业或者"大数据管理与应用"专业,培养具有大数据思维和扎实的情报学专业基础、掌握大数据处理技术及分析方法,并能将其应用于情报学理论与实践的复合型人才。两者交融的价值在于情报学可以为大数据提供基础研究方法和应用服务导向,而大数据则为现代情报学研究应用注入了新的方法和技术,研究效率和效果都能得到巨大提升。具体的课程设计可以包括紧密结合大数据与情报学专业的新兴课程,如文献大数据分析、用户大数据研究等。

　　从社会需求来看,近年来社会对于情报学专业的人才需求也逐渐提出了对数据科学和大数据技术相关技能的要求,如在招聘情报信息分析人员的信息中要求有数据分析能力。因此,在明确情报学研究对象和研究目标的情况下,数据科学研究方法和内容必将为现代情报学研究提供有益和必需的相关学科内容支撑。

3.2.6　与其他学科的关系

　　随着科学技术的发展,不论是自然科学还是社会科学,学科间相互交叉渗透,作为应用型学科的情报学还与许多学科存在着密切的相互联系。

　　站在管理学科的角度来看,图书馆学是从事文献管理研究的学科,信息管理是从事信息管理研究的学科,数据科学是从事大数据管理研究的学科,因此可以认为情报学是从事情报管理问题的研究学科。当然,情报学与管理学关系密切的主要原因既与学科研究内容方法相关,也与部分历史有关,尤其是在20世纪90年代面向信息管理的情报学学科转型后,更加快了两个学科融合的进度。通过对管理学视野中的信息管理研究内容分析,可以发现主要相关融合内容包括信息技术与企业管理理论中的企业战略、业务流程再造、组织变革、信息系统管理以及企业文化等方面,这些都是信息管理和企业管理相关的研究内容,其实与情报学最初的主要研究内容关系并非十分密切②。

　　这些特点也可以从两个学科关联性的定量化分析研究结论看出。例如,吕红和邱均平③利用多元统计和共词矩阵分析方法,发现国内情报学呈现出两大研究结构,分别是基于知识的管理科学研究结构和基于信息的图书馆信息学研究结构。这在事实上说明了我国情报学研究最为密切的两个学科之间的关系。李湘东等④通过对诸

　　① 陈沫,李广建,陈聪聪. 情报学取向的"数据科学与大数据技术"专业人才培养[J]. 图书情报工作,2019,63(12):5-11.

　　② 何佳讯,楼天阳. 论信息管理:情报学特色与管理学视野[J]. 中国图书馆学报,2003,(1):15-18,30.

　　③ 吕红,邱均平. 基于计量视角的国内情报学发展动向分析[J]. 情报资料工作,2014,(3):5-12.

　　④ 李湘东,丁丛,何海红. 多学科领域电子商务研究分析:以图书情报学和管理学为例[J]. 图书馆杂志,2015,34(6):22-29.

如电子商务等特定主题的研究，发现图书情报学与管理学存在着联系。肖勇[①]发现在图书情报学领域中的信息经济学相关研究促进了图书情报学和管理学的学科交叉与融合。孙建军和田纳西[②]利用 2008 年到 2010 年三年的 23 个学科期刊论文之间的引用关系分析，发现管理学科和图书情报学科具有较为密切的联系。谢成等[③]根据 1994 年到 2014 年图书情报学和管理学方面的核心期刊论文，利用高频共现关键词、学科交叉知识图谱和学科相关系数等方法，发现"知识管理""信息服务""技术创新"等研究主题是图书情报学和管理学共同关注的热点，"可视化"和"引文分析"是图书情报学和管理学存在的共同研究方法，同时发现管理学研究内容位于图书情报学和经济学的衔接位置，并且管理学和图书情报学之间关系存在着强化的发展趋势，在一定程度上表明管理学在上述两个学科的知识交流中起桥梁和中介作用。童寿传等[④]利用 1998 年到 2016 年我国图书情报国际论文数据，发现我国图书情报学国际成果的学科知识流入和流出除了学科内以外，最紧密的相关学科就是管理学。

除此以外，情报学与其他学科也存在着较为密切的关系，这进一步反映了情报学在很多领域的广泛应用。例如，在美国专业设置标准（CIP-2010）中，就增加了"地理情报学"（geospatial intelligence）、"生物情报学"（bioinformatics）和"医学情报学"（medical informatics）等专业交叉型情报学内容，分散在各个不同的学科目录中[⑤]。我国情况与此类似，如在医学领域的情报学应用也较为常见，主要表现在文献检索和信息处理等方面的结合，这些方法也成为医学信息学和循证医学研究中的一项重要内容，这可以通过一些期刊名称得以反映，如《中华医学图书情报杂志》等。再如，我国 2011 年在法学门类下增列公安学一级学科，公安情报学正式列为二级学科。公安情报学是情报学理论与公安警务情报工作实践相结合而形成的一门特色情报学学科，主要服务于指导和解决公安情报工作的实际问题，研究内容主要侧重以"情报主导警务"来进行，如犯罪情报学与刑事侦查情报学等，主要面向公安情报活动过程，突出公安情报工作的特殊性，因此本质上属于应用情报学范畴。在军事方面，情报工作也是较早的应用领域，但是军事情报学由于自身研究服务的特殊性，往往与面向社会公众服务的情报学形成并

① 肖勇. 论图书情报学领域中的信息经济学探索[J]. 大学图书馆学报，2009，(5)：2-9.

② 孙建军，田纳西. 基于 CSSCI 的多学科期刊引文网络分析[J]. 西南民族大学学报(人文社会科学版)，2013，34(2)：227-232.

③ 谢成，徐华斯，李新春，等. 基于共词分析法的学科关联分析：以图书情报学、经济学与管理学为例[J]. 大学图书情报学刊，2017，35(6)：83-90，120.

④ 童寿传，李江，李东. 我国图书情报学国际化发展的现状与趋势[J]. 图书情报知识，2017，(6)：24-34.

⑤ CIP. The Classification of Instructional Programs[EB/OL]. https://nces.ed.gov/ipeds/cipcode/browse.aspx?y=55[2023-10-06].

行发展的趋势。我国军事情报学的研究领域可以归纳为军事情报基础理论、军事情报历史和军事情报应用理论等①，具体的军事情报理论研究可以归结为五大领域，分别是情报基础理论、情报分析理论、情报失误理论、情报控制理论、联合作战情报支援理论等②。

3.2.7　情报学学科的归属

学科的归属设计反映出一个时代和一个国家对于该学科的总体定位和价值认识，现有的情报学学科归属设计更多的是反映传统情报学研究发展的历史特点。因此，能否以及如何站在更高的层面对情报学学科进行新的归属定位，已成为影响未来情报学学科发展的关键。

包昌火等③认为可以构建国家情报一级学科，具体包括政治情报、军事情报、国安情报、公安情报、科技情报、外交情报、经济情报、文化情报、竞争情报等二级学科。高金虎④认为国家安全学一级学科的设立为中国情报研究事业的开展提供了一个新的契机，在国家安全学学科设置中，国家安全情报学可以形成一个相对独立的学科门类。赵冰峰⑤认为情报学可以和组织社会学、军事社会学等并列，或者与管理理论和未来学等并列，在社会学门类或者管理学门类下成为专门研究组织冲突的一级学科，甚至可以将情报学与国家安全学联合设立为独立的学科门类，组成独立的国家安全学门类。陈传夫等⑥认为在我国未来图书情报学教育中图书馆学、情报学、档案学将会向"图书馆与信息管理科学"一级学科发展。2017 年《情报杂志》对情报学一级学科设立问题进行了专题讨论。这一讨论的起因是图书馆学与情报学在新的环境和需求下，差别越来越大，尤其是在大情报观的驱动下，对面向国家安全与发展战略的情报学学科建设而言，从情报学在不同的应用领域发挥的重要角色作用出发，应当建立大情报科学的一级学科③。

但是直到今天，国内外也一直没有独立的情报学一级学科，图书馆学与情报学的完全割裂并不现实也不具备充分的理由。国外学界也有类似的声音，主要的观点就是认为情报学是否应该从"intelligence studies"走向"intelligence discipline"

① 高金虎，张魁. 情报分析方法论[M]. 北京：金城出版社，2017：272-276.

② 张晓军. 美国军事情报理论研究[M]. 北京：军事科学出版社，2007：115.

③ 包昌火，马德辉，李艳，等. 我国国家情报工作的挑战、机遇和应对[J]. 情报杂志，2016，35(10)：1-6，17.

④ 高金虎. 论国家安全情报工作：兼论国家安全情报学的研究对象[J]. 情报杂志，2019，38(1)：1-7.

⑤ 赵冰峰. 论情报（上）：情报思想的历史考察与情报概念[J]. 情报杂志，2015，34(7)：1-4，21.

⑥ 陈传夫，吴钢，盛钊，等. 新中国图书情报学教育历程与展望[J]. 图书馆杂志，2009，28(8)：3-11.

或者"intelligence science"①②。

我们认为，情报学虽然与同一一级学科下的二级学科（图书馆学、档案学）有不少差异，但它们之间多方面的联系却是非常紧密的，相互之间的许多理论方法在交互通融。另外，就目前情报学本身规模和学界影响尚未达到成立情报学一级学科的要求。因此，只有当情报学在各个领域（学术领域、应用领域）得到全面深入发展并发挥巨大作用，在国家安全与发展方略下建设取得举足轻重的成果，各个分支领域已渐成熟，那时再讨论情报学一级学科问题，才是明智之举。

3.3 总体国家安全观下的情报学学科

遵循总体国家安全观的情报学发展是时代的呼唤和需要。情报学不是单纯面向科技与社会发展，也不是仅仅关注国家的安全与军事发展，而是面向国家安全与发展两个方面的情报学学科。通过对我国情报学的历史发展分析，可以从面向国家战略层面和面向社会应用层面两个角度来明确情报学在新时期的定位。

3.3.1 我国情报学研究的历史发展

情报学研究内容的最早提法是 1970 年美国萨拉塞维奇在《情报科学引论》给出的观点，他认为情报学是专门研究人类交流现象和交流系统特性的科学。这种定义高度抽象了情报获取过程中技术、方法和应用领域的细节问题，把重点放在了情报交流这个本质问题上来。1983 年，严怡民③在《情报学概论》中也表达过类似的提法，他认为情报学是研究普遍存在的社会现象和整个情报交流活动。类似的提法还有哥夫曼的情报传染理论、费桑的微观情报传播理论、维克利的情报传递理论、丰成君的"信息栈"与信息交流对数变换理论等。直到今天，信息交流理论一直都是我国情报学界的主流思想。

我国早期情报学研究主要围绕着科学交流领域，这深受苏联相关研究的影响。例如，1976 年苏联情报学家米哈依洛夫在《科学交流与情报学》中就认为

---

① Gill P, Phythian M. What is intelligence studies?[J]. The International Journal of Intelligence, Security, and Public Affairs, 2016, 18(1): 5-19.

② Marrin S. Improving intelligence studies as an academic discipline[J]. Intelligence and National Security, 2016, 31(2): 266-279.

③ 严怡民. 情报学概论[M]. 武汉：武汉大学出版社, 1983.

情报学的主要任务是研究科学交流理论①，严怡民②也认为情报学专门研究科学情报的构成和特性，以及研究科学交流全过程的规律性问题。1956 年 10 月我国国家情报中心——中国科学院科学情报研究所（1958 年更名为"中国科学技术情报研究所"）正式建立，标志着我国以科技情报工作为特色的情报学研究正式开展工作③。

早期情报学之所以把科技文献交流作为主要应用研究内容，主要有两个方面的原因：第一，从当时信息交流、情报获取的途径来看，限于计算机技术的发展水平，主流的科学交流媒介依然还是以传统文献，甚至以纸质印本文献为主。由于没有互联网，人们进行情报传递，尤其是国际的情报传播，在很大程度上表现为对文献信息资源的获取和利用，而在这些文献当中，往往反映最新科学研究成果的学术文献和数据文献更受关注。第二，从动机来看，由于没有互联网，人们的文献传递主要是通过图书情报机构进行中介交流，图书情报机构掌握文献的传播控制权，无论是文献还是情报的交流活动主要都由图书情报机构驱动。

我国情报学主要是依据我国早期的科技情报工作体系所构建，解决的应用问题主要围绕着文献与社会、文献与服务、信息与学习三大范畴。到了 20 世纪 90 年代，情报学研究内容主要开始关注信息管理相关的内容，这一点也可以从当时的研究理论总结看得出来。例如，Ingwersen④在 1992 年的《情报学概念》中提出的情报学学科架构主要包括文献计量学、信息管理、信息检索系统设计和信息检索，从中依然可以明显看到信息技术的深刻影响。即使进入 21 世纪，仍然可以按照信息技术方法的不同，将情报学研究分为以信息处理与检索的信息管理为主的情报学研究阶段（21 世纪前），以网络信息资源建构与服务平台建设为主的情报学研究阶段（21 世纪后）。

著名学者钱学森先生⑤于 1983 年指出情报科学研究内容可以划分为情报搜集、情报存储及检索、情报分析，初步勾勒了情报学理论体系。这种思路开创了当代我国情报学学科研究内容的主要划分依据，即按照情报处理流程进行划分，包括情报搜集、存储、检索、分析等。正如情报学中的系统理论派所认为的，从多学科的系统角度研究情报以及开展情报学研究是十分有益的，甚至可以考虑情报学专业的学生应该至少具备某一门其他学科的专业背景，以更好地适应多学科

①　刘植惠. 科学情报交流学派奠基人：米哈依洛夫[J]. 情报理论与实践，1995，(2)：53-54，42.
②　严怡民. 情报学的未来[J]. 情报理论与实践，1996，(6)：1-3.
③　黄建东. 改革后我国科技文献发展模型的研究：兼探我国情报学发展阶段的划分[J]. 情报理论与实践，1989，(5)：7-11.
④　Ingwersen P. Information and information science in context[J]. Libri，1992，42(2)：99-135.
⑤　钱学森. 科技情报工作的科学技术[J]. 兵工情报工作，1983，(6)：3-10.

研究和应用的现实需求①。目前，主要的情报学研究内容集中在三个方面：以 information 为代表的图书情报学范式、以 intelligence 为代表的软科学范式、基于信息管理和知识管理的管理科学范式。这些表述高度体现了情报学多学科交叉的特点②。具体来看，我国情报学研究主要包括如下内容：一是情报理论与方法；二是信息组织检索、信息管理与知识管理、信息系统、信息咨询、竞争情报、数字图书馆、信息经济、编辑出版的应用技能；三是信息技术、网络技术、数据库技术等；四是信息政策、信息法律、知识产权等管理类技能。从中可以看出，情报学主要与信息技术类学科、图书馆学、管理学科关系较为密切③。

李国安④以 CSSCI 数据库中图书情报学领域的 17 种期刊在 2009—2013 年所发表文章作为基础数据进行文献计量学分析，发现我国情报学研究内容主要集中于信息系统基础理论与方法、知识管理与服务、企业竞争情报、期刊评价及热点发现、数字图书馆知识产权问题及技术问题、语义网等内容，基本研究领域内容变化不大。在较新的研究中，如利用 2017 年到 2019 年 CSSCI 来源期刊发文数据进行统计，发现国内情报学主要研究内容包括社会化媒体研究、大数据环境下的情报学发展研究、计量学与知识图谱研究、网络舆情研究、智库研究、情报学学科研究、科学评价研究、安全情报学研究、开放政府数据研究等⑤。

对于国外的情况，靖继鹏等⑥根据 2014 年到 2016 年美国 iSchool 院校的研究热点统计分析，发现主要涵盖 9 个研究领域，包括信息系统和服务的设计与评价（19%），信息技术与行为（13%），知识、信息组织与信息检索（10%），数字人文与数字图书馆（11%），数据管理、数据挖掘与数据分析（10%），网络信息安全与隐私（5%），健康信息学（6%），图情人才教育与培养（4%），交叉领域（22%）等，其中交叉领域的占比最高。这些略显分散的研究内容设计仍然没有走出侧重于信息相关研究领域。

我国情报学遵循学科发展规律，同时也紧跟国家与社会需求。因为我国情报学诞生之初，基本班底来自图书馆学和情报工作者，所以情报学与图书馆学联系非常紧密，往往相提并论。这种情况并非只有我国所独有，在国外也有类似的情况。例如，美国情报学界也存在着 LIS 和 intelligence studies 两大学派，美国情报学界也在积极探索如何在新的复杂环境下进行以情报理论体系构建为主要内容的

　① 成颖，孙建军，柯青. 基于系统观的情报学理论体系模型构建[J]. 情报科学，2011，(10)：1462-1466.
　② 毕强. 数字时代情报学发展前景[J]. 图书情报工作，2010，54(12)：5-7，31.
　③ 高青青. 基于内容分析的情报学硕士教育标准研究[D]. 上海：华东师范大学，2011.
　④ 李国安. 基于科学计量的我国图书情报学文献分析[D]. 太原：山西大学，2016.
　⑤ 苏新宁，杨国立. 我国情报学学科建设研究进展[J]. 情报学进展，2020，13：1-38.
　⑥ 靖继鹏，王晰巍，曹茹烨. 近三年情报学研究动态及发展趋势分析[J]. 情报资料工作，2017，(1)：5-11.

情报学改革①②。但是和我国情报学的不同在于，国外面向国家安全决策服务的传统情报学研究试图走向更为广义的情报服务领域，和我国情报学研究从相对较为宽泛的信息服务研究开始考虑专注于国家安全决策服务结合的回归形成有趣的两种互补形态。

3.3.2　我国情报学研究定位

明确情报学的研究对象后，可进一步确定情报学研究的定位。情报学未来的发展需要聚焦于情报研究，围绕着国家安全和社会发展两个目标，科学合理地设计相关学科体系和凝练研究内容。以应用为导向，应着力利用先进的情报理论和信息技术来解决当代情报服务与情报工作的关键问题。

1. 数据驱动的学科研究特点

情报学研究内容的变化不仅体现在研究内容的更新上，而且还表现在研究内容的扩展上。例如，在文献计量学方面，传统分析强调在某几类数据库中进行学科领域的相关分析，但是如果放到互联网环境下，就扩展到网络环境下的所有相关数据，也必然会产生新的研究方式和研究发现。再如，个人隐私保护问题，在大数据时代，相关研究的必要性和可行性都获得巨大的提升，相关信息政策、法律法规和社会伦理层面的研究都形成了新的研究方向，这些也构成了现代情报学与其他学科跨界合作的新领域。因此，情报学具有横断性学科的特点，其与其他学科在数据分析方面的横断性特点如图 3-3 所示。横断性学科是指其研究范围并不仅仅局限于某一领域和方向，往往涉及很多学科共有的方面。这在一定程度上依然体现了情报学学科兼有社会科学和自然科学的特点。科技情报学、军事情报学、安全情报学、经济情报学、医学情报学、农业情报学等则可以看成是情报学在不同学科的应用结合③。之所以会产生这种情况主要在于很多自然学科甚至社会学科都开始不断强化以数据为支撑的量化研究，呈现出数据密集型和数据驱动型研究特点。但是对于数据处理分析本身往往需要进行较为专业和专门的学习，数据处理分析的程度也显然极大影响着最终的处理效果。

① Nolte W. US intelligence and its future：aligning with a new and complex environment[J]. Intelligence and National Security，2019，34(4)：615-618.
② Gill P，Phythian M . Developing intelligence theory[J]. Intelligence and National Security, 2018, 33(4)：467-471.
③ 张庆芝，李广建. 情报学体系架构初探[J]. 图书情报研究，2020，13(1)：5-13.

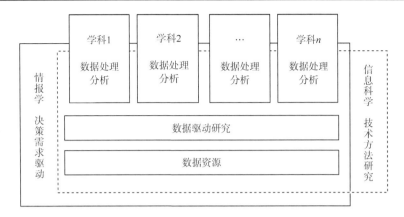

图 3-3　情报学与其他学科在数据分析方面的横断性特点

不同学科所面临的数据处理分析任务并不仅仅表现为单纯的数据处理分析，否则就成为专门从事数据处理分析的统计学和计算机科学等专业，相反，它们更需要将数据处理任务和相关社会问题、经济问题、政治问题和国家层面的战略管理问题相结合，以任务目标和实际应用为最终价值体现。这就构成了以数据信息为处理对象的情报学研究内容，情报学也正是为了解决这种问题而应运而生，从早期的纸本文献到电子信息再到网络信息，情报学一直在致力于填补不同学科处理数据和应用数据的现实鸿沟。到了大数据时代，这种情况随着大数据资源应用的不断加强而愈演愈烈。可以这样理解，大数据也客观上促使现代情报学必须要结合大数据转型来深入结合当代学科研究的现实需求和应用特点。

当然，也并非所有的数据处理分析任务都与情报学相关，广义上的数据处理分析任务应该与数据科学、信息科学关系更为密切，情报学在早期发展过程中也呈现出侧重这一应用结合的特点，而面向社会商业市场的决策支持和国家层面的战略决策支持构建的现代情报学学科体系则体现了一种决策需求驱动的情报学学科体系。

2. 以国家战略服务为导向

情报学依据具有地域性特征，根据不同国家的战略服务目标，情报学研究也会融入地域的特色，如苏联情报学家米哈依诺夫在《科学交流与情报学》上强调情报学研究主要涉及情报的采集、收集、组织、管理、传播等内容，尤其是关注以科学家为主体的非正式情报交流，不改变传播的内容只优化信道体系，以建立完善的国家级信息资源传播体系为核心目标。而美国的情报学研究更多强调具体应用实践，重视对科学决策以及科学研究的影响和支持，在技术层面重视情报组织与检索利用，同时在国家安全战略服务方面形成了以兰德公司为代表的一大批情报机构，在实践中发挥了很大作用。日本和美国类似，不过更强调商业领域的情报服务工作，尤其是在电子以及新兴科技产业领域，借此日本经济也快速超越了当时许多资本主义发达国家①。

中华人民共和国成立后，我国科技情报工作为科技振兴、工农业发展发挥过很大作用，随着改革开放后信息经济以及知识经济带来的社会信息化需求广泛，需要更多的信息管理专业技术管理类人才，我国情报学研究重点开始发生转移。国家此时也适时放开了对科技情报工作的管理和应用，允许这些相关服务机构自由开展适合市场需求的更多服务类型。这导致了情报学科定位趋向于多元化，尤其受到来自市场经济发展产生的现实需求的影响，信息化管理、图书馆资源数字化等内容逐渐取得了更多的关注。因此，今天重新探讨我国情报学研究内容和发展方向定位，就需要凝聚分散的学科研究内容，立足本土具体实践，这也是形成中国特色情报学学科研究体系的关键举措之一。

情报机构主要为政府机关、科研部门、企业三种主体，因此可以分别提供相关领域的战略决策的情报支撑、信息与知识服务、咨询服务三大类服务。我国情报学可以在整合信息、知识和情报三者研究优势的基础上，走出具有中国特色的第三条道路，以区别美国强调信息技术的情报学模式和以文献研究为特点的欧洲模式。因此，基于情报服务于决策功能的情报学学科体系和理论体系的重定位和重构，可以促使情报学从单纯的信息处理和信息开发走向运用知识深度挖掘用于智能和决策的情报服务，将是情报学学科发展和特色建设的主要途径。除了国内情报学已有的三大研究范式，即基于情报的软科学研究范式、基于信息的图书信息学研究范式和基于信息管理框架及知识管理框架的管理科学研究范式，还应该有基于情报和决策能力的研究方向，其中就包括与公安情报、军事情报、经济情报、政治情报、商业情报、竞争情报、人际情报网络、社会情报网络、国防情报预警网络、智能信息处理和决策支持信息系统等相关的主题研究②。

通过这些已有的研究共识，我们可以认为，由于情报学本身具有的应用研究相关性特点，在两个方面将形成特色发展趋势：一个是面向社会企业，形成企业情报学、情报咨询、经济情报学、情报行为学等研究内容；另一个是面向国家军事安全部门，形成军事情报学、公安情报学等研究内容。这些都构成了新时代值得深入发展的情报学研究方向，分别构建出面向国家层面的学科研究和面向社会

① 王刚. 浅论情报学（下）[J]. 竞争情报，2012，(4)：2-7.
② 吕红，邱均平. 基于计量视角的国内情报学发展动向分析[J]. 情报资料工作，2014，(3)：5-12.

层面的学科研究。

相应地，情报学科所涉及研究范围和应用领域也在逐渐扩大，并最终呈现两个方面的发展特点，可以概括为"上天入地"。"上天"是指情报学科进一步关注国家安全服务，对外侧重服务于国家情报交流和科技发展协作，而对内侧重服务于国家安全治理等领域。虽然当前的情报学学科发展还有一些问题，但是国家对于情报服务的关注不仅没有减少，而且还发生了更为深远和巨大的变化，如在国家需求层次、民生经济需求层次以及社会发展需求层次方面都亟须相关专业人才，只是传统以文献分析为主的科技情报服务需求相对减少。"入地"是指情报学科开始广泛地走向社会，尤其是随着市场经济的不断深入发展，社会经济的快速增长带动更多企业开始逐渐关注市场竞争情报的收集和利用，情报研究的商业价值开始显现。

3.3.3　我国情报学研究内容

情报学研究内容的划分可从不同视角进行，如可以从两个维度来进行探讨。

第一个维度是研究层次，情报学可以从理论和应用两个层次分别来进行，这种划分类似于常见的二分体系，即第一个是情报学基础性知识体系，主要包括情报学基础理论、情报学支撑理论、情报与情报学史、情报方法技术体系；第二个是情报学应用知识体系，主要是与特定领域应用的情报问题结合，演化出一组情报学分支学科[①]。

第二个维度是服务领域层次，情报学研究内容主要面向国家战略层面和社会应用层面。通过将现有情报学采用学科并行式发展与交叉式融合，形成两种学科融合模式。纵观国外的情报学研究内容，也可以明显地发现这个特点。例如，美国情报学教育有两大板块：一块是信息（information）类，包括信息科学、图书情报专业、管理科学，主要围绕类似于面向社会应用层面的研究内容；另一块是情报（intelligence）类，包括军事（战略情报、信号情报）、执法情报（安全情报、地理情报）等，主要围绕着面向国家战略层面的研究内容[②]。

这种服务领域层面的广泛化充分体现了情报学的交叉应用型学科特点，情报学的交叉性不仅体现在各个学科新技术、新方法不断被情报学所借鉴和采纳，更体现在情报学研究的价值目标着眼于当前的国家战略和民众福祉。

这种认知在 2017 年《情报学与情报工作发展南京共识》发布后，逐渐得到了

---

① 杨建林. 情报学学科体系的再认识[J]. 现代情报，2020，40(1)：4-13，23.
② 邵安. 美国情报学科结构、专业内容与高校分布[J]. 情报理论与实践，2020，43(5)：203-207.

更多国内情报学学者的广泛认可，并形成了一种"大情报观"。在这个研究内容框架下，情报学不仅超越了传统文献研究的范畴，也超越了科技信息研究，延伸到社科情报、医学情报、国防情报、安全情报等更多领域，将会形成一个涉足军事、国防、安全、科技、医疗卫生、生态环境、社会经济、政府决策、历史文化等跨学科的学科体系。相关情报学人才将会在知识储备、情报思维、情报技能、研究方法和职业品质等方面形成一种"全情报能力"。

1. 面向国家战略层面的情报学研究

2013 年发生的美国"斯诺登事件"使得国家情报问题再次进入了大众视野，如何实现国家情报安全也成为公众关注的焦点话题。事实上，国家利益安全与情报分析工作密不可分，情报价值也正是通过具体情报工作在国家政策的实现过程中得到体现。因此，我们需要站在国家层面来探讨情报的价值，强调情报工作主要是为国家政策和国家安全服务。情报是为国家政策制定提供决策信息的有效手段，是保证国家安全利益，应对现实及潜在威胁的能力体现。这种观点在美国等西方国家情报学研究中较为常见，如美国学者艾布拉姆认为情报是指与政府制定和执行政策以确保国家安全利益相关的信息，以及对付威胁这些利益的实际或潜在对手的相关信息[1]，还有学者认为战略情报是一种国家能力，可以像其他政策一样接受公众的讨论，以便满足政府的需求和公众的预期[2]。

从历史发展来看，第二次世界大战后美国情报理论的主要目的就在于解决如何对抗苏联共产主义势力的全球扩张，形成了以情报循环和情报流程为主体的国家情报运行体系标准与制度，构建了丰富的情报分析方法论体系和以隐蔽行动为主体的情报行动方法体系，强化了情报监督和制度建设研究，也凭借着信息技术的发展优势构建了先进的情报技术体系。

随着国际环境发展的日益复杂化，我国对国家安全的重视程度越来越高。随着中国国力的上升，为适应和塑造以新兴国家为主要变革力量的世界新秩序，迫切要求以服务于国家安全战略为目标的情报学学科在领域国际化、体系网络化、治理一体化等方面做出重大转型，这也在习近平 2018 年院士大会上的讲话中得到全面反映。国家情报体系在现代情报体系中具有总纲性，强调以对外关系处理为核心，对军事、外宣、经济、公安、反恐、科技等其他国家情报活动具有主导和引领作用。

---

① 舒尔斯基 A N，斯密特 G J. 无声的战争：认识情报世界（第 3 版）[M]. 罗明安，肖皓元，译. 北京：金城出版社，2011：2.

② Berkowitz B D，Goodman E A. Strategic Intelligence for American National Security[M]. Princeton：Princeton University Press，1991：3-4.

　　现阶段，由于美国将中国定义为战略对手，中国国家安全活动被动地提高了活动等级，中国国家情报体系正迎来一场深刻的变革。美国政府在 2018 年发布的《国家情报战略》中第一次明确提出提升国家安全、经济实力和技术优势的指导原则，全面推出以全球经济博弈为核心的新型国家情报政策①。这意味着美国将在国家安全治理和国家情报活动中，放弃以文化与政治手段对抗苏联的传统方式，将会使用包括汇率、关税、投资、贸易等内容的经济操纵手段，以及围绕以知识产权为基础的科技限制手段来对抗中国。同时，还大幅增加 860 亿美元，重点瞄准中俄，大幅增加情报预算②。国际冲突是国家情报活动的主因，国家情报体系具有与国家安全和国家发展的周期性战略互动属性，也是国家软实力的重要体现。这种国际发展背景的改变，也必然引起情报学学科研究特点的转变，我国情报工作在服务国家科技发展中，从传统的"跟跑"到"并跑"再到"领跑"过程中，情报学研究关注点需要从描述性与动向性情报（跟跑、并跑）转移到预测、预警性情报与战略性情报（领跑）。

　　但是，在国家情报项目建设、力量部署、资源调度、组织变革等方面，仍然缺乏标准化和系统化的体系设计，缺乏有效的连接宏观目标与具体行动的方法论体系。这也构成了情报学在新时代发展的重要任务和使命。我国情报学界已经到了必须将国家情报作为一个整体的研究阶段，需要开辟新的现代情报体系③。这里的情报体系是指由与情报认识活动和情报实践活动相关的一切事物所组成的整体。通过引入军事领域的冲突理论、物理领域的场理论、数学领域的运筹学，以传统国家情报体系转型为系统工程化的现代管控体系为契机，情报学研究在方法论、价值定位和研究导向等方面进一步完善和取得新的发展机遇，同时也通过运筹优化、模拟预测、指挥控制等新手段满足国家安全战略管理的宏观和中观现实需求。

　　作为应用型学科，情报学界必须认识到自身责任和功能的变化，学科定位必须始终要与国家需要、社会发展紧密联系，才能谋求情报学发展的新机遇。同时，这也是情报学自身健康快速发展的需要。究其本源，情报学创建之初就是做情报搜集、加工整理、分析研究，然后提供给科技、政府、行业等有关部门来使用的。因此在新的时期，情报学创建之初最本源的职能将在新形势下有新的发展，这体现出一种历史的必然，既是一种回归，同时又是一种螺旋式上

---

　　① DNI. National intelligence strategy[EB/OL]. https://www.dni.gov/files/ODNI/documents/National_Intelligence_Strategy_2019.pdf[2023-09-20].

　　② 环球网军事. 美国 860 亿美元情报"黑色预算"：减少反恐投入，重点瞄准中俄[EB/OL]. http://www.sohu.com/a/302734655_817465[2019-03-21].

　　③ 赵冰峰. 论面向国家安全与发展的中国现代情报体系与情报学科[J]. 情报杂志，2016，35(10)：7-12.

升①。在现阶段重提和强化面向国家战略层面的情报学研究内容设计将有助于我国在日益复杂多变的国际形势中，保持军事、外宣、经济、公安、反恐、科技等领域的竞争优势。

1）智库服务

智库战略延展了 DIKW（data-information-knowledge-wisdom，数据—信息—知识—智慧）链，推动了情报机构和相应人才培养的智库转型。它所体现的科技强国建设需求和社会治理功能需求构成了面向国家战略层面的情报学重要关注内容。科技强国建设需求重新谋划情报功能，重拾钱学森情报学作为科学技术的思想，开展以"价值"为导向的科学评价研究。社会治理功能需要情报工作高度重视现代社会治理，将"对信息资源的管理"研究扩展为"基于信息资源的管理"研究，将"支持型情报服务"推向"支援型情报服务"②。

一直以来，支持智库决策的情报不是给决策者提供唯一的答案，也不是决策代理，而是提出尽可能多的问题，并评估其可行性，由决策者做出最后判断。这就要求情报机构进一步加大扩展智库功能的改革力度。智库需要参与公共政策研究和分析，并且对国内外焦点问题出具政策导向的研究、分析、建议报告。尤其近年来随着中国的快速崛起，所面临的国内外情况复杂多变，中国政府需要更多合理有效的发展政策建议，这就需要加强智库建设以提供强大的决策支持。2015年，国务院印发了《关于加强中国特色新型智库建设的意见》，强调了破解改革发展稳定难题和应对全球性问题的复杂性、艰巨性前所未有，迫切需要健全具有中国特色的决策支撑体系。这些是国家治理体系和治理能力现代化的重要内容，同时也是国家软实力的重要组成部分。但是，目前我国智库的重要地位没有受到普遍重视，具有较大影响力和国际知名度的高质量智库缺乏，提供的高质量研究成果不够多③。

现代智库研究要强调"信息解决方案链"（data-information-intelligence-solution，DIIS），将情报研究的"谋"与智库研究的"断"相融合。智库建设和情报学应用目标一致，就是提供高质量的情报产品，服务组织决策，尤其是从单一领域情报研究转向全领域情报研究，都需要围绕情报任务与需求，综合利用多种数据源，广泛搜集各类相关信息，运用多种工具与方法进行内容分析，监测其中的新现象、新情况、新异常，发现其中的规律、本质、战略意图等，并进行科学分析，形成情报分析报告①。

2）国家安全

2014 年习近平总书记在中央国家安全委员会第一次会议上指出，坚持总体国家安全观，走出一条中国特色国家安全道路②，具体包括政治安全、国土安全、军事安全、经济安全、文化安全、社会安全、科技安全、信息安全、生态安全、资源安全、核安全在内的 11 种安全。2017 年，习近平在党的十九大报告中再次强调坚持总体国家安全观，统筹发展和安全，增强忧患意识③。2015 年，我国出台的《中华人民共和国国家安全法》提出制定并不断完善国家安全战略，2017 年，出台的《中华人民共和国国家情报法》，明确了国家安全机关、公安机关情报机构和军队情报机构为国家情报工作机构，强化了国家情报的保障机制。面向国家安全与发展、担负"耳目、尖兵、参谋"作用的情报工作需求将更为迫切，总体国家安全观的提出也为情报学研究开辟了新的领域和增长点。

但是，中国国家情报力量的国际化尚未完成，国家情报体系的网络化尚在摸索，国家情报治理的一体化还在推进，具体表现在情报服务机构的全局性设计、情报服务工作的标准化等还需进一步完善和优化。国家情报学就是一门以国家情报活动、国家情报运作规律、国家情报治理为主要研究对象的学科，其研究内容包括国家情报与国际冲突的规律、国家情报与国家安全的互动关系、国家情报机构的职能与属性、国家情报力量的发育、国家情报体系的运筹、国际格局塑造等。随着中美贸易摩擦的不断升级，传统商业领域的竞争情报服务也开始上升为国家安全相关的情报服务工作，情报研究应将竞争情报实务推向规模化、品牌化和常规化，特别是能在经济贸易摩擦中提供实务性以及策略性的决策指导。

安全情报是国家情报的主导活动，是由国家安全机关组织实施的认知对抗活动，目的在于确保国家政权稳定。面向国家安全层面的学科研究主要以国家利益为核心，突出政府在情报活动中的参与，更注重整个体系的协同作用，为国家和地区取得竞争优势做出战略决策和服务，以国家、中间机构、企业和各类团体为组织体系进行运作。同时，更强调知识流动的重要性，系统方法的重要性，重在解决"系统失效"与"市场失效"等问题④。

情报工作应具有面向国家安全与发展全局的战略高度和大情报意识，并提升

① 耿瑞利. 大数据环境下情报学在智库建设中的作用[J]. 图书情报研究, 2016, (2): 19-25.
② 中国军网. 习近平纵论"国家安全"这件头等大事[EB/OL]. http://www.81.cn/xxqj_207719/xxjt/jd_207750/9394080.html[2018-04-15].
③习近平: 决胜全面建成小康社会 夺取新时代中国特色社会主义伟大胜利——在中国共产党第十九次全国代表大会上的报告[EB/OL]. https://www.gov.cn/zhuanti/2017-10/27/content_5234876.htm[2017-10-27].
④ 唐超. 基于国家利益的国家竞争情报概念及决策支持系统结构研究[J]. 竞争情报, 2008, (1): 2-7.

服务于总体国家安全观的情报服务能力,应在国家决策支持系统中发挥重要作用。这里具体表现在需要加快军民情报实质性融合的推进速度和深度。由此产生了一些特定领域的情报学研究,如安全情报学,它已成为情报学科与安全学科交叉领域的新学科生长点和延伸点,是情报学和安全科学直接进行交叉融合而形成的一门新的学科,是一门情报学和安全科学的共同分支学科。

　　3)国家竞争

　　国家之间的竞争已经从以资源和成本竞争优势为主转向以技术竞争优势为主,竞争的形态正在从产品竞争转向产业链竞争。因此,传统商业竞争情报研究将逐渐上升到国家产业竞争情报层面,进行面向产业链、全链条的竞争情报研究,尤其重视面向重点产业和新兴产业开展持续性国家竞争情报研究。例如,在金融安全领域,P2P(peer to peer lending,个人对个人)网贷屡屡拉响金融风险的警报,从情报学的角度切入,研究区块链、大数据、人工智能等新技术对金融的影响,研究预警金融风险、防范金融危机、维护金融安全,探索基于区块链、大数据、人工智能的金融信息基础设施架构和进行金融安全情报分析[1]。

　　相关具体研究主要表现为"国家竞争情报"(national competitive intelligence)、"政府竞争情报"(government competitive intelligence)和"社会情报"(social intelligence)等。这些研究成果主要涉及国家竞争情报内涵、国家竞争情报战略、国家竞争情报体系构建、特定领域国家竞争情报研究等内容。

　　从学科的角度来看,国家竞争情报是情报学在特殊领域的分支,因此国家竞争情报具有情报的基本属性,即知识性、对抗性、谋略性、合法性、时效性、针对性、保密性等情报属性。同时,它还具有以下五个方面的特性,即生产力属性、生产关系调节作用的特性、民族性、历史性、相干性[2]。

　　但是国家竞争情报所包含的内容与国家或政府在竞争中的定位有着密切的关系,因此不同的国家在具体实施时存在着一定的差异。例如,加拿大政府在国家竞争情报方面主要扮演着观念建立者、发展者、创造者、参与者和指导者等角色,而我国政府的国家竞争情报工作主要关注于科技竞争、经济竞争、资源竞争、文化竞争、产业竞争和人才竞争等[3]。从这些角度来看,军事情报也应该被纳入国家竞争情报的内容体系之中。作为国家政府层面的竞争情报服务,除了要能完成情报服务所具有的基本工作内容外,还需要在组织体系、管理制度、政府策略、沟

---

　　① 丁晓蔚,苏新宁. 基于区块链可信大数据人工智能的金融安全情报分析[J]. 情报学报,2019,38(12):1297-1309.
　　② 唐超. 基于国家利益的国家竞争情报概念及决策支持系统结构研究[J]. 竞争情报,2008,(1):2-7.
　　③《国家竞争情报研究》课题组. 国家竞争情报:概念及体系构建[J]. 竞争情报,2005,(1):3-9.

通协同等方面进行更多的设计和管理。

作为新的研究内容，面向国家战略服务层面的情报学学科建设也面临着很多问题，如国家安全情报学的学科边界有待厘清、研究主题缺乏学理化提升、研究局限于英语世界、相关学科的融合不够、地方学者缺乏参与等。目前国内外对国家战略层面的情报学学科研究仍然主要集中于情报历史、制度建设、立法监督、国家政策、安全治理、国家情报模式、国家竞争情报等传统领域，而对国家情报的环境态势感知、整体力量部署、体系动态运筹、标准规范建设、技术系统集成等亟须研究的内容涉及较少[①]。

相对于以情报组织与检索为特点的美国模式、以客观知识与体外大脑为特点的欧洲范式、以科学知识交流为特点的苏联模式，中国情报学模式更应该体现出战略性情报研究的特点。由《情报杂志》主办的"华山情报论坛"在 2017 年和2018 年连续两年召开了面向国家情报服务的情报学学科发展会议，主题分别是"《国家情报法》与中国情报学发展"和"新时代开启中国情报研究新征程"。2018 年起，《情报理论与实践》也连续跟踪报道了北京地区情报学者自发组织的情报科学读书会。2017 年 10 月，中国科学技术情报学会与中国社会科学情报学会共同主办的"情报学与情报工作发展论坛（2017）"发表的《情报学与情报工作发展南京共识》再次总结了在总体国家安全观框架内和在国家创新发展进程中需要更有效地发挥情报引领作用，主张在国家创新驱动发展战略和总体国家安全观的框架内建设有中国特色的情报学，突出为国家战略需求服务的特点。具体表现为要将科技情报、社科情报、军事情报和安全情报等融为一体，形成新的大情报观，实现军民情报学融合，发展具有智库功能和决策支撑服务功能的情报学。同时，这种学科研究的变化也体现在制度上，在制度上采取措施以加速现代情报学的发展，如中国人民解放军国防大学于 2015 年 7 月宣布设立中国国家安全问题研究中心。

2. 面向社会应用层面的情报学研究

情报工作本身就具有一定的经济功能，也就是从效益、效用、功能等方面来看，运用情报调节配置和调动资源，优化决策行动，以实现情报活动的低成本、高收益和高效率。不像国家政府层面的情报活动，社会企业方面的社会情报能力并不容易在管理实践过程中自发地产生，尤其是对于发展中国家而言更是如此，由于市场机制不健全，企业缺乏建立和维持情报功能的内在动力。因此，社会企业的情报服务工作也需要通过政府引导，以支持企业构建独立自主的决策情报分

---

① 赵冰峰. 论国家情报体系的基本属性、系统运筹与对外政策[J]. 情报杂志，2018，37(2): 1-7.

析能力，健全完善决策支持体系。

1980 年，社会情报学奠基人德迪约（Dedijer）在研究报告《为了发展的社会情报工程》中指出，通过社会情报把信息获得、评价和利用与行动结合起来，以适应迅速变化的外部世界，首次将军事、政治情报活动中秘不可宣的思维方式和信息分析方法引入经济、社会等领域中，产生工商情报、经济技术情报等新型情报服务模式①。为表彰德迪约创造性地将政治、军事情报的理论方法引入经济科技等领域，推动情报应用"军转民"，1995 年，美国菲尼克斯市召开的第十届战略与竞争情报专业人员协会（现已更名为美国情报专业人员战略联盟，Strategic Consortium of Intelligence Professionals，SCIP）年会授予他该年度荣誉奖。1983 年，瑞典大学加德纳（Gardner）也提出情报学的多学科理论设想和相关的理论模式，并按照组织行为学观点，社会情报可面向个人、社团、国家三个层次来进行研究和应用。1987 年，美国学者梅耶（Meyer）进一步讨论了国家政府层面和社会企业的情报需求与运行方法的相似性②。这些观点都对情报学科内涵的扩展和社会服务工作延伸产生了深远影响。

进入 20 世纪 80 年代后，情报服务领域逐渐从传统科学文献服务领域开始向经济技术情报服务领域过渡。比较有代表性的就是 1984 年由联合国科技促进发展中心建立的"先进技术通报系统"（Advanced Technology Assessment System，ATAS）。在很多国家和地区，取得了很多成绩和突破。例如，韩国、新加坡等新兴经济体将大规模技术引进活动与技术情报服务紧密结合起来，有效提高了企业自主研发与创新能力，开创了 20 世纪 80 年代的亚洲奇迹③，我国面向信息管理和信息服务的情报学研究发展也深受此影响。

社会应用层面的情报学研究内容主要包括产业情报、社会洞察力和控制、商业秘密与个人隐私、技术情报功能性质等内容，20 世纪 80 年代以后逐渐发展成了竞争情报，其本质就是为公司预测和战略开发而聚焦于搜集和处理各种情报的系统性应用学科，后来我国也陆陆续续构建出包含理论、方法、应用、教育和管理的竞争情报学科体系。国外有学者认为竞争情报的研究内容可以扩大，提出将竞争情报分为商业和市场情报（commercial & marketing intelligence）、技术情报（technological intelligence）、战略和社会情报（strategic & social-

① Dedijer S. Social engineering of intelligence for development[R]. Document No.6 at the Meeting on the Knowledge Industry and the Process of Development，1980：1-59.

② Meyer H E. Real-World Intelligence：Organized Information for Executives[M]. New York：Weidenfeld & Nicolson，1987：102-103.

③ 彭靖里，张汝斌，王建彬，等. 亚洲"四小龙"的竞争情报发展现状与特征分析[J]. 情报探索，2008，(11)：79-82.

intelligence）①。根据研究内容，竞争情报还可以分为商业竞争情报和技术竞争情报，根据组织划分，可以分为企业竞争情报、产业竞争情报、政府竞争情报、国家竞争情报等②。竞争情报研究一直都存在着国家和社会层面的区别，但是过分外延扩大竞争情报的研究范围对竞争情报学科自身来说并非有利。

社会情报的运行机制与传统政治、军事情报相比毕竟存在较大差别，而且在理论研究中又一直没有取得重大突破，使得社会情报实践中对如何运用市场调节和政府调控两方面的手段，合理协调公开信息搜集与非正式交流信息利用的相互关系和融合集成，以及政府、企业情报能力主体转换等还需进一步探索。

3. 两个层面的交融发展

虽然在实际应用和学科发展上，面向国家战略层面和面向社会应用层面的两个情报学领域研究内容具有各自的特色，但是在很多领域，它们之间的关系也不是非此即彼，相反还会呈现出较为密切的联系和交融发展的特点。

例如，国家安全和社会安全治理往往存在着极为密切的联系，尤其对于公共安全和反恐等当前热点关注领域，情报分析和研判往往需要综合利用国家竞争情报方法和公安情报方法，以实现突发事件处置，实现对公安情报、情报分析、研判方法、情报内容解码、情报结论评估和学科建设等整体性的内容实施。

再如，国家竞争情报和企业竞争情报的关系也非常密切，因为在服务用户、信息源、情报组织结构、竞争情报人才、情报理论技术方法等基础支撑上，两者都存在着高度的关联性。因此，促进国家竞争情报与企业竞争情报联动，积极采取的战略举措包括建立政府与企业协作机制，利用竞争情报推进重大工程技术产业化，建立国家信用情报管理体系，建立国家对外贸易竞争情报体系等，构建政府、企业和中介机构三位一体的国家竞争情报体系关系。对于具体实施影响的策略设计而言，从产业集群的角度，在分析国家竞争情报对企业竞争情报活动的影响的基础上，国家竞争情报可以通过规划和政策的制定来引导产业集群的创新和升级，最终达到发展区域经济，提升区域竞争力的目的。

3.4　与国家战略相适应的情报学学科架构

学科架构的重构需要体现学科发展的思路。在与国家战略相适应的情报学学

---

① Rouach D，Santi P.Competitive intelligence adds value：five intelligence attitudes[J]. European Management Journal，2001，19(5)：552-559.

② 包昌火，李艳，包琰. 论竞争情报学科的构建[J]. 情报理论与实践，2012，35(1)：1-9.

科架构设计中，在总体国家安全观的主导下，谋求国家发展安全，在发展中维护国家安全，安全与发展同时兼顾，构成了情报工作实践和情报学研究的重要指导思想，由此需要对现有情报学学科架构做出必要的调整和优化。

3.4.1　发展背景

2014 年习近平在主持中央国家安全委员会第一次会议时提出，坚持总体国家安全观，走出一条中国特色国家安全道路①。习近平首次提出总体国家安全观，并系统提出 11 种安全，包括政治安全、国土安全、军事安全、经济安全、文化安全、社会安全、科技安全、信息安全、生态安全、资源安全、核安全①。在党的十九大报告中，习近平强调"坚持总体国家安全观。统筹发展和安全，增强忧患意识，做到居安思危，是我们党治国理政的一个重大原则。必须坚持国家利益至上，以人民安全为宗旨，以政治安全为根本，统筹外部安全和内部安全、国土安全和国民安全、传统安全和非传统安全、自身安全和共同安全，完善国家安全制度体系，加强国家安全能力建设，坚决维护国家主权、安全、发展利益"②。

安而不忘危，存而不忘亡，治而不忘乱。国家安全是国家发展的前提。离开了安全，政权就不可能稳固，社会就不可能稳定，发展也就无从谈起。然而，影响国家安全的因素始终存在。

首先，当今时代是一个风险频发的时代，既包括自然的风险，又包括人为的风险，既包括现实的风险，也包括潜在的风险。近年来中国遭遇了各类重大公共危机事件造成的风险，在其他方面也存在着潜在甚至现实的风险，而且每一种风险都不是孤立的存在，会波及和影响其他方面，造成相应的次生风险。每一种风险所形成的舆情，在成为舆情风险以后又会影响原先的风险，从而产生叠加效应。

其次，当前我国正处于改革深化期。随着改革的深化，将调整社会成员原有的利益分配格局。经济利益，常常是人们思想行为和主观诉求的重要驱动力。一部分社会成员因经济利益受到触动，其心态的相对平衡状态就会被打破。社会矛盾、社会问题会变得更加错综复杂。

再次，境外敌对势力对中国国家安全的威胁始终存在。西方某些发达国家，对于发展中国家进行意识形态渗透，并进行所谓颜色革命，而且屡屡得手。它们对中国的意识形态渗透始终没有停止过，不同意识形态之间较量比以前更为激烈。

---

① 中国军网.习近平纵论"国家安全"这件头等大事[EB/OL]. http://www.81.cn/xxqj_207719/xxjt/jd_207750/9394080.html[2018-04-15].
② 习近平：决胜全面建成小康社会 夺取新时代中国特色社会主义伟大胜利——在中国共产党第十九次全国代表大会上的报告[EB/OL]. https://www.gov.cn/zhuanti/2017-10/27/content_5234876.htm[2017-10-27].

社交类媒体成为西方发达国家对中国进行意识形态渗透的重要工具和渠道。不仅如此，一些发达国家还对中国不断派遣间谍，或者是对中国掌握重要机密的人员进行策反、收买，以窃取我国有关重要情报。国家安全受到了直接的不利影响。

最后，信息技术突飞猛进。若干年来，大数据、人工智能、区块链、云计算等技术发展迅猛。这些先进技术，一方面，给人们的生产生活带来了极大方便，在社会生活中实现了许多创新发展；另一方面，新技术也带来了新风险，尤其是网络信息安全等，都给维护国家安全带来了很大的挑战，原有的维护国家安全的措施、方法、技术，已经不能适应新形势的要求，需要创新、需要发展，同样情报学学科也必须与时俱进。

3.4.2　与国家战略相适应的情报学学科研究内容

构建总体国家安全观下的情报学，必须对情报学中的一些研究内容有所突出、有所加强，同时增加迎合新时期的情报学研究内容，并构建新时期国家安全战略要求的情报学学科体系。一言以蔽之，在原有情报学框架基础上，宜有所厘清、有所强化、有所增补。

1. 有所厘清的内容

在新的环境、新的需求、新的使命驱动下，情报理论需要与时俱进，深入和拓展。情报学界需要更加明确新时期情报学研究对象、研究方法与研究立场，在总体国家安全观需要下开创情报学研究的新局面。《中华人民共和国国家情报法》为我国情报学的新发展提供了很好的机遇，我们应该吸取图书情报、科技情报的精华，正确理顺当今国家安全情报、军事情报与图书情报、信息管理的关系。做到思想上和实践上的"扬弃"，把研究和实践重点转到"intelligence"上来，而非坚守"information"[①]。当然，并不是说要按照专门法去框定和限制情报学的研究，但是确实需要解决这些新提出的、值得情报学去研究的诸多课题，促进情报学研究健康发展。

2. 有所强化的内容

情报学是研究情报的产生、获取、组织、存储、传递、分析和利用的基本规律，运用现代信息技术有效管理并利用情报进行分析、集成、发现，为学习、科研、生

---

① 邓灵斌.《国家情报法》视野下我国情报学发展动向的思考[J]. 情报杂志，2018，(3)：1-4.

产、商务活动提供决策支持的学科①。按照这样的情报学定义所进行的学科构建，着眼于各项事业的发展和整个国家的发展，特别是在认知和实践中把握相应基本规律，为政府机构部门及有关单位提供决策支持，这些都应该得到进一步的强化。

面向国家安全的多源情报进行有效的融合，必须首先从实际的国家安全情报问题中梳理出一系列的决策主题，其次再去分析与每个决策主题可能相关的信息源，每个信息源可能提供的信息种类，每种信息的采集方式。在此基础上围绕决策主题探讨相关信息源的融合方案，才有可能产生指导实践操作的结果。对情报学而言，可以先分别探讨适用于单种安全要素的情报融合方案，然后基于总体国家安全观再去寻找数据级、资源级、应用级的国家安全情报融合方案。在此过程中需要重视各类安全情报以及安全情报工作的专业性与差异性②。

3. 有所增补的内容

数据资源是情报工作实践和情报学研究之基，在总体国家安全观下，必须高度重视大数据技术给情报学带来的影响。在大数据时代，情报学的数据资源发生了巨变，大数据将我们领进了一个崭新的时代。作为与数据密切相关的情报学，是一个研究从数据中如何提炼情报的理论、技术和方法的学科。对于擅长于信息采集、信息处理、情报分析、情报服务研究和实践的情报学，大数据时代是其获得充分发展的极佳时机，当然也面临着极大的挑战。作为一门典型的交叉型、应用型学科，其研究既可能由于应用领域的广泛而需要拓展和发散，又由于应用的深入需要情报学理论、技术和方法的提升，在这样的背景下可能会使得研究的核心飘忽不定。因此，大数据时代情报学研究是坚守还是拓展，是深入还是广泛，是我们必须厘清的问题。

数据资源是情报工作实践和情报学研究赖以存在的土壤。离开了数据，情报工作实践和情报学研究就会捉襟见肘甚至难以为继。过去，情报学所依赖的数据资源比较单一且数量较少。但是在今天，数据资源和以前已经不可同日而语。印本文献虽然依然存在，但这只是情报来源的一部分。数字化的出版物大量涌现，已经突破了印本文献一统天下的局面。在互联网无边无际的空间中，由无数机构和个人，每时每刻都在共同产生着对于情报工作实践和情报学研究来说弥足珍贵的海量数据。

除了传统的印本文献资源不断移植到数字介质中，在数字介质中产生的大量原生数字资源也补充了情报学研究资源，并与之融为一体。例如，图像、音频、

① 国务院学位委员会第六届学科评议组. 学位授予和人才培养一级学科简介[M]. 北京：高等教育出版社，2013：395-396.
② 杨建林. "总体国家安全观"思想对情报方法研究的影响[J]. 现代情报，2020，(3)：3-13，37.

视频、网页等都成了情报学领域的常见研究资源。同时，经过数字化转化，社会、经济和文化得以在无边的数字空间中飞速发展，人类的信息交互过程也发生了全方位、全链条、全要素的变化。这就使得满足情报研究的数据资源，无论是介质还是形态都较之以往更为丰富多样。再则，相对于图书情报、档案情报等静态资源，上述资源中的相当一部分资源呈现动态性，经常发生变动，甚至稍纵即逝，因此需要及时抓取，而出现的频率和变动的频率也会比以往更高。

大数据时代给情报工作和情报学带来发展良机，使情报学研究获得丰厚的数据资源支撑。但是，大数据价值密度低，获取有效信息难度加大。数据信息是情报学研究的重要基础，但在大数据时代，数据体量巨大，要想从中获取对所研究主题有用的数据信息不是一件易事。

在对情报学理论研究和应用研究进行构想时，了解对情报工作实践和情报学研究产生影响和制约作用的因素也很重要，这有助于用好有利因素和避免不利因素。影响情报学和情报研究的主要因素可以归纳为两点。

其一，当前的信息环境是泛在数据、泛在信息和泛在知识的时代。由互联网、数字化、多媒体、云技术、人工智能和大数据等组成的集合式多维信息环境构成了当前时代的主要信息特征，其影响也具有泛在特点。情报学作为一门涉及面极广的交叉学科，一定会在研究内容、载体、手段、方法等方面受到上述特点的影响。其二，面对的国内外形势复杂，国际政治、经济、军事等领域的竞争加剧，国际敌对势力的渗透，国内一些不安定因素时有发生，总体国家安全观受到空前挑战。这些将会促进情报学研究领域的拓展，研究方法和手段的更新，促进情报学研究向着更广阔的领域迈进。

大数据时代，情报学相关研究方法和内容已经渗透到不同应用领域和其他学科领域，需要构建大情报观下的情报学学科，培养符合国家安全与发展需求的"耳目、尖兵、参谋、引领"式情报人才，实现情报学教学体系变革和培养模式创新，扬长避短，专注情报技术的研究，以"总体国家安全观"思想指导，促进情报学与情报工作融合发展[①]。该思想包含深刻的内涵：首先，情报学被置于"大情报观"之下进行构建，避免了由狭隘的情报观所带来的视野局限和学理局限；其次，人才培养对标国家安全与发展需求，通过情报学教学体系的变革和培养模式的创新，实现高质量人才培养的目标；再次，将对情报技术的研究放在重要位置上，以在更高层次上适应情报学研究的需要；最后，以总体国家安全观指导情报学研究与情报工作实践的融合发展。遵循总体国家安全观的情报学发展是时代的呼唤和需要，对我国情报学的历史发展进行分析，从面向国家战略层面和面向社会应用层

① 苏新宁. 大数据时代情报学学科崛起之思考[J]. 情报学报，2018，37(5)：451-459.

面两个角度为情报学在新时期的发展定位设计和学科体系设计提供新的角度。

3.4.3 与国家战略相适应的情报学学科优势

在面向国家层面的情报学研究中，一个重大基本主题就是要服务于总体国家安全观。总体国家安全观体现了国家高度、布局广度、谋略深度。在国家安全体系所包含的 11 种安全中，每一种安全所涉及的领域，情报学都大有作为。以政治安全为例，政治安全在很大程度上是意识形态安全。近些年来，西方某些发达国家加大了对我国进行意识形态渗透的力度，体现出了与以往不同的特点，如通过社交类媒体进行弥漫式、悄无声息的渗透，向经济、卫生等多个领域渗透，如将经济争端政治化、新冠疫情政治化等。在维护政治安全和意识形态安全方面，情报学将大有用武之地。

因此，在国家安全的前提之下，情报学要想求得发展必须能提供自己的学术智慧，同时着眼于安全和发展两个并行不悖的主题。其中很重要的是要及时提供相应的情报以防范各种风险，如意识形态风险、公共卫生安全风险、经济金融风险、与各种突发事件和社会敏感事件相关的舆情风险等。情报学要在守住不发生系统性风险的底线方面进行学科研究，在这方面，要彰显出比其他人文科学和社会科学更长的长处、更大的优势。具体如下。

要发挥政府决策机构的"耳目、尖兵、参谋"这些固有的传统优势。作为耳目，需要更加耳聪目明，有许多先进技术可供使用；作为尖兵，需要更加灵敏的反应，增强服务社会的意识；作为参谋，需要运筹帷幄，这是参谋角色意识达到自觉境地的必然结果。情报工作和情报学的"耳目、尖兵、参谋"作用，在突发事件中表现得特别明显。以新冠疫情防控为例，公共卫生突发事件亟须新型情报体系，围绕情报搜索、分析、整理、利用，快速理顺了公共卫生突发事件中人、物、机构、行为的逻辑关联与轻重缓急。新型情报体系是一个技术主导的体系结构，结合疫情防控波动的不可预见性，处理疫情演化中海量、异构的数据，并从数据源中准确分析事件实时画像、及时预警，只有将技术贯穿于疫情防控突发事件的整个流程中，才能真正实现情报的辅助决策快速反应。新型情报体系必须精减层级，通过扁平化的柔性组织架构，加速公共卫生突发事件的决策过程，适应公共卫生突发事件难预测、变化快的特点，提升应急响应效率。新型情报体系离不开专题信息资源建设，公共卫生突发事件具有偶然性，不可能具有常规事件积累的丰富案例，在积累的个别案例中建设知识库、策略库等专题信息，形成案例之间逻辑关联、独立案例时间序列关联的专题资源，组成情报体系中具有完备性、实施性和标准化的专题信息资源。在抗击新冠疫情的过程中，新型情报体系将情报的"耳目、尖兵、参谋"功能发挥到了极致。

在面向社会层面的情报学学科研究中，图书情报学、科技情报学、军事情报学、公安情报学等有着专门性内涵的情报学分支学科，仍然有着发挥作用的广阔天地。竞争情报学、数理情报学等有着特定内涵的情报学分支学科，也依然有着广阔的发展前景。以政府和公众关注的社会问题、社会现象为研究对象和研究内容的情报学，将得到进一步发展。这些社会问题、社会现象，有些以常态的方式存在，有些则以突发性事件的形态呈现。它们的共同特点是多关涉民生问题，常触及热点痛点，解决起来难度大，而一旦解决，产生的效益也大。担当着政府"耳目、尖兵、参谋"重任的情报工作和作为基础的情报学科，毫无疑问应当发挥自己在这方面的独特作用。苏新宁教授主持的国家社会科学基金重大项目"面向突发事件应急决策的快速响应情报体系研究"，就充分体现了情报学的学科功能和学科特点。在 2020 年抗击新冠疫情中，情报学界积极开展应急情报与应急管理研究，展示了情报无可替代的作用[①]。面向社会层面的情报学研究，覆盖面宽、受益面大、应用性强，涉及国计民生的各个领域、各个行业。在这些情报学研究中，必须体现强烈的问题导向意识，同时必须充分体现情报学的"耳目、尖兵、参谋"角色身份。例如，2008 年世界金融危机的一些教训，就提醒我们需要从情报学的角度切入，研究区块链、大数据、人工智能等新技术对金融的影响，研究预警金融风险、防范金融危机、维护金融安全这一新的课题，旨在探索基于区块链、大数据、人工智能的金融信息基础设施架构和金融安全情报分析[②]。这是将情报学的触角伸向金融学以及面向社会层面所做的关于情报学研究的一项新探索。

3.5　大情报观视角下的情报学学科体系

本节在梳理现有情报学三级学科体系特点的基础之上，按照与国家战略相适应的情报学学科架构基本思想，围绕着情报史论学科群、情报应用学科群、情报学研究方法学科群，对情报学三级学科体系及其构成做了全面而细致的分析和阐述。

3.5.1　大数据思维重塑大情报观

在大数据时代，与数据有着特别密切关系的情报学，究竟应该如何在大情报

①　柯平. 情报学教育向何处去?[J]. 情报理论与实践，2020，43(6)：1-9.
②　丁晓蔚，苏新宁. 基于区块链可信大数据人工智能的金融安全情报分析[J]. 情报学报，2019，38(12)：1297-1309.

观视角下构建与大数据相适应的情报学学科体系，这是一个值得认真思考的问题。在分析大数据时代情报学面临的机遇和挑战的基础上，我们必须强调以大数据思维完成情报学理论、技术和方法的重建，重塑大情报观。

20 世纪 80 年代，面向科技发展服务的情报学对推动我国科技情报工作起到了积极作用。随着情报工作向多领域发展，科技情报工作仅服务于科技发展和工农业生产的传统框架被打破，促进其面向社会、面向经济、面向决策等，形成内外开放的格局。在这种开放的格局下，科技情报工作不再是情报机构的唯一，大情报观也在 20 世纪 90 年代开始慢慢形成，促使情报机构在科技、文化、社会、经济、管理、医药卫生等多方面开展情报工作。情报学的研究也逐渐面向各行各业，成为服务国家安全与发展的大情报科学。同时，人们也逐渐从 20 世纪 50 年代引进的苏联学者关于情报概念和情报学理论体系中走了出来，并从哲学高度探索大情报科学的概念与功能。

大情报观提出以后，对情报工作和情报学研究有了新的方向。由于当时互联网还没有普及，人们的生产生活和思维方式没有出现后来所呈现的大幅度的改变。大数据技术也还没有问世，情报的数据资源还局限于传统的状态。因此，在今天大数据时代，大情报观有待重塑。

重塑大情报观须依靠大数据思维，当情报面对大数据时，过去的基于有限数据的情报思维、在局部数据采用的情报方法、基于小数据分析的情报理论都需要改造，需要用大数据的思维来思考问题，发现数据背后的隐秘。更进一步说，运用大数据思维有利于突破"数据孤岛"和"信息孤岛"状态，让数据和信息更好地为情报学提供服务。

重塑大情报观需要重视概念链变化的情报观。在情报学的核心概念链上，从数据到情报经历了三个环节：数据—信息、信息—知识、知识—情报。在大数据时代，这个概念链发生了一些变化，即除了原有的路径外，还增加了数据—情报的直通环节，跨越了信息和知识环节，这是大数据时代情报研究的一大变化①。这就意味着在情报学研究中，数据的重要性得到了很大的提升。在大数据时代到来之前，数量有限的数据处于知识和信息之下的底层。在大数据条件下，在数量足够大的大数据中，经过挖掘、提取、分析、处理形成有价值的情报，具有了现实可能性。因此，从数据直达情报，应是大数据时代情报学研究的重要内容。

重塑大情报观是重塑对知识的研究已有所变化的情报观。信息网络技术的高度发展与广泛应用为情报学的知识组织研究提供了契机，人工智能、分布式计算、计算网格、知识发现等技术的突破使得系统地揭示与组织知识成为可能。更为重

① 王知津. 大数据时代情报学和情报工作的"变"与"不变"[J]. 情报理论与实践，2019，42(7)：1-10.

要的是，情报学所研究的知识已经不再仅仅局限于科学知识的范围，而是由早期研究的科学知识转向了网络环境下作为经济活动中生产要素的知识。而且，情报学所研究的知识也已经不再只局限于传统上的客观知识或者说编码知识范畴，而是既包括客观知识又包括意会知识。人工智能以及其中所包含的深度学习方法，为情报学的知识组织研究提供了强大的推动力。情报学不仅研究知识本身的管理，还研究与知识有关的各种资产的管理，包括知识组织、知识设施、知识资产、知识活动、知识人员、知识建构、知识检索、知识网络、知识服务等内容，发挥知识本身的最大效用，满足知识经济对情报的最大需求。

重塑大情报观是重塑正在兴起的网络信息计量学的情报观。在对网络信息的处理中，基于算法的计量学得到了蓬勃发展。情报学中量化研究受到更多的重视。网络信息计量学不仅用来在传统研究中发挥作用，即对文献作者的分布进行研究，对论文的被引情况进行分析、对期刊的评价标准进行建构、对期刊和论文的评价方法进行优化、对文献作者的贡献率和影响力进行探讨等，而且还被应用到对各类风险的预测、防范和相应模型的建构之中。

重塑大情报观是信息技术研究进一步受到重视的情报观。越来越多的情报学者，比以往任何时候都更重视对信息技术本身的研究。事实上对相应技术深入了解的情报学者，更有可能站到更高的立足点上，也更有可能得心应手地利用技术解决研究中的某些难题。对传统的情报检索，用更先进的技术来进行处理，对数据和信息进行自动分类和自动聚类，对知识进行深度挖掘和展开深度学习，对原始数据进行深入研究和相应开发，这些都对技术含量的增加和技术水平的提升提出了新的要求。

重塑大情报观是以宽广的视野和胸怀包容新分支学科的情报观。有些分支学科涉及的内容，是现实急需而在学科布局中尚显薄弱或尚存空缺的，如安全情报学、农业情报学和金融情报学等。因此，应该根据研究对象对情报学研究内容加以拓展。总而言之，重塑大情报观是一种面向国家利益的情报观，强调情报意识的泛化和大众化，以引领决策为根本目的，以战略情报为主要服务内容，以融合为情报工作模式，对新时代情报工作具有重要的导向作用。

3.5.2　情报学学科体系构建

情报学是一级学科图书情报与档案管理下的二级学科，与图书馆学、档案学相并列。从目前的情况来看，情报学现有的三级学科有情报学史（包括情报事业史）、情报社会学、比较情报学、情报计量学、情报心理学、情报管理学、情报服务学（包括情报用户研究等）、情报经济学、情报检索学（包括情报检索语言等）、情报系统理论（包括情报系统分析与设计、情报网络建设理论等）、情报技术、科学技术情报学、社会科学情报学、情报学其他学科①。

1. 情报学三级学科的现有体系

应该说情报学三级学科的现有体系存在着一些缺憾：第一，与总体国家安全观无涉，未能体现总体国家安全观对情报学研究的主导作用。第二，与诸多先进技术无关，如和情报学关系紧密且在深层次上对情报学有所影响的互联网基本没有涉及，大数据、人工智能、区块链、云计算等先进技术，都没有得到应有体现，在情报学研究中没能占有应有的位置。既落后于情报技术的发展，也落后于情报实践的进展。这表明情报学研究存在一定的滞后于现实状况的现象。第三，体系比较凌乱，相应三级学科之间的逻辑联系不够紧密，分布比较乱。第四，对于某些三级学科的表述不够准确。情报经济学，从词义来看，应偏重经济，当归属于经济学。情报计量学的情况也是如此。

因此，可以结合学科领域的范围和当前社会发展现状与科技信息技术发展水平，将情报学作为一门横断学科，以此来探讨情报学的体系架构。以辩证唯物主义、历史唯物主义和系统理论为基础指导，把一般和特殊、吸收和独创很好地结合起来，在总结和继承的基础上不断优化、改进、创造情报学特有的流程和方法，借鉴、引进、创新社会学、经济学、统计学、计算机科学等其他学科的流程和方法，并概括抽象方法的普适性规律，从而建立以情报获取和分析方法为核心的、为各领域情报活动提供方法指导的、提高情报活动效率的、最大限度地使情报价值增值的、开放式的、可扩展的情报方法论科学体系②。

2. 大情报观视角下情报学的三级学科构成

情报学有着丰富的内涵，由多个部分共同构成，存在如何正确地理解学科各项具体内容之间的内在联系及考虑它们之间的相互关系这个问题。新的情报学学科体系基本框架可以将基于information范式的图书情报学与基于intelligence范式的各情报学分支学科统一在一个框架之中，这主要包括：第一，由情报学基础理论、情报学支撑理论、情报与情报学史、情报方法技术体系构成情报学基础性知识体系；第二，基于情报学基础性知识体系，与特定领域的情报问题结合，演化出一组情报学分支学科；第三，情报学与其他学科交叉融合而成的、以其他学科为主导的交叉型学科；第四，每个情报学分支学科细分出具有自身特色的理论、

---

① 学科分类与代码表[EB/OL]. http://kjc.jiangnan.edu.cn/info/1070/7681.htm[2021-03-01].
② 包昌火，刘彦君，张婧，等.中国情报学论纲[J]. 情报杂志，2018，37(1)：1-8.

应用、技术、管理、实践、教育等方面的分支性知识体系；第五，每个分支体系内包含着若干研究主题①。这实际上是厘清了情报学内部各构成部分之间的逻辑关系。统一的情报学科框架由两大板块构成：板块之一是基础性知识体系，板块之二是分支性知识体系。因此，对于基础性知识体系和分支性知识体系中的理论进行研究，也就是情报学基础理论研究。

情报工作者必须具有突破科技情报、安全情报的大情报观思想，情报工作还要关注社会问题、国家经济问题，担负起国家科技、经济、社会发展等重任，做好政府决策的好帮手②。大数据时代的情报，有别于传统意义上的情报。在情报工作中融入工程化、系统化的思想理论，使大情报观获得了坚实的理论支撑，技术、方法和系统化运作有良好的基础。

按照上述思想，我们提出了情报学三级学科体系设计框架，具体说明如下所示。

1）情报史论学科群

情报史论学科群主要包括情报学史（包括情报事业史）、情报学基础理论、比较情报学。

情报学史（包括情报事业史）主要包括情报学术史和情报实务史。前者则研究情报学术发展的脉络，研究其演进过程。在两大块的研究中，会较多地进行纵向比较。后者侧重于研究情报工作实践发展的轨迹，以利于清醒地认识与此相对应的情报学研究对象的变化历程和当前所处的历史方位。

情报学基础理论主要包括情报系统分析与设计、情报网络建设理论等，与情报系统理论大致对应但并不完全等同，涉及情报学的学理基础，因而非常重要。它担负着对情报工作的经验教训进行科学抽象的重任，并力图认知和揭示情报工作的规律性。

比较情报学重在展开中外情报学的比较研究。这是一种横向的比较研究。欧美的一些发达国家以及日本，在情报工作实务和情报学研究方面都有许多值得借鉴之处，但并不能全盘照搬，更不能全盘西化。外国的情报工作实务和情报学研究，是中国的情报工作实务和情报学研究的重要参照系。

2）情报应用学科群

情报应用学科群主要包括以下两种类型。

第一类：有比较明确的对应的对象。例如，图书情报学（与图书馆相对应）、

---

① 杨建林. 情报学学科体系的再认识[J]. 现代情报，2020，40(1)：4-13，23.

② 苏新宁. 大数据时代情报学与情报工作的回归[J]. 情报学报，2017，36(4)：331-337.

科技情报学（与科技领域相对应）、军事情报学（与军事领域相对应）、公安情报学（与公安部门、公安工作相对应）、竞争情报学（与各类企业相对应）、金融情报学（与金融行业相对应，因在经济领域中金融的风险最大，故单列）、医疗卫生情报学（与医疗卫生部门相对应）等。现有的三级学科科学技术情报学、社会科学情报学，就属于这样一种情况。在这个群里的各分支学科，都与相应的专业领域、专业内容相对应，专业服务的性质比较明显。即使是竞争情报学，它也有明确的服务对象即各类企业。在这一学科群里，金融情报学处于起步阶段。从目前的情况来看，情报学专家和金融学专家对这一个分支学科都较少涉及。客观上，金融领域的许多问题，都值得从情报学的角度切入进行专门性的研究，因此这一个分支学科未来的发展空间会比较大。大阪大学设有医疗情报学专业，培养硕士研究生。美国国家医学图书馆在生物医学领域已经做出了很大贡献。从情报学的角度切入研究医疗卫生，是情报学重要的生长点。2003 年的 SARS（severe acute respiratory syndrome，严重急性呼吸综合征）疫情、2009 年的 H1N1 流感疫情、2014 年的埃博拉疫情、2020 年的新冠疫情，几乎是每一个五年之中必有一次重大疫情。一次次重大公共卫生事件，给人类的健康和生命造成了极大的威胁，呼唤着医疗卫生情报学更快发展。

第二类：没有明确对应的行业或领域。也就是说，这类情报学分支学科，应用面比较宽，不限于特定的专业领域，如情报心理学、情报管理学、情报服务学（包括情报用户研究等）、情报检索学（包括情报检索语言等）。此外，有必要考虑增设舆情情报学。

舆情和舆论是两个既有密切关系同时又有所不同的概念。在有着相同客体的情况下，舆论和舆情往往同时存在。舆论是众多公众公开表达并形成交集的意见，舆情是民意，包括公开表达和没有公开表达的公众意见、态度和情绪。舆论和舆情都能构成风险，而且可以和任何重大事件联系在一起。舆情由于涉及人们的情绪，情绪更容易传染和被引爆，因而其风险更大。最近若干年来频频发生的舆论和舆情被引爆的事件，呼唤着情报学介入对舆论和舆情风险的研究，特别是通过情报技术为政府提供科学的预警和防范舆情风险的方法、路径。如果将舆情情报学改变和扩大为风险情报学，应该更能体现为总体国家安全观服务的宗旨。因为维护总体国家安全，一个很重要的方面就是防范各类风险，保证不发生系统性风险。

3）情报学研究方法学科群

情报学研究方法学科群主要包括情报计量学（应为计量情报学）、大数据情报分析及数据挖掘、人工智能与机器学习、社会网络分析与复杂网络分析、情报技术等分支学科。

情报学在学科发展中，引入和产生新的研究方法，如社会网络分析、复杂网络分析、大数据分析、认知计算、社会感知计算、并行计算、数据挖掘、机器学习等。这些研究方法都与新的情报技术密切相关，是以往所没有的方法。采用这些新的研究方法，可以有效地提高情报服务工作的精准度。

情报学研究对象深受现代信息革命与信息化建设的影响，虽然不断发展变化的信息技术促使了情报学研究内容得到了显著拓展，但是对拓展认知的侧重点差异也是导致情报学研究对象争论不清的直接原因。因此，只有厘清和界定好情报学研究对象的主体内容，才能为确立学科研究内容和方向，进一步明晰学科发展方向提供必要的基础。情报学学科这种跨学科的研究特点往往在理论深度和应用价值方面还需进行更为细致深入的探索，尤其是研究热点的发掘（如国家安全等）、研究方法的创新（如知识图谱分析、社会网络分析等）方法更是如此。现在，随着情报学学科发展定位思考和实践不断深化，今天我们更要重新反思和梳理已有的问题，设计出更符合社会需求和发展特点的情报学学科体系和内容。

学科的社会需求发生变化是时代的必然，对于任何学科都会存在类似的发展问题。问题的关键在于在变局中，人们是否还能把持住学科的核心问题和研究领域，适应新的时代要求，建立新的学科体系框架以容纳传统衣钵和新兴内容的现实要求，这显然需要相关学科学者和国家决策层面做出必要的响应。对于情报学而言，建立大的情报观适应高速信息化发展的社会需求也是应有之义。

情报学与国家安全历来有着十分紧密的联系。在中央提出总体国家安全观以后，情报学亟待据此认真考虑自身的学科布局和构成，并与时俱进地进行调整，以与总体国家安全观的要求相吻合。同时，在总体国家安全观的主导下，谋求国家发展安全，在发展中维护国家安全，安全与发展同时兼顾。这是一项国家战略，当然也应该是当代情报工作实践和情报学研究的重要指导思想。因此，情报学要想求得发展必须能提供自己的学术智慧，同时着眼于安全和发展两个重要主题。具体到情报学三级学科体系的调整，应该把更多的研究集中于情报学的理论技术方法上，把其他学科的科学理论与方法引入本学科，同时把本学科成熟的理论技术方法传播到其他学科，做到坚守情报主战场，弘扬情报理论技术方法。同时，可以乘此机会厘清一些基本概念。作为情报学学者，研究信息到情报的不同转变模式，产生不同用途的情报，研究情报的特性、情报的价值，以及情报的产生方法和机理等。最后，更应该切实做好政府决策的帮手。

第 4 章 情报学学术体系

学术体系是揭示学科研究对象、发展规律，成体系化的理论和专门知识。一门学科的学术体系是由基本理论、基本原理、基本范畴、学术命题、逻辑阐释和专门知识所构成①。学术体系是加快构建中国特色哲学社会科学的核心，主要包括两方面内容：一是学科有关思想、理念、原理、观点、理论、学说、知识等学术内容；二是研究方法、材料和工具等。学术体系是学科体系、话语体系的内核和支撑，学术体系的水平和属性决定着学科体系、话语体系的水平和属性②。情报学学术体系构建则是阐释情报学基本原理和基本范畴，凝练和探索情报学研究的学术命题和应用领域，提出情报学思想内涵、时代内涵、知识体系等[394]。

如图 4-1 所示，本章从理论体系、研究方法体系、技术及应用、学术观点与学术思想以及中国特色的情报学重点研究领域五个方面，对中国情报学学术体系进行系统的梳理与阐述。

4.1　情报学理论体系

一门学科的理论体系是该门学科系统化的知识体系，主要揭示学科的研究对象和研究范围，内在诸要素间相互关系的质的规定性，以及学科整体结构系统的运动规律，解决研究中最基本、最关键的理论问题③。是否具有一个被广泛认可的理论体系是判断一门学科是否成熟的重要标志之一④。现阶段，世界正经历百年未有之大变局，情报学理论研究与实践发展也处于剧烈变化的环境之中。

首先，全球新一轮科技革命和产业革命方兴未艾，大数据和智能化环境下，新技术快速发展和应用，我国哲学社会科学研究正面临新技术理论和方法的全

---

① 苏新宁. 中国特色情报学学科体系、学术体系、话语体系论纲[J]. 中国图书馆学报，2021，47(4)：16-27.

② 谢伏瞻. 加快构建中国特色哲学社会科学学科体系、学术体系、话语体系[J]. 中国社会科学，2019，(5)：4-22，204.

③ 杨建林. 关于重构情报学基础理论体系的思考[J]. 情报学报，2020，39(2)：125-134.

④ 卢胜军，周静，牛海波. 统一情报论视角下情报学理论体系研究进展[J]. 情报学进展，2020，13：85-119.

图 4-1 情报学学术体系框架图

面介入①，这对我国情报学的发展产生了深刻影响。其次，21 世纪以后，各种知识交叉渗透，促成跨学科研究和交叉科学的迅猛发展，这也让情报学研究处在追逐流行热点的过程中。情报学是由社会科学、自然科学交叉而成的综合性学科，对于自身具有较强的交叉性和"追踪前沿研究、紧跟学术热点"固有特点的情报学来说，这无疑更加面临"广而不专、专而不精"的风险②。再次，2016 年 5 月 17 日，习近平在哲学社会科学工作座谈会上发表重要讲话，深刻阐明了哲学社会科学的地位作用，提出加快构建中国特色哲学社会科学③，为新时代哲学社会科学繁荣发展指明了前进方向、提供了根本遵循。情报学如何发挥自身学科优势，建立中国特色的情报学学科体系、学术体系和话语体系，走出一条中国特色情报

① 马费成，李志元. 新文科背景下我国图书情报学科的发展前景[J]. 中国图书馆学报，2020，46(6)：4-15.

② 赵星，乔利利，叶鹰. 面向数据智能和知识发现的图书情报学跨界拓展：数据—学术—创造整合论[J/OL].
http://kns.cnki.net/kcms/detail/11.2746.g2.20201023.1515.004.html[2020-10-23].

③ 习近平主持召开哲学社会科学工作座谈会并发表重要讲话[EB/OL]. https://www.gov.cn/xinwen/2016-05/17/
content_5074162.htm[2016-05-17].

学发展道路，是新时代情报学领域应该关注的重要问题①。最后，在总体国家安全观的推动下，近年来"军民情报融合"的倡议和研究逐渐兴起②，关注中国问题、重视对抗博弈、积极为国谋略的中国情报学派正在"群体性复兴"③。中国情报学派主张"中国特色情报学理论"④与"中国情报学论纲"⑤，在理论上重视中国传统情报思想的传承，实践上强调 intelligence 的回归。然而，如果一门学科在某个阶段产生了多个结构不同的理论体系，那么说明该学科理论发展还没有成熟，一个不成熟的学科很难获得比较高的学科地位⑥。

在新时代背景条件下，中国情报学正面临前所未有的机遇与挑战，中国情报学已经走到了一个关键的历史关口，正经历着学科分化整合、领域嵌入合作、品质全面提升的转型新阶段⑦，为了更好地区分情报学与其他学科的不同，寻求情报学学科的准确定位，有必要重新梳理和设计新时代符合社会需求的情报学理论体系。

4.1.1　情报概念

"情报是什么"，是情报研究的起点⑧，也是情报学领域的"元问题"⑨"元概念"⑩和情报学理论体系的逻辑起点⑪。人类对情报概念的理解是随着人类历史的发展不断变化的。国内外学者对"情报"概念的探索从未停止但还没有形成公认的概念⑫。自19世纪末近代意义的"情报"在西方兴起、20世纪初由留日学生输入中国后，我国学术界就不断试图为这个问题寻找答案。自20世纪80年代"科学的春天"至今，国内学者结合自身研究内容，选择不同视角、划定不同辖域、凸显不同关切，在不同立场与语境中运用不同方法论模式阐释"情报"概念，国

---

① 苏新宁. 中国特色情报学学科体系、学术体系、话语体系论纲[J]. 中国图书馆学报，2021，47(4)：16-27.
② 杨国立. 军民情报学融合的困境与推进策略研究[J]. 情报理论与实践，2020，43(11)：28-33.
③ 赵冰峰. 中国情报学派的兴起与历史使命[J]. 情报杂志，2016，35(4)：1-4.
④ 彭靖里. 中国特色情报学理论与应用研究的历史回顾和反思[J]. 情报杂志，2019，38(10)：1-6，11.
⑤ 包昌火，刘彦君，张婧，等. 中国情报学论纲[J]. 情报杂志，2018，37(1)：1-8.
⑥ 杨建林. 关于重构情报学基础理论体系的思考[J]. 情报学报，2020，39(2)：125-134.
⑦ 李阳，孙建军. 中国情报学与情报工作的本土演进：理论命题与话语建构[J]. 情报学报，2018，37(6)：631-641.
⑧ 高金虎. 论情报的定义[J]. 情报杂志，2014，33(3)：1-5.
⑨ 付宏，杜智涛，刘光宇，等. 情报概念的变迁与情报"元问题"的回归[J]. 情报理论与实践，2020，43(7)：31-36.
⑩ 梁春华，孙明霞，邹志鹏，等. 基于采样统计内容分析的情报定义研究[J]. 情报理论与实践，2016，39(10)：21-24，35.
⑪ 臧兰. 论情报学原理体系[J]. 情报学刊，1991，12(6)：401-406.
⑫ 靖继鹏，马费成，张向先. 情报科学理论[M]. 北京：科学出版社，2009：1-4.

内学术界对情报的认识在这种激烈的碰撞中不断向前发展，我国"情报"概念研究成果也渐显厚重。

1. "情报"一词来源

情报概念产生于军事领域，学术界较公认的是日本留德学生在 1884—1888 年将德国卡尔·冯·克劳塞维茨（Carl von Clausewitz）的《战争论》中的 "nachricht" 译为日语汉字 "情报"，对应法语 "renseignement"，其含义为 "与我国有关的敌人和敌国的全部知识"[①]，随后由我国留日学生于 20 世纪初期从日本引进[②]。1939 年版《辞海》对情报定义为："战时关于敌情之报告，曰情报。"《现代汉语词典》则解释为 "关于某种情况的消息和报告，多带机密性质"，这也是日常生活中人们对 "情报" 的普遍理解。

在情报科学这一新兴学科中，"情报" 的含义不止于此。美国科学研究与发展局局长万尼瓦尔·布什于 1945 年 7 月发表了 "As we may think"，被认为是情报学正式步入科学之林的标志[③]，美国 1958 年召开国际科学情报会议后于 1959 年提出情报科学（information science），1967 年米哈伊洛夫提出情报学是科学情报的别名，而我国使用 "情报科学" 作为这个研究领域的学科名称即来源于此。在 2020 中国情报学年会暨情报学与情报工作发展论坛上，马费成[④]教授在特邀报告中回忆道：20 世纪 70 年代，武汉大学著名学者黄宗忠作为以刘季平为团长的中国图书馆代表团成员，赴美国参观考察图书馆学教育。在中华人民共和国成立以来图书馆界首次访美中，黄宗忠观察到美国许多图书馆学院的名称中都加进了 "information"，其中 "library and information science" 中的 "information" 恰好对应我国的科技情报工作，因而我国 "情报" 译自 "information science" 中的 "information"[⑤]。在我国情报科学学科领域，译自 "information" 的 "情报" 早已不局限于 "带有机密性质的消息或报道" 这一含义，而是和文献、资料、咨询、信息、知识等词汇有着千丝万缕的联系。

强调历史视野与国家视野的科学统一、注重保持学术研究时代性与自主性的 "中国情报学派"[⑥]在理论构建上则深度融合中国古典情报思想。中国情报学派指出：我国在使用从日本引进的 "情报" 一词时，"信息" 一词尚未得到广泛使用，

① 包昌火，刘彦君，张婧，等. 中国情报学论纲[J]. 情报杂志，2018，37(1)：1-8.
② 王崇德. 情报学引论[M]. 天津：天津大学出版社，1994：1-38.
③ 马费成，宋恩梅. 我国情报学研究的历史回顾（Ⅰ）[J]. 情报学报，2005，24(4)：387-396.
④ 马费成. 2020 中国情报学年会暨情报学与情报工作发展论坛特邀报告一：我国当代情报学的发展历程[R]. 广州：2020 中国情报学年会暨情报学与情报工作发展论坛.
⑤ 靖继鹏，马费成，张向先. 情报科学理论[M]. 北京：科学出版社，2009：2-3.
⑥ 赵冰峰. 中国情报学派的兴起与历史使命[J]. 情报杂志，2016，35(4)：1-4.

情报工作的开展多是在图书馆背景下起步，同时，又借鉴对应 information science 领域的研究成果，致使中国学者在情报名义下研究了属于信息领域的东西而使得"情报"名不副实①。中国情报学派主张我国古代已经有了情报思想的萌芽，其中《孙子兵法》是我国情报学理论的开山之作②，情报学源于军事学和谋略学，而不是起源于文献学与图书馆学③，中国情报学作为一门学科的正式源头是 20 世纪 50 年代兴起的科技情报工作。

2. 情报概念若干学术观点

为更好地把握我国"情报"概念流变与发展的历史，并贯彻黑格尔"借助概念理解历史"的学术理念，本书对我国"情报"概念研究相关成果进行较为全面、系统的文献研究，其中"情报"定义总共梳理出 377 种。本节首先从"情报"概念研究视角、语言学概念的形式结构视角、科学哲学概念的研究方法视角三个方面对以往我国情报概念研究成果进行回顾，最后阐述本书观点。

从"情报"概念研究视角来讲，以往研究主要从"军事""信息""知识""智慧"角度来表征"情报"概念。现代情报学诞生以前，传统情报发轫于军事领域，情报概念的"军事说"将情报概念局限于军事领域，如 1939 年版《辞海》对情报定义："战时关于敌情之报告，曰情报。" 1969 年版《辞海》指出"情报泛指一切最新的情况报道"，随着我国改革开放的推进，政治、经济与科技事业得到长足的发展，情报的概念不再局限于军事领域，而是向政治、经济与科技领域不断拓展。1989 年版和 1999 年版《辞海》分别指出"获得他方有关情报以及对其分析研究的成果""获取的他方有关情况以及对其分析判断的成果"，两版《辞海》对于情报概念的外延进行了相应补充，并将情报"按内容和性质分为政治情报、经济情报、军事情报和科技情报等"。情报概念"军事说"根基深厚，经过演变又分别产生了"信息说""知识说""智慧说"的情报概念。从信息角度来定义的"信息说"包括"情报是经过人类选择的信息""情报是一种能为守信者所理解并对守信者有用的信息"，美国情报学家 M. C. 约维茨（M. C. Yovits）认为"情报是对决策有价值的数据与信息资料"。从知识角度来定义的"知识说"包括米哈伊洛夫等提出"情报是一种存储、传递和转换的对象的知识"，贝克认为"情报是在特定时间和状态下对特定人提供有用的知识"，钱学森先生也提出过"情报是激活了、活化了的知识"。

① 沈固朝. 两种情报观：Information 还是 Intelligence?——在情报学和情报工作中引入"Intelligence"的思考[J]. 术语标准化与信息技术，2009，(1)：22-23.

② 张晓军. 军事情报学[M]. 北京：军事科学出版社，2001：1-88.

③ 包昌火. 让中国情报学回归本来面目[J]. 情报杂志，2011，30(7)：1.

"知识说"定义的共同特点如下：第一，情报是客观存在的知识；第二，情报是有一定限定条件的知识；第三，情报是能对其服务对象产生一定影响的知识，或者是影响人原有知识结构发生变化的那一小部分知识。"智慧说"则包括了"情报是人们意志、决策、部署、规划、行动所需要的知识和智慧"，以及"先进的、特定的、传递的、具有指导和预测意义的、系列化的知识、资料、智慧以及消息、报告和信息都叫情报"。

从语言学概念的形式结构视角来讲：定义并不是唯一的概念结构，人们也常常不是通过定义来进行识别和推理的。在情报概念研究活动中，研究者使用显式定义形式来定义"情报"（定义项、被定义项是同义项，如"情报是……"结构）。也有学者借鉴自然科学视角理解"情报"概念。在文献研究的范围里，最早可追溯至 1980 年，何吉成[①]首先以公理化形式表征"情报"概念，公式如下所示：

$$\sum_{i=1}^{n} I_i + (S)_0 \rightarrow (S)_n$$

其中，(S) 表示情报用户的知识状态；I_i 表示由情报源产生的情报；$\sum I_i$ 反映了情报的积累性和存储性。本书认为：不同于自然科学，情报学作为一门新兴领域，并无百年沉淀和数理积累，不存在类似欧几里得公理化体系以及一系列由公理化体系规定、无须定义的原术语。这类"情报"公理化表示形式中，依然包含"知识状态""情报源""积累性和存储性"等待定义项，因此，这类隐式定义形式并不适用于情报学领域。

人们也采用复合结构来阐述"情报"概念，这种复合结构包括特征识别所需的信息以及对现象进行解释所必需的背景知识。例如，在高金虎的情报概念研究中，引出了 2005 年美国"大规模杀伤性武器情报能力委员会"关于"情报"的定义："它能辅助文职和军事领导人做出更加博闻的决定，准备应对并反制潜在的和正出现的对美国利益的威胁"[②]其中，"博闻的决定""美国利益的威胁"是有必要进一步解释并界定的背景知识。除了显式、隐式、复合结构式三种基于概念间关系的概念结构之外，还有基于相似性判断的概念结构研究，这种研究方法主要依靠比较近似事物典型性质的特征列来实现。

马克思主义哲学启迪人们"通过属性来认识事物""找出事物与其他事物的根本差别"。文献计量结果显示：不同学术团体共同参与到"情报"概念研究活动中，其中多术语比较研究和情报属性/功能研究占据相当比例，甚至远超"情报"概念的直接定义。"事实、情报、信息、数据、智慧"等相关术语之间的比较研

① 何吉成. 情报与情报熵[J]. 情报学刊, 1980, (3): 26-28, 25.
② 高金虎. 论情报的定义[J]. 情报杂志, 2014, 33(3): 1-5.

究和情报属性/功能的研究是人们理解"情报"概念的两种重要补充途径。

从科学哲学概念的研究方法视角来说，在"情报"概念研究活动中，工具主义者认为定义只是帮助人们认识"情报"的工具，他们主张作为研究对象的"情报"概念还在发生变化的时候，苛求定义反而可能湮没事物的本质，无济于学科的发展①，对于新兴学科，必须把眼光放在学科建设上②，定义得不精确还是应该允许的，避免文字游戏③；知识建构主义者认为情报概念是一个社会范畴概念，是人们认识的结果④，是一个相对概念⑤，个体关于"情报"的认识，是个体将知识习得并内化的知识建构过程。其中一些约定主义、改良主义、相对主义的"情报"概念研究在科学哲学视域中无疑是退步的。约定主义者通过"特设性"修改，或增加情报定义复杂度的方式定义"情报"，形成臃肿的"情报"定义系统，这本质上与"定义"确切而简要的宗旨相违背；改良主义者则不顾观念上的分歧，机械地提供定义的"大一统方案"，如呼吁制定术语标准或者运用"归纳原理"来消解研究问题；相对主义者认为由于彼此立场不同或条件差异，他们围绕情报定义展开针锋相对的论战，不断发表新定义或商榷类文章，并最终陷于理想和价值的缠斗。

3. 情报定义

本书混合运用语言学描述性定义和计划性定义的技巧给出"情报"定义。一方面，构成定义的术语项是科学界业已定义或达成社会共识的；另一方面，指向实践，告诉人们"情报"应然的图景。本书给出的"情报"定义如下。

"情报"是多元主体的认识论导引、方法论组织、实践论优化，若干行为与手段加工，预期为决策消除不确定性、创造可能性的智力产品。

"多元主体"包括情报有关的工作者、决策者、评判者。其中，决策者是情报的最终用户，也是情报质量的评判者。一些情境中，决策者外也存在其他评判者。"情报"是多元主体共同参与的，一方面，情报工作有其特定的政治逻辑⑥，情报工作无法完全抽身其所处的政治场域、环境背景，甚至学术界也不可避免地受到"范式"或科研管理方面的影响（学术政治），情报工作"政治化"现象普遍存在于世界各国⑦；另一方面，情报服务重视目标和任务（客户需求）导向。因

① 何璧. 关于情报的思考[J]. 情报科学, 1981, (1): 2-11.
② 王秀成, 刘东维. 我国情报学基础理论研究当前面临的形势[J]. 情报理论与实践, 1989, (1): 7-11.
③ 秦铁辉. 再探情报概念[J]. 情报科学, 1986, (3): 56-59.
④ 陈乐明. 情报概念与满意性原则[J]. 情报学刊, 1987, (1): 64-65.
⑤ 付星魁. 关于情报学发展的几个问题[J]. 情报知识, 1990, (1): 1-4.
⑥ 刘杰. 情报工作的政治逻辑: 情报政治化研究新视角[J]. 情报杂志, 2020, 39(5): 28-32.
⑦ 刘强. 情报工作"政治化": 权力失衡和利益驱使的困境与出路: 传统安全理念下国家安全与战略情报的视角[J]. 情报杂志, 2019, 38(12): 1-8, 15.

此，工作者或多或少受到其他参与主体的影响。

　　"认识论"是指个体对知识和知识获得所持有的信念。"认识论"决定多元主体如何判断"何为情报"。在古代，人类低下的实践水平和狭窄的实践范围，决定了古人关于世界的认识是浅显、直观的。古人通过鬼神、占卜、星象等行为手段获取运势、气象、敌情、政情等方面的预见，这些"窥得的天机"尽管对于持有科学观念的现代人来说毫无依据可言，但并不妨碍古人笃信并作为会盟、祭祀、出征等重大决策的重要依据。在现代，科学认识论同样影响我们对情报的价值判断。例如，图书情报学领域内流行的社会科学简化论①思潮，持有简化论观点的研究者认为从比较低的分析单位中得出关于较高分析单位的结论是可信的，他们利用限定领域学术论文的被引数据导出关于该领域的"热点""前沿""推荐"的"情报"，但这类"情报"对于持有批判观点的决策者来说并非情报，甚至认为是误导决策。本书以孙子"知己知彼"古典情报思想为例，从科学哲学视角阐述"认识论"在情报活动中占据着统领地位。

　　"知己知彼"在认识论层面的历史价值体现在两方面：一方面，"知己知彼"否定鬼神、占卜、星象等推算获取敌情做法，认为感性经验是情报获取的来源，军事家动用理性，在感性经验中发现与揭示那些能够服务军事决策的知识，孙子在军事领域表现出的朴素经验主义领先西方近 100 年（古希腊时期）。另一方面，"知己知彼"强调通过论点、具有说服力的证据、特定方式方法处理，进而支撑军事决策活动，这种理性主义认识论在欧洲大陆诞生并传播则要等到 17—18 世纪（笛卡儿时期）。可以说，孙子"知己知彼"蕴含的认识论思想已领跑当时的人类文明。领先世界观无疑带来巨大的竞争力，尽管孙子本人突出的实践成果（战绩）有限，但其学说被许多实践家（军事家）检验和推崇，由此被古今中外的实践家誉为"兵圣"。

　　在科学语境中，"方法论"是关于认识世界、改造世界的方法的理论，情报语境中的"方法论"是关于一组具体"行为与手段"如何布局、实施、评价等方面的理论，即如何利用"行为与手段"的理论。

　　毛泽东同志的"实践论"强调实践在认识论中的基础地位、坚持把实践作为检验认识真理性的标准。本书将"实践论"从认识论中抽离并着重强调，目的在于：强调实践对情报工作同样发挥指导作用，情报工作明晰于"认识论"，落脚于"方法论"，却把握于"实践论"，情报工作需要反复实践来优化。"实践论"对于平衡理论与实践的关系具有极其重要的意义。

　　"行为与手段"包括方法、技术、技巧、工具和情报源（统称方法技术），涵盖"学术研究的"方法技术和"工作的"方法技术。

---

① 王丽娜，周鹏，马婧. 当代情报学理论思潮：简化论[J]. 图书情报知识，2012，145(1): 36-42.

　　为方便读者进一步理解"情报"语境中的"方法论""行为与手段",本书提供以下两个案例,旨在强调两个观点:其一,"情报"语境中的"行为与手段",并不局限于科学研究的方法技术,也包括工作的方法与技术;其二,由于语言学原因,依靠名词术语在命名上的外部特征判断其是不是"行为与手段",是不正确的。例如,"某某方法"也有可能是一种方法论,并非具体方法。

案例一　结构化分析方法

　　迫于"9·11"事件和伊拉克大规模杀伤性武器事件中"情报失察"的压力,《2004 年情报改革与预防恐怖主义法案》（美国）敦促美国国家情报总监更新其情报分析方法论。同年,美国中央情报局谢尔曼·肯特学院基于上述经验教训形成的培训教材进行修订,研究成果 A Tradecraft Primer 随后更名为《情报分析:结构化分析方法》（Structured Analytic Techniques for Intelligence Analysis）。我国金城出版社引进并翻译的 2018 年第二版中,涵盖了八大类 55 种具体方法技术。这 55 种方法技术既包含科学语境中的"研究方法",如德尔菲法、社会网络分析法,也包括工作语境中的"方法技术"。一些侧重显化和过程化情报工作者的思维活动,促产新知识的能力有限,如启动清单法、分类整理法、大事记录与时间表法等;一些则侧重利用"正向"的启发式规则推动情报分析价值的增加,如头脑风暴法、若则分析法、社会网络分析方法等;另一些方法旨在利用"反向"的启发式规则削减那些不必要的脑力开支或预防情报工作者们陷入思维局限,如欺骗识别法、魔鬼代言人法、结构化自我批评法等[①]。"研究方法"和工作语境中的"方法技术",共同实现结构分析方法的全局方法论思想:通过诸多规定的方法技术,推动情报研究的内部思考活动过程化、显化,促进情报分析团队间的协作,以适应情报工作新形势:以单个分析人员为主的智力活动向团体内、团体间的协作活动转变。

案例二　三角互证法

　　三角互证法并不是一组具体"行为和手段",而是提供这样的方法论思想:通过不同源收集回来的信息相互比较,进而互相确证。目的不仅仅在于提高或确保研究的质量,还有助于拓展研究产生的洞见与知识的范围。在人类历史不同时期、不同文明、不同领域都提出过相同内核的方法论思想。例如,20 世纪初由王国维在我国考古学领域提出并倡导的"二重证据法"、20 世纪 70 年代由诺曼·邓津在社会科学中定义的"三角互证法"、叶鹰教授在图书情报领域发展并完善的"双证法与模本法"理论等。因此,三角互证法并非一种方法,而是一种方法理论（正如勾股定理在世界各国文明中都有独立发现,但毕达哥拉斯首先做出了科学解释,因此,这里采用"三角互证法"提法）。

---

① 李博闻. 非学术文献的隐含信息析取:以美国中央情报局 Studies in Intelligence 书评为研究对象[J]. 竞争情报,2022,18(5):2-13.

本书给出的情报定义中，关键词"预期"，指出尽管参与主体抱有正向期望，但加工获取的"情报"产品不必然导致预想的正向结果。即"成功"不必然建立在情报工作"正确"上，情报工作"错误"也可能"歪打正着"。这是由三方面导致的：首先，情报工作日益复杂，情报源和情报获得手段不断扩充，情报工作的目标和需求也日趋多样化，整体上对情报的期望是不断变化和提升的。其次，在多方主体相互竞争的情境中，工作过程具有对抗性、动态性，"反情报"活动甚至会迷惑、误导对手。最后，"情报"是多元主体共同参与的。认识论差异会造成多元主体间产生"鸡同鸭讲"式的价值判断分歧，而方法论缺陷则会导致思维固化和结果偏差，两者均会引起结果的不确定性。

4. 情报的基本属性

属性是事物本身固有的特性，是一事物和其他事物发生联系时表现出来的质的规定性。情报属性研究围绕情报概念界定即"情报是什么"这一框架展开，情报属性是理解情报概念的关键，只有在确定情报属性的前提下，才能据此提出情报定义[①]。例如，严怡民[②]主编的《情报学概论》中首先阐述情报的三种属性——知识性、传递性和效用性，然后据此提出情报的定义：情报是作为交流对象有用的知识。同时，情报属性并不是固定不变的，随着情报活动的发展变化以及人们认识水平的提高，会不断形成有关情报属性的新观点。

一般认为，情报具有三种基本属性[③]。①情报具有知识性。无论是客观事物的消息性报道还是最终发表的科学论文，通过这些感性认识的知识或理性认识的知识，人们都可以吸收到某种新知识。这些经过传递而又为人们吸收的知识，就是人们所需要的情报。因此，情报的本质就是知识，知识性是情报最主要的属性。②情报具有传递性。情报的传递性含有两层意思：一方面是指情报可以通过一定的物质载体和能量进行传递；另一方面是指获得情报必须经过传递。③情报具有效用性。情报具有一定效用性，具有改变人们原有知识结构的功能，效用性也是情报的基本属性之一。

有观点认为，在事物的诸多属性特征中存在"本质属性"与"非本质属性"的区别。本质属性是事物必须具有且使该事物与其他事物区别开来的质的规定性。那些不可缺少，但与其他类似事物共有的属性为非本质属性，非本质属性仅有区别性，而无质的规定性。张惠娜等[④]在梁春华工作基础上，对192种情报定义所涉

① 彭知辉. 论基于事实属性的情报一体观[J]. 图书馆杂志, 2019, 38(10): 34-46.
② 严怡民. 情报学概论[M]. 修订版. 武汉：武汉大学出版社, 1994: 11-13.
③ 靖继鹏, 马费成, 张向先. 情报科学理论[M]. 北京：科学出版社, 2009: 4-11.
④ 张惠娜, 李辉, 王晋, 等. 情报3.0背景下对情报多元属性的思考[J]. 情报理论与实践, 2017, 40(11): 5-9.

及的所有属性展开分析，提出决策性、主体性、目的性、竞争性、时效性、知识性、传递性和离散性是情报的属性特征。其中，决策性、主体性、目的性、竞争性、时效性是情报的本质属性；知识性、传递性和离散性是情报的非本质属性。就"情报"具有事实、数据、信息、知识等多种表现形式这一现象，彭知辉①提出"事实是情报的另一非本质基本属性"并进而对该现象进行解释：数据、信息、知识、情报都源于事实，是对事实不同方式的反映。因此，以事实为始端，以情报为终端，以数据、信息、知识等为事实向情报转化的中介，事实属性是情报的非本质属性。

本书认为："情报属性"命题本身，已经蕴含着"情报实在论"和"情报本体论"两项先行预设。"情报实在论"的核心命题是承认"情报"的客观存在。"情报本体论"则是关于作为实在的"情报"，人们对其本源的根本性看法，涉及本质、基础和规律的一般性认识。

对于我国图书情报领域的研究者来说，无论"情报"以事实、数据、信息、知识等何种表现形式出现，都是可以直接感知（主要以文献、专利为载体）和操作确认的（如知识组织活动），这些感官经验无疑为"情报实在论"奠定了信念基础。由于实在论包含了本体论的承诺②，客观之物的属性研究是其根本性看法中的应有之义，"物质-属性"的先验结构和后天认识环境相互作用并形成了"情报属性"命题。

不同于自然科学，社会科学研究的目的在于认识和理解社会世界，研究客体围绕"人"，涵盖了思想、行动或社会结果。如同"直觉、理想、民主崩溃"等术语，"情报"在脱离人的关注和认识（尤其脱离人在决策活动中的价值判断）时，"情报"并不客观存在，或者说，"情报"的存在并不独立于人类对于它们的认识。

自孔德、涂尔干以来，自然科学方法论应用于研究社会科学问题已经取得了丰硕的研究成果，但并不意味着社会科学领域应该被当作自然的一部分来看待。就像电子、分子，自然科学方法论的特征是，自然科学的科学知识是关于事实的而不是关于价值的，而事实和价值之间有着显著区分。将"属性"等事实描述命题套用至"情报"，从质的意义上讲，是将社会科学塞入自然科学的模具，套用和拔高对于理解"情报"帮助很小，甚至是误导性的。

本书的基本结论是："情报属性"可以帮助人们理解作为社会现象的"情报"，但偏正短语结构中的中心词更适宜采用那些能够反映主客体之间价值关系的词汇，如"功能""特点"。

---

① 彭知辉. 论基于事实属性的情报一体观[J]. 图书馆杂志，2019，38(10)：34-46.

② 刘伟伟. 大数据时代的科学实在论发展趋向及其特征[J]. 自然辩证法通讯，2021，43(8)：1-7.

5. 情报学研究对象

作为一门学科，情报学的研究对象是首先要明确的基本问题，也是情报学基础理论之一。它不仅影响到研究者对该学科的整体认识，同时也涉及该学科的确切定义和学科性质。学科的研究对象对该学科的理论与方法起着决定性作用，不同的研究对象就会产生不同的理论，而不同的理论就会产生出以其为依据的不同方法。

纵观情报科学半个多世纪的发展，随着科学技术和经济的快速发展以及人们认识的不断深入，情报学的研究对象发生了两次巨大变革。20 世纪 80 年代中期以前，情报学将文献作为其主要研究对象，并以文献为基础，形成了完善的情报工作业务流程，同时建立了以文献为研究对象的成熟的学科研究体系。从 20 世纪 80 年代中期开始，随着社会对信息需求的日益增长和信息技术的突飞猛进，情报学的研究中心开始由文献转向了信息，随之形成了以信息为研究对象的情报工作业务流程和学科体系。到 20 世纪 90 年代中期，由于知识经济和知识管理研究热潮的兴起，情报科学研究对象的知识化趋势明显，知识开始成为情报学的主要研究对象，情报工作流程和情报学学科体系建设也开始向以知识为核心进行转移。

由于情报学是由社会科学、自然科学交叉而成的综合性学科，其研究对象、研究范围、研究方法涉及多学科、多领域，并没有形成明确的学科边界。国外的情报学实际上是从图书馆学的视角来研究信息科学[1]，在中国情报学发展过程中，逐步形成了面向决策服务的情报范式和面向社会服务的信息范式两大研究范式[2]，前者侧重于满足本土需要，以军事情报、公安情报为研究对象[3]，后者则更倾向于接轨西方，以信息组织、知识管理等为研究对象。王知津[4]认为研究对象必须能够反映学科的本质特征，必须能够很容易地明显区别于其他学科，从而划定了学科边界。学科名称本身就反映了研究对象，研究对象本身就支持了学科名称。无论分析对象是信息还是数据，对于作为一门独立学科的情报学和作为一项独立社会职业的情报工作来说，研究对象都应该是不变的，只能是"情报"，即情报活动与情报过程。以"信息"代替"情报"的研究模式，事实上造成"情报"淡化，国内情报工作更把文献服务、信息服务当作主要工作，由此大大削弱了"情报"本身的内涵[5]。面对情报元素被弱化和情报学研究领域被模糊的问题，需要将情报

---

① 杨建林. 关于重构情报学基础理论体系的思考[J]. 情报学报，2020，39(2)：125-134.
② 周晓英，陈燕方. 中国情报学研究范式的冲突与思考[J]. 公安学研究，2019，2(2)：27-44，123.
③ 高金虎. 论国家安全情报工作：兼论国家安全情报学的研究对象[J]. 情报杂志，2019，38(1)：1-7.
④ 王知津. 大数据时代情报学和情报工作的"变"与"不变"[J]. 情报理论与实践，2019，42(7)：1-10.
⑤ 苏新宁. 大数据时代情报学与情报工作的回归[J]. 情报学报，2017，36(4)：331-337.

学研究对象从"信息"回归到"情报"①。

　　随着大数据时代的到来，以统计学、数学和计算机为三大支撑性学科的数据科学正在兴起，情报学研究内容和情报工作的工作内容与数据具有高度相关性。在国家安全和发展的宏观背景下，情报学的研究对象有了更丰富的形态。高金虎②认为中国情报研究应以国家情报工作为研究对象，包昌火等③指出中国情报学以组织的情报活动为研究对象，主要为组织安全和社会发展科学决策提供支撑，其核心任务是研究如何将信息转化为情报和谋略。彭知辉④提出中国情报学在于强调、突出情报学研究的"中国"特色等，这种特色表现在它不只是对应"information science"或"intelligence studies"，而是两者的兼容、融合。杨国立⑤指出军民情报学融合是我国情报学创新发展的重要路径，也是大情报观下情报工作对统一的情报学理论的诉求，军民情报学融合的学科联盟的研究对象主要包括国家发展情报和安全情报本身及其构成要素、影响国家发展和安全的因素。

　　本书持有以下观点。

　　情报学应定位于"普通情报学"（或"一般情报学"），研究对象应为那些领域情报学（或"分支情报学"）共同抽象出来、具有共性的理论和方法。

　　领域情报学是不同领域与情报学交叉融合形成的学科。领域情报学被天然视作普通情报学的分支学科。在"普通情报学—领域情报学"结构中，普通情报学需要为不同领域情报学提供最具一般性的理论和方法，并给予领域情报实践工作原则性指导，是探究情报和情报工作一般规律的学科。普通情报学关注基础性问题以及理论普适性问题，通过不同领域情报学在实践活动中积累的案例深化认识"情报"现象本质，继续抽象"情报"最基本的概念、性质、构成、过程、原理、规律及方法。

　　对于领域团体而言，普通情报学是创立不同领域情报学的合法性基础，领域情报学创立过程中借鉴普通情报学的理论基础和方法，对于构建本学科理论体系有着重要的意义⑥。20 世纪 90 年代中期，高校学者就提出过建立"一般情报学"的构想⑦。进入 21 世纪，领域学者们呼吁：各专业情报学的发展需要一共同的基础理论学科来支撑⑧，系统深入地研究普通情报学显得非常迫切与必要①。2017 年

① 王艳卿. 关于我国情报学发展的问题研究[J]. 图书情报研究, 2020, 13(1): 29-34, 39.
② 高金虎. 从"国家情报法"谈中国情报学的重构[J]. 情报杂志, 2017, 36(6): 1-7.
③ 包昌火, 金学慧, 张婧, 等. 论中国情报学学科体系的构建[J]. 情报杂志, 2018, 37(10): 1-11, 41.
④ 彭知辉. 开放情报学论略: 关于中国情报学建设的探讨[J]. 公安学研究, 2020, 3(4): 18-34, 123.
⑤ 杨国立. 军民情报学融合的困境与推进策略研究[J]. 情报理论与实践, 2020, 43(11): 28-33.
⑥ 毕京刚. 边防情报学理论范式进展研究[J]. 情报杂志, 2011, 30(S1): 8-10.
⑦ 严怡民, 等. 现代情报学理论[M]. 武汉: 武汉大学出版社, 1996: 47-49.
⑧ 靳娟娟. 论普通情报学的创建与发展[J]. 情报杂志, 2004, (6): 36-38.

出版的《军事情报学》中预言我国情报学必将成熟，成为一级学科，而军事情报学、公安情报学、竞争情报学等分支学科一起成为情报学一级学科下属的二级学科[②]，这也反映了领域学者们对普通情报学建设的殷切希望。

如表 4-1 所示，普通情报学研究对象将围绕情报定义展开。

表 4-1　情报定义与情报学研究对象

情报定义的主干部分	一般情报学研究对象		领域情报学研究对象
认识论	思维和认识		（情报对象相关的）思维和认识
方法论	一般方法论	情报史	领域方法论、领域专门方法
实践论	思维和认识		领域经验
行为与手段	具体方法、技术、技巧、工具、情报源		本地化、改进、工具化
加工	N/A		领域实践
预期为决策活动消除不确定性、创造可能性	N/A		管理评价（对抗相关理论）
智力产品	N/A		情报工程
其他	基本范畴、基本概念、学科建设、人才培养在内的基本问题		

注：N/A 表示对应的部分不属于一般情报学研究对象

普通情报学主要研究由不同领域情报学共同抽象出来的、具有共性的部分，研究对象包括：①思维与认识，研究范畴包括情报工作者本身的思维机制、思维工具、认知偏见等。西方情报分析心理学认为专业知识无助于人类思维过程中产生的分析陷阱，在分析科学中有必要投入相当大的精力去理解人类思维这一最主要的分析工具固有优势、缺点，以及它处理信息的方法。现有相关的理论包括：情报分析心理学、情报失察理论。②一般方法论。③具体方法、技术、技巧、工具、情报源。④情报基本范畴、基本概念、学科建设、人才培养在内的基本问题。⑤情报史，情报史研究意义包括三个方面：研究情报工作的产生、发展和演变规律，从历史研究中析取其中的方法论知识，关于情报对象相关知识的研究（对抗方的世界观、方法论等）。

领域情报学则根据"是否侧重对抗"进一步区分。侧重对抗的领域情报学，如军事情报学、公安情报学、竞争情报学，相比其他领域情报学，有两个方面研究对象更为突出。一方面是面向系统内部要素（多元参与主体相关知识的研究），如情报与决策关系、法律、组织等相关理论；面向系统外部要素（多方参与主体相关知识的研究），如情报对象军事、政治、经济、文化、历史、风俗、宗教等

① 靳娟娟. 普通情报学的学科建设研究[J]. 现代情报，2010，30(2)：9-11，14.
② 高金虎. 军事情报学[M]. 南京：江苏人民出版社，2017：32.

相关研究。另一方面是与对抗紧密相关的内容，如情报博弈理论、竞争理论、对抗性理论、反情报、隐蔽行动等。

4.1.2　情报相关概念

英语的 information 是一个连续体的概念，是由事实（fact）、数据（data）、信息（information）、知识（knowledge）、情报/智能（intelligence）五个要素构成的信息链（information chain），信息的上游面向物理属性，信息的下游面向认知属性[①]。信息链中的数据、信息、知识、情报/智能，是情报学的基本概念，它们之间既紧密联系，又相互区别，这些概念构成了情报学的研究基础。

1. 情报概念群

（1）数据。数据最早来源于测量，是"有根据的数字"，是对客观世界进行测量和计算的结果的记录[②]，是载荷或记录信息的、按照一定规则排列组合的物理符号。它们可以是数字、文字、图像，也可以是声音或计算代码[③]。进入信息时代后，"数据"的内涵开始扩大，一些多元的数据不是测量和计算的结果，它们本身就是一种对客观世界的记录。在大数据语境下，数据产生经历了被动、主动和自动三个阶段，这些被动、主动和自动的数据共同构成了大数据的数据来源[④]。数据本无语义内涵，只有通过对数据背景和规则的解读才能获得信息。

（2）信息。"信息"一词被广泛使用在人类社会生活和科学研究各领域。因此，人们对信息的认识也各有异同。例如，申农认为信息是减少不确定性的东西，布里渊直接指出信息是负熵，德鲁克认为信息是被赋予相关性和目的性的数据，达文波特认为信息是产生变化的数据。总的来说，信息有多个层次的定义。从信息哲学的角度来说，有本体论层次的信息定义和认识论层次的信息定义。本体论层次的信息就是该事物运动的状态和状态变化方式的自我现实；认识论层次的信息是指主体所感知或表述的关于该事物的运动状态及其变化方法的形式、含义和效用。其中，形式因素的信息部分称为"语法信息"，含义因素的信息部分称为"语义信息"，效用因素的信息部分称为"语用信息"。把同时包含语法、语义、

① 梁战平. 情报学若干问题辨析[J]. 情报理论与实践，2003，(3)：193-198.
② 祝振媛，李广建. "数据—信息—知识"整体视角下的知识融合初探：数据融合、信息融合、知识融合的关联与比较[J]. 情报理论与实践，2017，40(2)：12-18.
③ 马费成，等. 信息管理学基础[M]. 武汉：武汉大学出版社，2002：8-9.
④ 孟小峰，慈祥. 大数据管理：概念、技术与挑战[J]. 计算机研究与发展，2013，50(1)：146-169.

语用信息的认识论称为"全信息"。在信息链中，信息=数据+背景①，即信息是数据被赋予现实意义后在信息媒介上的映射。信息、物质、能量三者关系密切，信息必须借助于物质载体和能量，才能记录和传播。但信息也是独立的存在，同一信息可以用文字记录，也可以用语言表达；信息可以记录、编码、传递、加工、接受、储存，其意义保持不变，这是信息的基本特征。总结以上观点可知：信息产生的基本素材是数据，信息是被赋予了意义、背景并呈现序列的数据集合。

（3）知识。知识是人类社会实践经验的总结，是人的主观世界对于客观世界的概括和如实反映，是人类对自然和社会运动形态与规律的认识和掌握。人类的认识，并非客观外界的简单复现，人类在接收信息时是有区别和有选择的。人类生活环境中普遍存在的信息，是构成知识的原料，这些原料经过人脑接收、选择、处理，才能组合成新的知识。新知识首先发生并存在于人脑中，这就是主观知识，如将头脑中的认识结果通过某种物质载体记录下来，就变成可以传递的客观知识。随着人类认识的深入发展，这种客观知识已逐步形成为较完整的科学知识体系。

从认知哲学的层面看，知识是事物运动状态和状态变化的规律②。从信息链角度看，知识是对信息进行加工、吸收、提取、评价的结果。信息转换成知识的条件是信息和实践结合，并经过人类大脑的运思、整理、评价和实践检验，可用"信息+经验=知识"来表达。由于知识是与实践经验相联系的信息，人脑对信息的加工形成了两种状态的知识：一种是显性知识，显性知识可以由人们自由输出和传播；另一种是隐性知识，易于转化为显性知识的隐性知识在一定条件下也可以在人与人之间传播，但是传播的结果因接收人的知识结构而异。位于一个人意识深处的隐性知识往往连个体自身都察觉不到，基本上是不能转化为显性知识的，所以不易在人与人之间进行传播。但是，这种位于个体意识深处的隐性知识对个体思考和行动的意义是极为重大的。

（4）情报/智能。信息链中的智能和情报被视为同一概念，我们认为情报和智能是既有区别又有联系的两个概念。智能是解决问题的一种能力和方略，是在一定环境下针对特定的问题和目的而有效地获得信息、处理信息形成知识和策略、利用策略来解决问题，从而成功地达到目的的能力。情报是被目的所激活的知识，是知识在一定条件下的运动方式。

2. 信息链与转化理论

信息链由事实→数据→信息→知识→情报/智能五个链环构成。简单地说，事

---

① 严怡民. 情报学概论[M]. 武汉：武汉大学出版社，1983：11-12.

② 靖继鹏，马费成，张向先. 情报科学理论[M]. 北京：科学出版社，2009：7-9.

实是人类思想和社会活动的客观映射；数据是事实的数字化、编码化、序列化、结构化；信息是数据在信息媒介上的映射；知识是对信息进行加工、吸收、提取、评价的结果；情报/智能则是运用知识的能力。

梁战平①运用"三个世界"理论来研究信息、知识、情报等，指出它们之间存在以下关系：第一，五者的并列关系。第二，五者的转化关系，数据不会自动变成信息，信息也不会自动变成知识，数据、信息、知识同样也不会自动变成情报。实现从数据到情报的关键要素是人。人通过信息组织与管理来实现信息、知识、情报相互转化。知识本身也是一种信息，情报本身也是一种信息，互相之间可以转化。但是，知识、情报不是一般的信息，而是体现人的认知因素在运用中能改变人的行为的特殊信息。第三，包含关系，信息存在于全部的三个世界中（主观世界、客观的物理世界、客观的概念世界），知识存在于主观世界和客观的概念世界，但不存在于客观物理世界中，因此知识包含于信息之中。情报也存在于主观世界和客观的概念世界中，是活化了的知识信息，包含于知识、信息之中。第四，层次关系，从数据提升到信息，主要是在数据之间建立相关性，使其有序化和结构化。从信息提升到知识，主要根据信息的相关性、有序性进行比较、分析、综合和概括，从中发现问题的本质。从数据、信息、知识提升到情报，主要是采取各种有效的手段和方法激活它们。

钟义信②从智能系统的角度探讨了"信息、知识、智能"的转换理论，指出信息是一类普遍存在的资源，可以通过相应的加工机制把它转换成为知识、策略和执行策略的行为，最终成为认识与行动的智能，信息是智能的源泉，智能是信息的归宿。

化柏林和郑彦宁③④探讨了数据、信息、知识与情报之间的转化关系，指出知识并不是转化链条中的一个节点，而是支撑于数据转化成信息、信息转化成情报的转化过程。进一步通过实例分析发现，情报的来源是信息而不是知识。信息分析是信息转化为情报的重要路径，信息分析的过程需要知识的支撑。对信息转化为情报的类型归纳总结为去伪存真型分析、对比分析型分析、见微知著型分析、由此及彼型分析、化零为整型分析等五类途径，通过这些分析把信息转化为情报。

叶继元等⑤就"数据"与"信息"之间逻辑关系展开探讨，他们认为，数据大于信息说约占 57%，信息大于数据说约占 29%，数据与信息等同说约占 6%，数

① 梁战平. 情报学若干问题辨析[J]. 情报理论与实践，2003，(3)：193-198.

② 钟义信. 论"信息—知识—智能转换规律"[J]. 北京邮电大学学报，2007，30(1)：1-8.

③ 化柏林，郑彦宁. 情报转化理论（上）：从数据到信息的转化[J]. 情报理论与实践，2012，35(3)：1-4.

④ 化柏林，郑彦宁. 情报转化理论（下）：从信息到情报的转化[J]. 情报理论与实践，2012，35(4)：7-10.

⑤ 叶继元，陈铭，谢欢，等. 数据与信息之间逻辑关系的探讨：兼及 DIKW 概念链模式[J]. 中国图书馆学报，2017，43(3)：34-43.

据与信息相对说约占 8%，并从多个角度考量，认为"信息大于数据"的观念更具解释力和合理性。

马费成和李志元[1]指出在新技术影响下传统"信息链"工作流程正在发生重构。如图 4-2 所示，传统情报工作流程沿着信息链进行逐级提炼升华，更多集中在信息加工为知识这一环节，新技术的融入扩展了情报工作的"起点"和"终点"，改变了传统情报工作沿着信息链逐级提炼升华的流程。在新模式下，情报工作可根据需求从信息链上任意节点入手进行知识挖掘，而不是过去的逐级萃取。新技术为情报工作提供了全新的数据环境和计算环境。相较传统情报工作，新技术环境下情报工作的加工精度进一步提高。一方面，情报工作的分析对象由"信息"上溯到"数据"，借助大数据挖掘技术，从海量"数据"中挖掘出用户所需的知识和情报；另一方面，依托大数据、云计算、人工智能等新技术，情报工作的重心从对信息和知识的简单组织，转向对数据和信息分析的结果的综合和提炼，形成支持决策的智能解决方案。

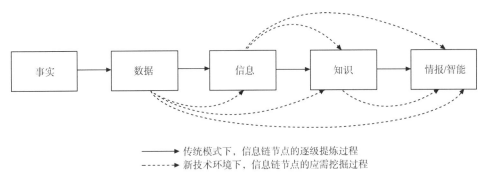

图 4-2　马费成和李志元的信息链流程重构示意图

3. 情报流程理论

情报流程指一系列情报工作步骤或环节，其前身是"情报周期"[2]。在具体情报实践工作中，为规范情报活动，形成了一整套有章可循的情报流程，情报流程规定了情报活动的基本环节、运行模型等。情报流程对情报活动概括、提炼的结果，反过来又为情报活动的有序开展提供保障。情报流程是情报理论研究的一项重要内容。

情报活动作为一项人类普遍、长期存在的社会现象，它涉及环节多，为便于整体把握其规律特征，需要从中抽取、提炼一些关键性环节作为情报流程的要件，

① 马费成，李志元. 新文科背景下我国图书情报学科的发展前景[J]. 中国图书馆学报，2020，46(6)：4-15.
② 陈祖琴，蒋勋，葛继科. 大数据环境下的情报流程研究[J]. 情报理论与实践，2020，43(12)：46-53.

情报流程就是由相互关联的若干环节构成的有机体系。关于哪些环节可以列入情报流程中，学术界分歧较大，形成了不同的观点。彭知辉[①]曾对情报流程研究展开综述，指出美国军方对情报流程划分有："四环节"说，即信息的搜集、分析、反应及警报的分发；"五环节"说，即指导、搜集、合成、阐述、分发；"六环节"说，即计划与指导、搜集、处理与加工、分析与生产、分发与整合、评估与反馈。在国家安全情报领域，美国中央情报局将情报流程的环节划分为计划与指导、搜集、处理、分析与生产、传播。在竞争情报领域，Herring[②]提出的情报流程环节包括规划与定向、收集、加工、分析、传播（扩散）。在科技情报领域，基本环节包括客体选择、情报搜集、信息整序、科学抽象、成果表达和成果评价等。在警务情报领域，情报流程分为规划与指导、收集、整理、分析、传播、评估。在情报学理论研究中，关于情报流程的划分也出现了各种不同观点，如"确定用户需求、搜集、分析、分发""决策需求、信息采集、信息分析、效益评估""情报需求定向、信息收集、分析、产品提供、产品应用""确定情报需求、情报搜集、情报处理与利用、情报分析与生产、情报分发、情报使用、情报反馈"等。

情报活动中相互关联的多个环节构成情报流程，这些环节既有实践上的先后次序和承续关系，还存在紧密的逻辑关联，形成一个完整的体系架构。学术界提出了各种观点，构建了不同的情报流程模型，如线性推荐模型[③]、情报周期模型[④]、多重反复模型[⑤]、网络交互模型[①]、目标中心模型[⑥]、情报价值链模型[⑦]等。

置身于大数据环境，随着自媒体等应用的普及，人人都成为数据的生产者和采集者，同时也是数据的使用者，大数据环境大幅度拓宽情报生产途径，提高了方法和工具体系的复杂度，情报工作的重要性更加突出。樊舒等[⑧]为应对大数据环境问题，提出了基于复杂网络的结构化公安情报流程以保证情报生产效率及情报产生质量。李品等[⑨]提出了决策驱动的情报流程模型。

---

① 彭知辉. 情报流程研究：述评与反思[J]. 情报学报，2016，35(10)：1110-1120.

② Herring J P. Managing the intelligence operation vol. III：keys to professional management[R]. Conference proceedings of 1997 annual international conference & exhibit of CSIP，1997：60.

③ 马德辉. 警务情报价值链探析[J]. 中国人民公安大学学报（社会科学版），2007，(4)：52-56.

④ Commission on the roles and capabilities of the United States intelligence community[EB/OL]. https://searchworks.stanford.edu/catalog?q=%22Commission+on+the+Roles+and+Capabilities+of+the+United+States+Intelligence+Community.%22&search_field=search_author[2020-11-23].

⑤ 洛文塔尔 M. 情报：从秘密到政策[M]. 杜校坤，译. 北京：金城出版社，2015：76，91，200

⑥ Clark M R. Intelligence Analysis：A Target-Centric Approach[M]. Washington DC：CQ Press，2006：10-15.

⑦ 韩海霞. 企业竞争情报价值链的相关构建研究[J]. 情报杂志，2008，(10)：83-86.

⑧ 樊舒，杨洪臣，孙鹏. 基于复杂网络的结构化公安情报流程研究[J]. 情报杂志，2020，39(10)：86-91，114.

⑨ 李品，许林玉，杨建林. 决策驱动的情报流程理论模型及其运行[J]. 情报学报，2019，38(1)：46-57.

陈祖琴等[1]在此背景下提出了以大数据为基础的情报流程理论模型,该模型将情报流程划分为需求明确、情报生成、决策支持三个阶段,即基于服务对象相关大数据的需求明确阶段、基于问题相关大数据的情报生成阶段、基于情报利用的决策支持阶段。通过需求明确发现情报需求,情报需求催生数据到情报的转换,利用丰富的情报增强决策的科学性,各阶段情报工作的开展又产生新的数据促进已有情报活动的修正,三个阶段续起、反复地不断推进,最终实现情报工作的完善,以提高情报工作效率,增强情报工作的决策支持作用。

4.1.3　情报学哲学基础

哲学是关于世界观和方法论的学说,是人们对于整个世界的根本看法的理论体系。哲学的一切原理和结论都是从人们关于自然的知识、社会的知识和思维的知识中概括和总结出来的,反映了人类思维的高度抽象性[2]。哲学基础是情报学理论基础的重要组成部分,是情报学理论研究的世界观和方法论,它决定着情报学的整体观和基本发展方向[3]。

李亚琴等[4]对 94 篇关涉情报学哲学基础的中文文献进行汇总,得出国内关于情报学哲学基础的典型观点为:科学哲学观点、信息哲学观点、批判现实主义哲学观点、马克思主义哲学观点等。韩正彪和周鹏[5]曾运用德尔菲法收集我国情报学界 23 名具有教授职称的专家关于情报学哲学理论的观点,研究表明:现阶段情报学领域内对情报学哲学理论的认知一致性较低,同时大多数专家认为情报学的哲学基础应该是多种哲学理论并存,其中波普尔的“三个世界”理论认可度最高。杨建林[6]认为情报学的哲学基础问题既不是讨论思维和存在、意识和物质何者为本源的问题,也不是讨论思维和存在的同一性问题,而是从哲学高度探讨将情报学作为一个新的科学分支的正当性以及明确情报学自身的研究领域与研究问题。在现阶段,信息哲学理论体系最能满足情报学对哲学基础的迫切需求,尽管信息哲学本身还处在发展与完善之中,但最终完善的信息哲学理论体系将为情报学提供完美的哲学基础。

① 陈祖琴, 蒋勋, 葛继科. 大数据环境下的情报流程研究[J]. 情报理论与实践, 2020, 43(12): 46-53.
② 靖继鹏, 马费成, 张向先. 情报科学理论[M]. 北京: 科学出版社, 2009: 152.
③ 靳娟娟. 情报学哲学基础研究[J]. 图书情报工作, 1995, (3): 7-10.
④ 李亚琴, 钱厚斌, 杨月全. 我国情报学哲学基础研究进展[J]. 现代情报, 2012, 32(4): 34-38.
⑤ 韩正彪, 周鹏. 基于德尔菲法的我国情报学哲学理论实证研究[J]. 图书情报工作, 2014, 58(11): 89-96.
⑥ 杨建林. 情报学学科体系的再认识[J]. 现代情报, 2020, 40(1): 4-13, 23.

1. 科学哲学观点

科学哲学是一门从哲学角度考察科学的学科。它的任务是对科学进行合理重建[①]，以科学活动和科学理论为研究对象，主要探讨科学的本质、科学知识的获得和检验、科学的逻辑结构等有关科学认识论和科学方法论的基本问题。波普尔、库恩、拉卡托斯、夏佩尔等学者是这一哲学流派的杰出代表，他们的哲学思想都直接或间接地对情报学的理论构成和研究方法产生影响[②]。

波普尔的批判理性主义哲学体系内容广泛，包括反归纳法的经验证伪原则、科学的划界标准、科学知识增长的理论、科学发展的模式及波普尔"三个世界"理论等。其中波普尔"三个世界"理论对情报学的研究产生了深远的影响。波普尔提出，对认识主体而言，存在着三个世界，第一世界包括物理实体和物理状态的物理世界，第二世界是精神的或心理的、主观经验的世界，第三世界是思想内容、客观知识的世界。即物理世界为"世界1"，意识经验世界为"世界2"，图书、图书馆、计算机储存器以及诸如此类事物的逻辑内容为"世界3"。情报学家从这里找到了情报学的哲学基础和情报学专业活动的理论根据[③]。例如，布鲁克斯以波普尔"三个世界"理论为情报学的哲学基础，并以此为研究基点，确定了情报学研究对象在本体论上的哲学地位。波普尔"三个世界"理论经布鲁克斯引入情报学界后，引起了众多情报学学者的关注和争鸣，反对观点主要认为该理论属于唯心主义范畴，认同的观点则认为其为情报学提供了本体论的基础[④]。尽管大部分学者认为其存在问题，但不可以否认波尔普"三个世界"理论极大地推动了情报学的发展，可以批判地采纳其中的合理观点[⑤]。

库恩的范式理论是其科学哲学思想的核心，指一个共同体成员所共享的信仰、价值、技术等的集合，是常规科学所赖以运作的理论基础和实践规范，是从事某一科学的研究者群体所共同遵从的世界观和行为方式[⑥]。范式理论有助于情报学界将自己的研究任务进行细化，有助于情报学界从整体上把握情报学学科的基本框架及其发展，同时能够从一个侧面反映出情报学的多学科特性以及情报学的研究视角，但是无法揭示出情报学独特的领域、独特的问题、独特的视角，对构建情

① 常春兰. 21世纪科学哲学发展展望：后现代主义是科学哲学的唯一出路吗?[J]. 山东行政学院山东省经济管理干部学院学报，2004，(1)：95-96.

② 杨建林. 情报学哲学基础的再认识[J]. 情报学报，2020，39(3)：317-329.

③ 俞传正. 论科学哲学对情报学理论与方法的影响[J]. 情报杂志，2005，(3)：11-13.

④ 韩正彪，景璟，马婧. 情报学哲学问题及情报学理论构建：研究主体视角[J]. 图书情报工作，2012，56(12)：32-37，129.

⑤ 韩正彪，周鹏. 基于德尔菲法的我国情报学哲学理论实证研究[J]. 图书情报工作，2014，58(11)：89-96.

⑥ 库恩 TS. 科学革命的结构[M]. 金吾伦，胡新和，译. 北京：北京大学出版社，2004：52-53.

报学自身的原理与技术帮助不大。学术界较为统一的观点是：范式理论有助于我们从整体上把握情报学学科的基本框架及其发展，但是范式理论还不足以成为情报学的哲学基础①。

拉卡托斯的科学研究纲领方法论认为科学中基本单位和评价对象不应是一个个孤立的理论，而应是在一个时期中由一系列理论有机构成的研究纲领。科学研究纲领由下列几个互相联系的部分组成：最基本的理论构成的"硬核"；围绕在硬核周围的许多辅助性假设构成了"保护带"；不准放弃或修改研究纲领的硬核的原则——反面启发法；丰富、完善和发展研究纲领的原则——正面启发法。这种理论结构的模型被比喻成原子结构模型。可以把"科学研究纲领"的硬核比喻为原子的内核，把保护带比喻为原子外围的电子层，把正反面启示法比喻为联结原子核与电子的斥力②。拉卡托斯的科学研究纲领方法论作为哲学方法论基础具有一定的普适性，引起了多个学科以及情报学界的广泛重视。国内有学者以该理论为指导提出了以情报用户为核心的情报学理论体系③，但与库恩的范式理论相同，情报学界认为拉卡托斯科学研究纲领方法论对于情报学哲学框架体系的建立和完善有很好的借鉴和启示，但不足以成为统领情报学本质的哲学基础，更多的则是方法论上影响了情报学的研究④。

夏佩尔的科学哲学思想是建立在批判逻辑实证主义与历史主义的理论基础上的，其科学哲学的核心是信息域理论，夏佩尔认为科学理论研究的不是孤立事实，而是由一个个相互联系的因素或项所构成的整体。信息域相当于现在的学科研究领域，情报学中的领域分析法的哲学基础，就是来自夏佩尔的信息域理论。

2. 信息哲学观点

信息哲学的创始人弗洛里迪认为信息哲学是一哲学领域，涉及两个方面：一方面是信息的本质研究及其基本原理，包括其动力学、利用和科学的批判性研究；另一方面是信息理论和计算机方法论对哲学问题的阐述和应用①。信息哲学的研究纲领主要有以下四个方面研究目标⑤：核心目标是寻求统一信息理论，其基本问题就是对信息本质进行反思，并对信息与存在、信息与意识、信息与知识、信息与实在、信息与意义等诸多关系进行研究，同时对信息的动力学和利用进行分析、

① 李亚琴, 钱厚斌, 杨月全. 我国情报学哲学基础研究进展[J]. 现代情报, 2012, 32(4): 34-38.
② 拉卡托斯 I. 科学研究纲领方法论[M]. 兰征, 译. 上海: 上海译文出版社, 2005: 55-62.
③ 靖继鹏, 李勇先. 试构造以用户为核心的情报学理论体系[J]. 情报业务研究, 1991, (4): 193-198.
④ 俞传正. 论科学哲学对情报学理论与方法的影响[J]. 情报杂志, 2005, (3): 11-13.
⑤ 陈忆金. 现代情报学的理论基础: 信息哲学[J]. 图书情报工作, 2005, (8): 55-58, 62.

解释和评价，重点关注在信息环境中引发的系统问题；创新目标，是为各种新老哲学问题提供信息理论的哲学方法，包括诸多哲学领域，如人的认知和语言能力，推理和计算过程研究，生命组织原则和代理生命，物理和概念体系建模的新方法研究，科学知识的方法论研究，伦理学问题，美学问题，信息社会以及在数字环境下人类行为的心理学、人类学和社会现象研究等；体系目标，是为上述创新目标的各个分支提炼出理论分析框架，利用信息的概念、方法、工具和技术来对传统和新的问题进行建模、阐释和提供解决方案；方法论目标是以创新为基础，对信息与计算科学和信息与通信技术及其相关学科中的概念、方法和理论进行系统梳理，为其提供元理论的分析框架。

情报学一直在寻找自身的理论基础，如波普尔"三个世界"理论。但是这些理论基础并没有能够很好地推动情报学发展。随着信息哲学的提出，学术界认为，情报学就是一门应用信息哲学，并得出信息哲学能够作为情报学的理论基础的结论[①]。有学者将该结论归纳为三个方面：首先是共同的研究对象和范畴。信息哲学研究信息本质及其基本原理，这同时也是情报学关注的对象和焦点。研究对象上的一致，使信息哲学能作为情报学本体论的基础。其次是信息哲学的方法论。信息动力学理论及其概念分析能为情报学提供坚实的理论基础和方法论指导。信息哲学的信息处理观和抽象水平能为情报学提供认识论基础和方法论指导。最后是信息哲学的伦理规范。信息和通信技术对当代社会文化造成了极大的影响，也引起了新的而且大都是始料不及的伦理学问题。信息哲学对信息伦理的研究为情报实践提供了道德伦理规范，信息哲学引导并规范着信息社会的思想观念、价值取向和行为准则。

3. 马克思主义哲学观点

马克思主义哲学是关于自然、社会和思维发展一般规律的一门哲学，其思想和观点与我国的哲学信仰和文化背景相一致，在我国情报学的诞生初期便被引入情报学哲学理论的研究之中。中国情报学界认为，马克思主义是科学的世界观和方法论的统一，对情报学领域的各项工作具有普遍的指导意义。不少情报学专家都提到了应该以马克思主义哲学作为情报学的哲学基础。马克思主义视角下的情报学哲学理论流派主要包括辩证唯物主义、毛泽东"矛盾论"和活动理论。王知津等[②]以三个哲学理论的起源和形成过程为主线进行关联分析，指出马克思主义是在批判地继承德国古典哲学、英国古典政治经济学、法国空想

① 曹文娟，赖茂生. 信息哲学研究综述[J]. 情报理论与实践，2004，(3)：331-333.
② 王知津，韩正彪，周鹏. 多视角下的当代情报学哲学理论观点分析[J]. 图书情报工作，2013，57(22)：49-59.

社会主义的基础上形成的，包括辩证唯物主义和历史唯物主义两个部分。毛泽东的"矛盾论"则是马克思主义中国化的产物，与马克思主义一脉相承，更加体现中国国情。活动理论起源于德国古典哲学，与马克思主义的起源有着相同之处，在吸收马克思辩证唯物主义的观点和融入心理学观点后逐步成熟起来，三者之所以能够对情报学研究进行指导，甚至可以作为情报学的哲学基础，核心的连接点在于马克思主义的"辩证唯物主义"，辩证唯物主义作为科学的哲学观在我国哲学界已经有所讨论。

马克思主义哲学对情报理论与研究的指导主要体现在以下几个方面。

（1）对立统一观点。严怡民等[①]指出，认识情报和情报现象的对立统一关系是使情报学基本概念和基本问题的分歧能够得到广泛理解和有效融合的基础。靖继鹏等[②]指出需要重视的对立统一关系包括：情报的普遍性和特殊性；情报的主观性和客观性；情报的可能性和现实性。对立统一关系对于理解情报学具体领域中的一些核心概念、问题等有着指导意义。

（2）可知论观点。可知论是指世界上一切存在之物都可以接受科学研究，都可以被人认识的世界观。在科学研究领域，情报研究本身就是一种行之有效的揭示规律的方法，在情报领域，没有说明是不可获得的。

（3）联系和发展观点。从普遍联系的角度来看，情报研究对象所涉及的内容通常是多因素、多角度、多层面的，情报研究的基本任务之一，就是要从大量搜集来的表面上看似不相关的散乱信息中发现其内在的本质的必然联系，透过现象看本质。

（4）能动性观点。辩证唯物主义认识论认为，认识是以主体的能动性为前提的，认识主体的能动性主要体现在目的性、主动性和创造性上。从目的性来看，情报活动目的是为不同层次、不同类别的社会团体或个人用户提供决策所需要的各种情报信息。从主动性来看，在情报研究过程中，研究对象的发展变化尽管有规律可循，但仍然需要情报研究人员积极、主动、大胆地揭示它。

（5）毛泽东"矛盾论"。有学者指出[③]，情报是发生在组织认知领域内的对抗活动。而对抗的基本特征是冲突。情报是人类的认知过程或认知内容作为对抗手段以解决矛盾冲突从而肯定自身价值的活动。毛泽东"矛盾论"指导我们运用"矛盾"视角看待情报本质。

① 严怡民，等. 现代情报学理论[M]. 武汉：武汉大学出版社，1996：38.
② 靖继鹏，马费成，张向先. 情报科学理论[M]. 北京：科学出版社，2009：161-162.
③ 赵冰峰. 论情报的逻辑[J]. 情报杂志，2010，29(5)：66-69.

4.1.4　情报学基本原理

原理是指从大量客观现象中抽象出来，反映客观世界规律，具有高度概括性的原则和思想。基本原理则是那些能反映出客观事物的某种根本规律性，带有普遍意义的原则和思想。杨建林[1]指出："基本原理"的内涵具有中国特色，英文表述方式没有明确的对应词组。"基本原理"术语与西方学术理论体系里的"元理论"术语和"范式"术语存在共性与差异，它既是"重要理论"，也是"常用理论"，但并不是所有"重要理论"与"常用理论"都可以作为"基本原理"。

情报学基本原理是用于揭示情报活动机理的基础性理论，它们在情报事业、情报业务和教育实践等方面发挥着解释与指导的作用。专家学者们根据实践经验对情报学领域中的基本原理进行研究和归纳，如付星魁[2]根据情报活动特点和规律，提出了情报科学的五种基本原理：动态适应原理、转化促生原理、情报智能化原理、不确定性原理、反馈原理。杨超[3]提出信息系统研究与开发需要遵循的六条基本原理：整体性、环境适应性、用户友好性、系统安全性、兼容性、信息资源的共享性。

在中国情报学界，王崇德先生、靖继鹏先生、马费成先生、梁战平先生等在情报学理论研究和情报工作实践方面有着丰富的成果和经验，比较熟悉与理解情报学的知识体系，他们所罗列的基本原理已在之前的理论研究与实践工作中发挥着重要的指导作用。

靖继鹏等主编的《情报科学理论》密切结合我国情报科学的发展现状，吸纳、整合了近年来情报科学理论方面的研究成果，系统阐述了情报科学的基本原理，该书归纳了以下六项基本原理——离散分布原理、有序性原理、相关性原理、易用性原理、小世界原理、对数透视原理，他们给出的情报学基本原理的看法与情报学界的普遍认知基本保持一致，他们的观点在情报学界得到普遍认同和沿用[4]。

1. 离散分布原理

情报的离散分布现象是全部情报活动的基石[5]。迄今对情报离散分布现象进行研究最负盛名的成果便是布拉德福定律。离散分布原理指出信息、知识和情报是以离散形式分布的，在离散分布基础上趋向集中。由于信息、知识和情报的离散

---

① 杨建林. 情报学基本原理的再认识[J]. 情报学报，2019，38(11)：1212-1221.

② 付星魁. 情报科学的基本原理[J]. 情报杂志，1993(4)：27-30，34-102.

③ 杨超. 试论信息系统的基本原理[J]. 情报科学，1999，(1)：97-99.

④ 靖继鹏，马费成，张向先. 情报科学理论[M]. 北京：科学出版社，2009.

⑤ 马费成. 科学情报的基本属性与情报学原理[J]. 图书馆论坛，2002，(5)：14-17，135.

分布是绝对的、复杂的，因此我们才需要研究如何用科学的方法获取情报密度最大的情报源，为用户情报需求提供最优服务。

信息、知识和情报的离散分布表现为其内容单元以不同的方式、从不同的角度分散于各种著作或不同形式的载体中。情报的离散分布具有复杂的机理，本质上是由知识体系自身的分化和综合决定的，与情报的生产、利用，情报的积累性、再生性、老化性以及创造者的独立性有密切的关系。因此布拉德福定律与具有共同渊源和机理描述科学生产率分布的洛特卡定律、词频分布的奇夫定律、文献增长老化的指数定律被公认为是情报学的基本定律。

2. 有序性原理

序是事物的基本结构形式[1]，是事物组成要素之间的相互联系以及这种联系在空间、时间结构中的表现，即空间结构中的排列组合、聚集状态、立体结构、结构层次及事物发展演化的时间序列。

情报结构无论是以自然系统存在还是以人工系统存在都具有某种"序性"。研究和揭示这种"序性"，是设计最优情报系统、提供最优情报服务的基础。人类情报现象的有序性同样是普遍存在的规律。首先，人类情报过程包括情报生产、情报交流、情报获取、情报加工、情报储存、情报检索、情报吸收、情报利用的不同环节及整个有序的过程；其次，人类生产的知识、信息和情报无论是以自然系统存在还是以人工系统存在，都具有某种序性结构；最后，在信息链的构成和演化上，事实、数据、信息、知识、情报（智能）是按照一定的序进入信息链上不同节点的，处于低端的节点向高端节点演化也是按照某种序来实现的。

情报结构的有序不仅是情报科学的基本原理，也是情报工作和信息服务追求的基本目标，因此，情报科学的基本任务就是要研究这种"序"的规律，揭示这种"序"的表现，按照这种"序"来标引和组织知识信息，建立高效的情报结构。情报的有序性结构既来自情报创造过程的机理，也来自知识体系自身的自组织功能。前者是主观知识结构的有序过程，后者是客观知识系统的有序结构。有序性原理主要包括布鲁克斯方程和耗散结构理论[2]。

3. 相关性原理

情报学自产生至 20 世纪 90 年代末期，孕育了三个重要的思想：信息检索、相关性和交互性。相关性直接面向人类信息需求与评价过程，人际交流和反馈过

---

① 马费成. 导言：情报学中的序[J]. 图书情报知识，2008，(3)：5-7.
② 杨建林. 情报学基本原理的再认识[J]. 情报学报，2019，38(11)：1212-1221.

程通过相关性来支配。在系统论视角下，相关性原理则是揭示系统各要素之间以及系统与外部环境的关系的原理，指系统中要素与要素、要素与系统以及系统与环境之间的各种相互联系①。相关性原理是情报学中最重要、最核心的思想，一切数据、文献、信息、情报和知识管理活动都围绕这一原理展开②。

任何一种情报结构都是按一定规则相互关联的。研究和揭示情报相互关联的规律和规则，是有效组织和检索信息、知识、情报的基础。我们对情报科学相关性的理解可以从以下几个角度来展开。

首先，作为客体的信息（或情报）之间有着极强的相关性，这使得对信息和情报的组织成为必要和可能。各种情报标引语言、分类、主题等组织方法，无论是语词的还是符号的，都是表达一系列概括情报内容的概念及其相互关系，都是基于情报的相关性采用概念逻辑来组织和存储情报。相关性正式揭示出了这种逻辑关联的属性，并为实现更深层次的知识组织提供原理。其次，信息检索过程是基于用户检索提问与所查询信息之间的相关度匹配而进行。在具体的检索过程中所运用到的模型和方法，如布尔逻辑模型、概率检索模型、向量空间检索模型等，都体现出显著的相关性理论，相关性也由此成为信息检索的重要特性之一。最后，情报的吸收和利用密切地依赖于背景知识，因而这一过程实际上是背景知识与情报的匹配，也就是相关程度的衡量。相似程度越高，用户所获情报量越大。在布鲁克斯方程式 $K[S]+\Delta I=K[S+\Delta S]$ 中，用户所获得的新情报 ΔI 须经过与原先背景知识结构 $K[S]$ 的相关匹配之后，才能叠加产生 ΔS，情报的吸收恰恰是 $K[S]$ 与 ΔI 的相关性匹配结果。

人类情报行为与过程贯穿着相关性定理的体现与应用，相当多的情报单元操作或综合作业都是依据相关性原理来展开。相关性原理在大数据环境下的情报研究中有着重要的应用价值，大数据分析比传统的数据分析更加注重相关性分析，一方面，由于大数据具有数据规模体量大、多源异构等特点，进行简单直接的相关性分析比复杂的因果分析有更高的计算效率；另一方面，通过对大数据的相关性分析，可以直接发现一些有用的关联关系，如购物篮中同被购买商品，发现这样的现象足以提高经济效益，没必要非得弄清楚同被购买的原因③。

4. 易用性原理

人类交流、获取和利用信息、知识、情报总是趋向简洁、方便、易用、省力。

① 胡玉宁，胡观伟. 多源主题融合的科学知识结构模型构建与实证研究[J]. 情报理论与实践，2019，42(7)：100-105.
② 文庭孝，刘晓英，刘进军. 知识关联的理论基础研究[J]. 图书馆，2010，(4)：9-11.
③ 化柏林，李广建. 大数据环境下多源信息融合的理论与应用探讨[J]. 图书情报工作，2015，59(16)：5-10.

研究和揭示人类情报行为追求易用与省力的特征、规律可以使情报获取和情报服务的成本最小、效益最大。情报工作本质上是以人为本的工作，情报学中的易用性也指信息资源和信息服务是否易见、易学、易用，易用性是决定情报用户是否利用某种情报服务的最重要的因素之一[①]。

对易用性与省力原则的研究最早集中于人类信息交流的基本工具——语言领域，美国哈佛大学语言学教授 G. K.齐夫，他在前人研究基础上，收集了大量资料并通过实验观察，发现自然语言的词汇的使用服从一个简单的定律，他称这一定律为"最小努力原则"。按齐夫的说法，当我们用语言表达思想时，一方面希望尽量简短，另一方面又希望尽量详尽。齐夫通过对较长文章中的词进行统计，也同样得到了 $fr=c$，其中，f 表示频次，r 表示词的等级序号。研究证实，齐夫定律不仅适用于自然语言，还适用于人工语言示词在文章中出现的频次，因而又被应用于情报的组织、储存和检索领域。齐夫定律这一法则的一般意义也被逐步挖掘，如在文献中心资料库排架设置场景中，资料出纳员最短路径问题等。现代运筹学的介入使得齐夫描述的省力法则，从经验观察统计上升到严密的科学抽象。

对情报易用性原则另一个经典的描述就是摩尔斯（Mooers）定律。该定律指出，"一个情报检索系统，如果用户从它取得情报比不取得情报更伤脑筋和麻烦的话，这个系统就不会得到利用"。用户对情报的选择几乎都是建立在易于存取、易于利用基础之上的，最便于存取的情报源先被选用，对质量的要求则是第二位的。

易用性理论从心理学和经济学的角度来理解，是人类发展中形成的一个固有的思考问题的模式，它的应用非常广泛，情报学中的易用性更是体现了情报用户获取信息资源时的心理特征，由于情报学学科的基本任务和最终目标与用户密切相关，易用性在情报学中的地位就显而易见了[①]。

5. 小世界原理

情报学的小世界原理，也称六度空间理论，是指无论世界如何大、人口如何多，联系多么困难，人际情报交流与传递总是能实现的。小世界原理在网络服务创新中得到了广泛的应用[②]。研究和揭示人类信息联系与交流得以实现的途径及其特征、规律是建立最佳信息、知识和情报网络的基础，与小世界原理密切相关的概念包括：小世界现象、小世界网络、小世界模型。

---

① 邱均平，叶晓峰. 情报学中的易用性原理初探[J]. 情报探索，2007，(9)：3-5.
② 刘静，姚伟，冯敏. 情报学中的若干基础理论在创新中的应用研究[J]. 情报科学，2012，30(4)：492-496.

　　小世界现象是指人与人之间的联系可以通过有限数量个体连通，即你和任何一个陌生人之间所间隔的人不会超过六个，这表达了一个重要概念：任何两个素不相识的人之间，通过一定的联系方式，总能够产生必然联系或关系。小世界网络简单地说就是存在小世界现象的网络，人际关系等都存在小世界现象，而人际关系本来就存在一个网络，可以用小世界理论研究人际关系网络。小世界模型则是数学家和物理学家对小世界的抽象描述，逐步发展成为图论的一个新兴分支学科和复杂网络理论中的一个领域。

　　小世界原理在情报科学和整个信息管理领域具有广阔的应用空间，如形成网络思维方式、促进信息传播和交流、提高信息搜索的精确度、优化网络信息服务等①。小世界原理更是情报相关性的具体表现，广泛存在于信息生产、信息系统、信息获取、信息传递和信息利用过程及信息对象的分布特征中。如果我们以知识体系、信息载体、信息系统、情报结构或用户群体中的独立元素为节点，都可以通过有限的路径将它们联系或整合到可识别和交流的范围。传统的引文分布、引文系统早已证实了情报利用中的小世界现象。互联网上各类网站、网页之间的有效链接更展现了任何一种信息载体和信息传递方式都可以构成小世界网络的强大功能。这说明小世界现象作为情报科学基本原理具有普遍意义和广泛应用性。

6. 对数透视原理

　　人类获取和接收信息、知识和情报的认知过程遵循对数转换机制。这一原理实际上是普遍存在的人类感官系统对外界物理刺激的反应机制，它描述物理空间的对象特征与其在人的感觉系统中的影响之间的差异符合对数转换率。布鲁克斯在研究人的信息获取和吸收过程中，引入对数转换率，并进行了大胆拓展，称之为"对数透视原理"。布鲁克斯将波普尔"三个世界"理论看成图书馆学、情报学的哲学基础，认为波普尔的理论为图书馆学、情报学的专业领域提供了理论根据。在波普尔的理论框架下，世界1物理空间与世界2和世界3充满知识和情报的认识空间存在一定的关系，后者是前者在一定条件下的变形，而这个转化的规则就是对数定律，这也是布鲁克斯情报科学定量的基本思想。

　　研究这一转换机制可以揭示物理空间的信息与进入认识空间中的信息、知识和情报之间，信息载体和信息内容之间在数量和特征上的差异，为情报、情报学的定量化提供理论、方法和途径②。

① 马费成. 论情报学的基本原理及理论体系构建[J]. 情报学报，2007，26(1)：3-13.
② 杨建林. 情报学基本原理的再认识[J]. 情报学报，2019，38(11)：1212-1221.

4.2 情报学研究方法体系

研究方法是促进学科发展的重要推动力，在科学研究过程中发挥着举足轻重的作用。对于情报学这一相对较新的领域，研究方法的重要性不言而喻。学者通过"研究方法体系构建研究""研究方法使用情况调查研究"两种手段对研究方法世界进行揭示①。从形式上看"研究方法"是单数，"研究方法体系"是复数，"体系"是指为达到预期特定目标而由一组相互联系、相互作用、相互制约的要素构成的一个有机整体。"研究方法体系"并非"研究方法"的简单相加或平面堆砌，而是一个以"研究方法"为直接素材、富有立体质感、层次分明、相互融会的结构性系统。学者经由不同的视角、逻辑起点、思维程序，对特定学科领域范围内各种既相互独立又彼此紧密联系的方法，按照一定秩序构建成有机统一整体。构建切合情报学实际情况，既广度概括各种研究方法又深度梳理归纳研究方法间关系，同时结构科学、组织合理、功能强大的研究方法体系一直以来都是情报学学界孜孜不倦的追求目标。这不仅是情报人对知识"序化、转化、融合"②源于心、践于行的情报本能，更是当前情报学学科相对独立、逐渐步入成熟之际，学科本身理论与方法建设的迫切需要③。

20 世纪 80 年代以来，我国情报学界兴起了关于情报学方法论体系的讨论，情报学界坚信一个适合中国特色和情报特点的情报学研究方法论是可以建立和完善的，王崇德揭开了我国情报学方法体系构建研究的序幕。随后 1986—1988 年，情报学方法体系构建研究迎来了历史高峰期④。近四十多年栉风沐雨，情报学逐渐发展起多种各具特色的方法体系构建学说，依据体系构建研究的构建视角、逻辑起点、思维程序、对核心问题持有观点等的差异，现有成果大体可分为六种学说："层次说""流程说""二分说""功能说""对象说""时代说"。从质的角度来讲，"研究方法体系构建"也是对研究方法相关实体的术语知识展开知识组织的过程，不同学说之间并不矛盾，而是互补为用、兼容一致的关系，不同学说反映了研究者在不同历史时期对情报学发展倾注了不同关切。

近十年逐渐兴起的"研究方法使用情况调查研究"，则是采用内容分析法或

① 李博闻，章成志. 我国情报学研究方法体系构建研究的转向突破[J]. 情报理论与实践, 2020, 43(6): 37-43.
② 化柏林. 情报学三动论探析：序化论、转化论与融合论[J]. 情报理论与实践, 2009, 32(11): 21-24, 41.
③ 王崇德. 情报学研究方法概论[J]. 情报科学, 1985, (6): 1-7.
④ 汤利光，黎海明. 近十年我国图书馆学情报学方法论研究述评[J]. 益阳师专学报, 1996, (4): 127-128.

计算机辅助方法对特定范围内的样本学术文献所使用方法进行编码，以研究方法为计量元素，对研究方法使用分布情况、数量关系等进行统计描述，并运用文献计量学方法探究学术界在研究方法使用上的某些特征、规律或者结构。与研究方法体系构建研究殊途同归，是解释研究方法世界的不同路径，前者是学者在全局视角下对研究方法世界全貌、研究方法间内在关系展开的定性表述，后者则是学者对有限视域的定量测度。

本章首先回顾若干经典情报学方法体系学说，并结合历史背景阐述学说成因。随后补充本书作者观察到的体系研究新动向，并从计量视角阐述情报学方法使用的新态势。

4.2.1 "层次说"体系

国内情报学理论研究发端于 20 世纪 80 年代的"科学春天"，萌芽期的情报学方法体系构建研究在发展伊始自然延续"经典社会科学层次说"构建思想，学者王崇德以"层次说"视角揭开了我国情报学方法体系构建研究的序幕，学者王秀成、邹志仁、刘植惠、夏薇、王秀梅、符福峘、许儒红、周瑛等分别在不同历史时期构建或完善过"层次说"方法体系。

1985 年王崇德的"层次说"与 2020 年周瑛的"层次说"分别如图 4-3、图 4-4 所示。由图 4-3 和图 4-4 可知，"层次说"依据方法的适用范围将用于情报学科学研究的方法分为：哲学方法、一般方法、特殊方法（或专门方法）。其中，位于情报学研究方法体系最高层次的是哲学方法，是适用于自然科学、社会科学和思维科学的最普遍的方法，它概括和阐述人类认识的最一般规律，为一切认识活动提供最根本的指导原则[①]。一般方法是适用于自然科学和社会科学的研究方法，它在哲学方法之后，称为第二个层次，它所反映的是带有共性和规律性的东西。特殊方法是指仅针对情报研究或最开始应用于情报研究后来向其他领域研究发展的具体方法，位于情报研究方法体系的最低层次[②]。

1. 哲学方法

从宏观上来说，哲学方法是一切科学的最普遍的方法。哲学方法在情报科学研究过程中作为最一般的理论工具发挥着方法论的指导作用，如在处理情报领域

---

① 王秀成，玄兆国. 情报活动的基本规律及情报学方法论体系[J]. 情报科学，1987，(3): 1-8, 95.
② 曹树金，邓小昭，傅文奇，等. 学术共同体共谋：特邀学者笔谈[J]. 图书情报知识，2020，(5): 138-169.

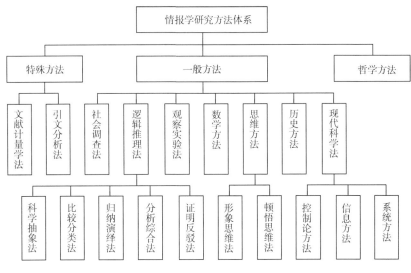

图 4-3　1985 年王崇德的"层次说"研究方法体系

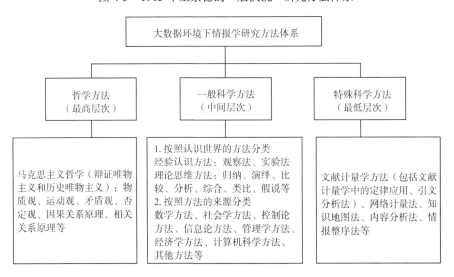

图 4-4　2020 年周瑛的"层次说"研究方法体系

中的认识与实践的关系、感性认识和理性认识的关系、部分与整体的关系、形式与内容的关系等方面。王秀成和玄兆国①指出,情报学作为一门新兴的综合性学科,还非常年轻,理论边界和研究范围都还未最后确定,理论体系大厦还未最后建成,

---

① 王秀成,玄兆国. 情报活动的基本规律及情报学方法论体系[J]. 情报科学,1987,(3): 1-8,95.

因此哲学理论的指导是必不可少的。

一般来说,哲学方法本身并不包括在某一学科的具体内容之中,因为它是以另一种特殊形式的社会意识——哲学为研究对象的。对于具体的学科来说,哲学方法所引以为对象的并不是这些学科本身的具体内容,王崇德[①]指出:情报学并不然,情报作为一个普遍存在的社会现象,其属性之一就是知识性,所以研究情报的属性,恰恰就是哲学命题。王崇德主张在情报学中,哲学方法的运用不仅是启迪人们的认识方法,而且直接回答具体问题。

哲学方法具体是指马克思主义哲学,情报学方法体系是在马克思主义哲学原理指导下的方法论体系[②],马克思主义哲学包括从世界观、认识论、方法论的角度,为考察研究情报分析方法提供正确、可靠的具有普遍意义的指导,对于揭示方法内的矛盾、关系规律、内在机制的原理、方法的认识都具有普遍的指导意义[③]。具体则是辩证唯物主义和历史唯物主义方法,尤其是辩证唯物主义方法在情报学理论建设中得到广泛应用。例如,对社会情报现象和情报流动特点与规律的观察、分析和研究发挥了重大作用;对信息资源合理布局与开发利用的研究,尤其对情报学基础理论体系结构等领域的研究都有效地采用了哲学方法[④]。就哲学方法具体所指的问题,学者金胜勇和王彦芝[⑤]持有另一观点:哲学方法并不是一种具体的方法,而是从哲学的高度对图书情报学具体研究方法所做的一种关照,它必须也必然要通过一般方法和专门方法来体现其方法论价值。对图书情报学研究起重要指导意义的是科学哲学,图书情报学研究者世界观和方法论都发乎于某一种科学哲学,并潜移默化影响情报学研究活动。

2. 一般方法

一般科学研究方法是将各个学科研究方法的共性抽取出来而形成的具体的泛化方法,具有横断性和综合性特征[⑥],适用于多门科学研究,即从其他研究领域引入情报研究的方法,对情报研究这个主体来说是一般科学研究方法。根据学者刘思洋[⑦]对2014—2017年《情报学报》论文的调查统计,使用频率较高的一般研究方法包括:实验法、描述统计法、调查研究法、知识图谱分析法、聚类分析法、社会网络法、词频分析法、层次分析法等。

① 王崇德. 情报学研究方法概论[J]. 情报科学, 1985, (6): 1-7.
② 曹树金, 邓小昭, 傅文奇, 等. 学术共同体共谋: 特邀学者笔谈[J]. 图书情报知识, 2020, (5): 138-169.
③ 王秀梅. 试论情报分析研究方法的体系建设[J]. 情报理论与实践, 1998, (5): 3-5.
④ 符福峘, 陆婷. 论情报学方法论体系的构建、发展和应用[J]. 情报理论与实践, 2007, (2): 149-153.
⑤ 金胜勇, 王彦芝. 图书情报学研究方法概念体系概说[J]. 图书与情报, 2013, (4): 39-43, 144.
⑥ 刘植惠. 情报学研究方法论探索[J]. 情报学报, 1990, 9(4): 283-289.
⑦ 刘思洋. 情报学研究方法、工具的多样性及其评价: 以《情报学报》为例[J]. 情报探索, 2018, (9): 130-134.

随着社会的发展，研究方法也随着认识对象、认识内容的拓展而拓展，情报学也不例外。近年来大数据技术的飞速发展，为情报研究的理论和实践带来了机遇和挑战。这种挑战表现在大数据作为新的研究对象，传统的研究方法已经无法对这个新的研究现象进行研究，无法处理大数据这个新的数据资源，面对海量的异源异构数据，必须使用新的大数据技术来研究大数据。大数据技术主要指以统计分析、机器学习、深度学习等为代表的传统和新型数据分析，这些研究方法应归入一般研究方法的计算机科学研究方法中。唐明伟等[①]对大数据环境下情报学方法与技术体系进行了特点、方法和应用过程的研究，并根据研究范畴对研究方法和应用技术进行了归纳，如对于金融产品实时预测任务而言，研究方法包括：深度学习方法、回归分析方法、实践序列预测法。应用技术则包括：Ntsyspc、SPSS、SAS、Minitab、Gauss 等成熟统计软件，R 语言、Python、Hadoop/MapReduce、Spark 等大数据技术，TensorFlow、Caffe、Torch、Keras、MXNet、CNTK、Theano 等深度学习开发框架。这些内容将在 4.3 节进行归纳和探讨。

3. 专门方法

专门方法也称专有方法、特殊方法、特征方法或核心方法等。关于情报学专门方法的讨论，在很长一段时期都是情报学界研究的重要话题。在情报学是否存在专门方法问题上，多数学者持有肯定观点。学者主张专门方法不仅是推进该学科发展的工具[②]，同时可以发现本学科特殊规律性[③]，专门方法的存在更是一门学科独立的前提，也是一门学科成熟的标志[④]。正如有学者指出：考古学独特的专门方法类型法、层位法被考古学界称为"考古学的两把尺子"[⑤]。而田野调查法是人类学学科自我界定和合法化的"商标"，也是成为人类学家成熟职业身份的"成年礼"。那么情报学作为一门公认的独立学科则必然有着自己的专门方法。

在情报学专门方法的判定标准方面，一种观点认为专门方法是本学科独自具有的，必须体现本学科的特殊规律性，是其他学科所不具备的研究方法；另一种观点认为专门方法是长期的科学实践中创造并使其逐渐完善起来，本学科领域中广泛地、经常地应用的方法，强调可以吸收移植其他学科方法，同时强调它在领

① 唐明伟，蒋勋，徐臻元，等. 大数据环境下情报学方法与技术体系构建[J]. 情报科学，2020，38(5)：106-111.
② 王子舟，刘君，周亚. 方法根植于精神与素养：图书馆学研究方法问题三人谈[J]. 图书馆，2014，(4)：1-7.
③ 李德升. 情报学特殊研究方法对学科建设的意义[J]. 图书情报论坛，2000，(2)：10-12.
④ 潘乔乔，邓小昭，刘丽. 关于情报学专门研究方法的思考[J]. 图书情报工作，2006，(6)：55-57，65.
⑤ 张忠培. 中国考古学：走近历史真实之道[M]. 北京：科学出版社，1999：214.

域中的应用频次和解决问题的特殊性，当其应用频次和特殊性能达到学者们所认定的范围内则可认为是领域内的专门方法。

　　情报学历史上，学者提出各自关于"情报学专门方法有哪些"的见解：1985年，王崇德①提出文献计量学方法、引文分析法；1987年，王秀成和玄兆国②提出文献计量学方法、引文分析法、数据库技术与方法、密码方法、密写方法；1990年，刘植惠③提出空白点分析法、等级排序法、引文相关法、聚类映像法、知识基因法；1990年，邹志仁④提出文献计量学方法、引文分析法；1995年，靳娟娟⑤提出文献计量学方法、引文分析法、空白点分析法、等级排序法、引文相关法、聚类映像法、知识基因法；1996年，夏薇⑥提出文献计量学方法、引证分析法、文献信息处理；1997年，郗沐平⑦提出文献内容分析法、文献计量法、引文分析法；2000年，李德升⑧提出文献计量法、引文分析法；2004年，廖静⑨提出文献计量学方法、引文分析法；2006年，潘幼乔等⑩提出文献计量学方法、引文分析法、非交互文献的知识发现法；2006年，张寒生⑪提出文献计量学方法、引文分析方法；2007年，王庆稳⑫提出文献计量学方法、引文分析方法；2009年，郑燕平和尹达⑬提出文献计量学方法、引文分析方法；2011年，刘伟和王传清⑭提出文献计量学方法、引文分析方法；2020年，周瑛提出文献计量学方法、网络计量法、知识地图法、内容分析法、情报整序法⑮。

　　本书认为："层次说"关键在于"专门方法"的设置，而贯穿"专门方法"的则是情报学的学科独立性问题。"专门方法"对于一门学科而言，如同植物学语境中种皮与种子间的关系。作为种子发育的初生保护组织，在果实成熟过程中，种皮难免萎缩解体。

　　后学通常认为图书馆领域的乔好勤先生首先将"专门方法"这一概念引入图

① 王崇德. 情报学研究方法概论[J]. 情报科学, 1985, (6): 1-7.
② 王秀成, 玄兆国. 情报活动的基本规律及情报学方法论体系[J]. 情报科学, 1987, (3): 1-8, 95.
③ 刘植惠. 情报学研究方法论探索[J]. 情报学报, 1990, 9(4): 283-289.
④ 邹志仁. 论情报研究方法体系[J]. 江苏图书馆学报, 1990, (2): 18-23.
⑤ 靳娟娟. 情报学方法论研究[J]. 情报杂志, 1995, (3): 27-30.
⑥ 夏薇. 图书馆学情报学方法论的研究与剖析[J]. 情报杂志, 1996, (3): 17-18.
⑦ 郗沐平. 浅论图书馆学、情报学研究方法论体系[J]. 津图学刊, 1997, (2): 22-26.
⑧ 李德升. 情报学特殊研究方法对学科建设的意义[J]. 图书情报论坛, 2000, (2): 10-12.
⑨ 廖静. 对图书馆学情报学专门方法的两点思考[J]. 四川图书馆学报, 2004, (1): 5-7.
⑩ 潘幼乔, 邓小昭, 刘丽. 关于情报学专门研究方法的思考[J]. 图书情报工作, 2006, (6): 55-57, 65.
⑪ 张寒生. 当代图书情报学方法论研究[M]. 合肥: 合肥工业大学出版社, 2006: 88-92.
⑫ 王庆稳. 图书情报学专门研究方法的比较与分析[J]. 图书馆学研究, 2007, 203(12): 2-4.
⑬ 郑燕平, 尹达. 情报学专门方法判定标准辨析[J]. 情报探索, 2009, 138(4): 17-18.
⑭ 刘伟, 王传清. 21世纪我国图书情报学方法论研究综述[J]. 图书馆, 2011, 222(3): 68-73.
⑮ 学术共同体共谋: 特邀学者笔谈[J]. 图书情报知识, 2020, 197(5): 138-169.

书情报领域①。在乔好勤先生的论文中，专门方法是"一般方法论的具体化，是一般科学方法与领域研究者、研究对象、具体研究过程结合起来"，在文中本意是为随后"移植方法"相关论述铺陈，并未建立与学科独立性的联系。事实上，完成"专门方法–学科独立地位"紧密联结这一思想转换的关键人群是情报学方法论研究的先行者。在科学春天里，"预测学、行政学、未来学"等立学成风、学科门类和学科目录又尚未清晰确立，对于任何新生学科都相对"危机"的大背景是先行者催动这场思想转换的原动力。情报学"与其他多门学科具有积极接触点的学科特异性"（当下语境中的"交叉学科属性"或"横断学科属性"）与生俱来，情报学人从学科诞生起就不断关心方法论问题。情报学方法论研究的先行者通过"专门方法"这一话题设置凝聚学术共同体、区别其他学科领域，进而推动情报学的学科独立。一方面，为了适应他们的主张，先行者不断对外部思想资源加以理性诠释（如恩格斯"自己的科学形式"论述等），层垒的诠释不断强化"专门方法–学科独立地位"之间的共通性；另一方面，专门方法问题研究成为凝聚学术共同体的一项关键措施，在先行者主导下，学术共同体成员投身专门方法的归纳、移植和改造（有一些也被批评"生造"），但这些学术活动成为增强学术共同体认同感的重要载体。

随着文献计量学方法、引文分析法的成功，学术界逐渐意识到：尽管两方法建立在数理统计学基础上，但两者遵循学科的规律性和规范性，能够体现学科特色、体现学科价值和学科属性，对学科发展起支撑作用②，算得上专门方法③，外部方法与本学科相结合并衍生出专门方法④这条途径是行之有效的。随后，CSSCI为代表的一系列学术公共品，在贴近学科实质和专业特色、反映学科规定性的同时，更是将学科声誉传遍整个学术界。2010 年后，由于情报学学科地位已然稳固，为学科赢得斐然声誉的"商标"是一种学术公共品并非一种具体研究方法，当时被寄予厚望的"非相关知识发现方法"没有取得预想突破，"专门方法"相关题材逐渐失去生命力，最终有学者提议"为减少误解，便于沟通……最好把'专门'二字也去掉"⑤。

"层次说"和"专门方法"的兴衰离不开它所处的特殊历史背景。专门方法问题与学科独立性问题间联结根植于特定历史情境，包含了方法论先行者对"一门成熟学科"的深厚期盼。专门方法问题具有一定学术性，但主要功能却体现在

① 王乐. 我国图书馆学专门方法研究述评[J]. 图书馆学刊, 1997, (5): 1-4, 6.
② 隋亥华, 纪晓平. 图书情报学特殊研究方法刍议[J]. 情报资料工作, 2010, (1): 39-41.
③ 王秀成, 玄兆国. 情报活动的基本规律及情报学方法论体系[J]. 情报科学, 1987, (3): 1-8, 95.
④ 罗方, 刘宇, 王赟. 我国图书馆学方法论研究的现状及趋势[J]. 图书馆建设, 2006, (2): 19-20, 30.
⑤ 王子舟, 刘君, 周亚. 方法根植于精神与素养: 图书馆学研究方法问题三人谈[J]. 图书馆, 2014, (4): 1-7.

"学术政治"上。通过专门方法研究问题的设置，抽象化形态的学科独立性问题得以具象化，激活了处在"自在状态"中的学术共同体成员空前危机意识和兴学图存的使命感，也为大众探究提供切入点。专门方法问题一方面凝聚人们开拓出一条现实的学科独立道路；另一方面却始终无法克服其作为符号象征的身份预设，这一特征使得它在学科稳固和成熟后最终淡出历史舞台。

这在科学史上并不罕见，如机械论与活力论的争论。机械论否定生物学的科学地位，宣称生命机体仅是非常复杂的物理-化学系统，主张生命有机体的所有特征都是物理-化学特征，它们可以完全用物理学和化学概念的术语来描述，生命有机体行为的所有现象都能够用物理-化学的规律和理论来加以解释，机械论表达了一种从生物学到物理学和化学的可还原性论点。与此同时，新活力论则用一种物理-化学无法解释的新因素——"生长因素"或"活力"，来确证生物学的学科自主性（独立性）。因此活力论也被认为是"生物学的概念和原理的自主性论点"。专门方法本质上是一种新兴学科的自主性论点。

在中国，情报学作为一门学科已历经了半个多世纪的发展，情报学学科体系建立初期主要参照于当时的科技情报工作任务，研究内容也主要紧跟科技情报工作的需要。随着社会的发展、技术的进步、需求的变化，情报学研究内容与方向也在不断进行着重点转移，研究方法也是一样。今天，为了适应与利用包括云计算、物联网、大数据、人工智能和移动互联网等新技术环境，情报学正在思考和探索研究对象、研究范式和业务模式以匹配国家创新驱动发展战略和总体国家安全观等国家战略需求。研究问题决定人们所选用的研究方法，因此，情报学不应局限于某种特定"专门方法"，而应该聚焦如何打造一批具有学科品牌的精品示范情报工程（如 CSSCI），能够切实成为其他学科研究与发展的指路人，以及其他学科处理与其相关的社会问题的智库。

4.2.2 "流程说"体系

情报服务（在不同历史背景下也称为情报调研、情报工作或情报研究）是一类科学劳动的集合。研究的任务和类型不同，方法就不尽相同，而且方法论本身还会随环境和手段的发展而发展，但情报研究的基本特征是对情报信息的选择和抽象[1]，具有明显的过程属性，因此学者将情报学研究的此操作特点与情报学方法体系建设结合起来[2]，根据情报实践阶段或实践特征，把不同的情报方法组织到一

---

① 包昌火. 方法论的建设对情报研究工作的重要意义[J]. 情报理论与实践, 1988, (2): 3-6.
② 杨锐. 关于情报学方法体系建设的思考[J]. 情报探索, 2008, (5): 126-128.

起形成方法体系[1]。情报学历史上，包昌火、缪其浩、王慧于 1988 年分别构建基于"流程说"的研究方法体系。由于情报实践活动具有明显过程属性，因此"流程说"具有强大的适应性并发展至今。杨锐依托信息视角，化柏林结合大数据背景分别在不同时期背景下对"流程说"进行修补。2020 年，李勤等[2]基于科研过程和数据（信息）生命周期理论的视角构建研究方法体系，从数据（信息）获取或收集、数据（信息）描述与组织、数据（信息）处理和分析的视角对研究方法进行归纳和分类，实际上其本质仍然是"流程说"。

大数据时代数据来源广泛、结构类型复杂、数据规模庞大，如何有效地获取、融合并进行关联分析、聚类分析、孤立点分析、模式分析、网络分析、演化分析等一系列分析，从中挖掘出有价值的情报，为战略决策提供全面准确、客观有力的支撑与参考服务，是大数据时代情报分析的重点，也是情报从业人员的关键能力所在。化柏林和李广建[1]从过程视角出发构建了面向情报流程的情报方法体系、化柏林"流程说"方法体系。

1. 情报需求定义方法集

本阶段需要通过对情报用户进行分析建模，以往通常用调查问卷或座谈会的方式进行调研掌握用户需求，大数据环境下则更多地采用定量方法分析用户需求与特点。通过分析机构发展历史、工作任务、机构研究报告、到访的领导、机构领导陪同上级领导出访调研情况、机构年报、招聘信息等分析出机构的战略布局、重大任务、核心竞争力、突出问题、重要决策需求，从而掌握该机构的情报需求。例如，用户画像技术在电子商务领域、公安情报领域中应用广泛并取得较好效果。在需求被识别并明确定义以后，就要根据任务类型与工作量组建情报队伍，根据情报的时效性要求制订情报计划，确定情报流程，构建指标体系，选择合适的研究方法，并选配科学、先进的技术工具。

2. 信息检索与数据采集

大数据环境下，除人工检索外，经常使用情报采集系统对新的信息与情报实时自动采集。情报采集系统可以在运行时不断地观察信息源的变化和更新，把新的或更新过的信息采集下来，并进行分类、标引等分析，主要涉及爬行范围的确定、爬行周期的选择、页面解析与内容过滤、信息标引与组织、信息推送与检索

---

① 化柏林，李广建. 面向情报流程的情报方法体系构建[J]. 情报学报，2016，35(2)：177-188.
② 李勤，刘桂锋，刘小文. 基于生命周期理论的图书情报学研究方法体系构建研究[J]. 图书馆学研究，2020，(15)：2-8.

等过程。收集到的数据需要对数据规模、时效性、相关度、信息来源是否权威可靠等进行评估，以确保信息能够满足情报需求。

3. 多源数据融合方法

多源数据融合主要涉及数据更新与同步、数据交换与共享、数据清洗与比对、数据记录滤重、字段映射与互补、数据记录互补、元数据统一描述、异构数据加权等多个方面。多源数据之间具有互补性，不同来源的数据从字段上或记录上具有互补性，对多源数据进行融合可以提高分析数据的完整性与覆盖度。多源数据融合的基础上可以开展一系列的专门分析方法，包括数据源的交叉印证、数据源时效分析的利用等。

4. 数据清洗与处理方法

在大数据环境下，数据规模庞大、增长迅速、类型繁多、结构各异已成为无法回避的现实问题，如何把复杂的大数据构建成干净、完备的数据，这一过程变得复杂而重要。数据清洗作为数据处理的基础一环，需要认真对待。多源数据在融合汇聚时会经常遇到数据不一致、数据遗漏等情况，为解决这些问题，需要建立完善的数据质量分析机制，对综合数据不断地进行数据校验、比对，完成不规范数据的清洗和过滤。数据清洗包括数据滤重、去除噪声、查漏补缺、重名区分、别名识别、数据降维等过程。

5. 信息分析与挖掘

信息分析方法包括计量分析方法、模式分析方法、关联分析方法、聚类分析方法、网络分析方法、演化分析方法、共现分析方法、异常分析方法等。其中，采用计量分析方法进行科技评价、技术预测等任务成为情报实践的重要内容。计量分析的对象主要包括论文、专利、科研项目、学术会议甚至科研活动本身的信息，计量分析的方法包括统计排序法、数量分布统计、增长分析、老化分析、生命周期分析等；相关性原理作为情报学的基本原理，为情报关联分析提供了扎实的理论基础，在此基础上，产生了很多关联分析方法。例如，关联规则挖掘方法、链接分析方法、非相关文献知识发现方法等。由于互联网给人们生活与工作带来了较大变化，人类的大多数社会活动都日益处于某种网络中，如社交网络、合作网络、引文网络、共词网络、知识网络、链接网络、人际竞争情报网络等。网络分析已成为情报学重要分析方法之一。网络的几何性质、网络的形成机制、网络演化的统计规律、网络上的模型性质、网络的结构稳定性、网络的演化动力学机制等问题，都是网络分析研究的重要内容。

演化分析以时间为轴可分为：梳理总结过去的情况需要借助时序分析、生命周期分析、老化分析等；检测当前动态需要借助突增分析、渐变分析；预测未来发展需要借助趋势外推、场景预测等方法。与演化分析相关的方法还包括时间序列分析、技术路线图方法、空白点分析方法、未来技术机会分析方法、关键节点分析等。

聚类分析方法常用于文献聚类、主题聚类、作者聚类、用户聚类等，通过聚类找出类内元素之间的共性，利用共性进行用户分群、领域细分等研究。

6. 情报提炼与发现

经过信息分析以后，需要对结果进行解释与解读，发现情报与目标问题的关联和规律、检测异常，并充分地利用这些信息，把信息转化为情报，提炼为指导决策的不同知识[1]。结果解读方法包括假设验证、规律总结与发现、异常检测与识别、错误证实与修正等。其中，异常分析包括离群分析、信号强弱突变分析、多种方法的结果对比分析等。善于发现异常并有效利用异常信息是反映情报人员信息敏感度的能力之一。

7. 情报报告撰写与传递

情报人员需要围绕情报任务与需求，广泛搜集各类信息、运用多种工具与方法进行内容分析，检测其中的新现象、新情况、新异常等，并根据蛛丝马迹发现其中的规律、本质、战略意图等，然后将这些内容"填充"到情报分析结果的模式中，或按预定的模式组织所发现的内容，形成情报分析报告。学者周湘智对"内参型"智库报告的撰写策略展开研究，共归纳27种"内参型"智库报告架构，并呈现相关智库报告撰写技术[2]。情报传递则是要把准确的情报在恰当的时间以合适的方式传递给正确的人。情报传递包括选择传递方式、抓住情报时效、情报价值反馈、情报失察分析等过程。

本书认为："流程说"与中国情报学脱胎于中国科技情报工作的历史背景有密切关系。中国情报学学科体系的建立初期主要参照于当时的科技情报工作任务，研究内容也主要紧跟科技情报工作的需要，随着社会的发展、技术的进步、需求的变化，情报学研究内容与方向也在不断进行着重点转移，因此在"文献"情报学、"信息"情报学、"网络信息"情报学等多个发展阶段相应诞生了不同版本"流程说"体系。与其说不同学者创新不同版本"流程说"方法体系，不如说我

---

① 陈祖琴, 蒋勋, 葛继科. 大数据环境下的情报流程研究[J]. 情报理论与实践, 2020, 43(12): 46-53.
② 周湘智. 论内参型智库报告的撰写策略[J]. 图书情报工作, 2019, 63(18): 70-77.

国情报学源于情报工作的客观事实塑造了"流程说"。因此"流程说"并非真正意义上的"研究方法"体系，而是围绕情报工作的"研究方法和技术、工作方法和技术"体系。"流程说"的意义正是在于时刻提醒中国情报学研究者：中国情报学起源于中国科技情报工作。在中华民族伟大复兴中国梦、强国梦践行时期，面对情报环境的变化、技术发展的推动，中国情报学在学科拓展中要不忘初心、牢记使命。

4.2.3　其他体系

作为一门应用型学科，情报学的发展始终与其所处的环境密切关联。情报学不仅受到大数据、人工智能等的技术环境影响，也受到包括实证主义、后现代多元主义等学术文化或社会思潮的冲击和激荡。情报学研究者通过与时俱进的方法体系创新，进而向情报学界传达学科发展的新动向和科学标准的新要求。

以"定性定量二分说"方法体系为例。在学科初创期，迫切追求学科成熟的情报学研究者们将数学、物理学等视为成功学科典范，恩格斯"一个学科成熟的标志，就是数学的介入"相关论述更是深入人心，这种推崇促使经典科学的定量科学范式向情报学思想领域和实践层面扩散，催生了基于定性定量视角的"二分说"方法体系，"定性定量二分说"旨在呼吁当时的人们不应过分倚重逻辑思辨方法或传统定性研究方法，定量方法作为一种"进步标准"，定性定量的均衡使用有助于情报学上升为一门精密科学。

"科学方法使用进步标准"（简称"进步标准"）是学术共同体成员在方法使用行为上的内在规范。"进步标准"借鉴科学哲学领域术语，趋近拉卡托斯对"正反面启发法"的规定，指由学术共同体成员一系列不约而同地旨在促使方法水平提升的提示或暗示构成。作为一种积极的鼓励规定，指示科学研究应当遵循或避免的方法使用规则，规定了方法使用的长期方针。"进步标准"作为方法论上层建筑，发挥着意识形态的社会功能，它统摄人们对方法的看待方式，驾驭着人们如何使用方法，是人们方法理想、方法使用行为的内在规范。

20 世纪 80 年代，一方面为了追求学科独立，谋求我国情报学的现代转型；另一方面是期望发挥科学研究方法"科学助产士"功能，改变学术界"方法缺失""科学精神空虚"现实状况，早期方法论研究先驱者们对当时落后的学术研究展开了措辞严厉的批判，在批判中做出思想开拓，引出方法使用方面启蒙式"进步呼吁"，随着学术精英不断介入，更多成果涌现，"进步呼吁"共识部分可以具体化和精致化为"进步标准"。"进步标准"成为理解和评价学术成果的标尺，并逐渐渗透到整个学术共同体。学术共同体成员则无法完全避免这种价值标尺的干扰，不得不以怀疑和批判的眼光审视自身学术研究，附和与顺应"进步标准"

的策略是融入学术共同体的关键。"进步标准"像一剂激活学术界方法水平的良药，唤醒学术共同体检讨、反思和更新方法论，促进方法思想跃迁和方法水平提升。"进步标准"随着时代发展而不断变化，不仅与科学技术环境、哲学思想等诸多外部因素相关，也包括了学术共同体对学科本质的认识和对学科功能的追求等。

"进步标准"作为一种内部规范时刻影响共同体内部学术活动，方法论研究者相较于普通研究者对方法问题具有较多经验认识和思考，能够积极拥抱世界发展潮流，捕捉并体悟进步标准。这种思想倾向则能够有意无意影响他们的学术研究，可通过研究成果反映。如图 4-5 所示，本书考察 2021 年以前我国情报学历史上出现的 78 种方法体系。

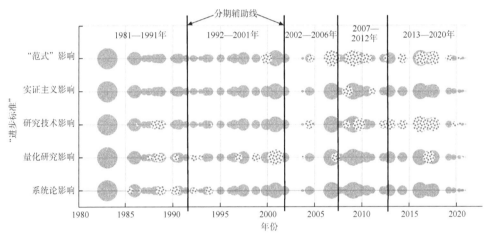

图 4-5　我国 78 种情报学方法体系分布

受到对应"进步标准"影响的体系成果标记为散点圆，未受影响则标记为实心圆

以"系统论方法"为例，在还原的历史现场语境中，系统论方法是"通过洞察系统各部分的有机联系，进而获得整体认识，进而把握本质"的"方法"（确切地说，"系统论方法"是一种理论型方法而非操作型方法）。因此在方法体系构建过程中，有学者[①]将系统科学方法设为三层次方法论体系的中间层次，介于哲学方法和具体方法之间，或者分别设为四分类体系中的"中介方法"和"中间学科方法论"[②③]。一些注重"综合分析"的专家[④]则直接将体系分为"单一辨别法"

① 周礼智. 浅议我国图书馆学研究方法的发展趋势[J]. 贵图学刊, 1992, (4): 7-9.

② 邹志仁. 论情报研究方法体系[J]. 江苏图书馆学报, 1990, (2): 18-23.

③ 赵爱国. 档案学研究方法论浅探[J]. 山东大学学报（哲学社会科学版）, 1989, (4): 110-113.

④ 贺克毅. 情报抽象分类和情报研究方法[J]. 情报科学, 1985, (3): 30-33, 16.

和"系统辨识法",甚至单列为方法体系的一级类目①。

4.2.4 体系构建研究的新趋势

语言是一种社会现象,词汇是语言中最敏感、最活跃部分,能清楚反映社会思想、活动的变化。时代潮流下,语言词汇不断演变发展,语义范围消长和语用功能转变一旦被人们接受、使用、接纳,观念发生变迁,则再难扭转。"研究方法体系"一词也不可避免地简化和泛化。本书通过对 78 种情报学方法体系构建"复杂度"的考察,得出的经验事实也印证了这种语言变迁现象。

如图 4-6 所示,当构建的方法体系仅采用一种构建逻辑形成"线"型体系时,"体系复杂度"最低,例如早期朴素的"流程说""层次说";当体系以一种构建逻辑为主,其他构建逻辑为辅时,则"体系复杂度"增加,如"层次说"中"一般方法"再按"流程说"细分;当体系构建时并重两种构建逻辑形成"面"型体系的,则"复杂度"较高,同时采纳三种构建逻辑形成"体"型体系,"复杂度"最高。本书以时序为横轴,方法(论)体系"复杂度"为纵轴进行构图,坐标点指代文献,坐标点大小表征被引。

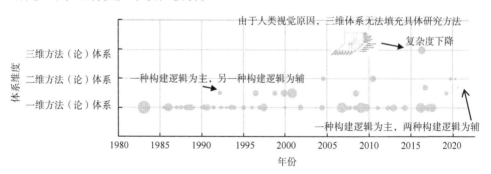

图 4-6　我国 78 种情报学方法体系"复杂度"考察

由于情报学固有的学科交叉属性(横断学科属性),在四十余年的发展过程中,外部研究思想、研究方法和技术等的海量引进极大充实情报学方法库,同时这也激发学术共同体成员不断更新方法体系。2020 年,一项基于深度学习的情报学理论及方法术语识别研究的结论显示:实验模型从我国情报学领域论文中抽取模型、理论、方法单一命名实体总计 10 093 种②。因此,在具体创作中,研究者

① 曾建勋. 论情报研究方法论体系[J]. 情报业务研究, 1989, (2): 117-119.

② 王昊, 邓三鸿, 苏新宁, 等. 基于深度学习的情报学理论及方法术语识别研究[J]. 情报学报, 2020, 39(8): 817-828.

不得不逐步借助更具复杂度的构建策略，由于人类视觉局限，高维度体系难以被人们清楚认知和有效利用，随后的方法体系则采用简化策略，以"伪体系"面貌呈现，"伪体系"近似计算机科学中"伪代码"理念，一种非正式的、不拘泥具体实现、读者领会作者观点为首要目标，以"方法类型"取代"具体方法"为建构基本要素的准"研究方法体系"。

另一个趋势则是"方法体系"的语用泛化。由于方法体系既广度概括各种研究方法又深度梳理归纳研究方法间关系，具有方法知识传授和领域成熟象征的双重功能，在情报学相对成熟的领域板块，或为推进该领域知识形成分支学科范式与话语系统，或深化后续研究和推动理论框架进一步完善，越来越多的研究者构建"问题域方法体系"，如预警情报分析方法体系、产业技术情报分析方法体系、专利情报分析方法体系等。

外部新思想、新方法、新技术的涌入是"方法体系"构建简化、语用泛化的总源头。外部资源促进了情报学的方法繁盛局面，但同时也冲击了方法观念。为了聚焦研究、减少方法技术知识在组织传播上的阻力，研究者自觉或不自觉地打破传统思想限制和术语语用界限的窠臼，无意识中突出了方法体系构建研究在方法论范畴中的特殊地位。在这一过程中，"简化"则有效克服学科体系构建上的技术阻力；"问题域体系"更灵活地为后续研究提供参照并为范式形成奠基。这反映了情报学学术共同体在学术文化上的适应性，也折射出人们反对一味因循守旧、抱残守缺的实用主义治学特征。

4.2.5　研究方法的使用情况调查

以量化手段揭示方法世界的"研究方法使用调查"，诞生之初就展现出强劲生命力。早期研究受制于样本规模、编码手段等揭示力有限，但在当下学术资源开放、先进技术手段日趋成熟背景下迸发出鲜活生命力。

如图 4-7 所示，本书对图书情报、情报学视域的方法论研究论文初步划分为六大类：学科方法论综述、学科方法体系构建研究、研究方法使用调查、方法移植问题专论、专门方法专论、其他。图中以文献类型为纵轴、时序为横轴；坐标点表示文献；圆点面积反映文献被引次数多少，零被引文献填充为被引一次。

图 4-7 中显示自 20 世纪 80 年代以来，对学术文献所使用研究方法开展量化研究，不仅是情报学者的自觉行为，也是一种优良的学术传统。情报学领域内，这类研究始于 1987 年周晓英[①]对《情报学报》等三种刊物所刊载文献的抽样调查。

---

① 周晓英. 情报学方法及其对情报学理论体系的影响[J]. 情报学报，1987，6(6)：451-457.

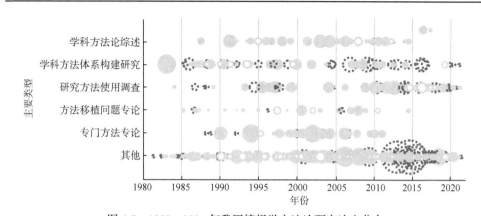

图 4-7　1979—2021 年我国情报学方法论研究论文分布

灰色实心圆表示图书情报视角下的有关研究；灰色空心圆表示图书馆学视角；虚线空心圆表示情报学视角，同时，
被引越大，圆面积越大

20 世纪末，研究方法使用调查研究日趋成熟，学者白崇远[1]课题中样本文献跨度长达 11 载，已具备揭示研究方法使用规律的能力。2010 年后，调查研究呈现出一种新的态势，研究者为增加揭示能力不断提高研究方法标注粒度。其中，孙鸿飞等[2]率先引入计算机辅助方法，极大拓宽了此类研究的调查范围与标注粒度。

　　立足于不同样本、不同编码框架的众多统计结果之间存在"异质性"，无法归一化处理，但仍可借鉴"元分析"思想，对宏观结论进行再统计。本书运用内容分析法对以往方法论研究论文的结论部分展开内容分析、标注以及汇总主要论点[3]。如图 4-8 所示，其中右侧数值表征"研究支持度"。例如，有两篇调查范围

专家结论		1980年　1985年　1990年　1995年　2000年　2005年　2010年　2015年　2020年
全局趋势	研究方法多元化	11122111111111　　11111333443222332 2
	定性方法减少/定量方法增加	1111111　1111111　112222444433
	多方法研究增加	1111111112222211
	方法使用失范、方法术语混乱	11111111122211　12222233334331 1
增势明显的方法技术	文献计量学方法	11122111111111
	计算机相关方法	11111111122122211
	结构方程	11111111111
	可视化（图谱）	11111
	实验法	1111111122211
	数据挖掘技术	1111111112211

图 4-8　情报学领域方法使用情况的"元分析"结论

① 白崇远. 1984—1994 年《图书情报工作》论文研究方法统计分析[J]. 图书情报工作, 1996, (4): 17-20.
② 孙鸿飞, 侯伟, 周兰萍, 等. 近五年我国情报学研究方法应用的统计分析[J]. 情报科学, 2014, 32(4): 77-84.
③ 李博闻, 章成志. 大情报观重述: 方法演进视角下的成因探析[J]. 情报学报, 2021, 40(8): 791-805.

覆盖 1985 年的相关研究，均指出调查阶段存在"研究方法使用多元化趋势"，则图中 1985 年相应坐标的支持度数值为 2。

图 4-8 表明，在中国，情报学作为一门学科已历经了半个多世纪的发展。学术论文在研究方法使用方面呈现出三个主要特征：首先，研究方法呈现多元化趋势、定量方法比例攀升/定性方法比例减少趋势、进入 21 世纪后混合研究方法使用比例逐渐增加趋势，这都反映了情报学学术界在研究方法使用方面紧跟科学界潮流。其次，情报学作为应用型学科，社会需求、社会大环境、科学技术的发展决定了学科的发展方向，在新方法、新技术引进过程中不可避免出现在使用上的失范和名词术语的混乱。最后，可以观察到：早期文献计量学方法突显，2000 年后计算机相关方法、实验法、数据挖掘方法等增势显著。这也反映了情报学的发展与情报工作的重点和任务紧密相关，不同时期的情报工作重点，引导着情报学研究和情报学科建设的发展方向，这也使情报学不应囿于任何"专门方法"限制。

学科间交叉融合趋势日益明显，情报学领域内所使用的理论、方法、技术、工具日益丰富。在此背景下，一方面，方法体系构建研究隐退趋势难以阻挡，揭示研究方法世界的重担逐步转向研究方法使用的量化调查研究；另一方面，随着第四科学范式的兴起，情报研究工作逐渐转换为一种基于海量数据的知识发展过程和知识分析过程[①]。随着"事实型数据资源库+专用研究方法、工具+专家智慧"[②]情报研究范式的提出，"多方法使用"进一步升级到"多方法、技术的复合使用"，一方面要求定性定量相结合；另一方面定量部分要求多种分析方法和工具综合使用。与此同时，"引领型情报工作"等文化的、精神的内生动能也将倒逼情报研究领域不断做出方法论升级。可以预计，多方法、技术复合使用比例将持续攀升，这无疑将引领研究者将兴奋点和注意力从简单的"方法共现关系分析"转移到"方法结构分析"上。

4.3 情报技术及应用

情报技术是指将信息技术及相关方法应用于情报采集处理分析服务过程的手段。为了更好地理解和应用情报技术，本节将首先讨论与界定情报技术的概念，基于技术的"应用"属性我们认为应将情报技术与具体的研究流程联系起来，结合情报技术的应用情况，我们将情报研究流程重新梳理总结为五个环节，并对各

---

① 张志强，冷伏海，刘清，等. 知识分析及其应用发展趋势研究[J]. 情报科学，2010，28(7)：1100-1107，1116.
② 贺德方. 基于事实型数据的科技情报研究工作思考[J]. 情报学报，2009，28（5）：764-770.

环节中主要应用的情报技术进行说明。

4.3.1 情报技术的概念

情报技术作为情报学领域中的一个重要概念，不少学者进行了相关研究，并就其含义做了不同的界定。李广建等[①]提出现代图书情报技术，是指以计算机、网络等现代信息技术为基础的图书情报工作领域的应用技术。高伟等[②]认为情报技术与情报分析方法两个概念联系紧密，他们将情报分析方法定义为情报分析过程中解决具体分析事务的思想，而情报分析技术则是解决分析事务的经验、知识和技巧，具体来说对应于已经可以直接使用的产品。来新夏[③]将情报技术定义为生产、搜集、加工和利用情报的过程中所必须使用和掌握的主要而具体的技术，主要包括计算机加工技术、文字图像情报传递的现代化通信技术及压缩情报载体容积的微缩技术等。

长期以来，"情报技术"对应的英文术语是"information technology"，而"information technology"又被译作"信息技术"[④]，因此，学者认为信息技术是与情报技术十分相关的概念。关于信息技术的概念也有不同的界定，张正德[⑤]指出，信息技术是用于信息操作的各种方法和技能，以及工艺过程或作业程序相关工具及物质设备。宋余庆和罗永刚[⑥]认为，信息技术是指在信息采集、整理、加工、传递、存储及利用活动中所采用的技术手段和方法。柯平和高洁[⑦]提出信息技术包括一切有关信息获取、传输、处理与控制、存储、显示、应用等方面的技术。

对比相关学者对情报技术与信息技术的概念界定可以发现，两者还是有一些差别的。关于信息技术的定义，多采用"总和""一切"这类范围很广泛的词汇，而关于情报技术的定义则相对具体。张才明[⑧]将信息技术划分为硬信息技术与软信息技术，硬信息技术包括计算机、通信等硬件及其设备的制造技术，软信息技术则包括软件技术、信息服务技术等。借助这个分类方法，可以发现情报技术更类似于软信息技术。张正德[⑤]将信息技术分四大类：基础技术（新材料、新能量技术）、

---

① 李广建，陈瑜，张庆芝. 新中国 70 年现代图书情报技术研究与实践[J]. 图书馆杂志，2019，38(11)：4-20.
② 高伟，薛梦瑶，于成成. 面向大数据的情报分析方法和技术体系研究[J]. 情报理论与实践，2019，42(12)：43-48，35.
③ 来新夏. 图书馆学情报学档案学简明辞典[M]. 天津：南开大学出版社，1991：352.
④ 李广建，黄永文，孔敬，等. 数字时代的情报技术[J]. 数字图书馆论坛，2006，(10)：61-71.
⑤ 张正德. 美国信息技术的发展及其经济影响[M]. 武汉：武汉大学出版社，1995：7.
⑥ 宋余庆，罗永刚. 信息科学导论[M]. 南京：东南大学出版社，2001：69.
⑦ 柯平，高洁. 信息管理概论[M]. 2 版. 北京：科学出版社，2007：92.
⑧ 张才明. 信息技术的概念和分类问题研究[J]. 北京交通大学学报(社会科学版)，2008，7(3)：89-92.

支撑技术（机械、电子技术等）、"四基元"技术（感测、通信、智能、控制技术）以及信息应用技术，情报技术与这部分信息技术高度重合。因此，情报技术与信息技术虽然高度相关，但不能等同于一个概念，它们只是部分内涵重合，而且信息技术这一概念的内涵要更为宽泛一些。李广建[①]等更是认为，信息技术是情报技术的属概念，情报技术是信息技术的子概念，更偏重应用层次。

"技术"一词在《现代汉语词典》中的定义是：人类在认识自然和利用自然的过程中积累起来并在生产劳动中体现出来的经验和知识，也泛指其他操作方面的技巧[②]。技术天然具有"实践应用"的属性，那么对情报技术的概念内涵进行界定就应该与实践应用联系起来，构建一个情报技术及其应用体系。本书认为，情报技术是指研究者在情报研究各个环节（如信息采集、信息分析、结果展示等）中运用的研究方法或技术手段。

4.3.2　情报技术在各研究流程中的应用

为了构建情报技术及其应用体系，需要分析情报研究各个流程中情报技术的应用情况，在此之前也必须对情报研究流程进行梳理。

研究者进行情报相关研究时要遵循一定的流程，如数据收集、数据处理、数据分析等。当然，关于情报研究流程的划分，各位学者也有各自不同的看法。缪其浩和徐刚[③]在构建情报研究方法体系时从情报分析的角度出发，划分了情报研究工作的三大环节：情报收集、分析研究和表达传播。包昌火等[④]构建的中国情报学整体内容框架包含五个层次，其中最底层由情报流程构成。

李勤等[⑤]在构建图书情报学研究方法体系时引入了生命周期理论，对图书情报学研究方法做了如下划分：数据（信息）获取或收集方法、数据（信息）描述与组织方法以及数据（信息）处理与分析方法。钟丽萍[⑥]分析了传统情报研究流程（需求分析、信息搜索、情报分析三大环节）的缺陷、引起原因及可能后果，然后提出了理想化情报研究流程模型，该模型由问题提出、证据搜索、证据纳入及排除、

① 李广建，黄永文，孔敬，等. 数字时代的情报技术[J]. 数字图书馆论坛，2006，(10)：61-71.

② 中国社会科学院语言研究所词典编辑室. 现代汉语词典[M]. 7 版. 北京：商务印书馆，2016：617.

③ 缪其浩，徐刚. 论科技情报分析研究工作的方法体系[J]. 情报理论与实践，1988，(2)：17-20，6.

④ 包昌火，金学慧，张婧，等. 论中国情报学学科体系的构建[J]. 情报杂志，2018，37(10)：1-11，41.

⑤ 李勤，刘桂锋，刘小文. 基于生命周期理论的图书情报学研究方法体系构建研究[J]. 图书馆学研究，2020，(15)：2-8.

⑥ 钟丽萍. 基于情报研究流程缺陷分析的"理想化情报研究流程模型"构建[J]. 情报杂志，2015，34(12)：28-32.

证据评价、证据合成、研究结论等环节构成。唐超和王延飞①将情报研究流程分成了四个环节：情报收集环节、情报组织环节、情报分析环节以及情报服务环节。陈海贝和卓翔芝②同样是将情报研究流程划分成四个阶段，但有所不同，分别是：需求分析、情报收集、情报分析和情报流通。唐明伟等③构建了大数据环境下情报学方法与技术体系，提出大数据环境下的情报学研究思路包含六个步骤：先确定研究目的，然后寻找数据来源并进行数据采集，接着进行数据预处理与数据分析，最后基于数据分析结果开发数据服务。

纵观已有研究对情报研究流程的划分，可以说是众说纷纭，有的划分成三阶段、四阶段，有的甚至划分为五阶段、六阶段。在此，我们结合情报技术的应用情况对情报研究流程重新进行梳理。如今，已从信息时代步入数据时代，同时开源数据量越来越大，多来源、多格式数据呈现爆炸性增长态势，信息爆炸与信息采集能力之间的鸿沟越来越大④。大数据时代的信息采集技术变得尤为重要，庞大的数据量以及数据形式的多样化（文字、语音、图像、视频等）也对数据存储技术提出了更高的要求。情报分析的基础是数据，因此，我们将情报采集与存储作为情报研究流程的第一个环节。大数据时代的数据获取途径变得更加多样且简单，研究者可以相对轻松地获取大量的数据用于科学研究，但是这并不意味着高质量数据集的获取变得容易。原始数据中往往掺杂着大量的噪声，并且用于数据分析的算法或模型也对输入数据有着一定的要求，因此规范高效的数据预处理依然十分重要。基于此，我们将数据预处理作为情报研究流程的第二个环节。选择情报分析作为第三个环节，该环节包含情报研究多种多样的方法与技术。情报分析之后需要对分析结果进行评估，保证其可靠性，因此将情报评估作为第四个环节。第五个环节为情报服务，在得到可靠的情报分析结果之后，需要对其可视化，以一个良好的形式展示给用户，并且基于分析结果开发应用服务。

结合情报技术的应用情况，我们重新梳理了情报学研究流程，构建了如图4-9所示的情报技术及其应用体系。

1. 情报采集与存储技术

互联网作为最大也是最便捷的信息入口，人们每天从互联网上获取大量的数据信息，也通过互联网向外传递自己产生的诸多数据。大部分情报学领域研究者在从事相关研究时，首先便会考虑从互联网渠道搜集研究数据。能够获取的数据

---

① 唐超，王延飞. 融入情报流程的情报感知能力研究[J]. 情报理论与实践，2019，42(5)：14-18，22.

② 陈海贝，卓翔芝. 基于情报流程的智库能力体系建设[J]. 情报科学，2020，38(4)：89-96.

③ 唐明伟，蒋勋，徐臻元，等. 大数据环境下情报学方法与技术体系构建[J]. 情报科学，2020，38(5)：106-111.

④ 张惠娜，李辉，刘如，等.关于情报3.0环境下科技情报工作的思考[J]. 情报工程，2017，3(5)：87-93.

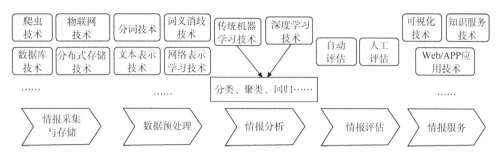

图 4-9　情报技术及其应用体系

APP 表示 application，应用

包括：来自学术论文数据库网站的题录数据、全文数据；可用于情感分析的电商产品在线评论数据、电影评论数据；来自新闻门户网站的实时新闻数据等。

1）爬虫技术

人们想要浏览互联网中的信息，一般借助浏览器实现。用户在浏览器中输入需要访问的网站链接，按下回车键后，浏览器向目标网站服务器发送请求，获取服务器响应的数据以网页的形式呈现给用户。用户再在网页中寻找自己需要的信息，必要时甚至将信息保存到本地。通过爬虫技术可以自动化地完成这一过程，在进行大规模网络数据采集时，依靠人工是不现实的，爬虫技术就成了必要的选择。

网络爬虫也被称作"网络蜘蛛"，其被设计出来的目的就是自动化地从互联网中获取信息。网络爬虫一般分成四大类：通用网络爬虫、主题网络爬虫、增量式网络爬虫和深度网络爬虫[①]。通用网络爬虫的目的是爬取互联网中所有的网页，通过一些种子链接，然后一步一步扩充链接列表，直到采集到互联网中所有的网页。这类爬虫一般是搜索网站为了构建庞大的数据库向用户提供检索服务而使用的，它的采集是没有特定方向的，任何网页都会被它记录下来。为了获取特定数据一般使用主题网络爬虫，区别于通用网络爬虫，它在发现新的链接时，会根据URL（unified resource location，统一资源定位符）规则或网页内容判断是否与主题相关，如果相关则将需要的内容保存下来，如果不相关则会忽略。增量式网络爬虫一般针对一批固定的网页链接，当网页发生变化时，爬虫会再次运行，保存新的网页内容。爬虫的更新策略有两种，一是周期性地对所有网页进行重新爬取；二是当其中的个别网页发生变化时，对个别网页进行重新爬取。普通爬虫只能采集到具有 URL 的浅层网页，但是更多有价值的数据往往隐藏在具有访问限制的深层网页中，深度网络爬虫就是为了获取深层网页中数据。深层网页需要使用交互

① 潘晓英，陈柳，余慧敏，等. 主题爬虫技术研究综述[J]. 计算机应用研究，2020，37(4)：961-965，972.

操作、异步请求等动态网页技术才能加载出来，深度网络爬虫首先需要采用集成浏览器内核的方式来解决动态加载的限制，然后定位并抽取网页数据块，再对数据块进行分析以提炼出完整的数据实体①。

2）物联网技术

信息技术不断发展，已经经过了多次更新迭代，从早期的印刷技术、无线电技术，到后来的卫星技术、互联网技术②。如今，5G 技术不断发展并日益成熟，"万物互联"的时代正在缓缓到来，物联网技术使得越来越多的设备相互连接起来。物联网是指将各种信息传感设备与互联网进行连接，形成一个连接众多设备的、统一的网络系统。物联网技术使得原本独立的设备能够融合起来统一进行操作，实现了物与物、人与物之间的无障碍通信③。

通过爬虫技术从互联网中采集到的数据都是已经被加工整理过的，而且具有一定的滞后性，然而物联网使得"万物互联"，各种设备可以实时地向终端发送数据。诸如传感器技术、射频技术、二维码技术、无线网络技术等物联网技术使得数据的采集更加方便，并且降低了采集成本。除此之外，通过物联网技术能够采集到海量的数据，可以有效避免数据缺失、数据维度低、数量少等问题④。

3）数据库技术

情报数据被采集后需要进行存储，当数据规模较小时，可以直接存到文本文件或 CSV（comma-separated values，逗号分隔值）文件中，但是这种方式能够存储的数据规模有限，而且数据查询很不方便。因此，当数据规模达到一定程度，就需要使用数据库进行数据存储。目前应用最广泛的是关系型数据库，关系型数据库技术出现在 20 世纪 70 年代，到 20 世纪 90 年代发展成熟，后来逐渐得到市场的认可。当前的数据库能够存储的多为结构化数据，即每一条数据都包含完整的所有字段。然而采集到的数据并不总是结构化的，未来数据库技术的一个重要发展方向就是非结构化数据库，这种数据库的最大区别就在于它突破了关系型数据库结构定义不易改变和数据定长的限制，支持重复字段、子字段以及变长字段并实现了对变长数据和重复字段进行处理与数据项的变长存储管理，在处理连续信息（包括全文信息）和非结构信息（重复数据和变长数据）中有着传统关系型数据库所无法比拟的优势⑤。

① 何小明. 深层网页垂直爬虫技术研究综述[J]. 电子世界，2018，(16)：42-43.
② 刘连泰. 信息技术与主权概念[J]. 中外法学，2015，27(2)：505-522.
③ 张洪芳. 物联网技术研究综述[J]. 中国新通信，2019，21(16)：40.
④ 任栋，董雪建，曹改改，等. 物联网技术在统计数据采集中的应用探索[J]. 调研世界，2020，(4)：62-65.
⑤ 向海华. 数据库技术发展综述[J]. 现代情报，2003，(12)：31-33.

4）分布式存储技术

步入数据时代，人们能够从互联网获取的数据越来越多，研究者们使用的研究数据规模也越来越庞大，单一设备的容量已经不能满足存储如此庞大的数据量，分布式存储技术成为新的选择。分布式存储技术以文件共享为目的，使得多设备之间的数据能够相互交换，令海量数据的存储成为可能。相比于传统的数据存储方式，分布式存储系统具有高性能、高可靠性、高可扩展性等优点①。

2. 数据预处理技术

尽管数据获取已经变得相对容易，但并不意味着可以轻易获得高质量的数据。对于大量的原始数据，依然需要对其进行预处理操作。其一，消除原始数据中存在的噪声信息，使其更加标准与规范；其二，利用相关算法对采集到的情报数据进行标引、分类等分析时，这些算法往往对数据的格式有着一些特定的要求，数据预处理是应用相关算法进行数据分析的前提。在长期的实践中，发展出了如下数据预处理技术：分词技术、词义消歧技术、文本表示技术、网络表示学习技术等。

1）分词技术

大部分的数据处理或分析操作都是基于词语的，分词一般作为数据处理的第一个步骤，分词是指将一个长字符串切分成一个个只包含单个词语的子串。英文文本中单词之间由空格隔开，分词相对容易，可以将空格或标点符号作为分隔符直接对英文文本进行分词，也有一些工具可以用来对英文文本进行分词，例如，NLTK（https://www.nltk.org/）、Stanford CoreNLP（https://stanfordnlp.github.io/CoreNLP/）、spaCy（https://spacy.io/）等。然而，中文文本中并没有空格作为词语间的间隔，因此中文分词成了中文文本处理首先需要解决的难题。奉国和和郑伟②的将国内中文分词方法总结为四种：字典分词方法、理解分词方法、统计分词方法以及组合方法。其中，理解分词方法基本思想是分词的同时进行句法、语义分析来解决歧义问题，近年来流行的神经网络技术也在这一方法中得到了广泛的应用。统计分词方法常见的统计量有词频、互信息等，然后使用一些统计模型进行分词。此外，常见的中文分词工具有：jieba（https://github.com/fxsjy/jieba）、pynlpir（https://github.com/tsroten/pynlpir）、THULAC（https://github.com/thunlp/THULAC）等，均可以取得较高的准确率。

① 魏青松. 大规模分布式存储技术研究[D]. 成都：电子科技大学，2004：3.
② 奉国和，郑伟. 国内中文自动分词技术研究综述[J]. 图书情报工作，2011，55(2)：41-45.

2）词义消歧技术

情报数据采集往往会横跨一个时间段，随着时间的推移，有些信息会发生变化，如人名全称和简写的差异、论文作者邮箱的变化、机构名全称与简写的差异、机构名称发生变化等，这时就需要运用消歧技术识别出同一实体的不同形式，将它的各种信息统一起来。常见的消歧任务有人名消歧、机构名消歧等。以人名消歧为例，人名歧义体现在两个方面，一是同一个人对应不同的名字，如全称与简写，甚至还有别名；二是同名问题，即同一个名字可能对应不同的人。章顺瑞和游宏梁[1]利用层次聚类算法对多文档中文人名进行了消歧研究，测试结果取得了88.15%的平均 F 值。Fan 等[2]为了区分数字图书馆中同名作者的出版物，构建了作者合著网络，并引入 AP（affinity propagation，近邻传播）聚类算法进行人名消歧。

3）文本表示技术

文本一般被表示成向量，然后再通过分类、聚类等手段进行分析。传统的文本表示方式如下：经过分词之后，使用 DF（document frequency，文档频率）方法、卡方分布（Chi-squared distribution）等进行特征提取，选择一部分有代表性的词语作为表示文本的特征，然后利用 One-Hot、TF-IDF（term frequency–inverse document frequency，词频–逆文档频率）等方法计算每个文本中的特征值，组合成特征向量来进行文本表示。这种方式受制于特征选择的效果，当词语数量过多时还会导致文本向量的维度过高。随着神经网络技术的发展，通过词嵌入技术对词语进行分布式表示学习，可以获得词语的低维向量，进而获得文本向量。常见的词向量表示模型有 Word2Vec（https://tensorflow.google.cn/tutorials/text/word2vec?hl=zh-cn）、FastText（https://fasttext.cc/）、GloVe（https://nlp.stanford.edu/projects/glove/）等，当然，还可以利用 Doc2Vec 直接训练文本的表示向量。

4）网络表示学习技术

对于作者网络、关键词网络、机构网络等数据，通常采用共现分析的方式加以利用。但随着神经网络的不断发展与应用，研究者开始尝试使用神经网络模型对网络进行表示学习。DeepWork 算法第一次将神经网络模型引入网络表示学习中，能够直接获取网络节点的向量[3]。Tang 等[4]提出的 LINE 算法可对大规模的有

① 章顺瑞，游宏梁. 基于层次聚类算法的中文人名消歧[J]. 现代图书情报技术，2010，（11）：64-68.

② Fan X M，Wang J Y，Pu X，et al. On graph-based name disambiguation[J]. Journal of Data and Information Quality，2011，2(2)：1-23.

③ Perozzi B，AI-Rfou R，Skiena S. DeepWalk：online learning of social representations[R]. Proceedings of the 20th ACM SIGKDD International Conference on Knowledge Discovery and Data Mining，2014：701-710.

④ Tang J，Qu M，Wang M Z，et al. LINE：large-scale information network embedding[R]. Proceedings of the 24th International Conference on World Wide Web，2015：1067-1077.

向带权图的网络进行表示学习。Grover 和 Leskovec[①]提出的 Node2Vec 算法则对
DeepWork 算法中的随机游走方式进行了改进，提高了计算效率。

3. 情报分析技术

在对采集到的原始数据进行必要的预处理之后，结合不同的任务需求进行数
据分析，情报分析技术即数据分析过程中所借助的手段，包括相关的算法、模型
等。一般将数据分析任务分成分类、聚类和回归等，分类即在已有类别体系下，
根据输入的样本特征，预测其所属类别；聚类则是在没有类别体系的情况下，找
到彼此相似的样本集合；回归则是根据样本特征预测一个结果，且结果的取值范
围是连续的。为了完成这些数据分析任务，研究者使用了各种各样的算法或模型，
这些算法或模型可被归纳为传统机器学习技术和深度学习技术。

1）传统机器学习技术

早期，使用传统机器学习技术进行情报分析时，通常需要构建一批优秀的特
征，特征构建甚至能直接影响模型的最终表现。

朴素贝叶斯（naive Bayesian，NB）模型[②]较早被应用于分类任务，在垃圾邮
件识别中表现不错。支持向量机（support vector machine，SVM）模型[③]性能后来
超越了 NB，在深度学习技术兴起以前，SVM 在分类任务中独领风骚，并且具有
良好的可解释性。决策树（decision tree）[④]同样是一个经典的分类模型，它将各类
特征映射成树中的一个个节点，每个节点表示一个属性的判断，最终的每个叶节点
代表一种分类结果。随机森林（random forest）[⑤]是基于决策树而改进的算法。

比较常见的聚类算法有 K 均值聚类（K-means clustering）[⑥]、AP 聚类[⑦]、层次
聚类（hierarchical clustering）[⑧]等。K 均值聚类需要预先设定聚类数量 K，然后随

① Grover A，Leskovec J. Node2vec：scalable feature learning for networks[R]. Proceedings of the 22nd ACM SIGKDD International Conference on Knowledge Discovery and Data Mining，2016：855-864.

② Rennie J D M，Shih L，Teevan J，et al. Tackling the poor assumptions of naive bayes text classifiers[R]. Proceedings of the Twentieth International Conference on International Conference on Machine Learning，2003：616-623.

③ Cortes C，Vapnik V. Support-vector networks[J]. Machine Learning，1995，20(3)：273-297.

④ Ren N，Zargham M R. Rule extraction for securities analysis based on decision tree classification model[R]. International Conference on Information and Knowledge Engineering，2004：145-151.

⑤ Ho T K. Random decision forests[R]. Proceedings of 3rd International Conference on Document Analysis and Recognition，1995：278-282.

⑥ Hartigan J A，Wong M A. Algorithm AS 136：a K-means clustering algorithm[J]. Applied Statistics，1979，28：100-108.

⑦ Frey B J，Dueck D. Clustering by passing messages between data points[J]. Science，2007，315(5814)：972-976.

⑧ Brandes U，Gaertler M，Wagner D，et al. Experiments on graph clustering algorithms[R]. European Symposium on Algorithms，2003：568-579.

机选择 K 个样本作为初始聚类中心，然后将每个样本归入与其最近的聚类中心类别，形成一个个集合，再计算每个集合新的中心点，经过多次迭代，直到各类别中的样本不再发生变化。

AP 聚类不需要事先设定聚类数量，它将每个样本都当作潜在的聚类中心。AP 聚类过程中进行两种信息的传递：吸引度（responsibility）和归属度（availability），preference 是 AP 聚类中的重要参数，会影响最终的聚类数量，preference 的值越小，聚类数量越少。

层次聚类有自上而下和自下而上两种方式，自上而下的层次聚类将所有样本当作一个整体类簇，然后每次分出距离最远的样本形成新的类簇。自下而上的层次聚类则在开始时将每个样本单个当作一个类簇，然后每次合并距离最近的两个类簇，直到形成一个包含所有样本的类簇。层次聚类的最终结果都是形成一个树状的类簇结构，根据实际需要可以从树中切分出不同数据量的类簇。

不同于分类和聚类，回归分析多用于预测连续值，研究的是一个或多个因变量与自变量（预测变量）之间的关系，常见的回归算法有：线性回归（linear regression）、逻辑回归（logistic regression）、多项式回归（polynomial regression）等。以往在各类竞赛任务中，表现最好的方案几乎都是进行了细致合理的特征工程，并且运用集成学习策略综合各个模型的优点。

2）深度学习技术

传统机器学习依赖于特征的构造，特征工程需要耗费大量的精力。目前的一些工具已经能够将词语或文本直接表示成低维向量，如此一来就省去了大量文本表示工作。但是早期由于计算机性能的限制，不能够在神经网络模型中添加过多的隐藏层，模型学到的特征信息有限，神经网络模型的效果相比于传统机器学习模型并没有明显提升。随着计算机性能的大幅提升，神经网络模型中能够添加更多的隐藏层，从此也被叫作深度学习，其中"深度"就是指隐藏层数量变多，层数更深。增多的隐藏层使得深度学习技术能够学到更多人工未察觉到的隐含特征信息，模型效果开始大幅领先传统机器学习技术。

常见的深度学习模型有卷积神经网络（convolutional neural network，CNN）[①]、循环神经网络（recurrent neural network，RNN）[②]、LSTM[③]等。CNN 属于前馈神经网络，每个神经元只与前一层的神经元相连，信息只能从前往后传递。不同于

---

① Krizhevsky A，Sutskever I，Hinton G E，et al. ImageNet classification with deep convolutional neural networks[R]. 26th Annual Conference on Neural Information Processing Systems 2012，2012：1106-1114.

② Cho K，van Merriënboer B，Gulcehre C，et al. Learning phrase representations using RNN encoder-decoder for statistical machine translation[R]. 2014 Conference on Empirical Methods in Natural Language Processing，2014：1724-1734.

③ Hochreiter S，Schmidhuber J. Long short-term memory[J]. Neural Computation，1997，9(8)：1735-1780.

CNN，RNN 中的神经元除了接收上一层神经元的信息，其自身的信息还在网络中循环传递。LSTM 是一种时间递归神经网络，相比于 RNN，LSTM 的神经元要更复杂，增加了一个判断信息是否有用的模块，包括输入门、遗忘门和输出门，当规则判断信息有价值时会留下该信息，无用的信息则会被遗忘或丢弃。

4. 情报评估技术

在对原始数据进行情报分析后，应对分析结果进行评估，从而确保结果真实可靠。情报评估技术大致可以分为自动评估和人工评估两类。

1）自动评估

针对不同任务的情报分析结果，自动评估是指设定一些合适的指标，然后让机器自动计算这些指标来判断结果的可靠性。分类任务结果的评估常常使用精确率、召回率、F 值三个指标，精确率是指模型判断为正样本中实际类别为正的样本数量占比；召回率指的是实际为正的样本中被模型判断为正样本的数量占比。一般情况下，想要提高召回率，就得牺牲一定的精确率，因此使用 F 值来评估这两个指标。聚类结果的评估有内部评估指标和外部评估指标。轮廓系数（silhouette coefficient）是一种常用的内部评估指标，该指标综合考虑类内样本的平均距离与类间的分离度，轮廓系数越接近于 1，表明聚类效果越好。外部评估指标如纯度（purity）以每个类簇内频数最高的样本为正确的聚类，计算聚类正确的百分比。回归分析结果的评估指标有均方误差（mean squared error，MSE）、R Squared（又叫可决系数）等，MSE 是回归模型预测值与真实值平方误差的期望，R Squared 则反映自变量 x 对因变量 y 的变动的解释程度，其值越接近于 1，说明回归模型拟合得越好。

2）人工评估

自动评估只能利用机器计算一些客观的指标来衡量结果的可靠性，但其应用范围有着一定的局限性，当需要对结果的某些方面进行主观性评估时，还是不可避免地要使用人工评估的方式。人工评估可分为专家法和问卷法。专家法，顾名思义依赖于具有丰富相关领域知识的专家，需要邀请多位专家对情报分析结果进行多维度的评分，然后综合各位专家的评分结果来评估情报分析结果的可靠性。问卷法则是预先设计评价指标体系，然后根据指标设计相应的问题生成一份合理的问卷，将问卷发放给合适的人群填写，再回收问卷进行分析从而完成对情报分析结果的评估。

自动评估方式通过机器计算一些客观指标来判断情报分析结果的可靠性，十分快速且高效，但应用范围存在局限性，不够灵活。人工评估方式则能弥补自动评估不够灵活的缺点，但需要耗费大量的人工和时间成本。理论上人工评估可以适用于任何自动评估的场景，然而代价相对而言太大。实际中，人们更倾向于使用便捷高效的自动评估方式，人工评估作为自动评估方式无法使用场景下的一种补充手段。

5. 情报服务技术

情报分析的最终目的就是将结果应用于解决现实需求，为用户提供优质的服务。在此过程中需要借助可视化技术、知识服务技术、Web/APP 应用技术等。

1）可视化技术

情报处理及分析的结果首先要给人看，让人能够理解，最简单的展现形式就是文字报告辅以传统的二维图表。但随着数据量的增大，数据的属性越来越多，数据之间的关系越来越复杂，甚至属性间也存在着复杂的关系。简单的图表已经不能展示如此多的细节，单纯的文字报告难以让用户理解日益复杂的情报分析结果。由此给了可视化技术发展空间，可视化技术通过运用各种各样视觉表征手段展现数据及其属性间的复杂关系，甚至发展趋势，使人们可以轻易地理解运用情报分析结果。

2）知识服务技术

情报处理与分析的作用之一就是可以将隐藏在大量数据中的"知识"给提取出来，"知识"是一种高度压缩集成的信息，并且具有一定的结构性，"知识"往往关联着大量的背景信息。人们想要了解一个知识点，就需要获取与之相关的背景信息。因此，在给用户展现知识时，应该通过一种良好的可视化形式，呈现给用户知识点及相关的大量背景信息，以便于用户对知识的理解。

在大数据时代，为了方便用户从大量的数据中摄取有用的知识，知识服务技术是一种必要的手段。李霞等[①]认为知识服务是一个满足用户不同类型知识需求的服务过程，知识服务提供者依据用户需求搜集、整理信息，进行知识创新，并借助适当的方法和手段帮助用户获取与理解知识。夏翠娟等[②]认为知识服务是通过可视化的方式将机器可读的数据以用户喜闻乐见的形式展示出来，变成能被人辨识、理解、发现、探索和勘误的知识。通过情报处理与分析从大量数据中提取出知识

① 李霞，樊治平，冯博. 知识服务的概念、特征与模式[J]. 情报科学，2007，(10)：1584-1587.
② 夏翠娟，张磊，贺晨芝. 面向知识服务的图书馆数字人文项目建设：方法、流程与技术[J]. 图书馆论坛，2018，38(1)：1-9.

作为知识服务的基础，开发良好的人机交互方式，使用户能够轻松地描述自己的需求，接收用户需求后，从知识库中匹配用户需要的知识，并结合可视化技术以一种友好的方式将知识展示给用户。

3）Web/APP 应用技术

用户在了解了最终的情报分析过程之后，有时还希望研究者能够依据研究过程中的情报数据处理流程开发出具有相关功能的产品，以便于用户使用。例如进行自动摘要研究时，可以开发出一个应用，使用户可以上传文本内容，然后系统根据研究者设计的算法自动生成摘要，就能够极大地减少用户的阅读负担。在桌面端，C/S 结构已经逐渐被 B/S 结构所取代①，通过 Web 应用技术，将计算过程都放在服务器端，客户端只负责上传和接收数据，用户通过一个网站链接就能够使用相关服务，十分方便。同时随着移动互联网的发展，移动端的活跃用户已经超过了桌面端，研究者也应该考虑相应的 APP，向用户提供相关服务。

4.4　情报学学术观点与学术思想

中国的情报活动历史悠久、源远流长，五千年的华夏文明孕育了内涵丰富、影响深远的情报思想。人类早期的情报活动，除了为满足氏族繁衍与生存需要，绝大多数是为军事谋略或战争服务的谍报。早在距今约 5000 年的炎黄时期，我们的祖先就萌生了朴素的情报思维，体现在伴随军事战争而出现的寻盟活动，这种寻盟活动正是依靠着外交和情报活动逐步开展起来的②。由于军事、战争中传递消息、报告情报的重要性，信息传递成为当时情报的一项主要功能，《辞源》称"定敌情如何，而报上官者"为情报。西周时期，边远邦国及部落的入侵时有发生，列国诸侯为防患外族侵犯并及时合理抵御，相约城外高山上筑起烽火台，通过狼烟报警有外敌入侵，这是我国早期利用烽火传递简明信息的典型情报活动实例③。随着文字的发明和知识的不断积累，情报文献也相继问世，公元前出现的甲骨文和钟鼎文，都有关于天气、节令和物候方面的信息，在商代的甲骨卜辞中出现的有关侦察敌情和军事预测的文字记录，其本质就是商代的情报文献④。

在中华五千年的历史长河中，情报活动几乎贯穿于所有的军事战争和政治谋略，特别是中国流传于世的著名典籍，如《周易》《孙子兵法》《墨子》《鬼谷

---

① C/S 即 client/server，服务器/客户机结构。B/S 即 browser/server，浏览器/服务器结构。
② 靳晓宏，包琰，李辉，等. 中国情报活动的古往今来[J]. 情报杂志，2019，38(8)：1-6.
③ 冯淳玲. 我国古代文献、作品的情报价值[J]. 青海师范大学学报(哲学社会科学版)，2013，35(4)：150-152.
④ 郑育华. 中国古代情报资料工作述略[J]. 湖北师范学院学报(哲学社会科学版)，1986，(2)：115-118.

子》等著作里都蕴含了深刻的情报思想。在这些古典著作中我们祖先关于情报的论述相对简单、零散、艰涩①，但仍不失"体系性"。几千年前的只言片语中蕴含的深刻情报思想已经深入而广泛地应用于现实生活的方方面面，至今依然为人们所推崇。其中，《孙子兵法》乃集大成者，其蕴含的情报思想经过后续名家的继承、战争和国际斗争的实践，得以检验并发扬光大，可谓"历久而弥新"。情报学者通过梳理古代文献作品中对情报工作的描述和记载，对照西方现代情报学理论，考察祖先们的情报思想，在客观指出其阶级局限性的同时挖掘其现代内涵和现实意义，以启示现阶段情报工作的同时构筑具有中国特色的情报理论。

4.4.1　孙子情报思想

公元前6世纪末至前5世纪初，中国古代社会正处于奴隶社会向封建社会更替之际。在这个大动荡、大变革的春秋时代后期，孙武以其朴素的唯物主义和原始的辩证法思想②，[在总结春秋末期及其以往战争经验并继承、发展以往军事理论的基础上，撰写出了中国古代著名兵书《孙子兵法》。《孙子兵法》又称《孙子》、《孙武兵法》或《吴孙子兵法》，成书于公元前515年至前512年，全书为13篇。《孙子兵法》内蕴的情报思想无疑是中国古典情报思想的杰出代表。以"计"篇始，论情报研判，以"用间"篇终，论情报获取。首尾呼应，反映了对战争规律的正确认识③。《孙子兵法》有关情报的核心思想集中体现在"知"字上。其中"知"在《孙子兵法》六千多字中出现79次④，由"知"形成的"知论"是《孙子兵法》的重要内容，"知彼知己"在兵书中出现2次，在《谋攻篇》尚且只是"彼""己"连用，但在《地形篇》中进一步拓展到"天""地"："知彼知己，胜乃不殆；知天知地，胜乃不穷"。"知彼知己者，百战不殆"被后世兵家概括为贯穿《孙子兵法》的"一条主线"或"一条红线"。1938年5月，毛泽东在《论持久战》中再次指出："孙子的规律，'知彼知己，百战不殆'，仍是科学的真理。"⑤毛泽东将孙子的理论视为"科学的真理"，这无疑是对孙子给予了更高的评价。《孙子兵法》在世界情报史上占据重要地位，被世界情报界视为经典，奉为圭臬。其深厚的中国文化底蕴、科学的战略思维、至高的战略谋划境界和精妙的战略思维艺术，无疑对情报学领域理论发展具有极其重要的启示作用。

---

① 周军. 中国古代军事情报保密思想述略[J]. 军事历史研究，2006，(2)：122-125.
② 彭理中. 孙子《知彼知己论》：情报认识论的基础[J]. 情报杂志，1991，(1)：27-35.
③ 张晓军.《武经七书》军事情报思想初探[J]. 军事历史，2002，(1)：50-53.
④ 熊剑平.《孙子》的"知论"及其影响[J]. 孙子研究，2015，(2)：26-30.
⑤ 毛泽东. 论持久战[M]. 北京：人民出版社，1966.

1. 孙子情报思想的历史传承

有了战争，就有了情报工作，就有了对情报工作的理论探索，早在 2500 年前的春秋时代，中国兵圣孙武就对情报理论进行了系统总结，《孙子兵法》堪称世界上最早的军事情报学著作①，也是我国古典情报理论的源头②，不仅对中国古代情报史和军事史产生了深远影响，也对我国的情报基础理论具有重要贡献。历代都有军事家继承、研究和借用孙子的情报思想。对孙子情报思想在我国历史上的传承与研究情况进行梳理考察并正确认识有利于理解我国的情报基础理论，有利于中国情报学的重构，也有利于今天情报工作的开展，具有极其重要的意义。学者主要从两个角度进行考察，一是全局性考察，如熊剑平③全面梳理中国历史上孙子情报思想的传承，对历史上主要评判意见进行整理；二是专门性考察，学者考察某位历史人物、某个历史文献或某个历史时代对孙子情报思想的继承与发展。例如，黄国军④专门考察明朝抗倭英雄戚继光对孙子情报思想的继承与发展；姚振文⑤专门就明代重要兵书《投笔肤谈》对孙子兵学思想的继承与发展进行专门考察；熊剑平③专门考察宋代注家对孙子情报思想的研究。

2. 孙子情报思想的重新发现和现代发展

李正风⑥指出中国科学家学术思想既学习西方现代科学并融入国际科学共同体，也在重新发现中国传统学术的价值。中国古典情报思想中孕育的现代元素被学者重新发现和发扬，成为中国情报学兴盛的重要思想基础。正确认识孙子情报思想有助于理解我国的情报基础理论，有利于推动中国情报学发展和今后情报工作的开展。

情报学领域内，学者通过多种视角对孙子情报思想进行阐述。在整个孙子情报思想宝藏中，主要内涵包括"知论""先知""五事七计""庙算""用间"等。其中，以"知彼知己者，百战不殆"论述为中心的"知论"无疑是孙子情报思想的核心，也可以说，是中国古典情报思想之魂。20 世纪 80 年代初就有学者指出"知彼知己者，百战不殆"之所以千古不朽，就是在于揭示了客观规律，孙子否定依靠鬼神、占卜、星象等推算获取敌情做法，强调"知彼知己"是胜利的根本原因。情报工作正是"知彼知己"的工具，在"知"基础上决策后的"百战、

① 张薇. 国家安全情报研究（上册）[M]. 北京：金城出版社，2021：33-42.

② 周京艳，黄裕荣，刘如，等.《孙子》"知胜"情报思想及现代启示[J]. 图书情报研究，2019，12(1)：41-46.

③ 熊剑平. 宋代注家对《孙子》情报思想的研究[J]. 孙子研究，2015，(5)：42-46，57.

④ 黄国军. 戚继光对孙子情报思想的继承与发展[J]. 滨州学院学报，2014，30(4)：17-23.

⑤ 姚振文. 论《投笔肤谈》对孙子兵学思想的继承与发展[J]. 管子学刊，2015，(2)：93-98.

⑥ 李正风. 中国科学家学术思想的传承与创新：概念、特征与方法[J]. 南京社会科学，2012，(4)：1-8，17.

百胜"是行动和结果,在整个过程中,情报需"先行"。"知彼知己"是情报工作的灵魂,没有这一点,情报工作便失去了"个性"①。

1）"知论"

在《孙子兵法》中,"知"字出现 79 次。以"知"字为主线,"知彼知己"贯穿其中,构建的"知论"被认为是孙子情报思想的核心,占据了全书相当大篇幅,成为《孙子兵法》中举足轻重的内容②。其中"知彼知己"在《孙子兵法》中出现两次,在《谋攻篇》"彼""己"连用,在《地形篇》进一步拓展到"天"与"地",由此拓展可知孙子力求"全知"与"尽知";同时孙子对于"知己"重视程度并不亚于"知彼",孙子强调"不可胜在己",重视对己方情况的了解,同时通过"不知军之不可以进而谓之进,不知军之不可以退而谓之退,是谓縻军"强调"不知己"的巨大危害性。同时"知论"也揭示了关涉战争胜负的重要基本规律③:"知彼知己者,百战不殆;不知彼而知己,一胜一负;不知彼,不知己,每战必殆""知彼知己,胜乃不殆;知天知地,胜乃不穷"。

孙子"知论"对于情报理论的贡献主要有两方面:一方面,"知论"是情报本质阐述的重要理论源泉和思想宝库。化柏林④指出情报的起源可以追溯到《孙子兵法》,特别是《孙子兵法》中以"知论"为代表的情报思想,孙子的"知论"论述甚至开启了人类情报学研究的先河⑤。包昌火⑥指出:情报是竞争和冲突的产物,"知彼知己者,百战不殆"是情报活动的本质,追根溯源,情报学的老祖宗应是孙子,而非万尼瓦尔·布什、香农。在竞争情报领域,有学者认为在包含脑(决策单位)、耳目(情报单位)、手脚(执行单位)为一体的大系统内,"知彼知己"可以作为情报理论的总纲⑦,甚至是情报认知论的基础。

另一方面,学者围绕"知论"发展出"全情报"观念。赵冰峰⑧认为"知彼知己"囊括了情报活动的己方和彼方两个斗争主体以及情报基本活动样式"获知双方的信息"。熊剑平⑨认为孙子主张"知彼知己"和"知天知地",情报工作既要"知彼"也要"知己",而且更看重"知己","知己"可以确保己方不

① 贺克毅. "知己知彼"与情报工作[J]. 情报科学, 1983, (4): 47-48.
② 熊剑平. 孙子以情报为先导的兵学思想体系[J]. 情报杂志, 2020, 39(9): 11-14, 72.
③ 田杰. 情报学的核心概念、真正起源及逻辑起点研究[J]. 情报杂志, 2014, 33(7): 16-19, 37.
④ 化柏林. 论情报的本质[J]. 情报理论与实践, 2012, 35(7): 1-5.
⑤ 包昌火, 马德辉, 李艳. Intelligence 视域下的中国情报学研究[J]. 情报杂志, 2015, 34(12): 1-6, 47.
⑥ 包昌火. 对我国情报学研究中三个重要问题的反思[J]. 图书情报知识, 2012, (2): 4-6.
⑦ 袁丰. 关于企业竞争情报工作定位之研究[J]. 图书情报工作, 2014, 58(S1): 136-140.
⑧ 赵冰峰. 中国情报学派的兴起与历史使命[J]. 情报杂志, 2016, 35(4): 1-4.
⑨ 熊剑平. 孙子情报思想的传承与商兑[J]. 情报杂志, 2019, 38(7): 1-5.

败，"知彼"则可胜敌。高金虎[1]认为在进行情报分析时必须把己方情况考虑进去，以形成一个完整的情报认识，尽管这与传统的军事情报理论（定义为彼方情况，与己方无关）形成了明显对立[2]。高金虎[3]同时补充道：从辩证法的角度看，知彼和知己是认识过程中的两个环节，两者互为依据。离开对己方情况的认识，对彼方情况的认识是不完整的。割裂彼方情况与己方情况之间的联系，不对敌我双方的情况进行对比分析，就不能认清客观事物发展的本质，预测事物发展的方向。

2）"先知"

情报理论不是情报学理论，而是关于"情报"的理论，是人们关于"情报思想""情报观"的理解与论述。情报理论包括什么是情报、如何看待情报等哲学思考，即情报哲学。其中情报理论的一个重要内容是情报与决策的关系论述，"先知"作为《孙子兵法》的核心思想无疑启发了情报理论的发展。

"先知"是指情报在决策过程中的咨询作用。《孙子兵法》多次阐述了"先知"的重要性，孙子认为"故惟明君贤将，能以上智为间者，必成大功。此兵之要，三军之所恃而动也""凡军之所欲击，城之所欲攻，人之所欲杀，必先知其守将、左右、谒者、门者、舍人之姓名，令吾间必索知之""故明君贤将，所以动而胜人，成功出于众者，先知也"等。孙子对"先知"的重要性论述贯穿《孙子兵法》，张晓军和许嘉[4]认为《孙子兵法》全书以计始，以用间终，表明先计而后战，先知而后计，伐谋、伐交、野战、攻城均需"先知"，属于"三军之所恃而动"的"用兵之要"。高金虎[5]认为在古典兵书中，对"先知"重要性的认识，最权威的论述莫过于《孙子兵法》。熊剑平[6]认为孙子不仅强调"先知"的重要性，同时也对"先知"的注意事项进行了总结，认为"不可取于鬼神，不可象于事，不可验于度，必取于人，知敌之情者也"的"三不可"是"先知"的基础，孙子的"先知"思想不仅仅确立了情报先行原则，同时也强调了情报的先导作用。其中"三不可"，原指不能求神问鬼、占卜打卦，不能迷信经验，不能拿相似的事情做类比推测，必须取之于人，以获取情报。"三不可"的论述也被现代情报学者认为"充满朴素唯物主义哲学色彩"[7]。

---

① 高金虎. 军事情报学研究现状与发展前瞻[J]. 情报学报，2018, 37(5): 477-485.

② 高金虎. 试论信息时代的情报分析理论创新[J]. 情报杂志，2018, 37(7): 1-6, 15.

③ 高金虎. 论国家安全决策中情报的功能[J]. 情报理论与实践，2019, 42(10): 1-8.

④ 张晓军，许嘉. "知"与《孙子兵法》的理论体系[J]. 济南大学学报，2001, (1): 8-11.

⑤ 高金虎. 论孙子的情报思想体系[J]. 滨州学院学报，2008, (4): 28-31.

⑥ 熊剑平. 孙子以情报为先导的兵学思想体系[J]. 情报杂志，2020, 39(9): 11-14, 72.

⑦ 张晓军.《武经七书》军事情报思想研究[M]. 北京：军事科学出版社，2001: 60-128.

　　综上所述，孙子的"先知"思想无疑是情报哲学的重要思想源泉，特别是在情报基本属性之一的"效用性"论述、情报与决策关系论述中具有重要理论支撑作用。在国家安全背景下，有学者对孙子"先知"思想阐述了新见解，认为在现代安全环境下，情报由于"先知"，情报本身就是一种新的无可替代的战斗力，同时是一种"不战而屈人之兵"的决定力量①。

　　3）"五事七计"

　　在《孙子兵法》首篇《始计篇》中，"五事"为"一曰道，二曰天，三曰地，四曰将，五曰法"，而"七计"指"主孰有道？将孰有能？天地孰得？法令孰行？兵众孰强？士卒孰练？赏罚孰明？"，"五事七计"可以概括为"庙算"的基本内容。

　　美国学者罗伯特·克拉克认为孙子为世人提供了一种古朴的力量分析方法②。在他看来，孙子所言"五事"，可以分别对应现代情报分析理论中的社会因素、环境因素、地理空间因素、组织因素、领导因素。彭理中③对"五事七计"进一步抽象，将其概括为情报分析的认识对象。其具体内涵因时代的不同、场景的不同，以及科学技术水平的不同而不完全是一定的。但是"五事七计"是预见胜负的物质基础。

　　熊剑平④认为孙子"五事七计"本质上构建了一个基本的情报分析程序，包括逐项分析、对比分析、综合评估三个流程。首先是逐项分析，"五事"分别代表政治、天候、地理、将帅、体制等五个具体分析项，强调情报分析对五大范畴的全面掌握。其次是对比分析，即从"七计"中的七个方面对敌我双方情况进行分析与评估。最后是综合评估，在经过逐项分析和对比分析之后，可以将各自所得筹码进行比较，"未战而庙算胜者，得算多也；未战而庙算不胜者，得算少也"，进而推断战争的胜负。

　　现阶段，孙瑞英和马海群⑤在孙子"五事七计"的基础上发展出"多因素致胜理论"，"五事七计"既概括了"巧能成事"五大方面内容，又包含了"天时、地利、人和"三个方面，还概括出"客观"和"主观"两大系统。"多因素致胜理论"指导我们思考问题时，有时要在单个子系统内进行分析与决策，有时又必须运用复杂的大系统进行分析与决策，进行多节点、多路径、多侧面、多维度的

　　① 张秋波，唐超. 总体国家安全观指导下情报学发展研究[J]. 情报杂志，2015，34(12)：7-10，20.
　　② 克拉克 R M. 情报分析：以目标为中心的方法[M]. 马忠元，译. 北京：金城出版社，2013：248-249.
　　③ 彭理中. 孙子《知彼知己论》：情报认识论的基础[J]. 情报杂志，1991，(1)：27-35.
　　④ 熊剑平. 孙子情报分析理论研究[J]. 情报杂志，2019，38(10)：7-11.
　　⑤ 孙瑞英，马海群. 总体国家安全观视域下中国特色的国家情报工作安全体系构建研究[J]. 情报资料工作，2019，40(1)：33-43.

动态关联与互动，才能透过事物的现象追索到本质，形成对事物完整的、规律性的认识。孙瑞英和马海群在诠释《孙子兵法》"多因素致胜理论"基础上，分析其对国家情报工作的指导意义，并对总体国家安全观视域下国家情报工作安全体系进行构造，提出若干构建路径和策略。

4）"庙算"

孙子强调"庙算"的重要性，"夫未战而庙算胜者，得算多也；未战而庙算不胜者，得算少也。多算胜，少算不胜，而况于无算乎"，其中"庙算"即基于综合比较和测算①的情报分析，是指对敌我双方影响战争胜负的基本要素进行分析，依靠客观、理论的逻辑判断进行情报评估②，战争指导必须建立在全面的"庙算"基础上。孙子十分重视情况认识的全面性，并规定了"庙算"这一套全面的评估机制：国家凡遇战事，都要告于祖庙，议于庙堂③。庙算的基本内容可以概括为"五事七计"，决策者必须"知天""知地""知彼""知己"，在此基础上对敌我双方的力量进行对比分析，从而达成比较完备的情况认知，从各自"得算"情况，就开战与否及战争的前景做出最终判断。

钮先钟④曾指出：庙算，用现代术语来说，即"纯净评估"。熊剑平⑤对"庙算"展开分析，认为"庙算"是一种"采用多种资料搜集方法对情报素材进行整体研究"的定性分析，认为"庙算"分析模式中隐含有类似"想定"的作业模式，孙子不仅建立基本范畴，更订立了基本分析项，通过设定各种分析子目，从而纲举目张地建立较为系统而严密的分析体系。

5）"用间"

孙子《用间篇》共计五百余字，对用间的地位和作用、间谍的种类及使用原则、用间者及间者的素养问题做了初步探讨，并首创性地提出了"五间"这一整套系统的用间方法。孙子由表及里、由浅入深地构造了一个相当缜密和系统的军事情报理论体系⑥，并以其深刻哲理性、广泛的应用性及长久的可鉴性而享誉中外，孙子可以称得上是中国古典谍报学的奠基人。梁舟和熊剑平⑦指出：孙子首先对用间的地位及作用进行了深刻论述，孙子强调用间探知敌情居于"兵

① 卢青. 国家层面竞争情报的缘起与愿景[J]. 情报杂志，2007，(12)：63-65.
② 包昌火，刘彦君，张婧，等. 中国情报学论纲[J]. 情报杂志，2018，37(1)：1-8.
③ 高金虎. 论孙子的情报思想体系[J]. 滨州学院学报，2008，(4)：28-31.
④ 钮先钟. 中国古代战略思想新论[M]. 合肥：安徽教育出版社，2005：39.
⑤ 熊剑平. 孙子情报分析理论研究[J]. 情报杂志，2019，38(10)：7-11.
⑥ 屈健. 浅谈《孙子兵法·用间篇》对军事情报工作的启示[J]. 中国城市经济，2010，(9)：236.
⑦ 梁舟，熊剑平.《权书》用间思想述评[J]. 情报杂志，2020，39(8)：24-28，15.

之要，三军之所恃"的重要地位，是实现"先知"的重要手段，其次孙子对间谍进行了初步分类，提出了"因间、内间、反间、死间、生间"的"五间俱起"的间谍运用指数。同时提出了三项用间基本原则，即"三军之事，莫亲于间，赏莫厚于间，事莫密于间"，此外，孙子还对用间者及间谍人员具备的能力素质提出了明确要求。

　　学者对孙子"用间"中的情报保密思想、反情报思想、人才素养进行了深入研究，挖掘其内涵和价值以建设中国特色的情报理论。在情报保密思想方面，丁玲玲和朱晓宇[1]指出孙子告诫人们"事莫密于间"，孙子将情报工作视为最为机密的事项，认识到了情报保密的极端重要性。伍思妍[2]认为孙子的情报保密思想主要包含四个方面——人的重要性、全程性、全面性以及手段多样与巧妙灵活，并指出孙子情报保密思想虽然隐晦但不失深刻，虽然很难适用于现代的高科技数字化战争，但是其情报保密思想仍具有现实的指导意义。在反情报思想方面，王沙骋等[3]指出反情报的概念最早可以追溯到《孙子兵法》，孙子的"反间"是最早、最古朴的反情报思想。熊剑平和梁舟[4]认为孙子不仅重视用间及战术行动中的保密工作，还就如何展开情报欺骗有所探讨，这些内容对构建现代反情报理论不乏启示意义。在情报人员素质方面，杜农一[5]指出孙子"昔殷之兴也，伊挚在夏；周之兴也，吕牙在殷"，"能以上智为间者，必成大功"，孙子主张招揽伊挚、吕牙那样高素质、高文化的"高级知识分子"担任情报工作，给后人指出了这方面用人条件。同时，孙子对将领（当时最主要的情报工作者）提出了思维、知识结构和品德诸多要求，周京艳等[6]认为孙子要求情报人员具备严密的逻辑思维能力、系统合理的知识结构，同时具备高贵的品质。

4.4.2　钱学森情报思想

　　钱学森（1911—2009 年）是享誉海内外的杰出科学家，我国航天事业奠基人，为我国国防科技事业尤其是国防科技情报事业做出了巨大贡献。钱学森情报思想是钱学森学术思想的重要组成部分，自诞生起对我国科技情报事业的创建与发展发挥着重要的指导作用，它科学解释了情报本质特征和情报研究功能属性，深刻

---

　　① 丁玲玲，朱晓宇. 论情报保密与共享的需求平衡[J]. 情报杂志，2009, 28(S1): 18-21.

　　② 伍思妍. 论《孙子兵法》的情报保密思想[J]. 情报杂志，2009, 28(S2): 269-271.

　　③ 王沙骋，刘洁，赵澄谋. 军民融合：21 世纪反情报工作的几点探索[J]. 图书情报工作，2009, 53(4): 87-90, 105.

　　④ 熊剑平，梁舟. 孙子反情报思想研究[J]. 情报杂志，2020, 39(2): 1-4, 15.

　　⑤ 杜农一. 略论孙子情报思想的现实意义[J]. 情报杂志，1990, (3): 85-88.

　　⑥ 周京艳，黄裕荣，刘如，等.《孙子》"知胜"情报思想及现代启示[J]. 图书情报研究，2019, 12(1): 41-46.

阐明了情报研究的地位作用，准确界定了情报研究工作的学科定位，系统提出了情报研究工作的方式方法①，可以说正是由于钱学森对我国科技情报事业的关心与对情报学科的深刻思考，我国情报事业有了科学发展的空间和条件，情报学学科发展也因此受到了广泛关注。

　　1956 年 3 月，周恩来总理组织编制《1956—1967 年科学技术发展远景规划纲要》。其间，担任编制工作综合组组长的钱学森首先提出要把发展科技情报事业列入 12 年长远发展规划，这项科学规划使我国的情报事业建设成为与原子能和平利用、无线电新技术、喷气技术等同等重要的国家科学研究事业之一。1956 年 3 月 14 日，中央决定在国防部成立统一领导我国航空和火箭导弹事业的航空工业委员会，聂荣臻任主任，钱学森任委员。从 1956 年起，钱学森先后担任国防部第五研究院院长、副院长、国防科委副主任、国防科工委科技委副主任，一直领导着我国国防科技情报事业的发展，被誉为“我国国防科技情报事业的导师”。钱学森不仅关心指导科技情报工作，而且不断地探索情报学科建设和发展。在围绕情报学的本质特性、功能属性、学科、学科定位及方式方法等若干基本性问题上，钱学森提出了一系列重要的学术观点。1983 年 7 月，钱学森在国防科技情报工作会议上作了著名的《科技情报工作的科学技术》报告，系统阐述了他对科技情报信息工作的学术观点。钱学森在指导科技情报工作的半个世纪时间里，著述并积累了大量有关数据、信息、知识、情报、智慧等的指示、报告、论文、谈话及著作，从而形成了较为系统的情报思想②，具有实践性、科学性、完备性等十大显著特征③。可以认为，钱学森情报思想也是情报学元理论之一。

　　钱学森情报思想是其依据科技情报工作实践对科技情报工作与情报学术研究的一些根本问题进行的科学理论概括。在 1963 年以前，钱学森情报思想尚处于萌芽阶段，钱学森关于情报的论述是他初期接触情报工作的一些零碎思考，还未形成体系。1979 年钱学森发表《情报资料、图书、文献和档案工作的现代化及其影响》，这是他第一篇专门系统阐述其情报工作思想的文章，表明钱学森情报思想已经初具雏形和规模。1979 年到 1983 年期间是钱学森发表有关情报的论述最为集中、系统和深入的阶段，其中，1983 年发表的著名报告《科技情报工作的科学技术》全面系统阐述了他的情报工作思想，标志着钱学森情报思想的成熟。随后的 20 多年里是钱学森思想的深化阶段，暮年的钱学森一直关心情报工作的发展和呼吁重视情报工作，其间观点主要是原有思想框架下的拓展与深化。

---

①　袁有雄. 钱学森情报研究学术思想探析[J]. 情报理论与实践，2013，36(9)：18-20.

②　卢胜军，栗琳，王忠军. 科技情报工作发展史观下的钱学森情报思想[J]. 情报理论与实践，2015，38(3)：21-25.

③　卢胜军，赵需要，栗琳. 钱学森科技情报理论体系及其意义[J]. 情报科学，2012，30(9)：1418-1423，1435.

　　1994 年之前，学术界并未将钱学森及其情报主张当成一项科学研究课题，"钱学森情报学思想"或类似的概念尚未进入学术界的研究视野。直到 1994 年，《情报科学技术的广阔天地：钱学森论情报科学技术概述》①一文才正式将钱学森及其情报有关论述引入研究领域。1996 年，苏盈和阴双喜②首次将钱学森相关论述抽象概括为"钱学森信息情报思想"，这一阐述的重要价值在于：提出了应从学术视角重新审视钱学森情报相关论述，把原本指导情报实践工作的钱学森相关论述升华到了情报理论高度。近年来，情报学领域内对钱学森情报思想的研究成果日渐丰富，李艳等③对钱学森情报思想进行了归纳总结，并以钱学森情报思想为指导提出了我国情报学学科体系重构的设想。吕斌和李国秋④探讨和梳理了钱学森的情报思想，并就其对情报学持续发展的启示作用进行了阐述。卢胜军等⑤在梳理钱学森有关科技情报的文献基础上，系统重构和明晰了钱学森科技情报理论体系，梳理了钱学森情报思想的发展历程，总结了钱学森情报思想的主要特征、历史贡献和时代意义。王琳⑥则从情报概念的演化和情报学科定位两个方面梳理了钱学森情报学思想的学术脉络，并就其对情报学科建设的启示进行了探讨。马海群和蒲攀⑦运用情报学专门方法对钱学森《科技情报工作的科学技术》进行计量分析，揭示了钱学森情报思想对我国情报事业发展和理论研究的指导价值及深远影响。李竹和曹文振⑧在钱学森逝世十周年之际，回顾历史上钱学森情报学思想的学术作品和相关历史文本的研究脉络，梳理钱学森在情报学发展史上的思想历程，就"钱学森情报学思想"的定名、"钱学森情报思想"形成脉络、钱学森情报学思想内核进行了阐述。史秉能等⑨编著的《钱学森科技情报工作及相关学术文选》全面收录了钱学森有关科技情报工作及相关学术问题的文章、报告、讲话、谈话、书信、批示等各种文稿，是比较全面体现钱学森科技情报学术思想脉络和内容的专业性

　　① 陆近春，邵利勤. 情报科学技术的广阔天地：钱学森论情报科学技术概述[J]. 浙江高校图书情报工作，1994，(4)：1-4.

　　② 苏盈，阴双喜. 钱学森的信息情报思想及其价值[J]. 图书馆杂志，1996，(3)：21-22.

　　③ 李艳，赵新力，齐中英. 钱学森的情报思想与我国情报学学科体系重构[J]. 情报理论与实践，2010，33(6)：1-4.

　　④ 吕斌，李国秋. 钱学森情报学思想及其对情报学持续发展的启示[J]. 情报理论与实践，2010，33(7)：1-6.

　　⑤ 卢胜军，赵需要，栗琳. 钱学森科技情报理论体系及其意义[J]. 情报科学，2012，30(9)：1418-1423，1435.

　　⑥ 王琳. 从"激活活化"到综合集成：钱学森情报学思想探析[C]//中国国防科学技术信息学会.钱学森科技情报学术思想研讨会论文集. 北京：中国国防科学技术信息学会，2010.

　　⑦ 马海群，蒲攀. 钱学森情报思想影响力分析：兼评《情报理论与实践》的学术贡献[J]. 情报理论与实践，2014，37(9)：26-29.

　　⑧ 李竹，曹文振. 钱学森情报学思想研究：定名、脉络与内核：纪念钱学森院士逝世十周年[J]. 情报理论与实践，2019，42(10)：15-20，14.

　　⑨ 史秉能，袁有雄，卢胜军. 钱学森科技情报工作及相关学术文选[M]. 北京：国防工业出版社，2015：1-325.

著作集。卢胜军和栗琳①编著的《钱学森情报思想及其应用研究》全面地探讨了钱学森情报思想的研究现状与趋势、发展历程、总体框架及其主要内容。其中，按照理论情报学、应用情报学以及情报工程技术的三元分类结构，结合钱学森现代科学技术体系结构的思想，全面梳理和研究了钱学森情报思想有关文献，将钱学森情报思想归纳为情报理论、情报方法、情报技术、情报工作等四个方面，并构建观点框架，如图 4-10 所示。

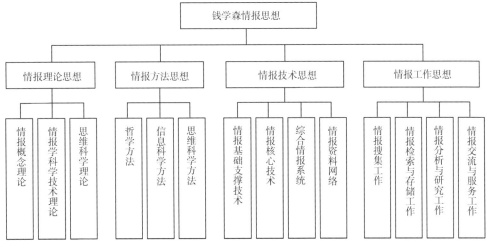

图 4-10　钱学森情报思想的框架

钱学森情报思想涵盖情报研究的本质特征、功能属性、地位作用、学科定位及研究方法等一系列重要学术观点，其中钱学森关于情报的本质特征、情报学学科定位、情报方法思想等的思考对我国情报学的学科建设做出了巨大贡献。

1. 情报的本质特征

钱学森以一个大科学家的思辨和智慧，在对资料、信息、知识等概念进行论述的基础上，结合情报界的研究成果以及自己多年的思考，对情报的定义进行了明确的论述："情报就是为了解决一个特定的问题所需要的知识。""是激活了、活化了的知识，是激活了、活化了的精神财富。"②

上述观点中已体现出情报的三个本质特征。首先，钱学森指出，情报是知识，情报要满足特定需求。钱学森理解的情报具有明显的及时性、针对性，其落脚点是解决特定问题，情报是为解决特定问题而存在的。其次，情报要经过一个活化、激活的过程，钱学森在这里所说的活化、激活的过程，实际上就是情报工作者针

① 卢胜军, 栗琳. 钱学森情报思想及其应用研究[M]. 北京：航空工业出版社，2016：1-355.

② 钱学森. 科技情报工作的科学技术[J]. 兵工情报工作，1983，(6)：3-10.

对特定需求，通过对获得的资料进行分析研究而产生情报的过程，是生产特定知识的过程，是创造精神财富的过程。这个过程需要人脑的参与，即情报分析和研究。钱学森还进一步就情报界普遍存在的情报与资料混淆的问题进行了澄清，"要把情报和资料分开，情报之所以能产生，离不开资料，但是资料不是情报。我们的这个工作领域是包括资料的，但是，情报还要经过一个活化、激活的过程"，"僵死的资料不是情报"[①]。最后，钱学森对于情报概念的论述，明确了情报属于知识、属于精神财富范畴的科学属性。

2. 情报学学科定位

在钱学森《科技情报工作的科学技术》这篇具有里程碑意义的重要文献中，钱学森系统而深入地思考了情报工作的科学技术性和情报学的基础理论问题，要求把情报和情报工作作为一门科学技术看待。钱学森将情报科学技术概括为资料的搜集技术，情报整理、存储和提取技术，情报分析与综合技术。在钱学森构筑的现代科学技术体系中，将情报学归于思维科学的范畴，在钱学森看来，思维科学是研究人的意识和思维的科学，主要研究认识客观世界和创造人类精神财富、知识、文化的思维问题，情报最终是与人的意识思维相互作用的，是人们认识客观世界的一种重要途径，因此情报研究属于思维科学的范畴。在思维科学的科学体系中，情报学属于技术科学层面，钱学森曾明确指出：情报科学技术是思维科学的一门应用科学。他主张把情报工作上升到理论、系统的学问高度，认为工程技术部分的科学伴随科学技术和交叉学科发展而不断丰富，而情报学作为少数几个技术科学，其理论根基是不会动摇且需要不断加固的。

钱学森认为软科学与情报也具有一定的关系，钱学森强调软科学是一门交叉科学，它依赖于社会科学、思维科学等其他科学的发展，需要计算机技术、信息技术等许多技术的支持，强调软科学要配合社会主义国家的功能发挥作用。钱学森提出发展好软科学有三个基本要素，其中第一个要素是必须把信息、情报资料的情况搞清楚。由此可见，情报学与软科学是相关学科，情报学是软科学基础之一，两者是一种交叉关系，情报学的竞争属性体现出它具有软科学的功能。

3. 情报方法思想

钱学森的情报方法思想主要有以下突出特征：首先，钱学森极其注重运用哲学思想和方法，尤其是唯物辩证法，来指导科学理论研究和实际科研工作。对于情报科学技术研究和情报工作，钱学森一直倡导哲学思想和方法的运用。钱学森把马克思主义哲学、毛泽东思想、辩证唯物主义、历史唯物主义和认识论等哲学

---

① 钱学森. 科技情报工作的科学技术[J]. 兵工情报工作，1983，(6)：3-10.

思想作为开展情报工作和情报科学技术研究的方法论基础。其次，钱学森主张采用定性与定量相结合的方法开展情报分析工作，钱学森指出，人的创造性主要来自创造思维，创造思维是形象思维和逻辑思维的结合，本质上定性与定量相结合、宏观与微观相结合，这是人脑创造性的源泉。钱学森认为情报研究工作的更高层次是建立从定性到定量的综合集成方法，这为情报研究工作指明了方向。最后，钱学森极力呼吁运用思维科学的方法理论武装情报工作和情报科学技术研究，主要是人工智能、人机结合、人与信息网络的结合、模式识别等几个方面。

4.4.3　包昌火情报思想

包昌火是我国著名情报学家，是中国情报学的倡导者、中国科技情报先驱者[①]、中国竞争情报工作的领军者和创导者[②]。包昌火自 1963 年投身中国兵器工业集团科技情报研究工作开始，从事情报工作近 60 载。包昌火撰写的近 100 篇学术论文和900 多万字的专著与专题，被人们赞誉为"我国情报百花园的一簇奇葩"，包昌火在情报研究的现代化、竞争情报的推广、中国情报学学科方向的引领等三大领域为我国情报学的发展做出了不可磨灭的贡献[③]。在拉卡托斯[④]看来，学术思想不是指单一的理论，更不是单个的命题或判断，而是一个具有硬核（不容放弃和不易改变的哲学信念与基本假设）、可变的保护带和正反启发的理论系列或科学研究纲领。那么，"information 的 intelligence 化"毋庸置疑是其情报思想的硬核，被学者评价为"贯穿于包昌火学术生涯的一条红线、情报思想的精华所在、不断长兴并身体力行的基本点"[③]。如果说学术思想是一系列具有共性的命题或判断形成某种具有结构性的学术观点，那么包昌火情报思想可以总结为"中国情报学"相关论述。

以"中国知网"为数据源，检索"包昌火"为作者的所有文献，再根据研究内容初步分类后，从文献计量的角度出发进行整理，结果如图 4-11 所示。

"中国情报学"相关论述主要是：2015—2018 年包昌火为呼应《中华人民共和国国家情报法》颁布后情报学科建设亟待加强的客观需求，创作了多篇围绕"中国情报学"话题的成体系论述。其中包括中国特色的情报学理论架构、中国情报学学科体系、国家情报学学说等。从图 4-11 可知，包昌火"中国情报学"相关论述并非孤立与偶然，而是包昌火学术生涯中情报研究不断抽象与升华，诸多情报学观点和见解百川朝海一般的总集成。

① 李艳. 包昌火先生情报思想回顾[J]. 情报杂志，2021，40(3)：3-4.
② 《竞争情报》编辑部. 包昌火先生追思会实录[J]. 竞争情报，2021，17(2)：55-56.
③ 包琰. 包昌火情报思想剖析[J]. 情报杂志，2013，32(6)：1-4，9.
④ 拉卡托斯 I. 科学研究纲领方法论[M]. 兰征，译. 上海：上海译文出版社，2005：55-112.

研究对象不断抽象

研究主题	1979年前	1980年	1981年	1982—1987年	1988—1991年	1992—1997年	1998—2004年	2005年	2006—2008年	2009—2016年	2017—2018年
论述"中国情报学"											5
情报学理论研究						2	2			1	7
竞争情报的引进与推广						1	12	2		2	
情报学方法研究（侧重先进方法技术）				3	9			1	7		
军工领域情报研究（围绕"常规兵器"）		1	1	8		2					
具体对象情报研究（围绕"火炸药"）	2	1		6							

系统化基础上的创新　　研究成果不断升华

图 4-11　包昌火文献计量示意图

1. 包昌火"中国情报学"论述

如图 4-12 所示，包昌火将"中国情报学"相关论述凝练概括为五段表述：以 information 和 intelligence 为两大基石，以组织的情报活动为研究对象，以 information 的 intelligence 化为核心内容，为组织安全和社会发展科学决策提供支撑，由中国情报学者开创的情报学。五段表述分别指代"中国情报学"的研究基础、研究对象、情报研究本质或情报研究基本任务、情报功能以及"中国情报学"的历史沿革。在此基础上包昌火进一步补充强调：情报学的英文表述不是"information science"，而是"intelligence studies"，其核心任务是研究如何将信息转化为情报和谋略，而非信息和知识的组织，后者是图书馆的世袭领地。

从包昌火的补充可以看出，正如前文所示，"information 的 intelligence 化"是"中国情报学"相关论述的内核。在 20 世纪全球信息化大潮背景下，情报学研究进入了一个概念混乱、随风飘散和无限扩张的时期，在"情报、信息大讨论"年代，包昌火指出 intelligence 一词的本质含义应该是对 information 的分析和评价，作为一项产品，它是深度加工的 information，具有明显的目的性、增值性和智能性。因此，情报研究也可以理解为"information 的 intelligence 化"的一项研究活动。"information 的 intelligence 化"本质上是对钱学森"情报就是为了解决一个特定的问题所需要的知识""是激活了、活化了的知识，是激活了、活化了的精神财富"相关论述的继承与发展，包昌火认为可以称为"信息转化理论"或"知识激活理论"，将信息转化为知识、情报、谋略和能力①。

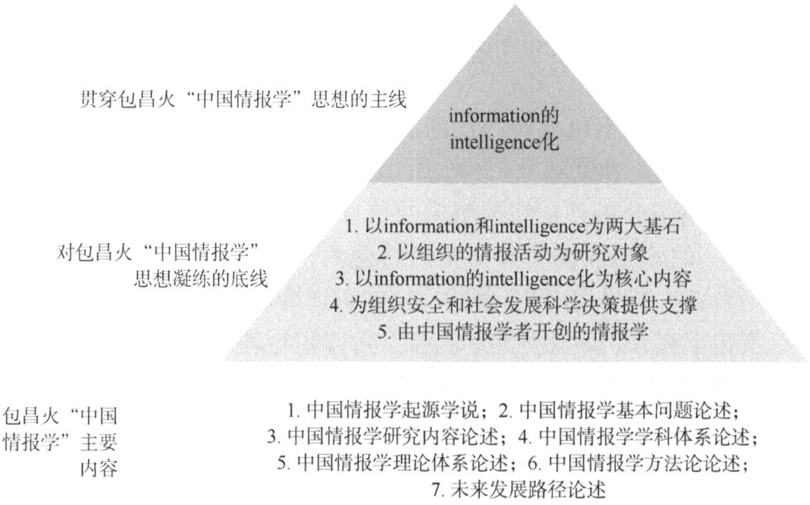

贯穿包昌火"中国情报学"思想的主线

information的
intelligence化

对包昌火"中国情报学"
思想凝练的底线

1. 以information和intelligence为两大基石
2. 以组织的情报活动为研究对象
3. 以information的intelligence化为核心内容
4. 为组织安全和社会发展科学决策提供支撑
5. 由中国情报学者开创的情报学

包昌火"中国
情报学"主要
内容

1. 中国情报学起源学说；2. 中国情报学基本问题论述；
3. 中国情报学研究内容论述；4. 中国情报学学科体系论述；
5. 中国情报学理论体系论述；6. 中国情报学方法论论述；
7. 未来发展路径论述

图 4-12　包昌火情报思想示意图

学者曾对理论的标准或理论研究的原则给出过各自的论述。这些论述可以被归纳为"好理论"的四个特征，即真实性、融贯性、有效性和简约性②。

在真实性与有效性方面，好的理论必须建立在真实经验的基础上，同时能够用于实践，为实践行动提供更多启示。杨建林③曾指出国内以包昌火为代表的学者认为"intelligence studies"视域是情报学未来的发展方向，未来的情报学将走向以情报研究为主导、信息资源建设为基础、信息技术为手段的情报工作发展模式。国内从事具体情报工作（包括科技情报工作、社会情报工作、军事情报工作、安全情报工作）的学者大多可以归入"intelligence studies"派，这正是由于"information 的 intelligence 化"建立在具体情报工作者真实的实践经验基础上。由"information 的 intelligence 化"拓展而来的"中国情报学"事实上也为情报学界提供了很多启示，如杨国立和苏新宁④勾勒的以 intelligence 为导向的现代情报学发展蓝图。

在简约性方面，好的理论应该遵从简约原则，纽曼在他的书中把这一原则解释为理论应该具有最低程度的复杂性，没有多余的组成部分。"information 的

① 包昌火. 人际网络开发与竞争情报发展[J]. 情报杂志，2008，(3)：3-4.
② 白长虹. 好理论的特征[J]. 南开管理评论，2019，22(4)：2，1.
③ 杨建林. 关于重构情报学基础理论体系的思考[J]. 情报学报，2020，39(2)：125-134.
④ 杨国立，苏新宁. 迈向 Intelligence 导向的现代情报学[J]. 情报学报，2018，37(5)：460-466.

intelligence 化"精辟、简洁地表述情报和信息两者的区别和联系,同时包昌火[1]指出它既是一切情报活动的基础,也是我国情报学研究的核心问题:我们浓墨重彩研究的不应是 information,而应是 intelligence,不应是 information science,而是 intelligence studies。

在融贯性方面,即理论不仅具有内在的逻辑一致性,还要和其他已被大家接受的理论相符合。包昌火和谢新洲[2]曾指出,舒尔斯基在《无声的战争:认识情报世界》中认为"情报分析是指把搜集来的信息碎片转化为决策和军事指挥者可以使用的形式"的论述佐证了其对信息转化为情报的理解。美国学者海伦·罗丝伯格和斯科特·艾里克森[3]合著的《从知识到情报——在下一波经济中建立竞争优势》提出了将知识转化为组织需要、可知道行动的情报途径和方法,代表了国外关于信息转化理论与实践方面的最新进展与未来发展,这也证明了该理论的融贯性。

2. 情报起源学说

包昌火关于情报起源学说的完善是其情报思想的一处重要闪光点。

20 世纪 80 年代初,尚在专门从事常规兵器情报研究的包昌火就指出:"兵器的发展除了本国的战略战术思想、经济地理、科技基础外,还必须了解对方武器状况。"而军工情报的保密性更增加了了解敌情的迫切性,知己知彼对于正确确定我国武器发展方向具有特别重要的意义[4]。在随后的我国竞争情报的引进和推广中,包昌火[5]一针见血地道出竞争情报与图书情报相比,具有更强的目的性、时效性、实用性、增值性和来源的广泛性,是以在知己知彼的基础上达到提高市场占有率为主要目标,具有明显的对抗性,这种对抗性是以知己知彼、克敌制胜为目的的情报活动。延续这一思想脉络,包昌火和谢新洲[2]在《信息分析丛书》前言中提出情报学起源学说新观点:追本溯源,情报学的老祖宗应该是孙子,而非布什,也非申农。情报学并非起源于文献学和图书馆学,而应是起源于军事学和谋略学,起源于人类的情报活动和咨询活动,与人类的竞争和决策相伴相生,它们形影相随,而又若即若离,如盛行于我国春秋战国时期的兵法和韬略,并指出孙

---

① 包昌火. 这里的黎明静悄悄——再谈 Intelligence 与中国情报学[J]. 图书情报工作, 2009, 53(8): 5-6.

② 包昌火, 谢新洲. 关于我国情报学研究中若干问题的思考:写于《信息分析丛书》前言[J]. 情报理论与实践, 2006, (5): 513-515.

③ 罗丝伯格 H N, 艾里克森 G S. 从知识到情报——在下一波经济中建立竞争优势[M]. 张新民, 等译. 北京:科学技术文献出版社, 2011.

④ 包昌火, 吴燮康, 陶辅文, 等. 试论常规兵器的情报研究工作[J]. 兵工情报工作, 1981, (1): 16-23.

⑤ 包昌火. 加强竞争情报工作 提高我国企业竞争能力[J]. 中国信息导报, 1998, (11): 30-33.

子被国际情报界誉为"情报之父"的客观事实，孙子所著的《孙子兵法》被西方
国家奉为竞争情报理论的经典著作。其思想精髓"知彼知己者，百战不殆"无疑
精练地涵盖了竞争情报的全部意义①。包昌火认为《孙子兵法》作为军事学和军事
情报学的开山之作，是研究军事情报现象及规律的科学，是军事学的重要分支，
而竞争情报是军事情报向民用领域转移的产物，竞争情报在商战中的作用同军事
情报在战争中的作用同出一辙，不仅复制了军事情报循环等重要技术，而且当下，
竞争情报也在不断汲取军事情报的营养，从而理顺了孙子情报起源学说②。

　　包昌火对情报起源学说不遗余力地大声疾呼，更为中国情报学理论研究积聚
研究力量起到了积极作用，随着公安、军事情报学领域学者纳入研究阵列，学术
界对我国古典情报理论研究不断深入，产生了一大批基于中国古典著作典籍的情
报思想研究成果。同时，情报学起源学说也为学界更好地把握中国情报理论研究
动向指明方向，有助于中国特色情报理论建设行稳致远，为新时代背景下构建的
中国特色情报学夯实了理论基础。

4.4.4　关涉情报学未来发展主要观点

　　在习近平加快构建中国特色哲学社会科学的重大战略任务指引下，我国情报
学界面对机遇和挑战，深入贯彻习近平重要讲话精神，正致力于推动构建中国特
色情报学。随着理论研究的继续深入，关于中国情报学应秉持什么样的价值追求、
确立什么样的发展理念和目标以及如何变革等问题，已逐步达成了一些共识，本
节选取关于中国情报学未来发展研究的主要观点展开梳理。

1. 构建 intelligence 导向的中国情报学

　　新时代背景条件，为情报学发展带来了机遇，情报学应在国家安全与发展战
略下承担历史使命和社会责任，构建以 intelligence 为导向、军民融合的、具备中
国特色的中国情报学。代表学者有包昌火、苏新宁等
　　中国情报学派主要有四个方面特点：第一，情报历史。中国情报学派指出"情
报"最早源于军事领域，中国自古以来作为一个重视利用情报的大国，在五千年
的朝代更替和纷繁战争中孕育出一大批情报大家，包括闻名中外的孙子、诸葛亮、
李世民、毛泽东等，中国情报思想延续至今③。现阶段对我国情报历史宝藏的研究

---

① 黄迎馨,沈固朝,包昌火. 借鉴军事 C3I 理论与技术构建企业竞争情报系统[J]. 科技情报开发与经济,2009,
19(6)：108-110.
　　② 包昌火，李艳，包琰. 论竞争情报学科的构建[J]. 情报理论与实践，2012, 35(1)：1-9.
　　③ 包昌火，刘彦君，张婧，等. 中国情报学论纲[J]. 情报杂志，2018, 37(1)：1-8.

仅散见于对《孙子兵法》、毛泽东、钱学森等情报思想的研究，我们应该积极通过历史获得镜鉴，并注重上升到理论层面，充实情报学理论与方法①。第二，在研究内容方面，中国情报学派认为：情报和信息不是对立关系，而是一种相通、承继有时甚至可以相互转换的关系②，情报学是研究如何将信息转变为情报③，即"information 的 intelligence 化"④。第三，在研究领域方面主张"大情报观"⑤，中国情报学派认为情报学作为应用型学科，是一个与时代发展紧密联系的学科，需要打破传统研究领域的封闭性，强调情报研究应该面向国家利益，服务于国家经济、科技、安全等领域，情报应该承担此历史责任。其中军民情报学融合既有来自历史上的军民情报关系作为客观基础，也有来自 intelligence 和 information 两者的联系作为理论基础，更有来自匹配国家战略需求中情报观的转变带来的动力、活力和文化基础。第四，情报学定位，"中国情报学"以总体国家安全观和总体国家发展观为指导思想④，致力于解释、预测新时代国家安全与发展中的情报现象，指导国家安全与发展的治理⑥。

2. 加快中国情报学建设

新的时代、新的需求赋予了情报学新的使命，原有的情报学学科体系、学术体系、话语体系需要顺应时代发展进行拓展和深化。环境的变化、技术的发展、学科之间的交叉渗透以及情报需求的改变，促进了情报学研究与情报工作向纵深与广度发展，都为加快建设新时代中国特色的情报学学科体系创造了条件，需要我们重新定位并审慎规划情报学的学科体系、学术体系和话语体系，促进情报学更加快速地发展。代表学者有苏新宁、马费成、彭靖里、缪其浩、李阳、孙建军等。

苏新宁⑦指出中国情报学的创建时间，但情报思想源远流长，吸收这些思想并结合时代特征、技术发展、国家需求以及现有情报理论，对建设中国特色情报学学术体系有着十分有利的条件，今天，情报学与情报工作已渗透到各行各业以及众多研究领域，大情报学科的思维以及情报学学科的发展，都为建设新时代中国特色的情报学学科体系创造了十分有利的条件，应该顺应时代变化，加快建设中国特色情报学学科体系、学术体系、话语体系。

① 杨国立，苏新宁. 迈向 Intelligence 导向的现代情报学[J]. 情报学报，2018，37(5)：460-466.
② 苏新宁. 大数据时代情报学学科崛起之思考[J]. 情报学报，2018，37(5)：451-459.
③ 包昌火，金学慧，张婧，等. 论中国情报学学科体系的构建[J]. 情报杂志，2018，37(10)：1-11，41.
④ 周京艳，张惠娜，黄裕荣，等. 新时代大情报观下情报工作的突破[J]. 情报理论与实践，2019，42(8)：6-8.
⑤ 杨国立，李辉. 军民情报学融合的基础分析[J]. 情报理论与实践，2020，43(5)：80-84.
⑥ 赵冰峰. 论面向国家安全与发展的中国现代情报体系与情报学科[J]. 情报杂志，2016，35(10)：7-12.
⑦ 苏新宁. 中国特色情报学学科体系、学术体系、话语体系论纲[J]. 中国图书馆学报，2021，47(4)：16-27.

马费成和张帅①指出加快构建中国特色情报学学科体系、学术体系、话语体系，既是时代的呼唤，也是党和国家的要求，更是我国情报学研究者的学术使命。中国情报学应着眼于认识情报现象、把握情报规律和解决情报问题，立足本来、吸收外来、面向未来，以期在更高水平上建设中国特色情报学。

彭靖里②认为中国特色情报学的兴起、发展与实践都有着特殊历史和意识形态背景，其理论与应用研究以及学科建设与西方经典情报学理论体系相比，在研究范畴、研究对象和学科发展重点等方面都存在着明显差异，简单照搬将会出现其理论研究结果与我国社会实践之间严重错位的普遍现象。中国情报学应当遵循开放、包容和创新的原则，积极主动推进 information 与 intelligence 两者的相互融合和优势互补，逐步形成符合学科自身发展逻辑关系和理论演变规律的独特方法论，走一条符合自己实际的发展道路。

缪其浩指出在总体国家安全观下构建情报学和情报工作体系是近年的一个活跃的研究方向，从知识 information 到认知 intelligence 是中国情报学研究跨出的重要一步，非常具有意义。中国情报学研究需要超越 information science 或 intelligence studies 之争，需要建立起自己的理论学术和工作方法体系③。

纵观当前，国际国内形势严峻复杂，多领域的竞争与合作已经进入白热化的背景下，李阳和孙建军④认为新时代将中国情报学与情报工作推向了一个新境地。如此环境下，以 intelligence 为主导的情报学的复兴与崛起成为历史之必然，中国情报学与情报工作迎来了"变道超车"的历史转折点，在这个时间和空间的交汇点上应当"少争论，多做事"。中国情报学与情报工作亟须探寻新生命力和新价值，打造新的核心能力与竞争力，应势而谋、因势而动，实现中国情报学与情报工作复兴和宏图大略。

3. 积极回应社会需求，但应有所为有所不为

随着大数据时代的到来、新文科的提出、《中华人民共和国国家情报法》的通过等，以及大数据、云计算、人工智能、第五代移动通信技术、物联网、虚拟现实（virtual reality，VR）、区块链等新技术的发展和应用，人类的生产生活和学习方式发生深刻改变。新技术对我国情报学的影响是全方位的。在新形势新背景环境下，部分学者主张积极回应社会需求，情报学应该突破以文献为

---

① 马费成，张帅. 中国当代情报学的发展路径与本土特色[J]. 情报理论与实践，2021，44(7)：15-21.

② 彭靖里. 中国特色情报学理论与应用研究的历史回顾和反思[J]. 情报杂志，2019，38(10)：1-6，11.

③ 王忠军. 中国情报学研究需要超越 Information-Intelligence 之争：缪其浩先生访谈实录[J]. 情报理论与实践，2021，44(8)：1-4.

④ 李阳，孙建军. 中国情报学与情报工作的本土演进：理论命题与话语建构[J]. 情报学报，2018，37(6)：631-641.

基础的学科固有范式，但应有所为有所不为。代表学者有马费成、赖茂生、初景利等。

马费成和李志元①提出我国图书情报学学科发展需要注意关注社会需求、充实交叉融合、加强理论创新、坚守人文传统四个方面的建议。其中特别重视情报学对新时代背景新要求的回应，指出需要关注社会需求，图书情报学科从一诞生就是一门实践应用性较强的学科，在技术的发展和新文科建设的推进中，增加学科可见度、提高学科话语权尤为重要。在面临百年未有之大变局，我国面对的国际环境从未像今天这样严峻，我国社会经济、科技和文化发展遭遇美国及其盟国的全面封锁和打压，国家安全受到空前威胁。我国的图书情报学科应该从学科特点、社会需求等角度进行思考，结合国家安全、军民融合、创新驱动、文化强国、公共安全、应急管理等重要领域的国家战略，在自身擅长的领域不断创新，应国家重大需求，凭借学科智慧和能力，做出我们应有的贡献。他们同时提醒在发展过程中，应根据自身实际，结合自身特点，回应社会需求，要做到有所为有所不为，不应一味求全贪大，否则就会舍本逐末，失去自身特色。

赖茂生②认为情报学学科发展应该继续完成专业化和职业化进程；继续夯实专业化基础，专业化的经济基础是商业化和市场化，社会基础是社会信息化，理论基础是建立某种意识形态理论获得法律上的独立性，通过献身公共利益和客观公正等专业主义理念争取大众社会的支持以获得社会合法性和合理性；坚守学科的学术规范和职业伦理，继续遵守国家相关法律和国际惯例，坚持情报信息来源和手段的公开性、合法性和科学性。在情报学发展路径方面，可选择大数据方向、知识管理方向、智库方向。不主张地方院校的情报学专业向安全情报方向、安全保密方向发展。

初景利③认为：在今天这样一个学科交叉加剧、跨界融合兴盛的时代，学科边界变得越来越模糊。没有一个学科还可以孤立地存在，理论方法的跨学科应用已成为普遍现象。情报学如果不能扩大自己的学科边界，很可能就会被其他学科所吞并或蚕食。所以，实行开放政策，打破学科边界，吸收其他学科的养分，不断壮大自己，才是情报学学科发展的出路。但这个过程中，必须坚守情报学固有学科内核，而不是被同化，失去自我。坚持以我为中心、为我所用的学科发展原则。

① 马费成，李志元. 新文科背景下我国图书情报学科的发展前景[J]. 中国图书馆学报，2020，46(6)：4-15.
② 赖茂生. 新环境、新范式、新方法、新能力：新时代情报学发展的思考[J]. 情报理论与实践，2017，40(12)：1-5.
③ 初景利. 新时代情报学与情报工作的新定位与新认识："情报学与情报工作发展论坛(2017)"侧记与思考[J]. 图书情报工作，2018，62(1)：140-142.

4.5　中国特色的情报学重点研究领域

2020 年 11 月 3 日，全国有关高校和专家齐聚中华文化重要发祥地之一山东，共商新时代文科教育发展大计，共话新时代文科人才培养，共同发布《新文科建设宣言》。实际上，情报学界早在 2017 年 10 月 29 日就发布了《情报学与情报工作发展南京共识》，围绕情报学学科建设与情报工作的未来发展展开了讨论，努力推动情报学与情报工作在国家创新、共享、发展、安全的框架下发挥新的更大作用。《新文科建设宣言》很多导向与《情报学与情报工作发展南京共识》不谋而合。

新科技和产业革命浪潮奔腾而至，社会问题日益综合化、复杂化，应对新变化、解决复杂问题亟须跨学科专业的知识整合，推动融合发展是新文科建设的必然选择。坚持走中国特色的文科教育发展之路，坚持尊重规律、坚持立足国情、坚持守正创新、坚持分类推进①。中国特色情报学研究重点围绕上述思想，分为以下几点。

4.5.1　情报学理论和方法研究

情报学作为交叉学科，具有自身的研究规律，在新文科、新工科的学科背景下，需要对情报学相关理论和方法做系统梳理，潜心研究自身规律和未来发展。

1. 基础理论

情报学基本原理是用于揭示情报活动机理的基础性理论，它们在情报事业、情报业务和教育实践等方面发挥着解释与指导的价值，与各种情报学研究范式相结合产生了各种情报学分支理论。基本原理术语与西方学术理论体系中的元理论术语和范式术语存在共性与差异，讨论情报学基本原理并不是为了得到一个普适的、具有指导意义的理论工具，而是为了保证情报学理论体系的严谨性以及揭示整个情报学理论体系的内核。学科内的基本原理、元理论、范式都是阶段性的产物，都会在学科分化与融合的进程中不断更新。中国学界有其自身的传统，无须照搬西方方式进行知识体系的表达。欲使中国情报学成为真正意义上的情报科学，必须以马克思主义哲学以及部分横断科学的理论为指导，认知和解释本范畴内的现象或规律，构建出具有中国情报学学科特色的一组基本原理。我们应当以情报

---

① 新文科建设工作会在山东大学召开 [EB/OL]. http://www.moe.gov.cn/jyb_xwfb/gzdt_gzdt/s5987/202011/t20201103_498067.html[2020-11-03].

过程为着眼点提出一组基本原理，或以情报过程中的情报行为为着眼点提出一组基本原理，尽快推出一组新的具有共识的情报学基本原理，进一步推动情报学知识体系的科学化①。

2. 研究方法

研究方法是促进学科发展与深入研究的重要推动力，在科学研究过程中发挥着举足轻重的作用。对于情报学这一相对较新的领域，研究方法的重要性不言而喻。国内外的情报事业经过多年的发展，为情报学研究提供了非常丰富的实践资源。情报学在研究实践中，已初步形成众多的学术流派、学科基础理论和研究方法。当前，情报学与情报工作中，亟须对情报学的相关方法体系进行梳理，形成系统的情报学方法体系，从而为情报学研究与情报工作提供指导②。情报学领域常用的研究方法包括实验法、问卷法、理论研讨法、内容分析法、访谈法和书目计量法等，每种方法都有各自的特点。因而在选择使用时，既应考虑具体研究课题及研究方法的特性，也要考虑使用注意事项，并尽量在同一研究中采用两种或更多的方法，从而扬长避短，更有效地展开研究③。

4.5.2　情报学应用研究

情报学作为紧密结合国家和社会发展需求的应用型学科，必须立足国情谋求发展，主动融入新时代改革开放和社会主义现代化建设的伟大实践。

1. 智库应用

智库战略已成为国家重要战略之一，智库本身的发展需要情报研究作为支撑。情报研究是智库研究的一个类型、一个环节或者是一种方法，情报研究可以从智库研究中借鉴思路，在政策中发挥特殊作用，任何好的智库或智库研究都离不开情报研究④。目前的研究更多地局限于宏观性的指导，未能从细节实施上给予具体方案或策略，而且大多数研究聚焦于资源类服务，这类服务实际上与传统的情报资源服务相比并无本质上的突破。情报学界需要深入智库服务内部分析，将智库服务需求与情报研究在更为具体的要素上（如科技强国、总体国家安全观等）进行融合，从而促进情报研究与智库服务在微观层面的真正相融。

---

① 杨建林. 情报学基本原理的再认识[J]. 情报学报，2019，38(11)：1212-1221.

② 章成志. "情报学方法体系构建中的关键技术研究"专题序[J]. 数据分析与知识发现，2019，3(10)：1.

③ 储荷婷. 图书馆情报学主要研究方法：了解、选择及使用[J]. 图书情报工作，2019，63(1)：146-152.

④ 李刚. 从情报研究到智库研究[J]. 图书馆论坛，2017，37(9)：50-54.

2. 社会治理

近年来，习近平在党的二十大报告等重大报告中对社会治理给予了高度重视。相比传统社会，网络社会中的信息交流与传播更为开放自由、信息安全形势更为严峻，特别是网络舆情控制与引导已成为社会治理的重要内容。未来情报（学）研究需要加强情报服务和情报服务机构在社会治理各主体协同过程中的融入性。从技术（如舆情分析）和信息资源管理（通过基于信息资源的决策支持、产品开发和流程再造等，科学地研判和预测社会的各类风险，从社会治理的预见性、精准性角度提供情报支持①）等角度研究情报（学）在社会治理中的突出作用。

3. 智能制造领域的应用

智能制造需要对企业外部生态环境大数据进行情报分析。为了建立制造情报系统，需研究网页信息内容高效采集的聚焦爬虫技术，以及确保采集信息一致性、基于增量式的融合方法；研究相关数据的校正、清洗和标注技术，实现数据的可用性；构建海量数据的一体化数据管理平台，实现数据的集中智能管理；构建面向制造业的社会媒体信息库，包括实体库、事件库、情感库、观点库的分类体系构建；研究数据信息的同义词聚类、概念术语提取、实体和要素关系刻画等知识获取的技术。大数据时代，尤其是工业 4.0 和工业互联网进程的深入开展，关注如何将情报学的研究成果应用于智能制造领域，研究智能制造的情报系统，这将从根本上提升其学科地位和社会贡献。

4.5.3　情报学分支研究

我国情报学界和情报业界对于情报学界定有不同的渊源，必须坚持守正创新，既要固本正源，又要精于求变。我国情报学具有众多研究分支，需要根据各自分支专业特点，结合各自领域特定问题，坚持在情报学总体研究框架下，实现各自分支的差异化与特色化发展，构建世界水平、中国特色的情报学研究体系。我国情报学经历了六十多年的发展，目前已经形成多个分支，包括传统的文献情报学、竞争情报学，逐渐与各领域融合的公安情报学和军事情报学，以及实验情报学、金融情报学、计算情报学、制造情报学、社会科学情报学、医学情报学等。有必要梳理相关分支的研究特色，引导研究重点，与时俱进地发展新的研究分支，同时拓展原有研究分支的研究内涵，以便更好地服务我国各项事业的发展。

---

① 苏新宁，杨国立. 我国情报学学科建设研究进展[J]. 情报学进展，2020，13：1-38.

1. 文献情报学

文献情报学是随着知识文献的迅速增长和积累与人们对知识信息的特定需要之间的矛盾而发展起来的。它是专门研究情报的构成和基本特性，以及研究情报信息的生产、组织、传递、开发和利用的规律性的科学学科。具体地说，文献情报学就是研究有关情报信息的生产、搜集、整理、存贮、检索、报道、服务和分析研究的原理原则与方式方法的科学[①]。它的基本任务就是研究解决情报知识的积累与利用之间的矛盾，用科学的方法组织知识和信息，使之有序化，成为便于人们利用和获取所需知识与信息的形式，鉴于知识经济的发展有赖于知识信息的创造、加工、传播和应用，那么专门以情报信息的生产、搜集、组织、传递、开发和利用作为自己研究对象的文献情报学便在知识经济的发展中占有非常显著的地位。这表现在文献情报系统是知识创新的重要支柱之一，文献情报系统是知识传播的重要渠道，文献情报工作是知识成果转化为生产力的重要因素。

在宏观层次上，文献情报学应以广阔的视野面向国家整体情报事业，为增强文献情报系统的服务能力，更有效地开发利用信息资源，建立结构合理的现代化文献信息服务体系提供理论指导。当前，要加强文献情报服务业的组织结构和管理体制的研究，优化文献情报系统的运行机制，使知识的生产部门与应用部门更好地联结起来，促进知识成果向生产转化。

在微观层次上，要不断寻求新的方法和手段，为提高文献情报服务的效率和质量提供技术基础。在知识经济条件下，社会生产是围绕信息流来实施的，知识的获取方式与效率以及所获知识的质量将成为经济发展的战略因素，越来越多的各学科领域的研究人员都需要在短时间内发现对自己研究有价值的文献。这就需要情报学领域的专家牵头开发一款适合我国科研人员使用的相关软件，这也有利于提高情报学在整个学术领域的影响力。

在实践层次上，文献情报工作要适应社会发展的需要，面向经济，面向社会，改善服务方式；要重视信息资源开发的研究，广辟信息来源和传播渠道，扩大信息交流，把科技成果推广应用到生产实践中去，形成直接的生产力。要加强在知识经济条件下为各类决策提供服务的情报调研与信息咨询研究。

2. 竞争情报学

竞争情报学主要是情报学在商业领域的应用。从今后的研究趋势来看，国内竞争情报研究应加大对国家政策导向的关注力度，运用新技术、新方法解决新时代竞争情报事业发展中的新问题，着力提升服务能力和服务质量。在大数据环境

---

① 严怡民. 情报学概论[M]. 修订版. 武汉：武汉大学出版社，1994：42-43.

下，需要研发能够快速收集、分析商业领域相关信息的竞争情报软件，其中就包括相关算法的融合、相关商业领域知识的嵌入等。

在数据和创新双重驱动发展的新时代背景下，竞争情报服务主体的需求也在发生变化，情报产品、服务内容的创新也需要与时俱进。应针对特定产业、环境和需求确立以用户为中心的多样化服务模式，同时关注中、小、微企业的竞争情报服务①。可考虑引入技术链、创新链、产业链等"链式"理论，构建基于不同层次链的竞争情报服务策略，注重服务效果的跟踪评价与策略优化。在大数据环境下传统的竞争情报系统需要在模型和技术上进行改进，目前有平行竞争情报态势感知系统②、基于工业互联网的竞争情报系统③、基于边缘计算的竞争情报系统④等基于大数据的竞争情报原型系统研究，但是还没形成有影响力的相关软件，未来相关软件的开发需要更多情报学领域学者和从业者的加入。

3. 公安情报学

公安情报学是以公安情报现象为研究内容的一门学科。公安情报现象是社会现象的一个重要方面。以违法犯罪活动为例，嫌疑人员实施或者计划实施违法犯罪活动，都会形成一系列客观事实。这些事实以资料、线索、情报、信息或数据等形式表现出来，形成公安情报现象。公安情报工作就是借助资料、线索、情报、信息和数据等分析公安情报现象，追本溯源，还原事实。公安情报学是一门综合性学科，是在融汇不同学科知识的基础上形成并向前发展的，在不同历史时期，公安情报学的研究对象有所不同。公安情报学的研究对象数次变迁，从秘密情报，到刑事犯罪情报资料，到信息和数据，因而融入了其他学科知识体系。在秘密情报研究阶段，公安情报学依附于侦查学，采用侦查学理论方法来开展研究。在刑事犯罪情报资料研究阶段，公安情报学借鉴情报学理论，逐步形成以情报资料管理为核心的公安情报学基础理论和基本方法。早在大数据兴起之前，数据就进入公安情报学研究视野⑤。

传统公安情报学无论是探索理论规律还是总结实践经验，以定性研究为主，其结论、观点带有明显的主观性。在大数据背景下形成的"第四范式"——数据密集型科学发现，将推动科学研究范式的嬗变。公安情报学可以借鉴"第四范式"开展研究，将公安情报实践活动及学术活动的海量数据引入学术研究中，采用大

① 王晴. 基于 CSSCI 的竞争情报学近 20 年核心作者与主题识别[J]. 图书馆研究与工作, 2019, (5): 48-54.
② 石进, 李益婷. 平行竞争情报态势感知系统研究[J]. 西南民族大学学报(人文社科版), 2020, 41(2): 234-240.
③ 石进, 张天娇. 基于工业互联网的竞争情报系统研究[J]. 现代情报, 2020, 40(2): 18-25.
④ 石进, 李益婷, 胡雅萍. 基于边缘计算的竞争情报系统研究[J]. 情报科学, 2019, 37(10): 34-39.
⑤ 彭知辉. 大数据环境下公安情报学理论体系研究[J]. 图书馆杂志, 2018, 37(2): 11-17.

数据方法开展量化分析，这样可以增强学术研究的科学性，推动理论创新和实践创新。公安情报学某些领域的研究偏重现象描述与经验总结，存在疏略、宽泛、笼统等现象，不能开展具体的、量化的研究。如果引入大数据理论方法，可以突破研究中的瓶颈，弥补其缺陷[①]。

4. 军事情报学

军事情报学是研究军事情报特性、军事情报工作规律和军事情报工作指导规律的学科，是人们对军事情报工作实践的理性思考和概括总结，是指导军事情报工作的理论基础，其基本任务是揭示军事情报工作规律，阐明军事情报工作的理论与方法，指导军事情报工作实践[②]。军事情报理论研究具有极强的实践指导意义。军事情报理论研究的水平，决定了军事情报的实践水平。目前军事情报理论研究主要成果停留于引介西方主要大国的情报研究成果方面，真正原创性的理论研究不多，这与我们的大国地位不相适应，也不能满足新时代对军事情报理论的要求。中国的军事情报学研究和实践需要解决的国家安全问题与其他国家不尽相同，解决这一问题的途径也必定具有中国特色。因此，在情报基础理论研究方面，应加强情报理论研究，会通中外情报理论，总结历史上中外情报工作实践中的经验与教训，形成自己的独特看法，拿出更多的原创性研究成果，从而为国家安全情报工作的改革提供理论依据。形成情报研究的中国学派是摆在我们面前的历史使命。

在大数据环境下，还应该积极引进数据分析方法，如借助于综合国力方程，我们可以计算敌我双方的潜在战争潜力；借助于模式分析，计算机可以统计一定阶段对手军事活动的特点，从而减轻分析人员的负担，并可使分析更准确；借助于数据挖掘，我们可以使开源情报工作更高效；借助于竞争性假设分析软件，我们可以轻松地对信息与形成的假设进行匹配，轻松地剔除没有诊断价值的假设，尽可能从各种角度去理解情报现象。在军事情报分析中引入定量分析方法，提高情报分析的科学性，使传统的定性分析与定量分析相结合，也是摆在军事情报研究人员面前的重要任务。

5. 实验情报学

实验对科学的推动不可或缺，依靠实验检验理论是自然科学尤其是基础科学的核心原则之一，观察和实验已成为助力科学腾飞的双翼。情报学在借鉴实验心

---

① 彭知辉. 论大数据与公安情报学的结合：由"进入"到"融入"[J]. 公安学研究，2019，2(1)：104-122，124.

② 高金虎. 军事情报学研究现状与发展前瞻[J]. 情报学报，2018，37(5)：477-485.

理学和实验经济学的基础上，确立并发展实验情报学既是必然的也是可行的。人类信息行为研究存在两个视角，一个是关注人类内部认知过程的心理学研究，以研究信息加工的认知心理学派为代表；另一个是关注人类外部信息运用过程的信息行为研究，典型的是情报学中的信息行为研究。对于人类行为的研究，早期行为主义心理学采用"刺激—反应"模式，而从伍德沃斯（Woodworth）的《实验心理学》开始修正为"刺激—受试—反应"模式，主体内部的习惯、内驱力、波动、个体差异以及外部的问题情景、人际影响等因素均可内化归纳为"受试"因素。

现代情报学尤其关注利用信息技术与实验手段，使情报交流过程、情报系统保持最佳效能状态，以提高情报产生、加工、贮存、检索、交流、利用的效率。在各种探索研究中，实验研究（experimental research）正凸显为重要研究方法之一。通过实验研究，可以突出主要因素并利用实验仪器人为地控制或模拟研究对象，使事物或过程能反复再现，从而为揭示情报现象、认识情报规律提供有效途径。实验情报学的任务是发现人类信息行为的模式、影响因素及规律。因此，随着情报学的发展和深化，借鉴实验学科的已有经验，确立实验情报学，必将是大势所趋。从中国特色角度重视实验情报学，则有可能实现中国情报学以实验情报学为引领的发展[①]。

6. 金融情报学

随着经济社会的发展，金融对社会稳定与发展的重要性日益彰显。2017 年 4月 25 日，习近平总书记在主持中共中央政治局第四十次集体学习时强调，"金融安全是国家安全的重要组成部分，是经济平稳健康发展的重要基础"[②]。金融在经济社会发展中如此重要，作为应用型的情报学学科，应当把握这一机遇，将情报学方法融入金融领域，改变过去传统的金融分析与预测方法，建立金融情报学学科，促进情报学在国家经济建设中发挥更大作用[③]。迄今为止，金融情报研究及金融情报学研究的投入偏少，且仅有零星成果，尚未引起情报学界高度重视，尚未达到建立起金融情报学学科的程度。但从情报在金融领域发挥的作用和重要地位而言，从情报学对国家安全与发展的重要使命而言，金融情报学学科的建立势在必行。

情报学最擅长的是情报的分析与预测，在数据采集、组织、加工处理、分析等方面具有独特的方法和手段，这些方法和手段在大数据时代更是游刃有余。在

---

① 刘千里，叶鹰. 实验情报学的理论设计与现实基础[J]. 情报学报，2018，37(12)：1249-1261.

② 习近平主持中共中央政治局第四十次集体学习[EB/OL]. https://www.gov.cn/xinwen/2017-04-26/content_5189103.htm?eqid=99c3953400190b63000000026461d8f9[2017-04-26].

③ 丁晓蔚，苏新宁. 金融情报学：情报学的重要分支学科[J]. 情报学报，2020，39(2)：158-170.

大数据时代，依靠传统的经济、金融分析方法应对新形势下的经济与金融问题，已显得力不从心，亟待新的分析与预测方法的引入。将情报处理分析的方法和手段引入经济与金融分析领域，将会给经济与金融研究带来新的活力，这也是金融情报学作为一门学科产生的机遇。金融情报学的主要研究内容包括：核心概念界定，由情报学已有积淀转化成的金融情报学研究内容，金融实践为金融情报学提供的内涵丰富的研究对象等。金融情报学建立、建设和发展中的若干关键点是：实现情报学自身的提升，实现情报学与金融学的相融，实现思维方式的相应转变，以及实现由金融数据到金融情报的转化。

7. 计算情报学

计算情报分析本身有一个发展过程，经历从低级到高级的不同阶段，从重在将分析对象转化为可以度量的数值，到重在用数学公式来表示情报计算过程中的一般规律，再到重在对数据进行特征表示，从而进行计算。迄今为止，计算型情报分析的发展历程可以划分为三个阶段，分别是经验计数分析阶段、精确计量分析阶段、计算型分析阶段[①]。

计算情报是以计算机的"运算能力（大数据）"为经，"计算思维（人工智能）"为纬进行情报的量化分析和判断，针对计算情报面临的挑战与机遇进行了分析；提出实现计算情报的两个前提和一个转化基本思路，两个前提是大数据环境和人工智能技术，一个转化是将情报活动中的过程性的主观决策转化为客观概率上的不确定性，并通过"证据链模型"探索计算情报的实现途径[②]。计算情报的实现不仅需要情报与信息技术、人工智能技术融合，还需要应用以数学理论为代表的基础科学理论。

大数据时代，情报分析的对象更加多元化和融合化，分析的数据不仅包括论文、专利等科技文献，还包括各种网络资源、统计数据等。但主要还是根据情报任务的需求，对各类型的数据分别做独立的分析。计算型情报分析阶段强调在数据多元化的基础上，进行数据的融合，综合利用多种数据相互补充、交叉认证，以获得对所研究事物的全面认识，提高情报分析的准确性和科学性。计算型情报分析不再是简单的计数和计量，其目的不是简单的数据拟合，而在于逻辑推理。因此，计算型情报分析十分强调模型的作用，通过建立模型，化繁为简，把复杂的实际问题用数学模型进行抽象和表示，提高情报分析的洞察力。需要注意的是，大数据时代，情报分析模型的构建与应用依托于海量数据，旨在开发计算型情报

---

① 李广建，罗立群. 计算型情报分析的进展[J]. 中国图书馆学报，2019，45(4)：29-43.

② 陈雪飞，李辉，靳晓宏，等. 计算情报初探[J]. 情报理论与实践，2020，43(3)：11-16，70.

分析框架和系统。计算型情报分析框架本身并不解决具体的情报分析问题，它只是为实现计算分析而给出的一个用于插接、组合解决问题的相关组件的基础。一方面，它界定了实现计算分析的技术边界，进而将相关的软件组件约束在这个边界内，从而保持解决情报分析问题时手段的内聚性；另一方面，它还用来提供支撑解决情报分析问题的可选的配套软件组件或工具。利用计算型情报分析框架，可以根据具体情报分析问题来扩展、安插更多的组成部分，从而更迅速和方便地构建完整的面向情报任务和问题解决的情报分析系统。美国国防部高级研究计划局（Defense Advanced Research Projects Agency，DARPA）花费数十亿美元资助 XDATA 项目，相关的情报部门可以在其基础框架之上快速地搭建个性化的面向具体领域情报工作的情报处理系统和平台。我国情报学界也需要推动相关计算情报分析框架的系统和平台研发工作，为我国国家安全和社会发展贡献学科力量。

8. 制造情报学

党的十九大报告中明确提出"加快建设制造强国，加快发展先进制造业，推动互联网、大数据、人工智能和实体经济深度融合"[①]。智能制造涉及产品和服务的全生命周期各个阶段的物理系统、信息系统和社会系统的深度融合，这些系统涉及传统数据、传感数据和社交媒体数据的处理，需要多学科配合来解决相关问题。我国情报研究和情报工作要紧跟时代步伐，研究大数据环境下多源数据驱动的适合制造产业的智慧情报服务体系和方法，助力制造业技术变革和优化升级，推动制造业产业模式和企业形态根本性转变，为建设制造强国贡献情报学力量。

情报学在传统数据和社交媒体数据处理方面有扎实丰富的学科理论和实践基础，在智能制造应用中，需研究相关工业标准，提高对传感数据、制造过程各类信息系统数据的存储、分析和处理能力，研究多数据源多任务的信息资源管理技术。制造情报是通过制造业大数据构建制造业情报系统，其核心是制造业大数据，主要包括制造企业内部工业大数据和制造企业外部的上下游及行业生态相关工业互联网大数据。在制造情报系统中对企业外部生态环境大数据实施情报传感、情报处理与情报解析，为计算实验中的优化和预测提供数据与情报支持[②]。智能制造需要对企业外部生态环境大数据进行情报分析。需要迅速收集原材料的价格信息、

① 习近平：决胜全面建成小康社会 夺取新时代中国特色社会主义伟大胜利——在中国共产党第十九次全国代表大会上的报告[EB/OL]. https://www.gov.cn/xinwen/2017-10/27/content_5234876.htm?eqid=d28f31d40004e3560000000664913eed[2017-10-27].

② 王飞跃，高彦臣，商秀芹，等. 平行制造与工业 5.0：从虚拟制造到智能制造[J]. 科技导报，2018，36(21)：10-22.

产品的市场销售情况、市场存量、未来趋势、国家政策、上下游行业信息等基本信息，这些信息往往以文本、图像、视频等格式分布于不同的媒体中，如何实现社会媒体的在线动态感知；如何让这些异构的多源数据进行统一、完整的数据管理与数据共享，实现数据集中智能管理；如何进行动态感知、结构化、存储、管理并对其进行计算建模和知识获取，高保真地利用这些数据和知识，是非常重要的研究内容。

9. 社会科学情报学

1978 年以后，随着改革开放的深入，全国各省区市级社会科学院纷纷成立，建立了一批社会科学情报研究机构，形成了一支宏大的社会科学情报研究专业队伍。中共中央书记处指出，要尽快建立社会化、现代化的信息中心，为哲学社会科学的研究提供更优越的条件[①]。哲学社会科学的研究要注意信息的搜集、管理和运用。同时，要打破行业和部门的封锁，开放某些不必保密的资料，使信息为社会服务。以上就是社会科学情报学成立的初心。

习近平总书记在哲学社会科学工作座谈会上的重要讲话，深刻回答了事关我国哲学社会科学长远发展的一系列根本问题，是新形势下繁荣发展我国哲学社会科学事业的纲领性文献，为社会科学情报事业指出了新的方向。习近平指出："要运用互联网和大数据技术，加强哲学社会科学图书文献、网络、数据库等基础设施和信息化建设，加快国家哲学社会科学文献中心建设，构建方便快捷、资源共享的哲学社会科学研究信息化平台。"[②]由于社会科学研究的不同特点，在数字人文、社会科学数据、社会科学成果评价、智库研究与服务、"一带一路"资源建设等领域，出现了更多对社会科学文献和情报的需求，社会科学情报领域呈现出与科技情报、公共图书馆等既有共性又有不同发展趋势和侧重点的特征。当前，国家部署了一系列规划，发展哲学社会科学图书文献、网络、数据库等基础设施和信息化建设，着手建设国家哲学社会科学文献中心，这将给社会科学情报学的发展带来大好的发展机遇。

10. 医学情报学

医学情报学是指运用情报学的理论和方法来研究医学领域尤其是医学情报交流过程中的情报学问题的综合性学科。包括研究医学情报的产生、形成、搜集、组织、传递、吸收和使用等。1958 年，中国医学科学院医学科学情报研究室成立，

① 蒋颖. 中国社会科学情报学会三十年回顾[J]. 情报资料工作，2016，(6)：7-10.
② 习近平. 在哲学社会科学工作座谈会上的讲话[N]. 人民日报，2016-05-19(2).

标志着我国医学情报事业的正式诞生，在之后 60 多年的发展历程中，我国医学情报事业不断发展壮大，各级各类的医学情报研究机构为政府决策、医学科研、诊疗与教学，以及公共卫生工作提供了大量的情报支撑和信息服务工作，发挥了参谋、咨询、助手、耳目、尖兵的作用。医学情报事业的发展为国家和地方卫生事业的发展做出了不可磨灭的贡献①。

　　随着世界科学技术的飞速发展和我国市场经济体制改革的不断深入，医学情报事业的发展模式及外部环境也在不断发生变化，我国医学情报事业的发展面临着新的机遇和挑战。信息技术的飞速发展给医学情报事业的发展带来了挑战：信息技术的进步和发展对我国医学情报事业的影响涉及资源、技术、方式和成效等各个方面。大数据环境下，医学情报学应基于多源数据，加强学科融合，加强医学情报理论、方法与学科建设研究，做好卫生决策咨询和公共卫生健康服务，如伪健康信息扩散模式判别与干预研究、健康信息行为研究、医疗大数据研究等，产出有影响力的研究成果，提高医学情报应用价值。

---

① 李小涛. 我国医学情报事业的发展现状研究[D]. 济南：济南大学，2011.

第5章 情报学话语体系

2016 年 5 月 17 日，习近平在哲学社会科学工作座谈会上强调"发挥我国哲学社会科学作用，要注意加强话语体系建设"[1]，强调了构建中国特色哲学社会科学话语体系在推动中国哲学社会科学走向世界、影响世界、改变世界中的重要作用。2019 年 4 月 29 日，教育部、中国共产党中央委员会政法委员会、科学技术部等 13 个部门在天津联合启动"六卓越一拔尖"计划 2.0[2]，全面推进新工科、新医科、新农科、新文科建设，提高高校服务经济社会发展能力[3]。新文科建设是要推动哲学社会科学与新科技革命交叉融合，培养新时代的哲学社会科学家，创造光耀时代、光耀世界的中华文化。情报学作为一门具有跨学科性质的学科，也要主动回应新文科理念，积极运用大数据、人工智能等新一代信息技术，促进研究品质和应用能力的提升，更要注重加强自身学术体系、话语体系的建设与巩固问题。本章首先从分析中国特色的情报学话语体系内容入手，主要包括面向国家大数据战略、创新驱动发展战略、中国特色新型智库建设、总体国家安全观、文化强国战略、健康中国战略的情报学话语。其次，基于学科扩散视角探究情报学话语影响力，包括影响速度和影响广度两个维度。再次，以跨学科引用关系为出发点，根据关键词共现获取跨学科术语，并借助深度学习语言模型从术语层面对跨学科知识迁移与演化进行研究。最后，基于中国情报学教育话语体系的 60 多年历史发展轨迹中形成的自身独特的中国情报学教育话语自信、话语自觉和话语空间的演进逻辑，探讨体现中国情报学教育话语体系在核心使命强化、内生动力激发、主体任务培育和基本样态精准等方面的核心要义。

---

① 习近平. 在哲学社会科学工作座谈会上的讲话[N]. 人民日报，2016-05-19(2).

② 叶雨婷. 教育部等 13 单位联合启动"六卓越一拔尖"计划 2.0[EB/OL]. https://shareapp.cyol.com/cmsfile/News/201904/29/web213638.html[2019-04-29].

③中国高等教育的质量革命启动实施"六卓越一拔尖"计划 2.0 有关情况[EB/OL]. http://www.moe.gov.cn/fbh/live/2019/50601/sfcl/201904/t20190429_379943.html[2019-04-29].

5.1　中国特色的情报学话语体系

中国特色的情报学话语体系，是要在马克思主义和中国特色社会主义理论指导下，能够反映情报现象和规律，指导中国情报工作实践，基于中国特色的综合性情报学学科体系形成，依据中国的原创性和独特性贡献整合知识体系、理论体系、课程体系等要素，能提升情报学学术观点、思想、范畴等，并且能够产生一定学术效果的全面性逻辑体系。作为综合性、应用型学科，情报学如何在新的环境下、新的需求下构建一个"全方位、全领域、全要素"的中国特色情报学话语体系，是摆在情报学界面前的一个重要问题。

在中国，情报学已历经了半个多世纪的发展。情报学学科体系的建立初期主要参照于当时的科技情报工作任务，研究内容也主要紧跟科技情报工作的需要。随着社会的发展、技术的进步、需求的变化，情报学研究内容与方向也在不断进行着重点转移①。在总体国家安全观的方略下，情报学人与情报工作者深感责任重大，同时也感受到情报学科在国家战略实施中越来越重要的作用，情报学科在国家安全与发展国策中大展宏图的时机来临了，情报学浓厚热烈的学术氛围、宽阔视野的学科体系、逐渐上升的学术地位、更有活力的学术话语日益明显。近几年情报学界喊出了一个共同的口号，即"守正与拓展"，我们需要把握好这两个方面。情报学的"守正"是指守住情报领域，坚持在新环境、新技术、新需求下，对情报学理论、技术和方法的创新，突出情报本质，体现学科的情报话语内涵，展现学科的情报核心话语权，建立以情报为核心的学科话语体系。关于情报学话语界定和贡献与成就的研究在本书前述章节中已有详细论述，在本章中不再赘述。本章重点对情报学话语体系的话语权及话语深度、情报学话语作用体系进行阐释。

5.1.1　情报学话语权与话语深度

学科的话语体系是学科理论思想和知识体系的语言与文字的表达形式，运用学科的理论思想和知识体系表达的话语，体现了学科的核心话语，最具影响力的学科话语须囿于学科体系的框架之内。学科的话语体系和学科体系、学术体系紧密相关，学科话语体系的形成源于该学科体系化的、扎实深厚的专业知识和学术体系，而学科体系则是对学术体系和话语体系范围的确定。情报学需要拓展，情报学理论和知识体系需要演进，情报学话语需要更加体现学科内涵。随着大情报学科的建立，情报学学科布局更加完善，情报学知识体系更加成熟，在国家安全

---

① 苏新宁. 坚定守正与拓展，增强情报学话语能力[J]. 情报科学，2021，39(1)：3.

与发展框架及国家战略需求下，情报学话语体系需要拓展，话语力度亟待加强，话语权亟须重塑。国家的科技规划、科学评价、科技预测、科技竞争等亟待通过情报学知识体系来阐释，社会发展、经济繁荣、文化传承、全民健康、应急事件处理等领域也希望情报学有所作为，国家安全、军情研究、国防科技等领域更需要加强情报功能。因此，情报学必须要有所担当，把握时代机遇，增强话语能力，重塑在国家战略中的话语地位，构建面向国家战略的中国特色的情报学话语体系。

话语权一词最早由法国学者米歇尔·福柯（Michel Foucault）于1970年在其发表的演说《话语的秩序》中提出，其后被广泛应用于政治学、社会学和法学等学科①。话语权是指说话权、发言权，也指控制舆论的权力和走向，强调所说的观点被他人认同，对他人的观念和行为产生正向影响，是一种信息传播主体的潜在的现实影响力，在当代社会思潮中，影响着社会发展的方向②。话语权的结果最终表现为情感和价值层面的认同。话语权的提升与否会受到如知识、意识形态、经济实力、科技实力以及网络环境等诸多因素的影响。话语权主要包括五个要素：话语主体、话语受众、话语内容、话语方式以及话语影响力③。学术话语权当前关注的不仅仅是说话者的权利和资格，更多的是影响和控制舆论的能力和权力。学术话语权应该以情感态度和价值理念的认同为根本遵循，进而提高学科的学术话语影响力和话语引导力，并促进学科话语体系的建设。学术话语权是在一定学术关系和学术场域中，引导学术舆论走向、引导学术议题设置，影响学术交流势态和影响学术评判尺度的权力①。具有影响力的话语体系及其话语权都具有学科性意蕴、学理性支撑、哲学性思维、通识性表述以及有效性传播等五个核心要素。情报学话语权是指情报学的基础性知识体系、与其他学科融合所形成的情报学分支学科、情报学分支学科的分支、情报学研究主题等知识对其他学科领域的影响力④。

坚持面向世界科技前沿、面向经济主战场、面向国家重大需求、面向人民生命健康，不断向科学技术广度和深度进军，这"四个面向"指明了我国科技创新的发展方向⑤。情报学的话语深度主要体现在情报学与多学科、多领域等交叉融合的影响深度，根据情报学向外传播学科专业知识术语在其他学科与情报学的相似度，测定情报学术话语在不同学科的发展与演变情况，包括知识术语形式关联、语义和语境的影响方式与影响路径。学科交叉产生的情报学分支学科之间相互作用、彼此融合而形成超越单一学科性的知识体系。情报学交叉学科集分化与综合

① 王旭. 中国学术期刊话语权评价理论框架建构研究[J]. 图书情报工作，2021，65(12)：83-92.
② 张国祚. 关于"话语权"的几点思考[J]. 求是，2009，(9)：43-46.
③ 唐爱军. 把牢解读中国制度的话语权[J]. 马克思主义与现实，2020，(5)：82-89.
④ 杨建林. 情报学学科体系的再认识[J]. 现代情报，2020，40(1)：4-13，23.
⑤ 马费成. 推动哲学社会科学创新发展[N]. 中国社会科学报，2021-07-20(7).

于一体，实现了情报学交叉学科的整体化。与其他学科的交叉融合是情报学学科增长点的重点来源之一。交叉融合不是不同学科知识体系的简单合并，而是通过对不同学科知识体系进行有机整合而形成一个新的知识体系，并以新的学科范式的面目出现①。从交叉作用看，情报学与其他学科的交叉可划分为基础类学科交叉、应用类学科交叉、技术方法类学科交叉等不同类型。

　　基础类学科交叉主要指从哲学、社会学、经济学等多个视角研究情报现象及情报学本身，探索情报活动蕴含的规律及情报学发展规律，以及情报与人的思想、社会现象等的关系，其主要话语作用是认识学科之间的交叉融合发展机会，丰富和解释学科之间交叉研究问题现象的范畴、理论，为情报学与相应学科交叉工作提供方法论指导。应用类学科交叉主要是其他学科以情报学基础性知识体系为指导，研究不同学科领域、不同问题层次情报活动的方式与规律，并运用情报学在技术、方法方面的研究成果解决自己学科情报实践中的各种问题。技术方法类学科交叉主要是指借鉴学科内形成的技术与方法，形成适合本学科研究或者实践的新技术与新方法，为学科研究或者实践提供技术与方法指导。

5.1.2　面向国家战略的情报学话语体系

　　进入 21 世纪以来，随着国家崛起和民族复兴，中国政府先后推出国家大数据战略、创新驱动发展战略、中国特色新型智库建设、总体国家安全观、文化强国战略、健康中国战略等重大发展方向，这些发展方向对我国情报学发展提出了更高的要求，这些举措为中国情报学领域带来丰富的研究课题，中国情报学在建立本土情报理论方法的同时，也被赋予了时代特征和历史使命②。2017 年 10 月，我国情报学界形成了《情报学与情报工作发展南京共识》，《情报学与情报工作发展南京共识》提出将情报之"魂"与国家战略相匹配，与国家创新、发展与安全相关联，充分发挥情报"耳目尖兵参谋"甚至"引领"的作用③。在话语体系建设上，中国情报学要坚持本土立场与国际视野，实现"共融共通"。中国情报学要展现我国实践优势和历史文化底蕴，将饱受了科学检验与实践应用的中国情报学概念、范畴、命题、判断、术语等凝练传播，为情报学理论界把握世界情报实践发展规律和变化趋势提供中国样本，为解决世界情报信息利用问题提供中国方案。

　　构建面向国家战略的情报学话语体系没有统一的标准或固定的模式，通常取

　　① 杨建林，苗蕾. 情报学学科建设面临的主要问题与发展方向[J].科技情报研究，2019，1(1): 29-50.
　　② 马费成，张帅. 中国当代情报学的发展路径与本土特色[J]. 情报理论与实践，2021，44(7): 15-21.
　　③ 中国科学技术情报学会，中国社会科学情报学会. 情报学与情报工作发展南京共识[J]. 情报学报，2017，36(11): 1209-1210.

决于学者对情报学这一学科知识体系发展现状的解读与应用。在面向国家战略，构建情报学的话语体系时，必须考虑的重要问题包括：与情报学话语体系相关的国家战略有哪些？如何科学地展示这一学科的知识内容？如何正确地描述这一学科内各项具体内容与其他学科各项具体内容之间的内在联系和迁移应用关系，使之成为交叉融合的研究问题？

当前，我们正面临百年未有之大变局，我国面对的国际环境从未像今天这样严峻，我国社会、经济、科技和文化等发展遭遇美国及同盟国的全面封锁与打压，中国国家安全受到空前威胁。我国情报学话语体系的构建需要从学科特点、社会需求等角度进行思考，结合国家大数据战略、创新驱动发展战略、中国特色新型智库建设、总体国家安全观、文化强国战略、健康中国战略等，在情报学擅长的信息资源开发利用领域不断创新，应国家重大战略需求，凭借情报学科的智慧与能力，提升情报学话语影响力。

1. 面向国家大数据战略的情报学话语作用

随着互联网、超级云计算、人工智能等技术的迅猛发展，围绕大数据的科学平台、社会治理、文化发展的国家大数据战略越来越受到重视和关注。大数据具有海量性（volume）、高速性（velocity）、多样性（variety）、低价值密度性（value）、真实性（veracity）的 5V 特征。大数据范式强调概率分析、趋势分析，这与大数据时代之前情报学研究与情报工作实践中强调的数据精准性及数据处理方法存在显著差别。基于大数据范式的情报研究成为情报学界学者重点关注的研究领域之一。大数据中的情报采集、数据关联分析、情报分析模型、决策支持情报系统等成为情报学热点研究主题。

大数据时代，情报学研究要及时响应，为发挥话语作用积极改变研究思路。首先，大数据范式下，情报学要进行理论研究与应用研究的深层次变革，提升在数据管理、数据分析、数据使用及数据服务中的作用，注重研制与网络复杂数据和复杂结构数据相适应的大数据情报分析工具，重建情报学相关理论方法[①]。其次，情报分析为大数据分析提供目标定位，应加强构建情报学的理念、研究内容、技术方法，应对大数据分析带来的变革目标。最后，促进情报学研究与情报工作实践的彻底变革，如引入集体智慧技术，使得情报学研究能有效解决大数据环境下情报工作自动化方式与手工方式的共存问题。总之，情报学必须创新基于大数据范式的情报学理论、方法与技术，建立适用范围更广的情报理论、方法和分析模型，更好地发挥大数据背景下的情报学话语作用。

---

① 杨建林，苗蕾.情报学学科建设面临的主要问题与发展方向[J].科技情报研究，2019，1(1)：29-50.

2. 面向创新驱动发展战略的情报学话语作用

面向创新驱动发展的情报学话语,应坚持国家科技创新发展战略的情报服务和研究。科技情报工作是我国情报学学科实践工作的主阵地之一。各级各类图书情报档案机构尤其是专业性图书馆、文献中心、信息中心、情报中心和科技信息研究所等机构在我国科技发展、经济建设、政府决策等方面要坚持发挥重要作用。情报学要在传统强项科技情报服务上主动作为,服务和支撑国家科技创新升级。

面对大数据、人工智能、云计算等新兴信息技术的快速发展与渗透,科技情报工作的业务流程和服务模式发生极大改变,也加强了科技情报服务从信息服务、知识服务向智能服务、智慧服务升级。当前我国科技发展正处于从"跟跑"到"并跑"再到"领跑"过程中,科技发展的情报需求争取做到从描述性与动向性情报到预测、预警性情报与战略性情报的转变和升级[1]。重视创新支持,改进优化情报学方法和情报工作,创新成为发展驱动力,对科技情报工作提出了新要求,需要重新理解情报话语内涵,未来科技情报工作坚持情报智能化、智能工具化、工具业务化、业务自动化理念,加强情报工程化话语体系建设[2]。

3. 面向中国特色新型智库建设的情报学话语作用

智库也称思想库、智囊库,起源于美国,后成为政策分析机构的代名词。2015年1月,中共中央办公厅、国务院办公厅正式印发《关于加强中国特色新型智库建设的意见》[3],中国特色新型智库是以战略问题和公共政策为主要研究对象、以服务党和政府科学民主依法决策为宗旨的非营利性研究机构。这一文件成为情报工作向智库转型的风向标,智库功能成为情报能力的重要组成部分,情报学的研究重点从文献、信息向"情报"转移,情报学理论研究和应用实践迎来了又一次高潮。情报研究可以起到智库咨询研究的前端支撑功能,情报学界积极参与中国特色新型智库建设。在国家决策支持体系中,情报学机构负责搜集情报信息,并对信息进行挖掘、分析与研判,对数据和信息的组织、分析、处理发挥情报学话语作用,为中国特色新型智库建设提供理论、方法、技术、人才等支撑。同时,情报学界积极进行情报研究机构向智库化的发展,改变长期以来将工作集中在文献和信息服务方面,大多是依照科学研究和社会工作已有的需要被动行动,积极

---

① 马费成. 推动哲学社会科学创新发展[N]. 中国社会科学报, 2021-07-20(7).

② 夏旭, 夏晓玲, 王发社. 大数据时代的情报学发展脉络:《中国情报学前沿》评述[J]. 图书馆论坛, 2021, 41(10): 49-59.

③ 中共中央办公厅、国务院办公厅印发《关于加强中国特色新型智库建设的意见》[EB/OL]. http://www.gov.cn/xinwen/2015-01-20/content_2807126.htm[2015-01-20].

通过情报搜集、情报分析主动发现问题、预测发展、参与各个层级的决策。

　　建设中国特色国家情报智库需要加强四类智库建设：①社科院、党校、行政学院智库建设，加强推动教学培训、科学研究与决策咨询相互促进和发展，为相关部门提供决策咨询服务；②高校智库建设，建设一批社会科学专题数据库和实验室、软科学研究基地，建设一批全球和区域问题研究基地、海外中国学术研究中心；③科技创新智库和企业智库建设，结合专业优势提出咨询建议，开展科学评估，进行预测预判，促进科技创新与经济社会发展深度融合，企业智库需要建立知识创造中心的机制来分享知识，推荐技术型人才补充到智库建设中；④社会智库建设，需要建设以公益性为导向、为政府和社会提供思想产品和决策咨询。针对不同类型的情报智库与服务，情报学要加强差异化情报服务，发挥针对性的情报学话语作用。

4. 面向总体国家安全观的情报学话语作用

　　面向总体国家安全观的情报学话语，应着眼于在国家安全、国家发展和国家创新中发挥积极作用。总体国家安全观以人民安全为宗旨，以政治安全为根本，以经济安全为基础，依托国际安全，保障军事、科技、文化和社会安全。情报工作应注重实现态势感知与战略预警[①]。态势感知即加强情报工作，通过情报收集、分析、判断，把握相应领域所处环境动态和静态的变化。战略预警即在国家安全和发展过程中面临的各种潜在突发性的风险、危机或威胁发生之前，能及时发布预警信息，防范和最大限度降低潜在损失。要加强国家安全情报研究，新环境下的国家安全利益多元化，情报服务话语在国家建设和社会发展中的作用越来越重要，应该在总体国家安全观指导下建立面对日益巨大的情报需求的，可以服务国家安全与社会发展的国家情报工作体制。

5. 面向文化强国战略的情报学话语作用

　　面向文化强国战略的情报学话语，应更加深入参与国家传统文化和公共文化研究、建设与服务，增强在国家传统文化、公共文化研究任务领域的情报学话语作用。情报学的人文社科属性明显，具有人文传统，强调人文关怀和人文精神，这也是新文科建设内在要求的体现。数字人文研究成为新技术环境下学科发展的新方向，数字人文是新技术与人文学科交叉形成的跨学科研究领域。情报学在文化遗产保护、数字化技术、数据和信息管理、知识组织等学科研究中有先天优势，情报学在数字人文实践中发挥了举足轻重的话语作用，为数字人

---

　　① 张家年，马费成. 总体国家安全观视角下新时代情报工作的新内涵、新挑战、新机遇和新功效[J]. 情报理论与实践，2018，41(7)：1-6, 13.

文研究开拓了更广阔的研究视角。"数字敦煌"工程就是数字人文实践中最成功的案例[①]。

近几年，公共文化研究蓬勃发展，情报学领域的专家学者成为公共文化研究与服务的中坚力量，参与国家层面的公共文化法律政策制定的相关支撑研究、起草咨询和实施工作。情报学的数字化、信息组织、大数据技术等要充分应用到公共文化数字化建设当中，结合自身的业务长处从全民阅读、公民科普教育、公民数字素养教育等方面开展公共文化服务，拓展情报学话语深度。

6. 面向健康中国战略的情报学话语作用

2016 年，"健康中国"建设正式成为国家战略，《"健康中国 2030"规划纲要》提出要建设健康信息化服务体系，推进政务公开和信息公开等多项健康信息规划。在我国健康服务模式的改革和发展中，健康信息是重要的内容，引起了整个社会高度重视。随着"健康中国"战略的不断深化，将成功经验拓展至世界范围内，进而实现人类命运共同体伟大构想，是今后我国政府势在必行的工作任务与历史使命。为实现这一目标，应将健康数据治理作为其治理体系设计、战略保障措施完善的重要理论研究与实践工作。从价值实现的角度，健康数据治理的目的是通过协调数据关系，发挥数据在其生命周期中各个环节的作用，达到提升组织的效率和挖掘数据价值的目的。健康数据治理的工作是管理系统中的各类型健康数据，协调数据治理的各个要素，挖掘健康数据的潜在价值[②]。

健康信息数据处理与分析的核心话语包括提供信息、信息平台、信息质量、信息内容、信息共享、信息安全、信息系统、信息采集、信息管理、信息查询等，囊括了从信息获取、信息管理到信息应用的全过程，结构完整，情报学作为信息处理专业学科，应该在结合国家背景与战略需求情况下发挥健康数据处理的话语作用[③]。在本章后续两节中，分别基于跨学科和术语的视角，对情报学话语体系的话语权及话语深度、情报学话语作用体系进行深入和具体的分析。

5.2　学科扩散视角下的情报学话语影响力

话语体系是受学科思想理论体系和知识体系制约的。话语权就是说话权、发

① 马费成，李志元. 新文科背景下我国图书情报学科的发展前景[J]. 中国图书馆学报，2020，46(6)：4-15.
② 周知，胡昌平. "健康中国 2030"战略下健康数据协同治理体系研究[J]. 图书情报工作，2021，65(1)：102-109.
③ 张秀，李月琳，章小童. "健康中国 2030"规划框架下我国健康信息政策内容分析[J]. 情报理论与实践，2020，43(9)：24-31.

言权，也指控制和引导舆论的权力和走向，信息传播主体传播的内容会带来潜在的现实影响力，从而在当代社会思潮中，给社会发展方向带来不同程度的影响。学术话语权的一种表现体现为学科知识扩散影响力。在科学文献传播过程中，文献作为学科知识传播的主要载体，通过不同学科作者的引用、合作等关联关系形成传播扩散的途径，随着时间的推移，领域科学文献及其知识关联不断增多，承载的学科知识不断传递与扩散，对这些规律的总结，需要情报学发出话语。岳丽欣等[①]指出：探索科学知识链路时序变化的基本过程，揭示学科知识的传播与扩散规律，为测度学科影响力提供参考，对提升学科话语权具有重要意义。

　　学科体系的形成是一个不断运动与变化的过程，情报学学科历经了以科技文献、信息管理、网络信息为主的学科发展过程。米哈依洛夫等[②]认为：情报是"作为存储、传递和转换的对象的知识"，情报学"研究科学情报的构成和共同特性以及研究科学交流全过程的规律性"。情报学作为一个交叉应用型学科，学科影响力不断扩大。对于情报学跨学科话语权影响力的深入研究，不仅可以探明情报学影响的学科范围，帮助情报学研究人员探究学科交叉与融合的程度，明确情报学话语体系的辐射范围及地位，而且能拓展情报学研究范围和学科边界，寻找新的学科研究增长点。情报学跨学科话语权影响力，即在一段时期内情报学对其他学科学术创新和实践的影响速度和影响广度两个方面的研究成果输出和影响能力。

5.2.1　情报学话语跨学科影响

　　创新扩散理论是 20 世纪 60 年代美国学者埃弗雷特·罗杰斯提出的关于解释新思想如何、为何以及以怎样的速度在人群中传播的一种理论[③]。该理论将创新扩散解释为以一定的方式随时间在社会系统的各种成员间进行传播的过程，其四要素是：创新、传播渠道、时间和社会系统。埃弗雷特·罗杰斯认为，扩散是新思想有意或无意传播的过程。维基百科认为扩散是分子或原子从高浓度区域向低浓度区域简单运动直到均匀分布的过程，包含速度、广度和深度[④]。速度可解释为事物运动的快慢，具有显著的时间属性，物理学将速度定义为位移对于时

　　① 岳丽欣，周晓英，刘自强. 科学知识网络扩散中的社区扩张与收敛模式特征分析：以医疗健康信息领域为例[J]. 图书情报工作，2020，64(14)：63-73.

　　② 米哈依洛夫 А Н，乔尔内 А Н，吉里列夫斯基 Р С. 科学交流与情报学[M]. 徐新民，等译. 北京：科学技术文献出版社，1980：78.

　　③ Rogers E M. Diffusion of Innovations[M]. New York：The Free Press，2010：36-38.

　　④ Zhang L，Peng T Q. Breadth, depth, and speed：diffusion of advertising messages on microblogging sites[J]. Internet Research，2015，25(3)：453-470.

间的变化率；广度可解释为宽度或横向距离，是衡量创新知识影响的宽窄的程度；深度可解释为向下或向里的距离，是衡量创新知识影响其他学科知识的程度[①]。在学科学术网络中，每篇经过同行评议的学术论文都是作者新思想、新知识、新内容的载体，学术论文的被引与施引的动态过程则是新思想、新知识、新内容的遗传或变异的流动扩散。

作为一门应用型学科，情报学需要在影响本领域理论方法与应用实践问题的同时，争取在经济、政治、文化、社会等学科领域发挥学科知识影响力，这是关乎情报学跨学科话语权影响力的重要问题。为了揭示情报学对其他学科领域的话语权影响力及其演化规律，国内外情报学研究人员针对情报学向其他学科领域知识输出开展了大量研究。尽管学科话语影响力不能直接观测，但是引文分析可以用于测度学科之间的知识流动和跨学科影响力，也可以分析出情报学的外部影响力与知识贡献力度。Larivière 等[②]详细分析了 LIS 的科研产出变化率、主题覆盖变化情况、不同时期特定出版物类型的主导地位、主要科研成果模式、与其他学科的互动频率等，研究发现学科研究成果不断增长，合作趋势不断增强，LIS 学科发文作者中 60%的学者也在其他学科发表文章，说明 LIS 的跨学科渗透性不断增强。Hessey 和 Willett[③]利用影响因子（impact factor，IF）量化 LIS 学科向其他学科的知识输出程度，研究发现非 LIS 引用的期刊有高于其他学科平均值的 IF，这对于在非 LIS 期刊发表的 LIS 论文的引文优势明显更大。

我国情报学研究人员主要通过对情报学向其他学科知识输出的定量研究，创建了不同的学术影响力评价指标体系，并分析出情报学知识及方法跨学科扩散的定量影响特征。徐晴[④]从知识转移角度分析情报学的知识存量、知识发送和知识接受的现状，研究发现跨学科知识转移的学科呈现高度发散与聚合并存的特性，双向互惠知识转移发生在以实用性和功能性为目标的应用学科间，大数据背景下跨学科知识转移态势更趋明显。李林等[⑤]通过知识动态贸易理论与时序分析相结合，发现情报学在跨学科知识贸易中较为活跃，扮演知识贸易经纪人角色，发展过程中更多借鉴管理学的知识理论方法。宋凯等以知识转移率和知识转化贡献率作为

① 梁国强，侯海燕，高桐，等. 基于创新扩散理论的学术论文影响力广度研究[J]. 图书情报工作，2019，63(2)：91-98.

② Larivière V，Sugimoto C，Cronin B，et al. A bibliometric chronicling of library and information science's first hundred years[J]. Journal of the American Society for Information Science and Technology，2012，63(5)：997-1016.

③ Hessey R，Willett P. Quantifying the value of knowledge exports from librarianship and information science research[J]. Journal of Information Science，2013，39(1)：141-150.

④ 徐晴. 我国图书情报学跨学科知识转移态势研究[J]. 图书情报知识，2016，(3)：96-102.

⑤ 李林，李秀霞，刘超，等. 跨学科知识贸易动态影响和扩散模式研究：以图书情报学和管理学为例[J]. 情报杂志，2017，36(2)：182-186，158.

计量指标,发现我国图书情报学文献对 15 个国家的知识转移率呈指数分布,知识转化功能贡献率和知识影响力都呈对数分布,输出主题主要集中在图书情报理论、情报技术应用、科学评价、商业竞争情报四个方向[①]。刘超等[②]基于不同时间段的学科影响度和交叉度及其变化趋势分析图书情报学与新闻传播学的交互影响程度。邵瑞华等[③]用布里渊指数(Brillouin's index)、学科种数作为学科交叉度的测度指标,被引频次和学科规范化的引文影响力作为文献学术影响力的评价指标,研究发现情报学学科交叉融合行为越来越明显,学科交叉有利于提高情报学的学术影响力。韩玺和史昱天[④]还探讨四种国内情报学核心期刊的国际影响力,研究发现国内论文主要是被国内作者在国际会议发表论文引用,篇均被引频次相对较低,管理科学与工程是引用的主要力量,国内情报学对计算机科学、管理科学研究有较好的扩散影响作用。

综上所述,部分学者通过不同视角对情报学话语向其他学科的扩散影响进行定量研究,针对不同视角提出不同形式的测度指标,但是针对情报学跨学科扩散知识流动和引文内容研究有待加强,需要深入引用情报学论文的施引文献特征进行情报学话语知识的影响测度探究。

5.2.2　情报学话语影响力

本书以情报学为研究对象,以 CSSCI 数据库为数据源。CSSCI 是国内人文社会科学领域权威的引文数据库,其引文数据比较规范准确,CSSCI 数据库的学科分类依据是《中华人民共和国学科分类与代码国家标准》(GB/T 13745—2009)并参照《学位授予和人才培养学科目录(2011 年)》(学位〔2011〕11 号)和国家社会科学基金学科分类目录进行,共计 24 个学科(包括图书馆、情报与文献学),时间跨度为 1998 年至今,情报学的学科扩散计量分析需要为研究论文留出充足的被引时间窗,故本书选择 CSSCI 1998—2018 年的情报学施引文献数据作为情报学被引的统计数据源。

为选取各学科的高质量学术期刊,综合《中文社会科学引文索引(CSSCI)

① 宋凯,李秀霞,赵思喆,等. 我国图书情报学文献的国际知识影响力分析[J]. 情报理论与实践,2017,40(7):38-42,55.

② 刘超,李秀霞,邵作运. 国内图书情报学与新闻传播学间学科影响度和交叉度分析:基于期刊引文分析[J]. 情报杂志,2017,36(7):111-115,95.

③ 邵瑞华,李亮,刘勐. 学科交叉程度与文献学术影响力的关系研究:以图书情报学为例[J]. 情报杂志,2018,37(3):146-151.

④ 韩玺,史昱天. 四种国内情报学核心期刊的国际影响力对比研究:基于 Web of Science 数据库的统计分析[J]. 情报杂志,2017,36(7):144-148,143.

来源期刊和收录集刊目录》（1998 年至 2018 年），本书选择《数据分析与知识发现》（曾用名《现代图书情报技术》）、《情报学报》、《情报科学》、《情报杂志》、《情报资料工作》、《图书情报工作》、《情报理论与实践》和《图书情报知识》等 8 种情报学代表性期刊作为主要研究对象。本书通过编写 Python 网络爬虫程序获取 1998—2018 年 CSSCI 数据库中所有论文的题录信息及文后参考文献，存于本地数据库中，数据采集时间为 2021 年 10 月 20 日至 10 月 30 日。首先，在 CSSCI 数据库中根据来源期刊字段，筛选出 1998—2018 年文献共计 45 632 篇，去除综述、评论、传记资料、报告和其他非研究论文，去除图书馆学和档案学论文，得到 26 819 篇情报学研究论文，简称为情报学论文集。其次，通过在 CSSCI 数据库的参考文献中匹配情报学论文集的标题，得到引用情报学论文的 38 261 篇施引文献，去除来源于图书馆学、情报学与文献学学科的施引文献，去除管理学大类中的情报学自引论文，选择来自 23 个学科的 8354 篇施引文献作为引用情报学的其他学科论文集，简称为引用情报学论文集。引用情报学论文集的 23 个学科文献分布情况如图 5-1 所示。

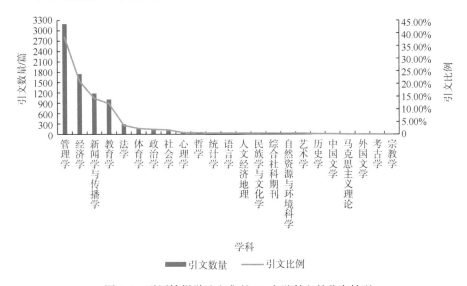

图 5-1　引用情报学论文集的 23 个学科文献分布情况

　　基于来自 23 个学科的 8354 篇引用情报学论文集的参考文献作者和论文标题匹配情报学论文集中的 26 819 篇论文题录信息，共匹配得到 14 263 次引用。本书从引文角度探究情报学话语跨学科扩散的影响力，分析情报学论文集的跨学科扩散多样性对情报学话语跨学科知识输出的影响速度和影响广度。

5.2.3　情报学话语跨学科影响速度

情报学话语跨学科影响速度是指不同学科引用情报学论文的发表时间与情报学论文的发表时间之差。时间是文献计量学研究中经常需要考虑的重要因素和研究视角。从引用时间的角度，研究人员可以了解不同学科在引用情报学论文方面的响应速度，分析不同学科受情报学话语传播影响的速度。为分析情报学话语对23个学科的影响时间特征，分别计算14 263次引用中23个学科中引用情报学论文与情报学论文发表年份间隔及其对应的引用数量，探讨不同学科受情报学话语影响的时间特征。

图5-2和图5-3为不同年份间隔长度对应的23个学科的引用次数，图5-2包括管理学、经济学、新闻学与传播学、教育学、法学、体育学、政治学、社会学，图5-3包括心理学、哲学、统计学、语言学、人文经济地理、民族学与文化学、综合社科期刊、自然资源与环境科学、艺术学、历史学、中国文学、马克思主义理论、外国文学、考古学、宗教学。

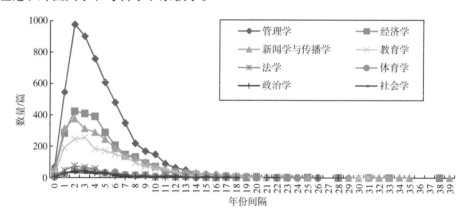

图5-2　引用情报学论文与情报学论文发表年份间隔定量分布图（引用次数>100）

从图5-2和图5-3可以看出23个学科引用情报学论文的时间间隔大致呈正态分布。

从被引高峰来看，图5-2引用次数大于100的管理学、经济学、新闻学与传播学、教育学、法学、体育学、政治学、社会学在5年内均达到高峰，其中管理学、经济学、新闻学与传播学、法学、社会学在2年达到顶峰，说明这些学科受情报学话语影响速度较快，该类学科科研人员受情报学探究问题领域及其分析方法等影响速度较快。

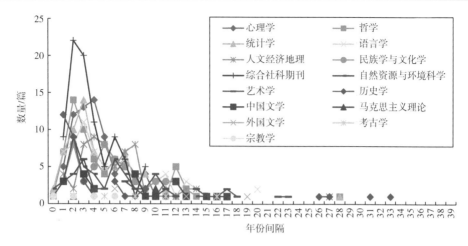

图 5-3　引用情报学论文与情报学论文发表年份间隔定量分布图（引用次数<100）

图 5-3 引用次数小于 100 的学科引用情报学论文年份间隔相对长于引用次数大于 100 的学科，说明此类学科引用情报学论文的及时性较低，且存在偶然性，与 Griffith[1]提出的两年会到达被引高峰存在较大差距。从知识内化和外化的角度来看，情报学论文向这些学科扩散至发生引用关系，需要经过一个漫长的阅读、消化、吸收、引用等过程，情报学话语迁移速率相对较低，并且情报学话语向此类学科扩散过程中可能需要借助中介文献作为桥梁，重复内化与外化过程。

5.2.4　情报学话语跨学科影响广度

情报学话语跨学科影响广度是指不同学科论文引用的不同情报学论文数量和类型。影响广度可以判断情报学不同话语的影响力范围，了解不同学科与情报学的交叉融合类型。首先，本书依据 23 个学科引用情报学论文的参考文献列表匹配的情报学论文题录信息，分别计算每个学科论文的参考文献中包含的情报学论文数量，并对其论文类型特征进行学科差异分析。其次，为判断情报学话语与不同学科文献研究背景之间的关联关系，最直接有效的判断方法是通过文本相似度计算，比较不同学科关联相似度。文本相似度是指两个或多个文本之间的匹配程度大小的度量。为了便于对论文标题进行短文本处理，本书选择 Jaccard 相似系数（Jaccard similarity coefficient）计算标题文本之间的相似性，使用[0,1]区间的数值表示情报学论文与引用情报学论文标题的内容相似度[2]。相似度越高，说明

① Griffith B C. Derek Price (1922–1983) and the social studies of science[J]. Scientometrics，1984，6(1)：5-7.

② 俞婷婷，徐彭娜，江育娥，等. 基于改进的 Jaccard 系数文档相似度计算方法[J]. 计算机系统应用，2017，26(12)：137-142.

研究内容关联度越高。通过以上研究过程，计算出情报学论文与 23 个学科引用情报学论文标题的相似度，采用比较分析法对结果进行分析。

从图 5-4 可以看出，23 个学科中引用情报学的论文与情报学论文的标题相似度大多分布在[0,0.3]，说明 23 个学科论文与情报学论文存在一定关联度，但是学科之间存在差异。

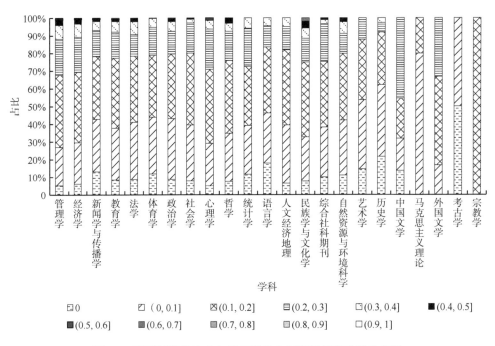

图 5-4　引用情报学论文与情报学论文标题相似度学科分布图

首先，引用次数较高的管理学、经济学、新闻学与传播学、教育学、法学、体育学、政治学、社会学的相似度分布较为相似，(0,0.1]、(0.1,0.2]、(0.2,0.3]区间分布占比居于前三位，这八个学科与情报学学科交叉度相对较高，受情报学话语影响相对较大。

其次，通过对每个学科引用的情报学论文类型进行分析发现高频学科受情报学话语影响较大的研究主题学科特色显著，管理学领域中的行政管理、组织知识管理、产学研合作等受情报学话语影响较大；经济学领域中的电子商务、企业技术创新效率测度、市场经济、产业现状分析、信息经济等受情报学话语影响较大；新闻学与传播学中的期刊出版、科技期刊运营机制、舆情分析、期刊知识服务等受情报学话语影响较大；教育学领域的教育信息化、教育信息素养、课程资源网络化、教育信息资源服务体系等受情报学话语影响较大；法学领域的个人信息保护、信息立法、专利权利、审判案例信息等受情报学话语影响较大；体育学领域的体育教育、体育赛事网络信息扩散、体育文化等受情报学话语影响较大；政治学领域的反恐预警机制、政府差异化策略、开放政府数据等受情报学话语影响较大；社会学领域的网络社群行为、公众应对安全事件行为、人口老龄化问题等受情报学影响较大。

最后，本书将相似度为"0"单独计数分析，研究结果发现学科边缘距离越大，相似度为"0"的占比较多，说明针对学科领域内部研究问题与情报学领域研究问题相差较远，研究主题相似度较低，受情报学学科话语影响存在偶然性。

本书以情报学领域八种代表性期刊作为主要研究对象，通过分析施引文献，基于影响速度和影响广度，对情报学话语对 23 个学科领域研究的影响力情况进行探究。影响速度主要基于施引文献的不同年度数量变化情况，不同学科受情报学影响表现出明显差异，影响较大的学科是管理学、经济学、新闻学与传播学、教育学、法学、体育学、政治学、社会学，但是不同时间段表现出"持续稳定型""异军突起型""不断波动型"话语权影响力变化特点。影响广度主要基于 23 个学科中不同研究主题论文与引用的情报学论文主题相似度分析，研究主题引用情报学领域存在的学科特色主题差异。情报学的不同施引文献主题日益多元化，研究同一主题的不同施引学科引用了不同主题的情报学文献，这反映了在情报学跨学科研究中，同一主题研究由于学科差异而具有多维度、多视角、多层次的特征，说明情报学向不同学科输出不同的学科知识。情报学的科学计量分析、数据思维及信息处理方法、知识发现、信息舆情分析、用户信息行为等研究内容向各个学科输出，为多个学科研究内容丰富研究思路，为多学科研究焦点内容提供知识方法支撑。情报学本身知识融合的学科特色，使得其凭借学科核心知识增强对近缘学科和交叉学科领域的知识影响力。

马克思主义哲学认为，创新是发挥人的主观能动性与尊重客观规律性的具体统一。加强情报学话语体系建设，尤其需要在情报学知识创新和学科核心内容建设上花力气、下功夫。写好创新中国特色情报学哲学社会科学话语体系的"锦绣文章"，既需要重视发挥广大情报学和哲学社会科学工作者的主观能动性，又需要遵循话语创新实践和哲学社会科学自身发展的客观规律。只有坚持马克思主义的理论指导，以增强思想的原创性为情报学核心要务，不断融会各种理论资源，在面向现实世界、回应实践变化的基础上凸显中国特色，弘扬时代精神，才能有效实现中国特色情报学话语体系的创新，同时要加强中国情报学话语权视域下的科学评价研究。

5.3　术语知识迁移视角下的情报学话语

作为一个交叉型与应用型学科,情报学学科历经了以科技文献、信息管理、网络信息为主的发展历程。其学科定位、研究领域都随着时代的发展和社会的需求发生了很大的变化,情报学话语体系也随之相应改变。王知津等[①]指出情报学研究的时代背景、学科背景、技术背景为情报学跨学科思维的产生提供了繁殖土壤,着重明确了情报学研究中跨学科思维的重要性及其在情报学实践研究进展中发挥的作用。方旭[②]认为情报学是在其他学科理论体系基础之上发展起来的交叉学科,跨学科在情报学中是一种重要的工具,起到了桥梁的作用。情报学话语体系是情报学理论体系的表达、反映和传播方式。本书以情报学术语知识迁移的视角对情报学术语的跨学科传播现象进行研究,可以探明知识在学科之间的流动方向和状况,帮助情报学研究者窥探学科融合和交叉的趋势,能够拓宽情报学的研究范围和边界,发现新的学科增长点。进而在更深刻的意义上梳理现有的情报学话语体系,考察情报学在社会科学体系中的影响力,明确情报学在中国哲学社会科学体系中的定位,以促进新时代中国特色情报学话语体系的建设和形成。

5.3.1　情报学学科交叉和知识流动现状

伴随着跨学科研究的出现,学者开始了对跨学科现象进行探索,提出了跨学科研究的整体框架、跨学科测度模型、引文网络以及内容分析等多种不同的研究视角,从不同的侧面和维度揭示了现有学科体系的学科交叉和知识流动现状。

王忠义等[③]从知识表示的概念出发,构建跨学科多粒度知识表示模型,为支撑图书情报领域的跨学科研究提供了理论模型。李江[④]针对跨学科研究和跨学科性概念混淆的状况,重新定义了跨学科性的概念框架,将跨学科性描述为跨学科研究中的跨学科特征,引入论文专门度和布里渊指数来分别衡量跨学科发文测度和跨学科引用测度。韩普和王东波[⑤]在梳理国内外各个学者对跨学科性定义和跨学科研究的进展的基础上,把跨学科性定义为对不同学科知识整合程度的度量,属于跨

① 王知津,卞丹,王文爽. 论情报学研究中的跨学科思维[J]. 情报科学, 2010, 28(5): 641-647, 651.
② 方旭. 多学科之间的精灵:浅谈情报学跨学科研究[J]. 科技经济市场, 2011, (12): 74-75.
③ 王忠义,夏立新,李玉海. 基于知识内容的数字图书馆跨学科多粒度知识表示模型构建[J]. 中国图书馆学报, 2019, 45(6): 50-64.
④ 李江. "跨学科性"的概念框架与测度[J]. 图书情报知识, 2014, (3): 87-93.
⑤ 韩普,王东波. 跨学科性的理论与实践研究综述[J]. 情报学报, 2014, 33(11): 220-243.

学科研究的一个特征，并将跨学科性研究的框架划分为个人（作者）、期刊、学科和其他四个层面。

在对跨学科性的度量方面，Porter 等①在 2007 年的实验中对学科进行分类，利用余弦矩阵来衡量学科之间的相关程度，由此提出专业度（specialization）测度指标。在随后的相关研究当中，研究者多采用文章专业度和作者专业度来衡量学者发表文章的学科多样化程度，并发现情报学领域的学者发文的跨学科性要高于其他学科的学者②。杨良斌和金碧辉③引入申农的信息熵测度公式来衡量引文的多学科度，即一篇文献的引文所涉及的学科的多样性类别。Leydesdorff④把社会网络分析中的包括度、接近度、中介度和特征向量中心度作为跨学科研究的测度指标。布里渊指数是考察跨学科引用的差异性和均衡性的另一指标，学者通过在学科期刊的层面、情报学领域学者层面考察布里渊指数，发现情报学领域的学者发文和施引文献的跨学科性都较高，而且引用学科范围越广的文献影响力越大⑤。黄颖等⑥基于 Web of Science 的分类指标，从学科专业化指数、学科集成指数和学科扩散指数三个方面来衡量跨学科性。刘婷等⑦以图书情报学领域的核心期刊为研究的范围，以期刊中参考文献的分类号为研究对象，判断图情领域的知识流入情况，发现计算机科学对图书情报学的研究影响较大。崔斌等⑧同样以文献分类号为依据，分析图情领域核心期刊的载文，总结出情报学与经济管理学、计算机科学、法学等学科联系密切。Zhang 等⑨通过计算论文参考文献的学科主题分类多样性来实现期刊跨学科性度量，量化地诠释学科分化、交叉、融合、更新等重要特征。

追踪引用关系能够揭示出跨学科知识流动的情况，可以深入分析情报学与不同学科间通过引用产生的知识转移、流动、跨度大小等，同时基于引用关系的分

---

① Porter A L，Cohen A S，Roessner J D，et al. Measuring researcher interdisciplinarity[J]. Scientometrics，2007，72(1)：117-147.

② 和晋飞，房俊民. 一个跨学科性测度指标：作者专业度[J]. 情报理论与实践，2015，38(5)：42-45，41.

③ 杨良斌，金碧辉. 跨学科测度指标体系的构建研究[J]. 情报杂志，2009，28(7)：65-69.

④ Leydesdorff L. Betweenness centrality as an indicator of the interdisciplinarity of scientific journals[J]. Journal of the American Society for Information Science and Technology，2007，58(9)：1303-1319.

⑤ 柯青，朱婷婷. 图书情报学跨学科期刊引用及知识贡献推进效应：基于 JCR 社会科学版的分析[J]. 情报资料工作，2017，(2)：12-21.

⑥ 黄颖，高天舒，王志楠，等. 基于 Web of Science 分类的跨学科测度研究[J]. 科研管理，2016，37(3)：124-132.

⑦ 刘婷，李长玲，刘运梅，等. 基于参考文献分类号的图书情报学跨学科知识输入特点分析[J]. 情报科学，2018，36(10)：99-104.

⑧ 崔斌，李长玲，冯志刚. 基于文献分类号的情报学跨学科属性分析[J]. 情报资料工作，2015，(6)：28-34.

⑨ Zhang L，Rousseau R，Glänzel W. Diversity of references as an indicator of the interdisciplinarity of journals：taking similarity between subject fields into account[J]. Journal of the Association for Information Science and Technology，2016，67(5)：1257-1265.

析更利于情报学话语体系中不同知识内容的可视化探究，深入分析多学科之间的知识关联程度。杨瑞仙和姜小函①从参考和引证的角度构建情报学科知识流动可视化图，总结出图书情报学科与计算机科学、基础学科综合、经济管理等学科联系紧密，图书情报学自引率逐年下降，和外部学科的交流频繁的结论，需要注意的是近缘学科和边缘学科的交流融合程度差异显著。张慧等②根据从 CSSCI 数据库中抽取的题录数据对图书馆学情报学论文的文科跨学科性进行测度，证明图书馆学情报学的学科跨度较为广泛，与管理学、新闻学和传播学的联系相对紧密，这与多个学科研究为近缘学科有关。赵蓉英和吴胜男③对学科期刊形成的互引知识网络结构的节点特征和区块特征进行解析，同样发现图书情报学科的知识转移活动密集且频繁，而且从核心到边缘的这一传统转移模式逐渐弱化，知识的交流和转移也逐渐变为了强子集与强子集即一种相对较平等的学科规模之间的转移。通过引用这一行为作为期刊关联计算的依据，王昊和张小琴④构建图书情报领域 17 种 CSSCI 期刊的引用网络，对学科的知识流动、期刊的研究内容发展趋势进行探讨。Huang 和 Chang ⑤从作者合著这一研究视角揭示图书情报的跨学科知识流动方向，考察这一领域内不同学科的知识交流与协作状况，探究跨学科知识交流融合的具体内容。

张斌⑥从主题聚类的角度出发，运用 LDA 主题模型，来探讨管理信息系统与情报学和各学科之间的关系。侯剑华和王仲禹⑦以 Web of Science 中 H 指数的研究论文为样本，通过关键词共现来量化地展现知识扩散程度。商宪丽⑧通过构建主题引用网络和学科—方法—主题多模网络来分析主题所包含知识的传播过程和该主题的影响力。祝清松和冷伏海⑨以高被引论文为研究对象，对引文内容进行分析，

---

① 杨瑞仙，姜小函. 从学科和期刊的引证视角看交叉学科的知识结构和演化问题：以图书情报学科为例的实证研究[J]. 图书情报工作，2018，62(5)：30-39.

② 张慧，张家榕，叶鹰. 国内图书馆学情报学研究论文的文科跨学科性分析[J]. 图书馆杂志，2017，36(12)：20-26，109.

③ 赵蓉英，吴胜男. 图书情报学期刊知识转移网络结构及模型研究：基于期刊互引网络分析[J]. 图书馆杂志，2014，33(8)：29-36.

④ 王昊，张小琴. 图书馆、情报与文献学期刊引用网络的构建与分析[J]. 西南民族大学学报(人文社会科学版)，2013，34(8)：216-222.

⑤ Huang M H, Chang Y W. A study of interdisciplinarity in information science：using direct citation and co-authorship analysis[J]. Journal of Information Science，2011，37(4)：369-378.

⑥ 张斌. 交叉学科主题探究：从主题聚类视角[J]. 情报科学，2020，38(10)：49-55.

⑦ 侯剑华，王仲禹. 研究主题的知识流动测度及其实证分析：以 H 指数研究为例[J]. 图书情报工作，2017，61(10)：87-93.

⑧ 商宪丽. 基于主题引用网络的交叉学科知识传播研究：以数字图书馆为例[J]. 情报科学，2018，36(8)：53-59，66.

⑨ 祝清松，冷伏海. 基于引文内容分析的高被引论文主题识别研究[J]. 中国图书馆学报，2014，40(1)：39-49.

发现对主题加以识别能够更有效地揭示知识流动的内容。金胜勇和窦建爽[1]从术语生成方式切入，根据知识之间的交流把图书情报学领域的术语分为了转译型、移植型、概念揭示型。张瑞等[2]通过跨学科知识链来构建学术名词的迁移与发展模型，并以图书情报领域为例分析该领域的学科迁入迁出、学科交叉和知识流动情况。徐庶睿等[3]在引文分析的基础上引入术语来探究学科交叉内部的交叉点，从更细化的内容层面研究学科交叉特性。

综上所述，引用行为能够揭示跨学科知识流动的方向，设计跨学科性测度指标能够衡量学科之间相关程度，但从学术文献内容层面细化研究学科知识迁移的研究仍较少。情报学作为一个交叉型与应用型学科，其研究具有明显的跨学科特征，通过对情报学术语的跨学科知识迁移进行揭示，有助于明确科学体系中情报学话语体系的定位。因此，本书以跨学科引用关系为出发点，根据关键词共现获取跨学科术语，并借助深度学习语言模型从术语层面对跨学科知识迁移与演化进行研究。本书研究了情报学术语的跨学科迁移，以情报学领域具有代表性的 CSSCI 收录期刊为研究对象，从引用角度分别获取被这些期刊所引用的 CSSCI 文章及引用这些期刊的 CSSCI 文章，并获取跨学科引用的引文关键词，统计关键词的频次和学科分布。选择高频关键词作为情报学术语，构建了 Science-BERT-WWM 模型[4]获取术语在不同学科中的上下文向量表示，测定情报学术语在社会科学体系中的影响。本书将深度学习语言模型融入计量分析研究，推进文献计量纵深发展，旨在为提升计量评价的科学性和合理性提供有益参考。

5.3.2　情报学术语跨学科迁移

本书获取 1998—2018 年 CSSCI 中所有论文的题录信息及文后参考文献，存于本地数据库中。本书选择《数据分析与知识发现》（曾用名《现代图书情报技术》）《情报学报》、《情报科学》、《情报杂志》、《情报资料工作》、《图书情报工作》、《情报理论与实践》和《图书情报知识》等 8 种情报学领域具有代表性的 CSSCI 收录期刊为研究对象，在数据库中根据来源期刊字段筛选这部分期刊在 1998—2018 年出版的论文来作为情报学论文集，共计 45 632 篇。本书再

① 金胜勇，窦建爽. 图书情报学专业术语生成机制分析[J]. 情报资料工作，2011，(2)：28-30.

② 张瑞，赵栋祥，唐旭丽，等. 知识流动视角下学术名词的跨学科迁移与发展研究[J]. 情报理论与实践，2020，43(1)：47-55，75.

③ 徐庶睿，卢超，章成志. 术语引用视角下的学科交叉测度：以 PLOS ONE 上六个学科为例[J]. 情报学报，2017，36(8)：809-820.

④ Science-BERT-WWM 模型为采用全词掩码方式训练的面向中文学术论文领域的 BERT 预训练神经网络语言模型，是结合本节研究需要自我训练构建的一个深度学习预训练模型。

将情报学论文集的参考文献与 CSSCI 数据库中抓取到的全部题录信息建立映射，生成情报学论文集在 CSSCI 数据库内的引用关系。通过 Elasticsearch（https://www.elastic.co/cn/elasticsearch/）构建本地搜索引擎，将 CSSCI 数据库导入搜索引擎中生成索引，再根据参考文献作者、标题、期刊和年卷期信息进行检索，对检索结果列表中得分最高的结果进行人工校对，得到情报学论文引用 CSSCI 论文的引用关系，共 135 408 条，涉及被引文献 53 509 篇，其中来源于图书馆、情报与文献学学科的被引文献有 37 935 篇；选择来自其他学科 15 574 篇被引文献作为情报学引用的其他学科论文集（简称情报学引用论文集）。

另外，本书通过在 CSSCI 数据库的参考文献中匹配情报学期刊的期刊名，得到对情报学论文的引用记录，共 140 790 条，获得了引用情报学期刊的论文 53 776 篇，其中来源于图书馆、情报与文献学学科的施引文献有 44 470 篇；选择来自其他学科 9306 篇施引文献作为引用情报学的其他学科论文集（简称引用情报学论文集）。数据获取流程如图 5-5 所示。

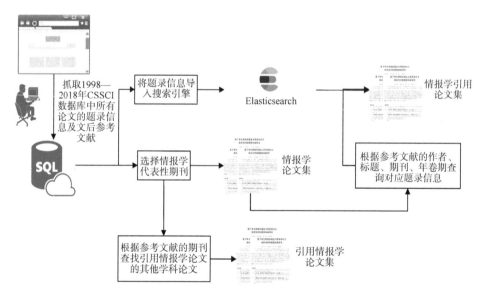

图 5-5 情报学术语跨学科迁移研究数据获取与预处理流程图

5.3.3 情报学术语跨学科迁移分析

学科名词术语是描述特定学科领域知识和概念的载体，名词术语的变化能够及时体现出学科发展的趋势。随着学科的发展，学科之间开始了频繁的交流，知识打破了学科的边界，相应地，学科术语随之彼此交流相互渗透。借鉴和吸收其他学科的领域知识为情报学提供新的研究范畴。王芳等[①]定义情报学理论学科专属度，即某一理论在情报学文献中的应用频次占该理论在所有学科中应用频次的比率，并根据专属度对情报学各领域理论的来源及应用情况进行分析。

学术论文承载着学科领域知识，文献施引与被引的引用行为能够反映知识的流动。研究情报学领域文献引用的参考文献，可以发现知识是从哪些学科流入情报学领域的；分析引用情报学文献的施引文献可以探明情报学知识流出的方向。关键词是对文献研究内容的浓缩和提炼，可以作为概括文献主题信息的术语。被引文献中的关键词可以揭示被引文献向施引文献的知识流动内容。因此，本书从施引与被引的角度进行研究，通过分析上文提及的情报学引用及引用情报学论文集的关键词与情报学论文集关键词形成的交集，对情报学术语的跨学科知识迁移进行研究。研究过程如下。

首先，分别统计情报学论文集、情报学引用论文集和引用情报学论文集关键词频次；获取情报学论文集与其他两个论文集中共同出现的关键词（如图 5-6 阴影部分所示），保留在施引文献集中出现频次超过 1 次的关键词作为跨学科术语。

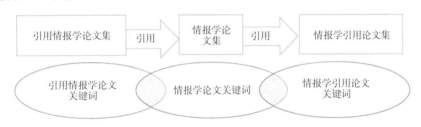

图 5-6　跨学科术语示意图

其次，计算跨学科术语在被引文献的应用频次与在施引文献中的应用频次的比值，选择比值大于 1 的术语，并根据比值将这部分术语降序排列。根据二八定律选择比值排在前 20% 的术语，即图 5-7 中分布在区域 a 和区域 b 中的术语。这部分术语在被引文献中的应用频次远高于在施引文献中出现的频次。根据在施引文献中的应用频次对术语进行降序排列，并选择应用频次排在前 20% 的术语，即分布在区域 b 和区域 c 中的术语。位于区域 a 的术语在被引文献中应用较为广泛，在施引文献中出现的频次相对较低，说明这部分研究主题处于由被引文献所属学科向施引文献所属学科知识渗透的初始阶段；区域 b 中的术语在施引文献中有较高的应用频次，而且术语在被引文献的应用频次与施引文献应用频次之比也排在前 20%，说明术语在施引学科已经形成了颇具规模的跨学科研究主题；区域 c 中

① 王芳，陈锋，祝娜，等. 我国情报学理论的来源、应用及学科专属度研究[J]. 情报学报，2016，35(11)：1148-1164.

的术语在施引和被引文献中都较为常见且应用频次差距较小，说明这一部分术语已经在不同学科内广泛使用。

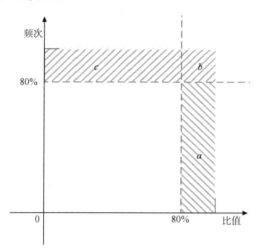

图 5-7　术语分布示意图

　　图 5-8 和图 5-9 通过词云图对情报学跨学科知识流动的具体研究内容进行可视化。图 5-8 和图 5-9 的（a）、（b）、（c）三幅词云图分别对应图 5-7 中 a、b、c 三个区域内的术语，代表了术语跨学科迁移的三个阶段。图 5-8 直观展现出，创新一词出现的频次高、比重大，体现出创新是科学研究的基本要素。对图 5-8 中术语所属的学科进行溯源，可以发现情报学吸收的跨学科知识主要来源于管理学、教育学、新闻学与传播学等学科。从图 5-10 可以看出情报学的各个研究领域对其他社会科学学科都产生了积极的影响，包含以文本聚类、信息检索、推荐系统、机器学习等术语为代表的情报技术研究；质量评价、H 指数等信息计量研究；科技查新、专利信息、用户需求等用户与信息服务研究。知识管理与知识共享等情报学基础研究被其他学科广泛引用，具有很高的影响力。

（a）被引学科研究热点　　　　　　　　　（b）情报学成熟跨学科研究主题

（c）情报学新兴跨学科研究主题

图 5-8　情报学跨学科知识吸收

（a）情报学研究热点　　　　　　　　　　　　　（b）情报学成熟跨学科传播

（c）情报学新兴跨学科传播

图 5-9　情报学跨学科知识传播

本书对情报学向外传播的术语进行同义词合并，并借鉴王芳等①构建的我国情报学研究领域编码表，对情报学各研究领域的跨学科知识传播状况进行研究。

① 王芳，陈锋，祝娜，等. 我国情报学理论的来源、应用及学科专属度研究[J]. 情报学报，2016，35(11)：1148-1164.

表 5-1 给出情报学 12 个研究领域的术语在其他学科中的应用频次（术语出现的绝对次数）与各研究领域代表性术语。

表 5-1　情报学研究领域向外传播的知识

编号	名称	应用频次	术语
1	情报学基础：理论和方法	432	扎根理论、本体、结构洞、计划行为理论、小世界网络、德尔菲法、洛特卡定律、布拉德福定律、长尾理论、齐普夫定律
2	信息计量	1867	文献计量、评价指标体系、影响因素、学术期刊、研究热点、引文分析、期刊评价、科学计量学、CiteSpace、CSSCI
3	信息处理	1124	可视化、信息化、信息资源、开放获取、互联网、信息服务、信息传播与共享、信息技术、数字图书馆、信息系统
4	信息分析与研究	1855	知识图谱、社会网络分析、大数据、共词分析、内容分析法、结构方程模型、聚类分析、实证研究、专利、数据挖掘
5	知识管理	1400	知识管理、知识共享、知识转移、隐性知识、知识创新、知识网络、知识服务、知识链、知识整合、智库
6	竞争情报	271	对策研究、激励机制、核心竞争力、竞争优势、决策支持、竞争力、竞争情报、技术转移、技术预见、定标比超
7	信息检索	24	信息检索、文献检索、知识检索、RSS、检索策略、检索模型、开放数据、搜索行为、专利检索
8	用户与信息行为	240	用户研究、个人信息、个性化服务、信息消费、服务质量、服务模式、信息需求、满意度、隐私保护、意见领袖
9	信息社会与信息事业管理	476	网络舆情、突发事件、虚拟社区、应急管理、舆情分析、信息安全、信息公开、数字鸿沟、食品安全、信息伦理
10	信息经济与信息产业	711	知识产权、电子商务、绩效评估、产业集群、企业信息化、信息产业、协同管理、科技成果转化、风险管理、物联网
11	政府信息资源管理	193	电子政务、政府信息公开、政府信息资源、智慧城市、政府网站、政务微博、开放政府数据、国家安全、信息政策
12	情报学教育	362	信息素养、高等教育、学科建设与发展、学科交叉、科学研究、课程体系、教学改革、培养模式、人才培养、在线学习

注：RSS 表示简易信息聚合（really simple syndication）

从表 5-1 可以看出，信息计量领域术语在其他学科中的应用频次最高，这些术语主要向管理学、新闻学与传播学、教育学、体育学等学科进行知识输出，信息计量领域严谨的量化研究方法、工具和资源为这些学科提供了实现科学评价的手段。信息分析与研究、信息处理是情报学较为成熟的研究领域，充当了重要的技术输出角色，聚类分析、知识图谱和可视化等一系列数据处理的思想和模型方法向其他学科输送了高效的信息处理技术与数据分析模型。随着知识经济时代用户知识需求的日益增长，知识管理的理论、方法及应用的研究也从情报学向外传播，以实现知识发现、知识整合和知识共享。情报学的研究方法与信息、数据相结合，体现了情报学对其他学科发展和研究的影响。

5.3.4　跨学科术语相似度分析

在术语跨学科传播过程中其内涵可能发生了显著变化，或者存在某个术语本身在不同学科就代表了不同概念。为了准确衡量情报学术语跨学科传播的影响力，消除这类多义术语的影响，本书借助预训练语言模型构建了术语语义模型，获得术语在不同学科内的向量表示，进而计算不同学科之间的相似度。

随着深度学习的发展，预训练语言模型已经成为自然语言处理的核心技术。预训练语言模型通常基于 transformer 模型的编码器或解码器实现，使用大规模的语料通过无监督学习的方式预训练模型的参数[①]。transformer 基于多头自注意力机制实现，自注意力机制和位置信息解决了 LSTM 等序列模型的长距离依赖问题，使得句子的语义表达不再受到 RNN 序列特性的制约，可以有效地表示语言的词汇、句法和语义特征。

BERT 是基于 transformer 的多层双向自编码模型，与独热向量（one hot vector）、词向量（Word2vec[②]）中每个词由唯一的固定的向量表示不同，预训练语言模型将词汇分为 word type（词形，指词表中互不相同的单词形态）和 word token（词例，指文本中具体出现的单词实例）两种概念，word type 的含义与独热向量中词的含义相同，而同一个词在文中任意一次出现都是一个单独的 word token[③]。BERT 把输入的每个 token 表示成一个语义向量，该 token 的语义由上下文决定。因此一个词可表示为不同的向量，语义相近的 token 由比较相近的向量表示，可以从向量的维度上看出语义的关联性。因为一个 word type 对应多个 word token，所以 BERT 可以用来对多义词进行建模，根据上下文语境区分多义词的不同语义。

1. Science-BERT-WWM 术语语义模型

本书从中国知网下载 350 余万篇中文学术论文的标题和摘要作为预训练语料，采用全词掩码（whole word mask）的方式训练了面向中文学术论文领域的 BERT 预训练神经网络语言模型——Science-BERT-WWM 模型。在模型应用阶段，首先获取包含表 5-1 中情报学跨学科术语的论文摘要作为术语的上下文语境；其次将这些摘要作为模型的输入，选择最后一层隐藏层的输出作为每个术语的上下

---

①　Vaswani A，Shazeer N M，Parmar N，et al. Attention is all you need[R]. Proceedings of the 31st International Conference on Neural Information Processing Systems，2017.

②　Mikolov T，Chen K，Corrado G，et al. Efficient estimation of word representations in vector space[EB/OL]. https://arxiv.org/abs/1301.3781[2013-01-16].

③　Jacob D，Chang M W，Kenton L，et al. BERT：pre-training of deep bidirectional transformers for language understanding[EB\OL]. https://arxiv.org/abs/1810.04805[2018-10-11].

文语义向量（当术语包含多个 token 时，取术语中所有 token 的向量的平均值作为术语的语义向量）。

假设，对一个术语 term $\in$ {term$_1$, term$_2$, $\cdots$, term$_k$}，有 n 篇属于不同学科 {d_1, d_2, $\cdots$, d_m} 的学术论文 {p_1, p_2, $\cdots$, p_n} 的摘要中包含该术语。可以通过本书训练的 Science-BERT-WWM 模型得到术语的上下文语义向量 {cwe$_1$, cwe$_2$, $\cdots$, cwe$_n$}。使用 K-means 算法[①]对 {cwe$_1$, cwe$_2$, $\cdots$, cwe$_n$} 进行聚类，将语义相近的向量聚在一起得到聚类结果 {C_1, C_2, $\cdots$, C_t}（$n \gg t$）。因此，聚类结果可以表示出术语蕴含的不同研究主题。计算 term 所属的学科和聚类结果中 term 所在的类的列联矩阵（contingency matrix）$M_{m \times t}$，可以获得 term 在学科上的向量表示 {V_{d1}, V_{d2}, $\cdots$, V_{dm}}，进一步计算余弦相似度可以得出术语在不同学科的相似度，进而分析术语的跨学科演化程度。具体过程示例如下所示。

给定含有某术语的 10 篇论文：{p_1, p_2, p_3, p_4, p_5, p_6, p_7, p_8, p_9, p_{10}}，分别属于 4 个不同学科，即 {d_1, d_1, d_2, d_2, d_3, d_3, d_3, d_4, d_4, d_4}，可以将 term 在不同论文中的向量表示为

$$[\text{cwe}_1, \text{cwe}_2, \text{cwe}_3, \text{cwe}_4, \text{cwe}_5, \text{cwe}_6, \text{cwe}_7, \text{cwe}_8, \text{cwe}_9, \text{cwe}_{10}]$$

经过 K-means 聚类得到 3 个类，即 {C_1, C_1, C_1, C_2, C_2, C_2, C_3, C_3, C_3, C_3}，则可以计算所属学科和聚类结果的列联矩阵 $M_{4 \times 3}$：

$$\begin{bmatrix} 2 & 0 & 0 \\ 1 & 1 & 0 \\ 0 & 2 & 1 \\ 0 & 0 & 3 \end{bmatrix}$$

矩阵的每一行向量即术语在学科上的向量表示，向量各分量之和是该术语在学科上的应用频次：

$$V_{d1} = [2 \quad 0 \quad 0]$$
$$V_{d2} = [1 \quad 1 \quad 0]$$
$$V_{d3} = [0 \quad 2 \quad 1]$$
$$V_{d4} = [0 \quad 0 \quad 3]$$

该术语在不同学科之间的余弦相似度为

$$\text{Cos}\{d_i, d_j\} = \frac{V_{di} \cdot V_{dj}}{\|V_{di}\| \times \|V_{dj}\|}$$

---

① MacQueen J. Some methods for classification and analysis of multivariate observations[J]. Proceedings of the Fifth Berkeley Symposium on Mathematical Statistics and Probability, 1967, 1: 281-297.

2. 术语相似度结果分析

为探究术语在情报学与其他学科间存在差异的原因，本书逐一筛选相似度低的术语，表 5-2 列举了部分在情报学和其他学科相似度较低的术语。从中可以看出，术语"本体"在很多学科上与情报学差异较大。因为本体最初是哲学上的概念，是存在的本质抽象，本体论是关于存在及其本质的理论，本体论思想迁移到情报学，因其对概念及概念关系的独特阐述，其语义性和结构性特点有助于信息资源的有效组织，是实现知识管理与服务的关键技术[①]。"本体"主要由哲学向其他学科进行迁移，与情报学的内涵差异较大。从其他术语可以看出，术语表示的研究对象或应用场景在不同学科存在显著差异，如历史学对图书馆的研究与情报学不同，而"深度学习"一词在情报学作为一种算法，在教育学表示一种学习投入的状态。

表 5-2　跨学科术语在情报学与其他学科应用差异显著结果示例

研究领域	术语	学科	余弦相似度	研究领域	术语	学科	余弦相似度
1	本体	哲学	0.010	1	图书馆	历史学	0.024
1	本体	艺术学	0.025	3	数据库	经济学	0.082
1	本体	中国文学	0.024	3	排序	自然资源与环境科学	0.331
1	本体	政治学	0.023	4	深度学习	教育学	0.040
1	本体	体育学	0.058	4	算法	新闻学与传播学	0.058
1	本体	马克思主义理论	0.011	8	满意度	心理学	0.070
1	本体	法学	0.033	9	专利权人	法学	0.069
1	本体	经济学	0.052	9	应急管理	自然资源与环境科学	0.125
1	本体	外国文学	0.018	10	风险管理	统计学	0.189

注：研究领域编号即表 5-1 中的编号

为了进一步根据术语相似度衡量情报学术语的跨学科影响力，本节依据表 5-1 所划分的情报学的主要研究领域，刻画术语在情报学与其他学科之间余弦相似度的分布情况。图 5-11 为情报学各研究领域术语余弦相似度的小提琴图。该图结合箱线图和核密度图的特征，可以更直观地反映一个或多个分类变量在不同类别上的数据分布，从而比较这些分布的差异。小提琴图利用密度值生成外部轮廓。在小提琴图中有一个箱线图，中间的白点和黑色盒型分别展示了中位数和上、下四分位点；细黑线表示须，展示了相似度的最大值和最小值。

从图 5-11 可以看出，不同研究领域的余弦相似度的中位数、下四分位点和上四分位点总体上分布较为均衡，相似度的中位数大体较高。同时在研究领域间呈

---

① 叶鹰. 浪潮与沙滩：略谈图书情报研究热点和研究前沿[J]. 国家图书馆学刊，2014，23(3)：15-17.

现出一定差异，信息检索领域（编号 7）的中位数值较小，信息检索、情报学基础：理论和方法领域（编号 1）的下四分位点值较小，下侧的须较短。从小提琴外形可以看出相似度的分布密度，小提琴外形大致具有上部大、下部小的特征，说明总体上在高相似度部分的分布密度较高。其中信息计量（编号 2）、竞争情报（编号 6）、政府信息资源管理（编号 11）等领域上大下小的特征非常明显，说明这些研究领域的术语传播到其他学科后术语的内涵没有改变，证明了在信息计量、竞争情报和政府信息资源管理这三个情报学核心研究领域具备较高的学科话语权，是向其他学科进行知识传播的主力研究领域。

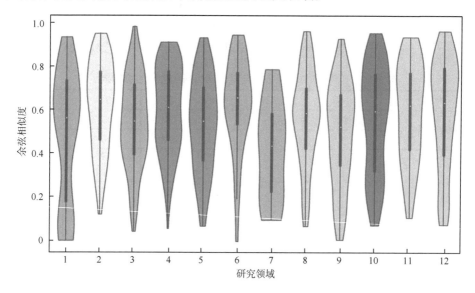

图 5-11　情报学各研究领域术语余弦相似度小提琴图
研究领域编号即表 5-1 中的编号

信息处理领域（编号 3）的小提琴外形呈现中间大两头小的特征，即高相似度术语的比例较低；信息检索领域的术语相似度主要分布在低相似度部分，说明这些领域的术语在其他学科中的应用场景与情报学存在差异，信息检索是情报技术的重点研究领域，但随着大数据、深度学习等新技术的发展，该领域对其他学科的影响逐渐减小。面对大数据时代的产业与技术变革，作为擅长信息处理与情报分析的情报学面临着极大的挑战。

话语体系建立在学科体系和学术体系之上，是学科知识与概念的表达、传播方式。术语是描述特定学科领域知识和概念的载体。本节借鉴学者王芳构建的情报学研究领域编码表，对情报学 12 个主要研究领域的名词术语进行梳理，从情报学术语跨学科知识迁移视角研究情报学话语的传播程度和影响力。通过文献引用关系确定知识迁移方向，以被引文献的关键词作为跨学科术语来源，对情报学知识流入流出进行统计分析。结果显示，信息计量、竞争情报等情报学研究领域的研究方法与理论，是情报学向外传播的核心研究领域。核心知识的传播展现出情报学的学科话语权，对其他学科发展和研究产生了有益影响。本节进一步构建了Science-BERT-WWM 术语语义模型，根据情报学向外传播术语在其他学科与情报学的相似度测定情报学术语在不同学科的发展与演变。多数情报学研究领域的术语在高相似度部分的分布密度较高，说明这部分术语在传播过程中沿用了情报学中的概念，证明这些研究领域在社会科学体系中具有较高话语权。但在信息检索领域，技术革新对情报学话语权形成冲击，但技术创新也为情报技术发展带来了机遇。

守正与拓展视角下的情报学学术体系，启示我们要明确情报学话语体系在不同学科领域中的核心话语领域和核心话语权。情报学的话语体系表现为学科研究成果的落地和学科理论方法的应用，学科话语体系必须以学科体系为框架、以学术体系为核心来阐释本学科对社会发展和相关问题的见解，提高学科术语交叉融合的深度和强度。情报学话语体系的作用主要通过话语权来体现，话语权不仅仅是说话的权利，更是指话语产生的效果和影响，需要加强情报学对不同学科领域专业知识输出的影响作用测度。数据科学时代情报学的发展需要把握住情报的核心，凝练情报获取、情报分析、情报服务的技术和方法，拓展学科核心知识，强化学科核心能力，以提升学科的核心竞争力。

5.4　中国情报学教育的话语体系

中国情报学教育话语体系的原创性探索与新时代创新发展，是其推进中国化情报学教育理论创新史中的重要篇章。中国情报学教育话语体系在六十多年探索中经历了初创与兴起、确立与成长、定型与发展、创新与完善等主要阶段的历史发展轨迹，形成自身独特的中国情报学教育话语自信、话语自觉和话语空间的演进逻辑。本节探讨中国情报学教育话语体系在核心使命强化、内生动力激发、主体任务培育和基本样态精准等方面的核心要义，得出夯实中国情报学教育话语体系的根基、厚植中国情报学教育话语体系的自信、树牢中国情报学教育话语体系的导向思维等中国情报学教育话语体系的现实启示。

5.4.1　六十多年中国情报学教育话语体系的演进历程

中国情报学教育话语体系受不同历史语境与主体需求的制约，在六十多年中的情报学教育工作实践中不断丰富和发展，形成了初创与兴起、确立与成长、定型与发展、创新与完善等主要阶段的历史发展轨迹，是我国情报学教育话语体系变迁的一条关键性逻辑主线。

1. 中国情报学教育话语体系的初创与兴起（1956—1977 年）

中国情报学教育源自科技情报工作，其发展始终与情报事业密不可分。可以说从情报学学科诞生起，就和情报工作密切联系在一起。情报学教育工作的发展始终伴随着情报工作的变革而不断调整。我国情报思想虽然源远流长，但情报学作为一门学科的真正的源头是 20 世纪 50 年代兴起和开创的科技情报事业与科技情报工作。1956 年中国科学院科学情报研究所的创建标志着第一所国家情报机构成立，主要搜集国外最新的科技情报信息，以支持国家科技研发和工业应用[①]；提供采集、编译、撰写科技简报，编制较完整的科技文献检索工具，承担了科技文献检索及文摘出版、翻译、简报编写的重要责任，注重为各级领导决策服务的情报研究工作。开展较有影响的多种形式的学术活动，主题内容涵盖了文摘工作、分类法与主题法、情报刊物体系建立和情报研究等。围绕科技情报工作体系的正式形成和快速发展，各学科的情报学教育开展实践活动，用以体现情报学教育的引领目的，并展开科技情报话语的构建。最早创建的科技情报学和科技情报工作为我国科技发展做出了巨大贡献，参与学术研究、交流平台建设、教学和情报工作的人员有近 20 万人，构成了一个庞大的体系。这些科技情报机构发展至今，仍在我国科技发展、经济建设、政府决策等方面发挥着重要作用[②]。1958 年 11 月召开的第一次全国科技情报工作会议，提出各项情报服务工作都要遵循"广、快、精、准"的理论原则，这一原则后续收到了很好的实效[③]。在制度性话语的保障下，情报话语体系的构建逐渐推进，文献情报工作被赋予的"耳目、尖兵、参谋"使命成为中国情报学教育话语体系的起步与肇始。

1958 年，中国科学院科学情报研究所更名为中国科学技术情报研究所，创办成立中国科学情报大学，成立情报专业，成为我国情报学教育的开端和发展的开始。此后，我国情报工作的人员主要来源于其他学科，并通过短时间培训完成情报学教育。这期间，首次进行情报学知识系列化有益尝试的第一本情报学教材《科技情报工作讲义》（上下册），还把系统论、信息论等新理论引进情报学。与情报工作相匹配的情报学，以科技文献情报为研究对象，体现本土化以情报学教育

① 邱均平，沙勇忠，陈敬全. 改革开放以来我国情报学教育的发展历程、现状和趋势[J]. 情报学报，2002，(1)：112-120.

② 邱均平，沙勇忠，陈敬全. 我国情报学教育的回顾与展望[J]. 中国科技资源导刊，2001，(10)：16-18.

③ 杨国立. 军民情报学融合机理与推进策略研究[D]. 南京：南京大学，2019.

为中心的情报价值观，优化我国情报学教育开端的情报话语逻辑[①]。1964 年，中国科学技术情报学会开始筹备，对科技情报工作给予了重视和推动。20 世纪 60 年代中期至 70 年代中期，这个领域的研究整体上没有实质性的进展，但这一时期的情报学教育话语体系转换都是比较成功的，为中国情报学教育开辟了新的道路，高等学校培养出了一批高素质的情报学专业人才。情报学教育话语的能动性在于通过话语逻辑的改进，影响情报学教育的价值理念和制度方略，潜在化地充实和拓展情报学教育的内涵与外延。

20 世纪 70 年代以后，从中国情报学教育发展实际出发，我国开始探寻情报学教育发展的规律。情报工作担负着计算机文献检索的重任，主要为科技人员、科技项目提供国外最新科技文献信息。这一时期国家通过典型引领等方式在话语空间上开创了我国情报学教育的先河，完成了情报学教育话语体系的转换，探索了我国情报学科体系和教育体系及发展模式，提升了我国情报教育话语体系的中国化程度。1977 年 7 月 19 日至 26 日，召开了全国科技情报检索刊物协作会议[②]。这次会议标志着我国开始有计划、有组织、有领导地统一建立我国的检索刊物体系，增添了阶段性话语成果。开始在国家制度话语中呈现出来，情报教育话语体系在内化的道路上，奠定了中国情报教育话语体系的确立与定型的基础。

2. 中国情报学教育话语体系的确立与成长（1978—1991 年）

1978 年教育部本科教育体系中的情报学本科教育正式在我国兴起，武汉大学率先办起科技情报专业，同年，中国科学技术情报研究所（现已更名为中国科学技术信息研究所）开始招收科技情报学硕士研究生[③]。情报学教学与研究内容主要集中在科技文献，情报交流理论也主要偏重文献交流。我国情报学教育有了正式统一的方针、任务和课程设置，情报学专业教育才真正进入了全面发展阶段。1984 年，中国科学技术情报研究所和武汉大学的情报学硕士点授予权获得国务院学位委员会的批准；1986 年前后，我国第一个军事情报学硕士点在中国人民解放军国际关系学院（现已并入国防科技大学）招生，1991 年我国首个情报学博士点开始招生。情报学、军事情报学和公安情报学三个二级学科的建立，共同构建了庞大的中国科技情报体系，使得情报科学能建立起自己的理论体系，使得我国情报学教育制度日趋完善，这标志着我国情报学科体系和教育体系的正式建立。随之初步形成了一支专门从事情报学教育和科研的专职队伍，形成了正式的情报教育制

① 严怡民. 四十年来我国科技情报事业的发展[J]. 中国信息导报，1996，(9)：6-9.
② 严怡民. 建国四十年来我国情报学理论的发展历程[J]. 图书与情报，1989，(3)：1-6.
③ 毛奕. 信息管理与信息系统专业课程体系的设计[J]. 郑州航空工业管理学院学报(社会科学版)，2002，(3)：1-4.

度话语体系①。以扩大情报学教育数量为主的制度话语体系初步形成，含有情报学教育概念的表述开始在国家制度话语中呈现出来。

1978 年，中国科学技术情报学会宣告成立，1979 年，全国学会在昆明召开了第一次学术年会②。1984 年通过的《国家科委关于加强全国科技情报工作的意见》，促使情报学教育成为图情学科建设的重心之一，这一时期的发展思路以图情一体化为主要趋势，情报学学术刊物相继问世，情报学研究已进入了一个新的发展阶段。为中国情报学教育话语体系的确立开拓了新的话语空间，体现具有中国现实特色的情报学教育话语。同时情报学教育话语空间由在职培训实现了向学历延伸的全过程转变，情报学教育话语的时空延续性和广延性得以增强。随后大学情报事业使用的教材向系列化方向发展，主要情报学理论研究成果注重为科技、经济、社会三位一体协调发展战略服务。新的情报学教育话语体系在结构上具有巨大的包容性，并促使情报学教育话语向概念化初步构架嬗变。

3. 中国情报学教育话语体系的定型与发展（1992—2010 年）

情报学由建立独立的二级学科"科技情报专业"，后发展为"情报学"专业，自身具有独立的研究领域、研究方向和学科结构，并已形成自身完整的学科体系、教育体系和学术交流体系③。1998 年，在教育部本科专业调整中，情报学本科专业与其他四个专业并入信息管理与信息系统专业。同年，中国人民解放军国际关系学院（现已并入国防科技大学）获得了第一个军事情报学博士学位授予权，此外，安全情报学发展受到前所未有的重视。该时期，重视现代信息技术教育，完善层次结构，重点培养高层次人才。我国情报学教育领域创新发展的亮点主要表现在博士学位授权点的建立，呈现出结构的高层次化，由此形成了完整的层次结构，在国家高等教育体系中占有一席之地。情报学教育话语相关经验和理论的积累奠定了中国情报学教育的话语基础，具体表现在情报学科培养方面，除科技情报专业外，其他学科领域也逐步开展情报学的人才培养与相关研究，并在情报学特定方向与新领域方面，开展了分支学科的研究和实践。

20 世纪 90 年代以来，随着信息技术在多种学科、多个领域的介入，信息技术在情报事业中占据主导地位。我国科技情报工作开始向信息管理领域延伸拓宽，在全国产生广泛影响④。1993 年，我国情报学教育向以信息管理为轴心的方向发

① 李跃文. 从系名的变化回顾图书馆学情报学教育的发展[J]. 晋图学刊，2003，(4)：77-78.

② 李艳，蒋贵凰，宋维翔. 以情报分析人才培养为核心重塑我国情报学专业教育[J]. 情报理论与实践，2011，34(7)：13-16.

③ 彭知辉. 对公安情报学专业定位的思考[J]. 武汉公安干部学院学报，2008，(3)：78-82.

④ 苏新宁，杨国立. 我国情报学学科建设研究进展[J]. 情报学进展，2020，13：1-38.

展,情报学研究对象开始扩大到信息,在一个全新的视野和起点上重新塑造自身①。至此,原来的科技情报专业便退出了本科教育体系,保留了我国情报学教育话语的观照视阈②。与此同时,信息构建理论被引入,情报学科的形成以该学科的学术话语群特别是标识性概念群为标志,情报学教育话语的标识性概念、新理念扩展了话语体系的解释范畴。1988 年,在理论上提出了"大情报观",重塑大情报观,情报工作事业领域进一步向更加广泛的信息资源、信息服务和信息需求,针对网络信息资源理论技术与方法的研究成为最重要的领域。

20 世纪 90 年代初期以来,向信息系统开发、信息技术应用方向延伸和发展。"信息管理教育"这一明确的话语概念首次正式取代原有的"科技情报教育",彻底实现情报学从图书馆学专业独立出来,与其他学科和已有专业在大范围的整合中,进入信息管理这一内涵广泛的横断学科,从而培养从事科技情报事业的专门人才。更体现为话语空间的转换和话语概念的蜕变,丰富了情报学教育的话语内涵,实现了情报学教育话语体系的语境转型。凝聚战略性、时代性、学理性、综合性、前瞻性和思想性等中国特色情报学话语价值内核,强化情报学教育话语体系的独特性、自主性、系统性、共识性、进取性和示范性的结构性特征。顺应了以国家战略需求、社会发展、技术进步和国家发展历史变迁大环境的需要为中心的价值观。强调情报学教育话语体系中的核心话语领域和核心话语权,在话语内涵上实现了从工具本位向价值本位的逻辑转换。自此,全面进入转型期新阶段,我国情报学教育话语体系进入了一个整合和重构阶段。

4. 中国情报学教育话语体系的创新与完善（2011 年至今）

中国情报事业开始谋划从 20 世纪 90 年代以来的对"耳目、尖兵、参谋"功能的回归深化及向引领拓展进发,情报事业服务决策的"耳目、尖兵、参谋"功能的重要性日益凸显。特别是,随着《中华人民共和国国家安全法》《中华人民共和国国家情报法》的相继出台,情报学和情报工作积极融通情报学教育学术话语、实践话语和政策话语③。随着经济社会数智化的持续推进,"广、快、精、准"等话语表达,以及情报决策支持的回归,进一步明确了国家情报工作服务国家安全、国家重大决策的职能使命,在国家安全与发展战略框架及国家智库战略需求下,新话语体系系统化、具体化地阐释表达了明确的情报价值理念:必须以凸显中国特色为前提,以数据科学为新的增长点,积极创新情报学教育话语体系,构建情报学与情报工作新的核心能力与竞争力,要打造成情报

① 王秉. 我国安全情报学研究回顾与展望[J]. 情报理论与实践, 2020, 43(12): 163-171.
② 周晓英, 陈燕方, 张璐. 中国科技情报事业发展历程与发展规律研究[J]. 科技情报研究, 2019, 1(1): 13-28.
③ 王秉. 我国安全情报学研究回顾与展望[J]. 情报理论与实践, 2020, 43(12): 163-171.

学教育的中国版。

党中央对国家发展步入新的历史方位做出全新政治判断，其具体话语为我国情报学教育发展指明了方向。中国特色的情报学学科体系和学术体系建设，是学科体系联结的纽带，是学术体系反映、表达和传播的方式。这一时期，如文本理解、情感挖掘、数据可视化等理论与方法的支撑，与大数据、人工智能相关的技术应用所带来的变革，为构建中国情报学教育话语体系增添了无限活力与持久动力①。2020 年新冠疫情突发，世界处于百年未有之大变局中，科技情报的作用再次凸显。在智能化与智库化战略下，中国情报学教育话语体系构建的自主性与独立性得到了提升，中国情报学教育话语体系实现了开拓与创新并逐渐趋向成熟与完善。其中蕴藏了"国家战略至上""情报决策为本"等话语逻辑，蕴含了未来情报学教育话语体系的基因成分，表达了新情报学教育话语体系的价值取向：情报学在服务国家和社会中才能得到发展，赋予中国情报学教育发展的新使命，情报学教育要有自己鲜明的政治立场，情报学和服务国家现代化建设是高度一致的。

5.4.2　六十多年中国情报学教育话语体系的演进逻辑

经过六十多年连续性和开拓性的探索，中国情报学教育话语体系的持续性与创造性不断增强，其核心要义主要体现在凸显话语自信、提升话语自觉、拓宽话语空间等几个方面。

1. 尊重情报学教育工作的中国实践，凸显情报学教育的话语自信

情报学教育话语作用于现实并对情报实践起到指导与促进作用，是检验其具有生命力的重要标准。六十多年来，有关情报学教育发展存留了丰富的文本和话语，中国情报学具有复杂的多元化话语观点，其话语体系也在不断发展和变化。支撑情报学教育话语体系建设的关键，就是提升学术原创性和创新话语表达方式，理论发展和话语表达能够尊重情报学教育话语体系阐释和表达，形成以情报理论和实践为主要内容的主流话语体系。在情报学教育话语体系的构建中，若要注重跨界多元和专业，需要在实践基础上的思想创造以及创新理论、平等对话、包容歧见的学术环境②。在实践中，情报话语创新是提升治理效能的突破口，要体现话语创新的规范化和专业化，使理论发展和话语表达真正能立足中国情报实践，从而促进对情报学教育战略话语做出新的阐释。

---

① 周晓英，陈燕方，张璐. 中国科技情报事业发展历程与发展规律研究[J]. 科技情报研究，2019，1(1)：13-28.
② 吴慰慈. 情报科学在中国的发展述略[J]. 山东图书馆季刊，1992，(2)：1-4.

就目前学界的研究而言，要阐明情报学自信教育的出场情势、话语建构、意义创生等基本问题。开展情报学自信教育必须建构情报学自信教育的话语体系，注重挖掘新材料、发现新问题、提出新观点、构建新理论，提炼学科具有标识性、原创性、时代性的关键概念、核心命题，实现情报教育话语内容的价值逻辑向能力导向迁移。打造体现易于为国际社会所理解和接受的新概念、新范畴、新表述，形成科学完备、有效管用的话语体系。新型话语的凸显进一步丰富和拓展了情报教育话语的内涵与外延，在理论与实践的双向验证中，实现塑造自信的话语立场的转变，契合我国情报工作实际与情报学教育发展需求。用情报知识奠定话语基础，用情报理论树立话语核心，用情报思维展现话语技巧。实现塑造自信的话语立场转变，以体现情报学教育的话语自信。表现出与其他学科不同的话语创新，展示情报学教育的话语权。

2. 完善中国情报学教育话语体系建设，提升情报学教育的话语自觉

中国情报学学科史是构建学科话语体系的重要基础，应加强对中国情报学史的研究。一是中国情报思想源远流长，无论是年代史，还是专题史，都蕴藏着丰富的情报思想与情报实践。挖掘古代典籍中所蕴含的情报思想和情报智慧实践，有助于充实中国情报学的理论体系。情报实践和情报理论研究是在图书、科技与综合情报工作的演进中得以体现，并且，随着我国情报事业的发展而不断得到丰富和充实的。二是厘清中国情报学的本土实践历史发展脉络，这些历史虽然传统但从不过时，并具有特定发展规律可循。研究情报现象与情报实践产生和发展过程中的人物、活动与事件及其历史意义与发展规律，主要包括情报学术思想史、情报学史、情报事业发展史、情报学说史、情报人物、情报技术发展与情报机构建设沿革等情报学各专业史的研究。

中国情报学教育话语体系，乃情报之声音、情报之力量，在回应时代的基础上，正向情报学教育的现实调适并精准发力。情报学话语创新要提出新概念、提炼新观念、提倡新理念，在争取中国情报学话语权的过程中，展现出一幅情报学教育思想和实践与国情相互交织的画卷，为新时代中国话语体系建设勾勒"话语场""问题域""坐标系"[①]。应厘清新时代中国特色情报学教育话语体系的基本问题域，立足新时代丰富实践，规范、总结、提升中国特色情报学教育话语体系，从而推进新时代中国情报学学科体系、学术体系、话语体系一体化发展。中国情报学教育话语体系的建立，蕴含了以情报发展为本的理念、高质量发展的价值和国家战略至上的情怀，可以通过大数据传递情报知识话语，构建中国情报学生态

---

① 陈芬，苏新宁. 我国情报学学科发展现状与未来思考[J]. 情报学报，2019，38(9)：988-996.

版图，形成情报学研究的中国学派。情报学教育理论与实践的创新和超越，中国情报学教育话语体系的建设与完善，正是情报学教育的优势所在。

话语体系是话语主体传递给受众客体主体思想和价值观的一项系统工程，话语客体自觉接受某一话语体系是其传递有效的判断标准。随着对情报学教育以高度的话语自觉提升自身的主体性，进一步通过学科建设、理论发展和实践工作中的自觉实现情报学教育系统的总体自觉，向基于内在发展需求自觉塑造的逻辑嬗变，情报学教育话语形态呈现出情报学系统特有的演进轨迹。在几十年情报学教育话语体系构建探索逐步形成中，增强教育目标、内容、话语、方式、载体等维度的自觉调适，自觉构建中国自己的情报学教育话语体系。自觉增强情报学教育话语体系的创造性，自发增强情报学教育话语体系的共识性，自主增强情报学教育话语体系的引领性，增进对情报学教育话语体系的共识。

3. 激发中国情报学的话语主体活力，拓宽情报学教育的话语空间

话语主体是话语内容的创新者与表达者，也是话语平台的建设者与拓宽者。从目前我国情报教育的话语形式来看，话语主体的作用主要通过话语权来体现，话语权的大小主要通过话语的影响力来体现。话语主体不断凸显出对政策话语客体的观照，分别形成了政策性话语主体、学术性话语主体、实践性话语主体等三种类型话语主体。情报学教育话语体系大体上是由以党的重要政策和报告文件为主要载体的政策话语和以学者的学术研究成果为主要载体的学术话语，以及以情报实践者的实践感恩与反馈为主要载体的实践话语等构成，创造出独特的情报学教育话语体系，实现了我国情报学教育话语体系向多元化一体化发展的转变。

建立学术的主体性和专业性，需研究主体以自己的话语意识，回归情报学话语创生的文化之源，在话语的教化中积累话语创新的力量。学术期刊是话语体系形成的重要标识，通过关注新的学术生长点，引领学术前沿，不断地激发中国情报学教育的话语活力，有效地强化学术性话语主体话语能力建设。情报领域的相关学会（协会）在 1978 年后陆续成立，其他各行业学会下几乎都设有与信息技术相关的专业委员会。2011 年首届全国情报学博士学术论坛召开，特别是 2017 年发布的《情报学与情报工作发展南京共识》，提出的五个重新定位为情报学在国家战略和社会发展中展现"情报"话语指明了新方向。从系统视角集聚情报学各个分支学科和领域的研究力量，搭建起了具有时代气质的情报学教育学术型话语平台，显现学科的话语能力和核心话语权，并通过学术话语让学界真正了解它们的功能和作用。促进中国情报学教育话语体系在钳制中实现突围，情报学教育话语体系在吸收、融合与博弈中实现地位提升。

话语作为一种重要的社会实践活动的表述，是理论构建、价值传播、文化发

展的重要载体①。话语体系不仅是对社会实践的认知、总结、表达和传播，同时支撑、形塑、影响话语实践的过程和结果。现代情报学走向深入、实施变革的一个重要契机是在话语空间上实现了重心位移。情报学科对学术资源架构、组织、分类、处理、检索以及服务方式有独特的话语地位，从话语边缘向话语中心位移。必须整合资源构建占中心地位的实践话语体系，构建占一定地位的话语力量，掌控话语定义权等。将情报学教育话语体系的构成内容、体制机制、实践探索、理论发展等论述清楚，打造易于理解和接受的新概念、新范畴、新表述。坚持中国情报学教育话语体系的辩证思维，即学术话语对实践话语的开放与自觉，结合情报活动发展实践需要用自己的话语和话语体系表达，从而形成实践性话语与学术性话语相互融通的平等对话新格局。强化"情报素养""数据素养""数字素养"等新型话语的凸显，凝聚战略性、时代性、学理性、综合性、前瞻性等话语价值内核，核心话语权的体现在话语形式上更具有开放性、专业性和国际性等显著特征。在话语空间上开创面向国家战略和社会发展需求的情报学教育的先河，融通情报学教育学术话语、实践话语和政策话语，形成一套能够系统讲述中国故事的情报学教育话语体系。

5.4.3　六十多年中国情报学教育话语体系的核心要义

经过六十多年连续性和开拓性的探索，中国情报学教育话语体系的持续性与创造性不断增强，其核心要义主要体现在核心使命强化、内生动力激发、主体任务培育和基本样态精准等方面。

1. 核心使命强化：打造情报学教育话语体系的中国特色

六十多年来情报学教育话语体系在核心价值、内在属性和本体功能层面都发生了重大变化，话语体系的转换一直都围绕着建设中国情报学教育现代化这一核心使命始终未变，现代性的整体培育促进了中国情报学教育的现代转型和规范化建设。这是中国情报学教育文化自觉和文化自信的产物，维系这一稳定性特征的原因主要是文化要素、战略要素和制度要素。中国特色是情报学教育话语体系建设的核心，是以信息技术为基本依托，通过面向国家战略与社会发展需求的话语环境形成的情报学教育话语体系整体合力。习近平总书记在哲学社会科学工作座谈会上的讲话强调了话语体系建设和创新的重要性，这意味着每个学科都要构建成体系的学科理论和概念②。情报学教育要构成学科体系、学术体系与话语体系相

---

① 杨国立，苏新宁. 迈向 Intelligence 导向的现代情报学[J]. 情报学报，2018，37(5)：460-466.

② 习近平：在哲学社会科学工作座谈会上的讲话（全文）[EB/OL]. http://politics.people.com.cn/n1/2016/0518/c1024-28361421.html[2016-05-18].

统一的成熟、健全的话语形态，就必须在自身话语体系上进行一系列创新，在主动塑造话语及国际话语体系的过程中，构建起中国特色国际情报学教育话语权，成为国际情报学教育话语体系新的主导者。

2. 内生动力激发：构建和滋养内涵丰富的话语体系

中国情报学话语走上了一条内生之路，经历了不同背景和不同时期的发展，形成了自身独特的话语体系。苏新宁教授认为，中国特色情报学一定要能够发情报思想之声、在国家战略中展现情报之魂、落实情报决策支持之力。情报学教育话语体系是学科理论体系、学术思想、专业知识的外在表达形式，情报学教育知识体系展现了学科的核心话语，核心话语应集中于学科体系的框架之内。探求情报学教育话语内核与现实语境的契合点，其话语体系的塑造、表达、体现直接关系到学科体系、学术体系的建设效果。情报学教育的中国话语应具有稳定性格和整体结构，以彰显情报话语的时代性品格和中国模式的独特意蕴。情报学教育将从思想体系、理论体系、价值体系、知识体系等四个方面聚合地表达构建内涵：新时代情报学教育话语体系的建构，须以情报学的知识变革和思想先导为目标，从理论自主创新的高度，形成延续稳定的话语品格，实现中国情报学教育话语体系的自主创新。

随着国家和社会的需求在不断转型和深化，学科的核心话语范围也追随其发展定型和拓展深化，形成了一脉相承的情报学教育理论体系，逐渐拓展到面向国家战略和社会发展需求的情报学教育话语体系。作为由自觉意识引领的、审慎的渐进性学术探究和积淀，中国情报学教育话语创新和话语体系建构，在数字化时代和大数据环境下，植根于社会变革实践和未来筹划中，原有的情报学教育话语体系需要顺应新时代的发展，进行拓展和深化并向纵深与广度发展。情报学理论知识体系需要演进，情报学话语需要更加体现学科内涵向质量提升转型。"耳目、尖兵、参谋"以及"广、快、精、准"等话语表达，从目标定位及作用中汲取情报滋养。构建和滋养内涵丰富的话语体系，打造情报学教育话语体系"升级版"，需要我们重新定位并审慎规划情报学教育话语体系，为情报学教育的改革与发展提供内在动力和现实指导。

3. 主体任务培育：提升中国情报学教育发展的话语权力

情报学作为一门涉足众多领域的应用型学科，学科建设和发展在一定程度上决定了学科的话语权力，简称话语权，是指支配力量而非利益享用。情报学教育离不开情报学学科建设的理论与实践创新，需要学科的理论、思想和知识的强有力支撑。提升我国情报学学科体系和学科话语权是情报学教育话语体系构建的主体任务和重要内容,将情报学教育话语体系建设纳入国家哲学社会科学学科体系、学术体系、话语体系创新工程之中,加强中国情报学教育话语体系建设的顶层设计、实践推动和国际交流,形成中国特色情报学教育话语的架构和范式。最关键的是开展交叉学科、横断学科的基本范畴研究,实现基本概念共享。在实践中凝练新概念、新命题、新理论,重新提炼和铸造其概念、范畴体系,尤其要提炼标识性概念范畴,提炼、创造真正属于情报学科领域自身的概念、范畴。不断丰富情报学概念和理论,有利于涌现出更多的具有标识性的概念和原创性理论。

发挥中国情报学学术性话语的优势特色,致力于拥有自己的学术话语权,可以从创新理论体系、加强学科基础理论研究、创新情报学研究方法论等方面入手。将情报学教育话语体系建设贯穿到学科建设、教材编写、人才培养、课题研究等方面,提出中国特色的原创性概念和原创性理论。注意用中国标识性话语表达好情报学教育发展的经验方案与学术成就,探求学术话语权力与国家综合国力相匹配,是伴随情报学教育话语体系构建的重大课题之一。构建思想性、学术性、逻辑性有机统一的情报知识体系,组建国内权威的中国情报学教育话语体系研究团队和传播力量,支持中国情报学教育话语走出去。增强中国情报学未来学术的国际影响力,营造情报学教育新生态,重塑情报学教育的世界话语权,进而提升中国情报学教育话语体系向外传播的解释力与生命力。

4. 基本样态精准：凸显情报学战略地位的意识基底

中国情报学在印证、递进与融合轨迹不断完善中经历了将近半个世纪的发展。中国情报学教育话语体系也经历了话语体系的变迁,话语体系的每一次更迭始终与时代主题的每一次转换紧密相关。我国情报学教育话语体系从时代背景中解码时代基因、在情报活动实践中充分吸纳确保国家战略需求的话语元素,植根于六十多年来的现代性自觉和自我培育的历史实践中,在话语构建和话语传播方式上凸显普适性、时代性和规范性。构建具有中国印记的情报学教育话语体系的基本样态,情报学教育的话语体系也在不断发展、突破、创新和重构。情报学教育中国话语的来源是各种观点整合的结果和共识,也是塑造新模式的力量源泉,事实已经充分证明了其在提高情报治理效能方面的优势。在国家安全与发展框架及国家战略需求下,为诠释我国情报学教育话语提供创新表述。新时代情报学教育话语体系需要进一步拓展,话语力度期待进一步加强,话语权亟须进一步重塑。

话语创新最直接、最明显的表现是话语内容的创新。情报学教育话语体系及核心话语权主要体现在文献规律和科学评价、学术资源建设与服务、科学发展与科技规划、面对国际竞争中的科技对抗和科技竞争、军事国防安全外交、其他领域的情报话语等方面。要拓展理论视野、整合相关资源、融通古今中外,分析加快构建中国情报学教育的基本遵循和创新方向，继承并确立情报学教育的独特性作用。坚持不忘本来、吸收外来、面向未来，坚持情报学教育战略地位表达的稳定性与一贯性，坚持话语创新的规范性、专业性。建立面向国家安全与发展的大情报科学体系已成为学界业界共识，要善于提炼标识性概念，构建融通古今中外的情报学教育话语体系。要实现政治话语、学术话语与大众话语的有机统一，为情报学教育话语体系的建设与完善提供良好的发展语境。

5.4.4　六十多年中国情报学教育话语体系的现实启示

中国情报学教育话语体系的六十多年的连续性、开拓性、创造性的探索，其核心启示主要体现在重构情报学教育话语体系，夯实中国情报学教育话语体系的根基；恪守本土立场，厚植中国情报学教育话语体系的自信；把握时代关切，树牢中国情报学教育话语体系的导向思维。

1. 重构情报学教育话语体系，夯实中国情报学教育话语体系的根基

新时代中国情报学教育话语体系是一个循序渐进的实践过程。要遵循情报教育发展规律，确保情报学教育话语体系构建的方向正确。重构情报学的基础理论、思维坐标、逻辑起点范畴和构建原则等，发挥学科性话语与学术性话语思想凝结的优势特色。倡导推动多元主体话语结构的生成、多元话语主体建构，更加突出国际性、引领性、专业性、时效性、特色化，加强专业性话语的创新性传播与实用性功能打造。为情报学教育发展提供大环境下的方向指引、价值导向和规律制约，提升情报学教育的中国话语权。要尊重中国情报学的发展现实，夯实中国情报学教育话语体系的根基，完善中国情报学的学科体系、学术体系和话语体系的建设。立足中国情报学发展实践，在自身运动规律探索的基础上，构建中国气派和风格的情报学教育认知方法。关注新时代情报学教育发展的新情况、新问题，为情报学教育理论的创新和发展贡献中国智慧。

2. 恪守本土立场，厚植中国情报学教育话语体系的自信

情报学教育话语体系已经成为基于中国经验形成的具有永久价值和普遍意义的现代性方案。习近平总书记强调，"只有以我国实际为研究起点，提出具有主体性、原创性的理论观点，构建具有自身特质的学科体系、学术体系、话语体系，我国哲学社会科学才能形成自己的特色和优势"①。因而必须注重下功夫积累和研

---

① 习近平主持召开哲学社会科学工作座谈会并发表重要讲话[EB/OL]. https://www.gov.cn/xinwen/2016-05/17/content_5074162.htm[2016-05-17].

究情报学理论研究的发展历程，重视前人创造的基础性成果，掌握情报学教育及
实践的前沿动态。发挥情报学整体思维优势，注重概念范畴的归纳提炼和话语体
系的构建，升华为系统化的中国特色情报学教育话语体系，实现情报学教育话
语本土化的超越。在路径上要善于挖掘内生于中国历史文化土壤的话语脉络，
为诠释我国情报学教育话语，使其成为，提供创新表述，从而厚植中国情报学
教育话语体系建设的理论自信。促进情报教育话语实现全球视野、本土立场和
学术视阈的辩证统一，协同推动情报学科、专业、理论研究与实践工作等全方位、
包容性地发展。

3. 把握时代关切，树牢中国情报学教育话语体系的导向思维

中国当代情报学教育话语体系建设问题，被作为中国情报学发展"世纪问题"
在新的时代背景和话语体系中的更新性呈现。不同时代需要不同的话语体系，需
要反映时代问题的标识性理念、概念和范畴。必须紧握时代发展脉搏，为中国情
报学教育话语体系的发展注入时代活力，坚持持续创新情报学教育话语体系为未
来发展导向。把握时代关切，情报学教育话语体系的现实形态，是情报学教育知
识、观念、理论、方法等融通生成的结果，体现情报学教育话语体系功能的思想
学说、理论体系、知识系统和学术规范的创立、发展及传播应用。在新时代中国
情报学教育发展背景语境变迁的精辟总结下，形成的情报学教育思想理论体系和
知识体系，体现出不断打造中国特色情报学教育话语体系。增强新时代国际舞台
上的情报学教育话语权，向世界展示与描述中国情报学教育发展现状的话语理论
思想体系和知识体系，是推动中国情报学教育高质量发展的持久动力。情报教育
实践发展永无终点，情报教育话语创新永无止境。国际形势百年未有之大变局对
中国情报学发展产生了深刻影响，情报教育应聚集数字化新时代，深入探索当代
发展新模式。在六十多年来历史发展演进中，中国特色情报学教育话语体系面临
新的时代追问。回归中国教育学情报话语创生的文化功能，建立中国特色情报学
教育话语体系显得更加重要。

解决学科自身发展问题的同时，我国情报学科也应放眼整个哲学社会科学全
局，在推动中国哲学社会科学大发展、构建中国特色哲学社会科学的进程中发挥
作用，承担时代赋予我国情报学科的历史使命。哲学社会科学研究呈现出数据驱
动与模型驱动相结合、演绎逻辑与归纳逻辑相结合、相关分析与因果分析相结合、
空间分布与时间序列分析相结合、部分探索与整体研究相结合、人工分析与工具
应用相结合的特点，传统的研究方法和手段已经无法完全满足新环境下的哲学社
会科学研究工作。我国情报学科因其自身的特点，比其他哲学社会科学学科更早

接触新技术，更早拥抱新技术，并从中受益①。

　　加快构建中国特色情报学教育话语体系，在体系建设和实践进程中必须做到尊重中国实际、服务中国实践、解决中国问题、传递中国话语。情报学需要紧密围绕文化强国战略、总体国家安全观、创新驱动发展战略等国家战略需求开展的研究和实践。立足中国、面向世界，这要求我们在借鉴和融合西方情报学相关学科的学术思想和实践经验的时候，要结合中国实际国情与现状，做到兼顾中国特色的同时与国际接轨，进一步发出中国特色的情报学话语和声音。

　　本章基于中国特色的情报学教育话语体系、学科扩散视角下的情报学话语影响力、术语知识迁移视角下的情报学话语、中国情报学教育话语体系，对情报学教育话语体系展开探究。新时期的中国特色情报学教育话语体系构建需要结合国家大数据战略、创新驱动发展战略、中国特色新型智库建设、总体国家安全观、文化强国战略、健康中国战略等，响应国家重大战略需求，结合我国情报学学者的建树和成果，从不太遥远的历史中汲取情报学学科建设的合理成分。通过学科扩散视角分析发现情报学话语对管理学、经济学、新闻学与传播学、教育学、法学、体育学、政治学、社会学领域研究影响力度较大，学科研究主题的影响速度、广度、深度呈现显著差异。通过术语知识迁移分析，启示我们要明确情报学教育话语体系在不同学科领域中的核心话语领域和核心话语权，加强情报学话语权不仅仅是说话的权利，更是指话语产生的效果和影响，需要加强情报学对不同学科领域专业知识输出的影响作用的测度，不断拓展情报学学科核心知识，以提升学科的核心话语影响力。情报学的学术体系从关注科技文献、文献交流规律的研究逐步拓展到关注信息资源、数据资源、知识资源的采集、组织、处理、检索、服务等方面的理论与方法研究。加强学术体系、话语体系的建设，必须坚固共同理论要素、建构更具有解释力和前瞻性的基础理论体系，必须完善中国特色情报学教育话语体系的建设，提升情报学教育的话语自觉性和自信心，夯实中国情报学教育话语体系的根基，把握时代发展特点，树牢中国情报学教育话语体系的导向思维。

　　情报学在与数据科学碰撞的过程中不能被"大数据"所淹没，即一味地追求"数据"而丧失了学科内涵。情报学要利用好"数智"赋能，需要打造特色，谋求差异化突围，由此才能找到新环境下学科发展和人才培养的答案。下一代情报学话语体系建设的愿景，主要包括学科交叉融合场景的变化和问题域的变化，更加智能化、协同化、生态化和开放化，努力实现情报学学科内部转型，加强情报学与其他学科间的知识关联融合，提升情报学学科知识的外部话语影响力，促进中国情报学为社会发展做出更大的知识贡献。

---

① 马费成. 推动哲学社会科学创新发展[N]. 中国社会科学报, 2021-07-20(7).

第6章　情报学未来发展

时代的发展，对情报学学科建设提出了更高的要求，国家战略的需求赋予了情报学新的使命。几十年来，情报学与情报工作在国家科技发展、信息化和现代化建设以及国家战略中做出了许多成绩，那么在百年未有之大变局中，情报学如何发展？在新的机遇和挑战面前，情报学学科如何建设？这是摆在我们面前的重要问题。学术共同体已经认识到，情报学学科建设在适应新的环境而拓展时，一定牢牢记住只有坚定的守正，才能保证情报学学科建设健康地发展。本章首先从分析国家战略对情报学发展的影响入手，提出了国家战略需求下情报学和情报教育的发展对策，这为情报学的守正发展提供了总体方向。在此基础上，本章进一步围绕学科拓展和信息环境，探索了情报学的创新发展。具体而言，以学科交叉为着眼点，分析了情报学的学科拓展；以数智技术发展为背景，探究了情报学理论、方法与技术的发展；以支撑国家安全战略为目标，阐述了情报学应用领域的拓展。

6.1　国家战略背景下情报学发展

大数据与信息技术的发展为情报学的发展带来新的机遇，国家战略对情报学学科建设提出了更高要求。正如马费成和李志元[①]指出，情报学需结合国家安全、军民融合、创新驱动、文化强国等重要领域的国家战略，在自身擅长的信息资源开发利用领域不断创新，适应国家重大需求。情报学发展的历史经验也告诉我们，情报学只有服从和服务于国家战略，才能获得更大的发展。

6.1.1　国家战略对情报学发展的影响

2020年9月，习近平总书记在科学家座谈会上强调，"研究方向的选择要坚

---

① 马费成，李志元. 新文科背景下我国图书情报学科的发展前景[J]. 中国图书馆学报，2020，46(6)：4-15.

持需求导向，从国家急迫需要和长远需求出发，真正解决实际问题"①。在 2017 年情报学与情报工作发展论坛上，马费成和李志元②指出，情报学应重视在国家的重大需求、地方的需求和学科建设的需求方面做出有价值的研究成果。国家战略对情报学提出了更高的要求和更迫切的期待，由此对情报学学科建设与发展产生了重要影响。

1. 国家战略对情报学研究的影响

国家战略对情报学研究产生了全面而深刻的影响，使我国情报学研究的价值建构出现了新的转向，问题域向信息链的高端提升，跨学科研究向更深入的融合转变。

1）价值建构从"中立"转向"竞争"和"对抗"

信息"爆炸"给情报学研究带来了机遇，在测量和抑制信息爆炸中，情报学发挥了重要的作用。自学科专业名称由"情报"改"信息"以来，情报学研究的重心主要集中于对信息的处理、加工和组织，这也是适应当时国家信息化战略的需要，这一研究基本处于"中立"的态势。但战略本身就具有竞争和对抗的属性，国家战略的制定和实施在很大程度上是建立在对外的竞争和对抗场景中的。在这样的背景下，情报学的价值将不再仅限于中立性的信息序化，在不断向国家间、科技间的竞争和对抗领域延伸。

以竞争和对抗建构情报学的价值，情报学研究将产生显著变化，其主要体现在两方面。一方面，强调信息和知识向情报的转化，以支持国家战略决策。例如，在知识组织中，知识组织的对象从文献、信息和知识单元，上升至情报单元；知识的关联也由简单的文献、信息关联上升到知识语义关联以及社会网络关系、社会事件链关系、环境知识、跨领域隐性知识等多元化、多层级的知识关联；信息资源由以认知和解释为使用目标的文献资源、知识资源，推向以判断和预测为使用目标的情报资源。另一方面，体现在以竞争和对抗为导向进一步深化和拓展信息序化的范围和内容。例如，在信息资源管理中，情报学要注重以维护国家安全和取得竞争优势为目的，研究数字信息资源的长期保存，控制和管理国家学术信息资源的安全，以及加强对国外科技、政治、经济等信息资源的获取、保存和分析。

---

① 习近平：在科学家座谈会上的讲话[EB/OL]. https://www.gov.cn/xinwen/2020-09/11/content_5542862.htm [2020-09-11].

② 马费成，李志元. 中国当代情报学的起源及发展[J]. 情报学报，2021，40(5)：547-554.

2）问题域从信息链的"低端"提升到"高端"

世界正进入大国竞争和对抗的时代，情报学除了继续深入开展传统信息资源管理和信息（知识）服务研究外，还需要面向安全风险的识别与防范、科技竞争优势和战略决策优势来搭建情报环境。由此，情报学研究的作用将发生改变，其不仅体现在对现状的跟踪分析，还体现在对未来的预见。这就要求，情报学研究内容不仅要关注于对已知信息资源的组织报道，还要对未知态势进行探索研判。伴随研究价值与内容的改变，情报学研究的问题域需向安全情报、产业竞争情报、战略情报和预见情报等延伸。具体而言，未来情报研究的重点如下所示。

第一，开展安全情报研究。军事情报学家高金虎①教授将情报工作定位为大国重器、国家安全的第一道防线、最高统帅部的战略哨兵。以维护国家和社会安全为目的的安全情报研究一直是军事情报学研究的重点，而科技情报研究更重视以促进发展和提升竞争优势为目的。总体国家安全观彰显了安全与发展的辩证统一，这就要求科技情报研究与军事情报研究相协同。就科技情报领域而言，其研究的问题域需要向安全领域延伸，以安全态势塑造和安全维护为目标，进行安全形势判断、战略预警和安全战略布局研究，并加强对外情报和反情报研究。

第二，开展产业竞争情报研究。取得国家间竞争的优势是科技强国建设的重要目标之一，而国家间科技竞争的核心是产业链竞争，服务于产业界是我国创立科技情报服务体系的基本宗旨②。为了支持科技强国建设，情报学研究要将以往针对企业的竞争情报上升到产业竞争情报层次，面向产业链进行全链条的竞争情报研究，从而协助决策层牢牢把握科技发展大方向和产业革命大趋势，并进行超前部署。

第三，开展战略情报研究。国家安全与发展战略面对的是复杂的国际国内环境和长期的过程，为了支持国家安全与发展战略，情报学研究要具有战略思维，关注和预测与政治、外交、社会和经济有关的问题，以及涉及战争、和平与稳定等影响深远的问题③。情报界通过战略情报研究为决策者提供清晰可见的未来场景的驱动力图景和态势演化图景；为战略决策制定提供情报运筹，感知、评估、预测和塑造态势④，帮助决策者准确确定关键决策点。

第四，开展预见情报研究。真正的情报研究总是预测性的，但在以目标和愿景为科技发展的驱动力和对科技进行超前部署的要求等背景下，预测性的情报研究需上升为预见（foresight）情报研究，其任务在于，对影响决策的各种未来发

① 高金虎. 论国家安全情报工作：兼论国家安全情报学的研究对象[J]. 情报杂志，2019，38(1)：1-7.
② 陈峰. 竞争情报推动产业创新发展的案例分析[J]. 情报杂志，2020，39(8)：1-5，130.
③ LIM K，冉德彤，真溱，等. 大数据分析和战略情报(节选)[J]. 情报理论与实践，2016，39(7)：145.
④ 高金虎. 战略欺骗、隐蔽行动与国家安全态势塑造[J]. 公安学研究，2020，3(4)：2-17，123.

展进行评估。它也包括预警情报，即识别和预判影响决策的各种事件，分析各种情景产生的结果、发生的概率以及造成的影响①。它通过战略谋划来影响未来事件的发展，将决策方所处的现状导向一个理想的未来愿景。

3）跨学科研究从"方法移用"转向"领域知识融合"

我国情报学历来具有跨学科研究的传统，并在其中受益良多。以往情报学的跨学科研究主要是通过方法移用来解决本学科所面临的信息处理、加工和分析等问题。这对于学科方法和技术的创新发展具有重要的推动作用，特别是，有力保障新文科建设背景下情报学的发展。

国家战略是国家针对重大现实问题，谋求国家生存与发展所制定的国家层面的总体行动方略。情报学研究和情报服务要以现实需求和现实问题为导向，以解决国家战略的急迫需要和长远需要为目标。早期，情报学跨学科研究中的方法移用更多的是针对学科本身的研究，这是由当时的学科发展和国家战略需求所决定的。今天，面对新的国家战略需求，情报学应以领域知识融合为导向组织跨学科研究。正如苏新宁②教授认为，未来的情报学应当是一个涉足军事、国防、安全、科技、医疗卫生、生态环境、社会经济、政府决策、历史文化等跨学科的学科体系。面向领域知识融合的情报学跨学科研究，重点涉及三种模式。

一是嵌入式。在领域框架内来研究和应用情报学，情报学包含在领域内，应用场景激活领域内知识。例如，支持国家大数据战略中，情报学的任务是实现大数据资源的有效组织和应用。二是结合式。将情报学的理论和方法与领域相结合，两者具有交叉关系，应用场景是发现新知识和开展新应用。例如，在创新驱动发展战略中，情报学的任务是基于情报的预测、预见，来识别新兴技术的发展趋势，并进行战略布局。三是主导式。将情报学作为推进领域发展的引领者，应用领域包含在情报学内，应用场景是变革领域发展。例如，在科技强国建设中，情报学的任务是通过竞争和对抗策略来谋划科技跟跑、竞跑和领跑道路的行进，改变科技发展的战略布局和竞争态势。

2. 国家战略对情报学应用的影响

国家战略对情报应用的影响是全方位的，主要可以归结为两个方面：一是情报学的社会功能进一步深入战略决策空间中，以支持战略行动；二是为了支持战略决策，情报学对信息资源管理与利用的重点发生了转移。

① 曾忠禄，张冬梅. 情景分析法在美国"预见情报"中的运用[J]. 情报学报，2013，32(2)：163-170.
② 苏新宁. 不忘初心、牢记使命 展望情报学与情报工作的未来[J]. 科技情报研究，2019，1(1)：1-12.

1）社会功能从"方法支撑和保障"推向"支持行动"

过去 60 多年，情报学的社会功能主要体现在，对科技、经济建设的支撑和为信息资源的建设与管理提供保障。新的国家战略需求下，情报学的社会功能应根据国家战略的需要发生变化。战略贵在行动。战略行动主要以两个方面为依据：一是环境的变化和对手的反应。复杂多变的环境和捉摸不定的对手意图，使得战略行动要在快速响应中完成竞争、对抗和博弈的任务。二是目标和愿景的制约。战略行动服务于目标和愿景，其更希望将环境的发展和对手的反应引导到有利于实现己方的目标和愿景上。可见，情报学原有的被动性的支撑和保障的社会功能，难以完全满足战略行动的基本要求。为了支持战略行动，情报学需要在主动性和创造性的服务研究上多下功夫，为此，情报学研究重点涉及以下几个方面。

首先，重新解读"耳目""尖兵""参谋"功能。"耳目"，即能够及时搜集和告知有用情报；"尖兵"，即搜索信息、摸清情况、把握态势；"参谋"，即综合各种信息、辅助决策和规划制定①。为了提高情报服务的主动性和创造性，抽象的"耳目""尖兵""参谋"的情报功能需要在各不同领域中有针对性地具体化，更为重要的是，情报服务中要强调"耳目""尖兵""参谋"三者的有机衔接和互为一体，以此形成研究性和行动性并重的情报产品，提升情报服务的价值。情报学应加强战略管理和决策活动规律及原理的研究，并从体制和机制维度，促进情报进入决策空间。

其次，开展多维度系统化的综合情报研究。情报研究应将竞争情报、反情报、安全情报和战略情报融为一体，从以往侧重于对客观数据和信息的扫描与分析（如环境信息等），深入到对隐藏于客观数据和信息内的情报（如对手隐藏信息、己方意图信息等）研究中；从以往静态防守型的情报研究，深入到动态进攻型的情报研究中。

2）应用场景从"周期性的信息资源管理"延伸至"决策中的信息资源管理"

战略决策场景突出地体现出了竞争性、对抗性、前瞻性和动态性，场景的发展和控制是在人和环境的交互作用中完成的。在这样的场景中，情报学除了仍然坚持在周期性的信息资源管理中发挥重要作用外，还应针对决策的需要，探索信息资源管理的变化。

第一，信息资源管理的价值性和目的性增强。不再仅仅关注信息生命周期范畴内的管理，而强调信息资源管理的使用价值和支持决策的目的性。第二，信息资源管理的对象发生变化。不仅包括结构化的客观信息，还包括非结构化的主观

---

① 王知津. 大数据时代情报学和情报工作的"变"与"不变"[J]. 情报理论与实践，2019，42(7)：1-10.

意图、思维思想类信息；不仅包括经济、社会、科技等发展环境信息，还包括行为、活动、情感、言语等人的反应信息。第三，信息资源管理的深度发生变化。不仅包括对存量信息资源的组织和知识发现，还包括基于多源信息资源关联和研判而产生的增量信息资源的管理，信息资源的背景信息在很大程度上决定了信息资源的使用价值。第四，信息资源管理的模式发生变化。其主体不仅仅局限于情报服务者，还包括决策管理和行动者，采用的是情报方和决策方协同管理的模式。很多时候竞争方或对抗方也在信息资源管理中具有重要作用，因为以它们为信息源的信息资源管理和以诱导它们为目的的信息资源管理也是信息资源管理工作的重要内容。第五，信息资源管理受思维影响变大。在信息资源管理和基于信息资源的抽象判断中，融入人的经验知识和主观意图。

鉴于上述变化，情报学在对信息资源管理与利用的研究方面，也出现了重点转移。

首先，创新研究方法。除了继续深化大数据分析方法外，还十分强调结构化分析方法、面向未来的分析方法（如情景分析法、技术预见法等）、思维性分析方法（如批判性思维方法，以及结合心理学领域的理论方法）等定性分析方法的应用。其次，要加强知识融合研究。充分利用大数据技术、情感分析技术、语义分析技术等，对各种来源和结构的信息和知识进行分类、聚类和融合。再次，要深化用户研究。基于大数据分析技术，面向经历、背景和心理、行为等要素，对决策者或决策团队，以及竞争或对抗方进行画像研究。最后，面向决策过程，基于信息链理论，开展情报价值链、情报分析和服务过程研究，以及其中信息保密、拒止和欺骗等研究。

3. 国家战略对情报学人才培养的影响

人才培养是情报学教学最重要的目标，培养什么样的人才，一方面，体现情报学的发展以及情报学教学的中心主旨；另一方面，也决定情报学教学的研究重点和培养细节。其中，涉及人才素质、人才必备能力、课程体系建设等方方面面。人才培养的最终目标是使情报学人能够胜任不同需求的"情报工作"需要。纵观情报学人才培养的起源、发展，不难发现情报学人才培养的出现、发展、转型和变革，都是在国家需求、时代呼唤下的不断调整和重新定位。

现代化强国战略对情报工作提出了新要求和新需求，作为应用性极强的情报学，培养能够适应情报工作的情报人才应是情报学教育的终极目标。情报学教育要以服务国家、服务社会为己任。当前，情报学人才培养目标、课程体系侧重于以情报（信息）工作的手段、途径和方法为中心，其重点在于解决本学科和行业中的具体问题。以"学科"为中心的情报学教育是情报学发展的必然要求，情报学科对信息技术的关注，促进了学科知识体系更关注信息组织和管理的手段与方法的建立。

我们应当看到，近年来，情报人才的信息组织能力增强了，以现有的学科知识体系为中心的情报人才培养，为国家战略储备大量信息资源管理领域的人才。为了提升情报人才的核心竞争力，除了延续以往的人才培养模式外，还应加强情报人才将信息拓展到"情报"能力和情报研判能力的培养，使得情报人才在高级别的国家战略决策支持中发挥更大的作用。面向国家战略输出情报服务人才是情报学教育的初心，也是永恒的使命。情报学人才培养过程中，要突破学科意识的局限，强化服务意识。为此，情报学人才培养重点涉及以下几个方面。

首先，硕士研究生和博士研究生生源结构的优化。围绕国家重点战略，并与情报学相关联，吸引跨学科生源进入情报学领域深造。其次，课程体系的重构。围绕"科技—社科—军事"等多领域情报学和跨学科的知识体系融合与相互渗透，重构课程体系，以此为情报人才的综合能力培养提供支撑。在核心理论与方法上，为了提升人才的职业能力和跨学科研究能力，课程体系要加强纵向上的垂直深入、横向上的领域知识拓展。最后，情报人才综合素质的培育。情报人才除了具有情报技能外，还要具有抽象概括、把握全局、创新创造、洞察力和目光长远等战略决策思维和能力。为此，人才培养需要以教育资源的开拓为基础，强化思维训练、实训操练和实战演练。

6.1.2　国家战略需求下情报学研究与应用的发展

国家战略对情报学的发展产生了深刻的影响。在此影响下，情报学的发展将呈现新的特点，同时也面临新的机遇和挑战。未来情报学的发展需要重点采取以下对策。

1. 情报学研究的发展

为了深入激发情报学面向国家战略的发展活力，进一步提升其话语能力，情报学研究可主要采取以下四个方面对策：一是学科结构向"领域情报学"拓展，体现情报活动的丰富性；二是研究对象具体到实体目标的情报活动，增强情报研究价值的对抗性；三是更新学科知识体系，引入领域知识和话语知识；四是话语体系向国家战略场景延展，提升情报学在国家战略中的话语能力。

1）学科结构向"领域情报学"拓展

学科结构是指学科的构成及其层级关系，是情报学科得以健康发展的理论体系大厦。目前，对学科结构的研究主要包括两个维度，一是微观维度，即采用引文分析法，分析了情报学的主题结构、作者分布结构和空间分布结构等①②；二是宏观维度，即基于对情报学科体系的历史考察和经验性认识，从宏观层面上对情报学学科结构进行了划分，包括二分法（理论—应用）③、三分法（理论—应用—技术）④和四分法（理论—应用—技术—管理）⑤，这样的划分方法虽然基本上确立了情报学科大厦的主体支柱，但对于情报学知识体系和人才培养等核心构成要素的社会性属性强调不够。情报学的发展具有很强的包容性，这充分体现在情报学与其他学科的广泛交叉融合上。然而，在此过程中，很容易导致情报学的无度扩张，正如学界所比喻的，"荒了自家的地、耕了别人的田"⑥。

我们应该认识到，情报学与其他学科的交叉融合是其发展中的必经过程，对此形成的一些悲观认识是对学科分化和整合过程中阵痛的正常反应。我们无法也不应该限制情报学在外部应用和内部融合吸收中的向外扩张，相反我们应利用这种扩张反哺理论，增强理论的活力，我们要做的是将这种扩张规范化地加以统领，以此确保情报学不失本学科独立性和特色性，并避免狭隘的学科意识，充分体现情报活动的丰富性。不同领域的情报现象、活动和规律存在一定差异，为维护情报活动的丰富性，我们不仅要尊重这种差异，还要在不同情报活动领域中重视这种差异。从这个意义上说，建立"领域情报学"是十分有必要的，其充分展现情报的社会性，它是问题导向下回应现实需求的产物，是各学科关于情报（信息）活动理论交流的平台。为使领域情报学的创制不至于将情报学推向"荒了自家田"的地步，领域情报学设置的规范性、逻辑性和标准化至关重要。因此，领域情报学要深深地扎根于"基础情报学"，基础情报学要具有稳定的内涵、坚实的奠基性、高度的概括性、强大的统领能力和提供范式的能力，能够通识、深刻而又抽象化地实现认识功能、解释功能、实践功能和整合功能。

作为应用型学科，情报学在不同领域应用中，一方面，以共性的理论基础为支撑；另一方面，面向不同的领域存在个性化的情报活动规律。因此，图 6-1 提出了一种以情报学作用领域为依据划分的"基础情报学—领域情报学"的学科结构模型。

---

① 王菲菲，邱均平. 基于作者互引分析的国外情报学科结构可视化研究[J]. 情报科学，2015，33(7)：63-69.

② 朱红艳，章丹. 情报学学科结构的 ABCA 及 ACA 对比研究：以 2000—2010 年数据为例[J]. 情报杂志，2014，33(8)：76-83.

③ 符福峘. 理论情报学和应用情报学的构建与发展研究[J]. 情报理论与实践，2005，(2)：113-119，138.

④ 臧兰. 论情报学原理体系[J]. 情报学刊，1991，(6)：401-406.

⑤ 王知津，李赞梅，周鹏. 二十年以来我国情报学学科体系研究进展[J]. 图书馆，2012，(1)：50-54.

⑥ 苏新宁. 大数据时代情报学学科崛起之思考[J]. 情报学报，2018，37(5)：451-459.

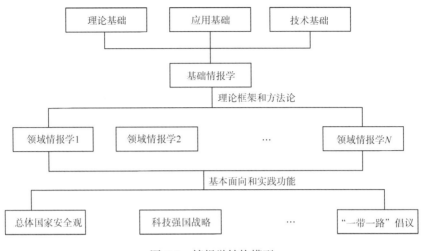

图 6-1　情报学结构模型

　　可将传统的理论情报学、应用情报学和技术情报学分别作为理论基础、应用基础和技术基础构成基础情报学。基础情报学为领域情报学提供理论框架、方法论和基本范式，使领域情报学按照一定的逻辑、标准和规范发展；领域情报学着眼于具体领域的情报现象、活动、规律等，深化基础情报学的认识、实践和整合功能，增强了情报学的成长活力。基于这样的结构，重构情报学知识体系、话语体系以及教育体系，使情报学真正融入现代化强国战略中。

　　2）研究对象具体到实体目标的情报活动

　　研究对象，通常指学术研究或科学活动中描述、阐释、分析和探索的特定事物。作为一个学科的研究对象，它具有相对于其他学科的独特性、与研究内容的差异性，并体现社会性，否则学科的独立性、学科内部的内在联系性和学科对外发展的张力将被极大地削弱。情报学的研究对象就是"情报"，再具体一些，就是"情报活动"。随着环境和社会需要的变化，情报学的研究对象确需随着社会需要和发展环境而发生变化，但这样的变化应限定在"情报活动"这样的基本框架中。

　　"战略"本身就带有浓烈的对抗性和竞争性，而开展对抗和竞争是主体的能动行为。因而，从情报角度看，"战略"关注的是"主体的情报活动"，失去了主体，就失去了对抗与竞争的能动性和差异性，因为主体的情报活动与其所处的经济、社会、文化等背景密切相关。这里的主体即情报活动的执行者，具体为竞争和对抗中情报活动所监测的"实体目标"，通常指的是国家、组织或个人，也可泛指相关的载体（如《美国国家安全战略》等）（图 6-2）。因此，在现代化强国战略建设中，情报学研究对象应进一步具体到"实体目标"。当然，不同领域战略中的情报活动所针对的实体目标各异。从情报学角度看，总体国家安全观关注的研究对象是，危害我国安全的国家或组织及其情报活动，或承载相关意图、言语、文本等的载体（如鼓吹中国威胁论的媒体）；科技强国建设关注的研究对象是，与我国形成科技竞争与对抗的国家或组织及其情报活动，以及相关描述的载体；"一带一路"倡议关注的研究对象是，"一带一路"共建国家的各种活动及其描述的载体等。因此，情报学的研究对象总体上可概括为情报活动，在现代化强国战略中，情报学的研究对象要根据情报学结构的变化，将研究对象具体到不同领域战略中的实体目标。

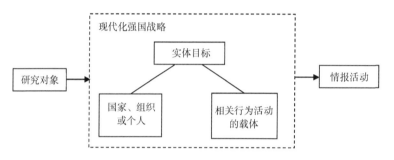

图 6-2　现代化强国战略中情报学的研究对象

这样的研究对象对情报学知识体系和教育体系建设产生了重要影响。知识体系构建中需要涵盖实体目标的文化、经济、政治、科技等知识揭示和描述的模式和方法；人才培养需要重视战略性思维和战略情报技能的培育，甚至专门针对重要实体目标设置研究方向。

3）更新学科知识体系

学科知识体系取决于学科的功能定位，信息环境下，情报学的主要任务是研究信息检索、组织和利用，其核心功能在于信息的序化和信息向知识的转化。因此，情报学的知识体系是以信息（知识）组织与获取的理论、技术和方法为核心的。当一个学科的知识体系不能够有效地描述、解释、统领和指导学科应用时，更新学科知识体系就成了必然的任务。国家战略背景下，情报学的问题域向支持国家战略拓展，原有的知识体系不能够完全满足其在国家战略支持中的应用需要，也阻碍了在此背景下情报学理论的创新，知识体系更新迫在眉睫。

国家战略下，情报学知识来源包括五个方面。

第一，对情报活动的本质、原理和规律的认识，由于"战略"的复杂性，情报学知识体系的研究视角不局限于情报学本身，还来自哲学、管理学、心理学、安全学、计算机科学、人工智能等学科，由此构成了国家战略下情报学的基础理论类知识；第二，对面向国家战略支持服务的经验知识的总结、概括和抽象及其与国家相关制度、政策、战略规划和重要领导人话语的关联，构成了国家战略下情报学的应用理论类知识；第三，情报价值在支持国家战略中实现的过程、途径、手段和技术及其与战略管理和决策过程中的结合，构成了国家战略下情报学的方法论类知识；第四，面向不同领域战略的情报服务对象的需求、活动规律、基本科学原理等，构成了国家战略下情报学的领域知识；第五，面向所在领域语境下的情报学"术语革命"、概念体系等，构成情报学话语知识。

　　基于这五类知识来源，结合前文对情报学学科结构的认识，形成了情报学知识体系框架（图 6-3）。除了各类知识之间的指导、充实等关系外，宏观上，基础情报学的知识体系为领域情报学应用提供行动指导，领域情报学的知识体系通过情报学知识与领域知识的融合激活基础情报学知识体系。

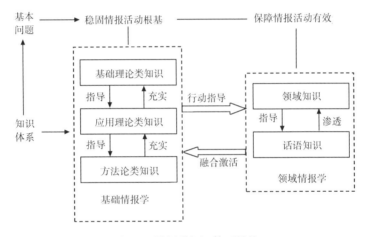

图 6-3　情报学知识体系结构

4）话语体系向国家战略场景延展

　　情报学话语体系是情报学特殊价值的表征，随着学科发展环境和社会需求的变化而发生改变。新中国成立之初，面对国家百废待兴，情报工作以"耳目、尖兵、参谋"的身份进入国家战略中并得到了广泛认可和重视，"耳目、尖兵、参谋"成为情报的标签和独特的话语，并一直影响至今。据此，学界先后提出情报工作的"引领"作用和"先行者"身份[①]。不得不承认的是，情报学在国家和社会发展中话语地位不高，正如苏新宁教授所言，情报学缺乏大情报观，丧失了决策话语权。造成这一窘境的主因并不是我们被人不认识，而是我们边

---

① 李品，杨建林，杨国立. 作为科技发展先行者的情报体系理论框架研究[J]. 情报学报，2019，38(2)：111-120.

缘化了自己。当我们沮丧于国家和社会对我们不重视时，是否应该反思一下国家和社会关注的问题我们又给予了多少贡献，我们是否主动在国家战略问题上提出了自己的学术思想、理论观点和知识主张。

现代化强国战略为情报学话语权的强化提供了重要机遇。情报学话语体系的形成是以社会实践为基础，并以理性的上升和抽象概括为结果。我们认为，情报学话语体系的构建路径可概括为：问题导向—提炼概念—构建系统化学说。构建面向现代化强国战略的话语体系，情报学首先要回应现实问题，并在此过程中，设定有针对性的命题。例如，可明确命题"情报预测可以塑造未来"，因为对立双方往往根据预测采取行动。其次，提炼概念、构建概念模型，明确在现代化强国战略场景中，情报活动的要素、关系及其运行原理。最后，也是最为关键的一点，建立情报学系统化学说，即情报学家针对特定应用场景创造的具有历史规定性（守正）和现实规范性（创新）的关于情报活动及其基本理论问题的科学思想体系。它具有现象的解释力、实践的建构力、思想的洞察力和理论的整合力。例如，《孙子兵法》中的"知""先知""计""谋"等。情报学系统化学说的来源包括：情报学思想理论的历史扬弃、特定应用场景中情报学理论领域的呈现、情报学家对情报与社会关系的原理性和规律性的认识。在现代化强国战略场景中，构建情报学系统化学说就是要立足情报的社会价值和独特功能，注重提炼和总结现代化强国战略场景中的规律性成果，揭示其中情报活动的新特点和新规律，把实践经验上升为思想、原理和理论，用情报学说解释现代化强国战略场景中的现象并指导实践。

2. 情报学应用的发展

情报支持智慧不仅体现在情报在信息资源开发与利用中的基础性作用，更为重要的是，情报能够从意识和方法等方面提供高级思维能力[1]，如情报的参谋功能、智囊作用等。从信息链的角度看，情报支持智慧在于将数据、信息和知识转化为智慧，这样的智慧不仅体现在深化对现象认识和理解的深刻性上，还体现在提高决策与行动的前瞻性、创造性和准确性上。由于情报在数据、信息、知识的挖掘利用以及思维能力等方面的智慧性支持，各学科领域在进行研究与实践中又无不以这些要素作为基础，因此，情报可以作为赋能者，赋能各学科领域及其应用的发展，如情报赋能产业发展[2]、情报赋能重大突发事件智能决策[3]。

---

① 张海涛，周红磊，张鑫蕊，等. 情报智慧赋能：重大突发事件的态势感知[J]. 情报科学，2020，38(9)：9-13，22.
② 柯平. 情报学教育向何处去?[J]. 情报理论与实践，2020，43(6)：1-9.
③ 张海涛，刘雅姝，周红磊，等. 情报智慧赋能：重大突发事件的智能协同决策[J]. 情报科学，2020，38(9)：3-8.

1）情报赋能战略决策

决策的核心是对未来的行动所做的决定①。为了做出准确而又富有前瞻性的决定，决策者必须消除认识中的不确定性、充分理解决策环境、洞悉事态发展态势、评估组织自身能力，并能够进行逻辑推演和假设，所有这些要求必须以充分占有情报为前提。诺贝尔经济学奖获得者西蒙强调，情报活动是决策过程的重要组成部分②，情报存在于决策链的各个环节，特别是它构成了决策过程的先导，也是决策的知识基础和决策所需要的智慧③。情报学与情报工作一直强调支持决策，我国科技情报事业建立之初，就将支持国家和各级各类社会组织的战略规划制定作为核心内容。时至今日，目前很多科技情报（信息）研究所将情报研究部门重组为"战略研究中心"，主要任务是满足国家战略需求，为国家战略决策制定提供支持④。

支持战略决策是情报的基本功能，并在这一功能不断深化过程中赋能决策。随着情报学科建设的日益完善和情报人才素质的普遍提高，情报赋能战略决策应进一步走向深化，具体体现在五个方面。

一是从情报与决策的关系上看，情报对于决策的融入性更加自然和深刻，情报与决策真正融为一体，情报产品进入决策空间是一个自然而然的过程，这些也成为决策方的普遍共识。为此，一方面，要通过理论建设、方法创新和术语革命，来不断提高情报学的话语权；另一方面，要致力于按照智库型人才的培养模式，培养国家决策类人才。二是从情报在决策中的作用来看，更加强调情报作为先行者而不仅仅是背后的推动者身份，决策活动过程中的每一个环节都以情报为先导。为此，情报学要增强理论自信、方法自信和实践自信，重视数据驱动的情报发现和情报研究的思维性方法的开发，加强议题设置的主动性和决策需求的及时响应。三是从情报在决策中的活动来看，情报研究的核心要集中于战略情报、国外情报、预见情报、预警情报，情报研究的目标不仅仅在于描述现状和预测未来，还要塑造态势和成就未来。为此，情报学应加强结构化分析方法的应用，特别是应用情景分析、假设分析、面向未来的技术分析等方法构建面向决策的情报应用场景，并通过控制情景的发展来塑造未来。四是从决策质量提高角度看，通过事实呈现、类比推理等手段影响决策者的主观判断，最大化地降低决策者有限理性对决策的

① 郑彦宁，赵筱媛，陈峰. 我国科技情报机构政府决策服务的最佳实践特征研究[J]. 情报学报，2012，31(1)：4-8.

② Simon H A. Administrative Behavior: A Study of Decision Making Processes in Administrative Organization(4th Edition) [M]. New York: The Free Press, 1997.

③ 李品，许林玉，杨建林. 决策驱动的情报流程理论模型及其运行[J]. 情报学报，2019，38(1)：46-57.

④ 马费成. 情报学发展的历史回顾及前沿课题[J]. 图书情报知识，2013，(2)：4-12.

影响；通过主动的环境监测与扫描，以及谋划拒止和欺骗，来提高决策的灵活性、科学性和对外安全性。五是从决策优势获取上看，通过情报教育、组织和管理，不断强化组织内部无形资源（如知识、信任、制度和管理能力等）这种具有核心竞争力资源的能动作用，通过情报感知技术与方法的利用，不断提高组织对外部机遇把握和对威胁控制的能力。

2）情报学研究赋能各学科发展

情报学研究赋能各学科发展包括一条直接途径和两条间接途径，具体如图 6-4 所示。

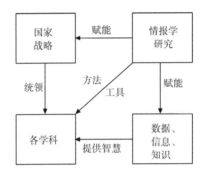

图 6-4　情报学研究赋能各学科发展的途径

直接途径建立在情报学的媒介和方法学的特质基础上，可以为其他学科研究提供工具和方法。数据密集型科研范式下，无论是自然科学还是社会科学研究均面临着一个共同的研究方法，就是以数据为支撑，需要对数据进行处理与分析。同样，各学科也面临着一个共同的任务，那就是将自身科学研究置于相关的社会问题、经济问题、环境问题、政治问题和国家战略问题中去考虑，这需要科研环境的分析。以上均是情报学的专长，情报学可以为它们提供方法论支持。为此，情报学要致力于从方法角度将自身打造成横断性学科，即增强学科的开放性、系统性和包容性。

增强开放性是指情报学要善于吸收其他学科的知识资源，形成新的理论与方法（如情报心理学、战略情报学等），也善于将自身的方法应用于其他学科（如科研评价、量化分析等）。

增强系统性，是指情报学要强调从多个角度分析问题。

增强包容性，是指情报学研究既要探索自然规律，也要彰显人文价值。

例如，情报学研究可以将信息技术、大数据思维与情报分析方法相融合，应用于数据的解释、感知和判断中，从而为自然科学的观测数据与实验数据赋予智慧，使其研究成果在揭示现象与规律的同时，通过这些客观数据和与之相关的人文社会背景数据关联分析，解决其人文价值挖掘问题，实现自然科学研究的系统性和全局性；为人文社会科学的思辨提供可靠依据，并通过大样本数据的语义关联、观点与情感挖掘，不用考虑数据的"代表性"问题，从量化客观角度解决价值判断的复杂性问题，从更高层面以更具体的方式实现人文社会科学的客观性。此外，情报学在数据语义聚合与关联分析中，可以解释科学的偶然性、情境性；在弱信号、异常信号和关键信息分析中，可以发现科学问题的本质和未来可能的发展态势。

两条间接途径包括：一是情报学赋能国家战略管理和决策，而国家战略对各学科发展具有统领性。例如，情报学赋能健康中国战略，通过医疗大数据和健康信息行为的深度挖掘，实现智慧医疗和医院的智慧管理。在此统领下，医学、管理学、计算机科学、社会学等学科均将面临新的研究论题。二是情报学赋能数据、信息和知识，使之转化为智慧，进而支持各学科的发展。各学科所关注的数据、信息、知识与过去有关，用于掌握过去和现在。情报赋能三者是将它们转化为智慧，智慧与未来相关，用于创造未来。

具体而言，情报学可以通过调查研究和情报评估来确证数据、发现事实；通过数据的关联分析和背景分析，将数据转化为信息；将信息进行模式分析和置于某种文化背景和情境中分析，获得知识；将知识进行意义建构并赋予竞争和对抗的目的，再通过研判获得智慧。例如，在大数据和人工智能环境下，将"机器思维"与数据分析紧密关联，灵活地发现数据微小变化、数据拐点、环境对数据的影响等方方面面的因素；知识组织研究中，实现支持多类型和内容的网络信息资源、各层级细粒度的聚合，将情境、情感等背景知识纳入其中。强调用户检索、知识发现和知识创新对于知识组织的驱动作用。

3）提升"智慧+"建设中的话语权

大数据和人工智能环境下，智慧城市、智慧医疗、智慧政府、智慧教育、智慧物流、智慧商城等"智慧+"行业和"智慧+"产业建设如火如荼，它们主要借助信息科学和数据科学来研究信息与数据的运动规律，进行功能模拟、机器学习和人脑研究，从而帮助人们认识世界，这一过程最终产出的是知识或智能。情报学是以信息科学和数据科学产出的知识或智能为基本支撑体系，发现信息与数据运动规律背后的深层次原因，不仅消除不确定性，更要创造可能性，最终上升到它们的顶层，统领它们价值建构过程。情报产品具有智慧性，其集中体现在高级思维能力和深度社会价值上。在"智慧+"建设中，情报应在理论、方法和思想上起到主导作用，统领智能技术手段的应用价值。从这个意义上说，情报学应在产业界积极倡导"情报+智慧+"的建设理念，提升情报学在"智慧+"领域的话语能力，主动积极地投身到"智慧+"建设中。

从信息链角度看，情报位于顶端的智慧层。即在数据、信息和知识环境下，情报具备智慧的品质和形成智慧的能力，情报在智慧领域的话语权已经具备一定基础。未来，情报学应该以哲学层面的理论智慧和实践智慧为指导，面向特定应用场景，围绕智慧提炼出情报学的核心学术思想和理论观点，以此为基础构建面向"智慧+"建设的情报学话语体系。

6.1.3 国家战略需求下情报学教育的发展

国家战略下，为了适应情报学研究与应用对情报人才的要求，必然需要重新思考情报学教育的发展。未来的情报学教育可从以下四个方面寻求变革：一是重建人才培养目标，培养出适应新的国家战略需要的情报人才；二是重组情报学专业，提升人才解决复杂社会问题的能力；三是重构情报学课程体系，突出课程的"情报"元素；四是开拓情报学教育资源，增强教育资源建构的能力导向。

1. 重建人才培养目标

中华人民共和国的情报事业是应国家和社会需要而发展起来的，情报学教育与中国科技情报事业几乎同步启动。情报学教育诞生之初，为了向科技领域提供最新国际科技动态，解决科技人员获取资料难等问题，情报学教育专门培养满足国家科技发展和经济建设亟须的科技文献的采集、整理、组织、分析、服务方面的专业人才。1978 年后，在四个现代化战略下，情报工作的中心开始为经济建设服务，情报学教育致力于培养能从事某个领域科技情报的收集、编译、研究和计算机情报检索系统的实际开发工作的人才。除了通才教育的要求外，为了培养更高水平的信息专业分析和决策支持能力，竞争情报教育此时也开始出现并迅速发展。20 世纪 90 年代开始，国家信息化战略对情报工作和情报教育提出了新的要求，要求培养信息化人才，情报学教育逐渐与计算机科学等学科进一步融合，顺应了信息化战略下对复合型人才的需要。

半个多世纪的发展，情报学经历了科技文献型情报人才培养模式、信息检索型情报人才培养模式、技术应用型情报人才培养模式的变更，但无论如何改变，其使命始终围绕提高情报人员的素养，满足国家战略需求和适应信息环境变化而跟进，这个根本宗旨始终没有改变，也成为情报学教育的使命。在这一使命的统领下，情报学人才培养目标在不同时代背景下也产生了针对性的变化。今天，现代化强国战略的实施对情报学与情报工作提出了更高的要求，情报工作需要转型，情报工作者的情报能力需要提升和拓展，同样情报学教育也必须与时俱进，培养出适应新的国家战略需要的情报人才。

因此，新时代情报学人才培养目标需要重建，其基本思路可以概括为"一个中心、两个原则、三个维度"。"一个中心"就是以培养国家战略和行业需要的"耳目、尖兵、参谋"式情报人才为中心。"两个原则"就是维护历史使命的连续性、保持与时代同频共振。这里的时代性关注点在于信息环境和国家意志，前者着眼于信息的序化、转化和应用中的智能问题，后者着眼于战略管理与决策的智慧问题。"三个维度"包括定位、内涵和评价。其中，定位需要遵循版图观和大局观，版图观，即准确描述和主动争取情报人才在信息智能处理和国家战略支持中的地位，精准把控情报学科与其他学科的人才竞争与合作关系；大局观即要具有主动服务国家的意识，积极参与国家治理的自信。内涵即知识和能力的要求，通过学科知识基础和学科特色的统一，学科建设需要与社会发展需要的统一，不断提升人才的学术能力、服务能力、分析能力。评价关注的是人才培养的与时俱进，即在改变中探索和创新，通过准确识变、主动应变，不断增强人才价值的张力。

2. 重组情报学专业

多年来，情报学主要作为信息管理与分析的工具和作为信息服务者的角色进行专业设置，从而为社会输出了大量的"信息人才"。国家战略的提出，情报工作者不仅应成为"耳目、尖兵、参谋"，还应是引领科学技术研究和指导产业发展的领路人，更应成为国家战略决策的智囊，情报学人才培养必须与之相匹配。学科以知识为中心，专业以问题为导向，专业是支撑学科的基础，但学科的研究领域则不局限于学科范畴，可能会突破学科边界向更广阔的社会问题延伸。专业重组就是将学科交叉融合优势转化为人才培养优势，从而使情报人才能够解决更加复杂的社会问题。

对情报学专业进行重组需要回答两个主要问题：一是如何选择和组织学科内容。这是专业重组的根基，是专业服务于学科发展的关键问题。情报学学科内容包括研究对象、研究方法、问题域等诸多要素，这些要素会随着情报学所处发展环境而发生改变。专业设置的根基应该是稳定的，因此，它们尚不能作为专业重组所依据的内容。其实，这些要素是在学科内核规定下发展的，学科内核具有决定性作用，反映了情报学的独特性，并具有较强的稳定性。因此，专业重组应在学科内核的制约和引导下开展。虽然目前对情报学内核的认识莫衷一是，但有一点是确定的，对内核的探究基本上是围绕情报的基本属性和价值而展开的，这具有广泛的共识性。学界在基于情报基本属性和价值的内核探究中，实际上逐渐筑牢了对专业根基的认知。具体操作上，一方面，可以将基于内核探究中抽象出来的情报本质、思想等作为专业重组的思想统领和依据（如情报的竞争性和对抗性）；另一方面，可以以面向战略服务的情报流程和面向信息链转化的情报分析过程为依据具体设置专业领域。

　　二是面向什么样的社会问题，以及以什么方式来解决这些问题。这是专业重组的张力空间延展，回应的是专业服务于社会需要问题。马费成和李志元[①]指出，图书情报学研究要融入和支撑国家科技创新、智库建设和战略咨询、数据管理和大数据平台建设等国家和社会需求中。因此，情报学专业应在国家需要、信息智能处理和利用两个方面设定研究方向。目前后者已初具规模，但对于前者的重视还不充分。未来，情报学专业的设置应在国家需要上发力。需要注意的是，在专业重组时，要侧重以专业关联问题为导向设置跨学科研究方向，如利用战略与情报学的关联，设置战略情报学、决策情报学、安全情报学等研究方向；利用数据科学与情报学的关联，设置数据管理、数据情报等研究方向；利用心理学与情报学的关联，设置情报心理学等方法论类研究方向等。

3. 重构情报学课程体系

　　情报学课程体系不能脱离情报学科本身，也不能忽视时代发展需求。当前，学科研究与情报服务的现实要求之间的脱节，在学科教育中多有呈现。例如，在很多情报学硕士研究生和博士研究生培养单位的课程体系中，名称中含有"情报"二字的课程很少，大多数课程与信息、电子商务和技术相关。不可否认，这些课程为情报服务提供了基础的手段和方法教育，但是，缺乏"情报"的情报学课程在思维锤炼、目标定位和价值导向等方面还不能完全匹配当前对情报学发展的期待，也不能完全匹配情报服务的现实需求。

　　在情报学课程体系建设中，应特别强调学科研究与情报服务之间相互统一的关系：学科研究为情报服务提供理论与方法，情报服务要将其所面对的问题抽象为学科研究的理论问题，并以学科理论指导进一步发现问题，进而再以学科理论指导解决问题。学科课程体系建设更要正确认识信息技术和国家战略在情报学课程体系的定位：信息技术处于外围，提供的是方法论基础，属于方法论类课程；服务于国家战略需求处于中心位置，统领着课程的定位、方向和建设路径。随着对信息研究的繁荣，越来越多的学科教育引入了信息技术类课程，这是大数据和泛在信息环境下所必需的，但在引入过程中，需要正确认识技术的定位，更需要强调情报对技术研究与应用的价值导向作用，由此强化情报学培养出来的人才的特色，提升情报人才的核心竞争力和情报专业的社会影响力。当然，课程体系需

① 马费成，李志元. 新文科背景下我国图书情报学科的发展前景[J]. 中国图书馆学报，2020，46(6)：4-15.

根据学生的实际学习阶段来设置，现代情报教育应分成三个层面来培养：其一，培养情报素养的情报通识教育；其二，培养情报技术与方法的应用型教育；其三，培养面向国家战略需求的高端情报教育[①]。图 6-5 提出一个情报学课程体系框架的设计模型。

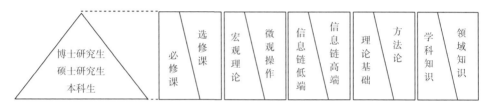

图 6-5　情报学课程体系框架的设计模型

这一课程体系模型涉及从宏观的总体架构到微观的具体知识内容。面向不同阶段的学生，课程建设的内容侧重点存在差异，如本科生侧重于以必修课为主，强调宏观的基础理论、信息链低端和学科知识的教育；博士研究生侧重于以选修课为主，强调微观的方法论、信息链高端和领域知识的教育。总体上，针对不同学习阶段的情报人才，情报学课程体系建设应遵循从基础到应用、从通识到专深、从能力到素质、从规律原理到场景指向的渐次"精、深、专"的原则。例如，初级阶段学生的课程内容侧重于信息链低端的信息获取、传递、共享、认知、再生、施效和组织原理，高级阶段学生侧重于针对信息链高端的信息激活、知识集成、智慧生成与应用、思维训练等；初级阶段学生课程的知识体系侧重于信息管理的理论、方法和技术，高级阶段学生侧重于领域知识。

4. 开拓情报学教育资源

满足新时代国家战略和情报工作对情报人才的需求，情报学教育资源需要以能力为导向进行开拓。能力的锻造仅依靠教育单位自身力量难以实现。特别是，以高校为主的教育单位所能提供的教育资源重理论轻实务，普适性的集中有余、场景应用的实践不足，理论研究知识供给多、实战经验知识传输少。为了提升情报人才能力，需要地方院校与其他相关机构的合作。

在情报教育资源开拓中，要平衡体制制约与能力导向。在此基础上，探索教师资源、教材资源、实践资源的变革和开拓。其中，最为重要的是以机构之间的合作实现师资互访、教材合著和实践操练。从理论与实践结合的角度看，要加强情报实践机构和教学科研机构之间的合作；从理论方法创新和场景延伸看，要加强军民情报的融合。机构之间的合作应具备可持续性、融入性和制度性，具体体

---

① 杨国立，苏新宁. 迈向 Intelligence 导向的现代情报学[J]. 情报学报，2018，37(5)：460-466.

现在体制机制的约束与引导、人才的流动、教育的合作、领军人物的推动和学术共同体的壮大等。

6.2　学科交叉下情报学发展

学科交叉（interdisciplinary）一词最早由美国哥伦比亚大学的伍德沃斯于 1926 年提出，意指超越一个已知学科边界而进行的涉及两个或多个学科的研究活动①。为了解决复杂的社会现实问题，学科间界限逐渐模糊，学科交叉现象日益普遍。作为应用型学科，情报学始终以解决不同时期的社会问题为己任。为此，情报学从诞生之日起便重视引入其他相关学科的知识体系，来充实自身的理论和方法以提升其解决社会问题的能力。同时，情报学以方法论维度的横断性学科身份，被管理学、数据科学、计算机科学等学科引入，支撑它们对数据（信息、知识）组织和知识发现的研究。

6.2.1　学科交叉融合下情报观的重塑

大情报观的提出，目的在于使学界认识到情报学视野应从科技情报延展到各类社会需求的情报，从单一领域的情报系统演变为综合的社会情报系统，以匹配当时社会对情报的需求。情报观具有时代特色，新时代下，国家的安全和发展面临新挑战，大数据和人工智能等新兴技术涌现，情报学应建立起与之相适应的、富有时代特色的情报观。

1. 学科交叉融合的情报观

过去几十年，科技情报的问题域从最初的科技服务，逐渐拓展到经济建设中，问题域的改变反映了国家战略需求的变化。随着总体国家安全观、科技强国、创新驱动发展战略等的提出，科技情报的问题域进一步拓展和深化，所面对的问题更加复杂。为此，情报学的学科交叉范围不断扩大，如为更好地支持战略决策，情报学与管理学和决策科学交叉融合；为了更深刻地识别用户需求和信息行为，情报学与心理学和社会学交叉融合；为了在总体国家安全观中发挥更大的作用，安全情报学与科技情报学融合；等等。新时代的情报学由专门研究科技情报的学科逐渐转变为对社会、经济、科技等多种因素进行综合研究的学科，研究领域不

---

① 刘仲林. 交叉科学时代的交叉研究[J]. 科学学研究，1993，（2）：9-16.

断扩大，学科交叉的复杂性逐渐加强。这不仅表现在学科交叉范围的扩大，更体现在学科交叉深度的强化，开始逐渐向三级、四级学科延伸，形成了如金融情报学、环境医学情报学等领域情报学，情报学正在形成一个更加丰富的学科体系。学科交叉融合下的情报观拓宽了情报学理论与方法研究的视野，推动情报学走向综合性，甚至成为具有横断意义的学科。

2. 支持决策的情报观

60 余年的情报事业发展史表明，情报学的发展不断适应和跟进环境、技术以及社会需求的变化。在百年未遇的大变局到来之时，情报学的发展又迎来了一次抉择，此时大情报观为情报学未来发展指明了道路，即情报应当服务于国家决策，为国家经济、社会、安全和发展起到"耳目、尖兵、参谋"的作用。为此，军民情报融合、information 与 intelligence 范式的融合等情报学发展理念获得前所未有的高度重视。例如，苏新宁和杨国立[①]提出目前国家安全形势与信息环境复杂，情报活动涉及的因素越来越具综合性，需要集成科技情报、社科情报、军事情报等各类军民情报资源来发现信息之间的关联性，从而真正形成情报。特别是，新时代的国家安全与发展战略对情报学研究与发展提出了更高的要求。对于科技情报学而言，未来的研究重点应向安全领域延伸，在安全与发展的辩证统一中创新理论，面向中国实际问题开展中国特色学科、学术和话语体系建设；未来的关键路径是，推进军民情报学的融合，由此建成纵横交错、点面结合的情报活动网络，让情报学成为国家战略的有力助手[②]。

在 information 与 intelligence 范式融合的情报学研究中，竞争情报可被视为典型代表，竞争情报的兴起在很大程度上是由军事情报学领域的研究者和实践者转向科技情报学领域而推动的。为了促进两个范式的情报学融合，我们一方面可以充分考察竞争情报形成和发展的机理，从中获得借鉴；另一方面，我们可以以企业竞争情报为切入点，进一步将竞争情报的研究范围拓展到产业竞争情报、国家竞争情报，并以此为基础，将情报学的应用场景从商业活动，延伸至安全活动、创新活动、外交活动中，从而不断拓展情报学的应用场景。此外，大数据和网络环境下，开源情报和人际情报研究逐渐兴起，它们也是两个范式融合的关键领域。支持决策的情报观，彰显了情报学的特色，强化了情报学的话语权，有助于推动情报学研究与应用不断逼近决策空间。

---

① 苏新宁，杨国立. 我国情报学学科建设研究进展[J]. 情报学进展，2020，(1)：1-38.
② 陈芬，苏新宁. 我国情报学学科发展现状与未来思考[J]. 情报学报，2019，38(9)：988-996.

6.2.2　学科交叉融合下研究主题

从研究主题与研究对象看，情报学经历了以科技文献服务与管理为主（20 世纪 90 年代以前）、以信息处理与检索的信息管理为主（20 世纪 90 年代至 21 世纪初）和以网络信息资源建构与服务平台建设为主（进入 21 世纪以后）的三个阶段。在大数据和人工智能等新兴技术不断兴起，国家安全与发展战略实施的当下，情报学的研究方向在继承中得到了创新发展，跨界交叉融合进一步拓展和深化，这不仅体现在情报学研究领域的融合上，也体现在研究主题的拓展之中。

首先，情报学传统研究主题持续跟进。信息资源和信息检索是我国情报学的传统研究领域，时至今日，它们仍然不失为情报学研究的热点。信息资源是情报服务得以开展的物质基础，当前除了重视大数据和网络环境的信息资源组织外，更加重视从用户角度研究信息资源的利用问题。以往的"语法"层面的信息资源组织研究，向"语法、语义、语用"三个层面综合的方向发展。具体而言，目前信息资源研究主题主要包括网络环境下的信息资源整合、共建共享、管理与建设等。信息检索研究是自计算机技术应用于图书情报工作以来持续的研究热点，在计算机技术不断发展的推动下，其研究主题发生了阶段性变化：20 世纪 80 年代以研究算法为主，20 世纪 90 年代以检索技术为主，进入 21 世纪后逐渐致力于语义检索、检索可视化、智能检索等与现代科学技术相结合的方向[①]。随着人工智能技术的不断成熟，信息检索智能化、自然语言检索和图像检索等新兴研究主题将成为信息检索研究的重要发展方向。因此，有关信息资源与信息检索的研究将在时代背景的不断发展中历久弥新。

其次，情报学新兴研究主题不断涌现。相较于 21 世纪初的情报学，当今国内情报学研究对象正在经历由信息、知识到情报的过程，情报学研究手段和方法正在走向可视化、智能化、数字化。特别是，知识表示和描述、知识组织和管理、知识语义挖掘和知识服务等研究主题得到广泛重视。这些领域的研究成果促进了竞争情报研究与实践的开展，并且伴随着商业活动变化和大国间竞争问题的突出，其研究方向逐渐从企业竞争向横向拓展、纵向延伸。在研究取向上，学者对它的研究已从最初的理论和方法的探索进入致力于各种竞争场景下的竞争情报应用研究。此外，在计量领域，情报学还结合新的技术与工具形成了基于知识图谱的文献计量学主题，利用知识图谱以可视化的方法展现研究对象在内容维度上的表现。在网络舆情研究中，情报学同样可以发挥自身在信息处理与分析中的优势，通过数据发掘、综合评价和情感分析等方法支撑网络舆情的监测和预警预测，以此为

---

① 李文娟，杨国立. 近五年我国情报学研究知识图谱分析[J]. 情报科学，2014，32(1)：104-109.

有关部门对于网络舆情爆发的预防和决策部署提供依据。

总体来看，情报学研究主题无论是在传统研究领域还是新兴研究领域都呈现着多样化趋势，能够以自身学科理论方法为立足点，结合国家形势、时代背景、学科热点而生长出更有利于社会发展的研究主题，这些都成为情报学作为一门交叉学科的重要优势。

6.2.3　学科理论的引入与推送

坚实的理论基础对于学科的发展意义重大。促进情报学理论的创新发展，并将其应用于具体情报实践中，是情报学理论体系建设的重要目标。近年来，尽管情报学研究成果不断增多，但仍存在研究过于碎片化、理论体系建构不足、学科基础理论欠系统性等问题。从学科交叉视角看，情报学既存在自身原创理论，又有大量从其他学科引进的理论；情报学理论既作用于自身的情报实践，又对其他学科研究形成重要支撑。因此，对情报学理论研究有必要从引入和推送两个方面探索。

1. 理论的引入

情报学理论可归纳为基础理论和应用理论两大部分，它们为情报学的发展提供了认识论、方法论和应用指导的作用，其中，不乏对其他学科理论的引入。例如，哲学的引入为情报学的发展提供了认识论的作用，多年来受到情报学者广泛关注。早在 20 世纪 80 年代，王崇德教授就将波普尔"三个世界"理论引入中国，之后国内学者对情报学的哲学理论的引入不断深化、细化。哲学理论中的马克思主义哲学、科学主义哲学、人文主义哲学等在情报学宏观研究、方法论完善、情报用户研究等方面都具有重要指导意义[1]。

引入其他学科的理论，要以围绕情报学研究对象、揭示情报活动规律为基本依据，理论引入的目的是服务于情报学理论建设，在稳固情报学根基、促进情报学创新发展中起到推动作用。王芳等[2]的研究发现，我国情报学理论学科来源广泛，提供理论较多的依次为情报学、计算机科学、经济学、数学等学科，且在时间序列上情报学研究领域正更多转向社会科学。对情报学原创理论的应用频次远低于自然科学和社会科学，并且自 2009 年开始呈逐年下降趋势[3]。可见，在分析情报

① 王知津，周鹏，韩正彪. 当代情报学哲学的主要观点及其理论体系构建[J]. 情报学报，2014, 33(2): 116-129.

② 王芳，史海燕，纪雪梅. 我国情报学研究中理论的应用：基于《情报学报》的内容分析[J]. 情报学报，2015, 34(6): 581-591.

③ 王芳，陈锋，祝娜，等. 我国情报学理论的来源、应用及学科专属度研究[J]. 情报学报，2016, 35(11): 1148-1164.

现象、揭示情报活动规律过程中，学者更倾向于采用其他学科的理论作为依据。我们应深刻地认识到，理论引入和融合的前提是情报学能够认清自身的理论标准与发展需求，从核心出发选择相应的理论来丰富自身学科建设，从而走出一条特色而适用的学科融合发展道路。

情报学理论的引入通常存在两种途径：一是直接在理论研究中探究如何使用其他学科的理论知识解释情报学问题；二是将情报学与其他学科建立联系，在联系点的基础上探索如何使用其他学科的知识来理解并解决情报学现有的问题①。在跨学科理论引入中，当前比较有代表性的如社会网络理论、本体论、组织理论、互信息等。未来，随着作用领域的转移和扩大，情报学对其他学科理论的引入将会进一步拓展，如行动者网络理论、活动理论、分布式认知、现象学等理论②已经在情报学领域获得初步应用。对情报学理论的引入至今仍处于认识不断深化过程中，如有学者通过对情报学研究范式与主流理论演化过程的梳理认为，情报学可以将数据理论、信息管理理论、知识理论乃至智能理论等进行更好的融合与综合集成，在不同的层次与维度发挥各个理论的最大作用③。理论的引入在情报学理论框架重构探索中充分体现出来，如杨建林④所提出的情报学理论框架中，系统理论、竞争理论、博弈理论、社会网络理论、决策理论、管理理论等都被引入进来。

2. 理论的推送

早在 2011 年便有学者通过引文分析发现图书馆学、计算机科学发展过程中大量借鉴了情报学的理论与方法⑤，这两个学科自情报学诞生之日起就与情报学的发展具有很深的渊源，仅在这两个学科中进行理论推送并不能够说明情报学的学科辐射水平。事实上，有学者通过对 CNKI 的引用数据进行分析发现，我国图书情报学的学科辐射强度为 25.43%，相比其他学科具有较大差距，并且有辐射强度减弱的趋势⑥。由此可见，情报学理论推广还没有达到学科应有的程度。

为了提高情报学理论推送的广度和深度，未来情报学学科建设应着重关注两个方面：一是将情报学定位为方法论维度的横断性学科，从横断科学的层次去对情报学理论实践做出要求。情报学中的经典定律，如布拉福德定律、洛特卡定律、齐普夫定律等，反映了各类规律同样可以应用在社会、经济、文化、科学领域的

① 韩正彪, 谢丽娜, 周鹏. 北美情报学理论近 20 年研究进展[J]. 图书情报工作, 2014, 58(5): 131-140.
② 陈芬, 苏新宁. 我国情报学学科发展现状与未来思考[J]. 情报学报, 2019, 38(9): 988-996.
③ 王琳. 情报学研究范式与主流理论的演化历程(1987—2017)[J]. 情报学报, 2018, 37(9): 956-970.
④ 杨建林. 情报学学科体系的再认识[J]. 现代情报, 2020, 40(1): 4-13, 23.
⑤ 沈艳红. 情报学学科辐射力研究：基于情报学核心期刊的统计分析[J]. 情报科学, 2011, 29(12): 1830-1833.
⑥ 赵俊玲, 刘尧. 基于定量分析的我国图书情报学学科辐射力研究[J]. 情报理论与实践, 2014, 37(10): 40-44.

发展与预测上，但却鲜少有学者去研究与利用这些定律①。二是针对学科相关性和解决社会实际问题的需要，采用议题设置、理论与方法嵌入和资源协同共享等方式，向其他学科输入情报学的理论与方法。

6.2.4　研究方法的引入与推送

研究方法的进步在很大程度上推动着整个学科的发展，相反研究方法的落后则会限制学科的发展。作为一门交叉学科，情报学拥有较为完整的研究方法体系，且与多个学科（如人文科学、计算机科学、经济学、管理学等）存在研究领域与理论上的交叉融合，因此情报学研究方法体系中有很大一部分引自其他学科相对较为成熟的研究方法，同时也在其他学科研究中发扬着其自身专门方法的应用价值。

1. 方法的引入

从其他学科引入研究方法是充实情报学方法体系的重要途径。最初，情报学研究重视引入自然科学中的通用方法。后来，数学、物理、计算机等学科中的新方法被纷纷引入来充实情报学研究方法，如物理学中的复杂网络算法、计算机科学中的数据挖掘方法等。同时，经济学、社会学和心理学等社会科学中的研究方法也被引入情报学研究中，如博弈论、扎根理论研究方法等。

在不断引入过程中，不仅范围得到拓展，利用的深度也在不断加强。以网络分析法为例，早期在竞争情报领域中就有众多关于人际网络的研究，随后又涌现出关于科研合作网络的情报学研究②。此外，网络分析法也在信息传播、信息资源配置、信息检索、知识地图等研究中获得广泛应用。由此可见，研究方法的引入使得情报学的研究范围更加广泛，研究手段更加多样，解决的问题更加全面。

情报学研究方法的引入要充分考虑学科特点及研究内容的适配性，要针对情报学研究对象和所面对的问题，选用合适的研究方法才能达到最好的研究效果。目前，情报学研究方法的引入主要存在两方面的不足：一是研究方法引入的盲目性，主要体现在局限于方法层面，没有体现出情报学独特的应用价值；二是许多在国外图情领域发展较为成熟的方法没有被及时引进或引进后没有得到广泛应用。

因此，在情报学研究方法引入的过程中，应当根据研究对象的层次、特点与

① 苏新宁. 大数据时代情报学学科崛起之思考[J]. 情报学报，2018，37(5)：451-459.

② 李晓辉，徐跃权. 复杂网络理论的情报学应用研究[J]. 情报资料工作，2007，(3)：9-13.

实践效果来决定是否将其引入情报学学科体系，在情报学中找到各类方法的立足点与定位，不能为了拓宽学科方法体系而盲目引入。此外，情报学也应密切关注国外情报学界的研究，对已经得到广泛应用、取得良好成效的研究方法，加大引入力度，结合中国国情消化吸收，让其服务于国内情报学研究的发展。

2. 方法的推送

情报学不仅要引入其他学科方法来提升自身研究活力，也要将自身的专门方法向其他学科推送，为其他学科发展提供支撑，以提高自身的社会影响力。其中，引文分析法与文献计量法就是情报学学科方法体系中重要的专门方法，它们在其他学科领域也得到了广泛应用。

引文分析法主要研究文献被引用问题，自 20 世纪 50 年代末 SCI 创建以来便受到了广泛的重视与应用，直到今日，经久不衰。特别是，在国家十分重视科学化的学术评价和科研管理的今天，引文分析法更是在其中起到重要作用。通过对文献引文的分析，可以将文献进行串联，同时了解某项发明或技术的应用范围、现状、著作水平、学科发展趋势等[1]。伴随着情报学的发展，引文分析法已经成为科学研究领域、科技管理与规划领域、科学学领域等多个领域的一项重要的分析方法与工具[2]。在 CNKI 中以"引文分析"作为查询词进行主题检索（检索时间为 2022 年 4 月 6 日），检索结果分析如表 6-1 所示。由表 6-1 可以看出，引文分析方法已经广泛地推送到医学教育与医学边缘学科（9.06%）、出版（5.95%）、科学研究管理（3.76%）等学科研究中。

表 6-1　CNKI 关于"引文分析"的主题检索结果学科分布（前十）

序号	学科类别	发文数/篇	占比
1	图书情报与数字图书馆	4172	67.41%
2	医学教育与医学边缘学科	561	9.06%
3	出版	368	5.95%
4	科学研究管理	233	3.76%
5	计算机软件及计算机应用	175	2.83%
6	高等教育	145	2.34%
7	教育理论与教育管理	79	1.28%
8	体育	72	1.16%
9	新闻与传媒	52	0.84%
10	企业经济	46	0.74%

---

① 梁战平. 情报学若干问题辨析[J]. 情报理论与实践，2003，(3)：193-198.
② 苏新宁. 大数据时代情报学学科崛起之思考[J]. 情报学报，2018，37(5)：451-459.

随着大数据和网络环境的发展，引文分析法得到了进一步拓展和深化，其考虑的因素更为丰富（如引用分类、引用时间等），特殊类型文献的分析得到关注（如政策文件、科学数据、"睡美人"文献等），将单篇文献作为分析对象的引用分析也进入研究视野。此外，还试图从表层深入内部机理和内容进行引用分析方法探索（如引用语境、融入原文和引文时间的作者耦合分析、三重耦合、加权被引频次与署名顺序关系等）。

文献计量学方法多应用于某一研究领域或某一特定刊物累积性文献的计量研究，主要用于发现文献分布规律、开展科研成果评价、识别研究热点和趋势的研究中。文献计量学方法形成了被广泛应用的经典定律，如布拉福德定律、洛特卡定律、齐普夫定律、文献老化规律等。目前，文献计量学方法已被推送到许多学科的研究中，在 CNKI 中以"文献计量"作为查询词进行主题检索（检索时间为2022 年 4 月 6 日），检索结果分析如表 6-2 所示。由表 6-2 可以看出，文献计量方法被推送到高等教育（4.76%）、医学教育与医学边缘学科（3.43%）、计算机软件及计算机应用（3.17%）等学科研究中，横跨社科、人文、理工农医等多个学科大类。

表 6-2 CNKI 关于"文献计量"的主题检索结果学科分布（前十）

序号	学科类别	发文数/篇	占比
1	图书情报与数字图书馆	9201	54.45%
2	高等教育	804	4.76%
3	医学教育与医学边缘学科	579	3.43%
4	计算机软件及计算机应用	535	3.17%
5	环境科学与资源利用	528	3.12%
6	教育理论与教育管理	500	2.96%
7	出版	499	2.95%
8	体育	430	2.54%
9	科学研究管理	418	2.47%
10	企业经济	405	2.40%

在数据科学和互联网推动下，文献知识载体变得多元化、数字化和网络化，科学知识交流从以正式交流为主转化为正式交流与非正式交流并重，文献计量学的研究对象从文献型载体逐步拓展到包括互联网载体、人际网络载体在内的各种载体的学术信息。文献计量学方法已经从传统的面向文献的分析方法进入数据挖掘、自然语言处理等计算型方法。文献计量学研究正在从静态的科研存量分析向动态的科研过程转化，文献计量学与科学计量学、网络计量学界限越来越模糊，

更倾向于融合创新传统文献计量学的理念与方法来解决科学计量、科学评价与科学管理中面临的实际问题。

　　情报学在引入其他学科研究方法的同时，也在将自身的专门方法广泛应用于其他学科当中，在探索学科研究前沿、确立研究热点和识别新兴研究趋势等方面发挥了无可替代的作用。情报学未来发展中不仅要做好其他学科研究方法的移植应用，也应该继续加强情报学研究方法的推广，大力开展情报学方法在其他领域的应用研究，为情报学方法找到更广阔的应用空间，提升情报学作为横断性学科的影响力和渗透力。

6.3　数智时代下情报学发展

　　伴随着大数据、云计算、人工智能等现代信息技术的发展，数智时代已然到来。数智时代以数字化与智能化的融合为驱动，可以概括为以数为基，以智为能。即在大数据、云计算、人工智能、区块链、5G 等数字技术或智能技术的支持下，重建决策机制或模型，改变传统基于少量信息的决策分析方式，转向基于数据的多源、动态、智能决策，实现智能化应用与分析。情报研究与工作则在数智赋能中一方面走向专深化与多元化，逐渐由信息分析与知识服务拓展为智慧服务与智能决策；另一方面则不断探索如何有效融合先进信息技术，变革固有模式，充分实现情报学与情报工作的深度发展与广度扩张。

6.3.1　数据智能技术的发展

　　2020 年 5 月，《2020 年国务院政府工作报告》正式提出"加强新型基础设施建设"[①]。国家发展和改革委员会明确指出新型基础设施是"以新发展理念为引领、以技术创新为驱动、以信息网络为基础，面向高质量发展需要，提供数字转型、智能升级、融合创新等服务的基础设施体系"，包含以 5G、物联网、人工智能、云计算、区块链、数据中心等为代表的信息基础设施，深度应用互联网、大数据、人工智能等技术的融合基础设施，以及支撑科学研究、产品研发等的创新基础设施[②]。可以看到，伴随着数字化、智能化与高速化发展，以大数据—云计算—人工智能—区块链—5G 为代表的数据智能技术在新基建中得以广泛应用与深度扶持，

---

① 2020 年政府工作报告全文[EB/OL]. http://www.gov.cn/zhuanti/2020lhzfgzbg/index.htm[2024-04-15].

② "一业带百业"，新基建前景可期[EB/OL]. http://www.gov.cn/xinwen/2020/05/05/content_5508789.htm
[2020-05-05].

新一代信息技术正以其泛在数据化、泛在信息化与泛在网络化打造经济发展新引擎、赋能国家发展战略。

Gartner 定义的战略技术是指具有巨大颠覆性潜力、在未来三年可能为企业带来重大影响并具有重要战略意义的技术，并将战略性技术趋势分为智能、数字和网格三部分。智能是以人工智能为代表，通过人工智能与其他技术的结合形成的新的技术或服务；数字是物理世界与数字世界的融合，并从数字世界感知物理世界；网格是将人、企业、设备、内容和服务等连接起来的共有网络[①]。从表 6-3 可以发现，2019—2021 年的战略性技术趋势基本以超级自动化、多元体验、分布式云、实用区块链、人工智能安全等为主要发展趋势。通过人工智能和机器学习等技术，增强智能驱动，加强流程自动化和机器自主性；通过拓扑结构的数据收集与处理，映射物理世界，增强虚拟感知与交互；通过 5G 网络布局构成分布式移动边缘云，增强智能驱动，推进区块链实用发展；注重数据安全与隐私，加强数据信任。数据智能技术持续性在社会和企业发展中发挥深刻影响，推动社会智能创新，可塑企业流程变革。

表 6-3　Gartner 2019—2021 年战略技术趋势

类别	2019 年战略技术趋势	2020 年战略技术趋势	2021 年战略技术趋势
intelligent（智能）	autonomous things（自主化设备）	hyperautomation（超级自动化）	intelligent composable business（智能组合型业务）
	augmented analytics（增强分析）	democratization（技术民主化）	AI engineering（人工智能工程化）
	AI-driven development（人工智能驱动开发）	autonomous things（自主化设备）	hyperautomation（超级自动化）
digital（数字）	digital twins（数字孪生）	multiexperience（多元体验）	internet of behaviors（行为网络）
	empowered edge（边缘计算）	human augmentation（人体增强）	total experience（全面体验）
	immersive technologies（沉浸式体验）	empowered edge（边缘计算）	
mesh（网格）	blockchain（区块链）	distributed cloud（分布式云）	distributed cloud（分布式云）
	smart spaces（智能空间）	practical blockchain（实用区块链）	anywhere operations（随处运营）
intelligent、digital、mesh	digital ethics and privacy（数据道德与隐私）	transparency and tracea bility（透明度和可溯源性）	privacy-enhancing comput ation（隐私增强计算）
	quantum computing（量子计算）	AI security（人工智能安全）	cybersecurity mesh（网络安全网格）

[①] Gartner Top 10 Strategic Technology Trends for 2019[EB/OL]. https://www.gartner.com/smarterwithgartner/gartner-top-10-strategic-technology-trends-for-2019/[2021-04-19].

情报学是以情报为核心对象，以数据、信息、知识、智能、情报从产生到利用的理论、技术与方法为主要内容，并为情报工作提供服务支撑的学科①。因而，数据智能技术与情报体系的融合，一方面，缘于学科自身和数据智能技术存在密切关联；另一方面，与数据智能技术在国家战略和社会发展中具有显著影响相关。数据智能技术的深度应用为情报学与情报工作带来全域性和实质性影响，海量数据、深度学习、分布计算等工具或技术正在以多角度、深层次应用于情报生产与情报分析的各个环节，促成情报研究与情报工作思维、方法、内容等的革新与迭代升级。情报研究与情报工作在新一代信息技术环境下逐渐形成"ABCD5"的技术支撑体系，即人工智能（artificial intelligence）、区块链（blockchain）、云计算（cloud computing）、大数据（big data）和5G技术②。

6.3.2　新技术新环境赋能情报学与情报工作

作为以数据信息为对象、以信息技术为手段、以决策服务为目标的情报学与情报工作，每一发展阶段都伴随着信息技术的突破助推，现代化信息技术的创新发展与深入应用不可避免地对其产生重大影响。梳理新一代信息技术与情报学和情报工作的融合应用，对于阐明数智时代下情报学与情报工作的发展实际，推动新时代情报学与情报工作的生产力变革具有重要意义。

1. 基于大数据的情报变革范式

情报学作为一个注重挖掘复杂数据中知识和规律的学科③，大数据时代的到来，不可避免地对该学科产生巨大的影响。在大数据的驱动下，情报学与情报工作的内涵与内容更加丰富化，数据驱动模式逐渐成为情报研究与情报工作动态进阶的重要方式。通过梳理诸多学者对大数据环境下情报学发展特征的研究可以发现，大数据环境下的情报研究应用范式和情报工作思维模式都产生了实质性变革④。

1）大数据范式下的情报学研究

大数据环境与技术的发展，促进数据密集型科学研究范式的广泛应用，给情报学研究要素带来全面的变革，如表 6-4 所示。情报学研究要素可以概括为研究数据、研究工具、研究内容和研究方法四个层面。研究数据是情报学研究内容的基

①　杨建林. 大数据浪潮下情报学研究与教育的变革与守正[J]. 情报理论与实践, 2020, 43(4): 1-9.
②　夏立新. 新时代社科情报学研究的新挑战、新举措[J]. 情报资料工作, 2020, 41(4): 5-10.
③　牛海波，栗琳. 智能时代情报工作展望[J]. 情报理论与实践, 2020, 43(1): 12-17.
④　苏新宁. 大数据时代情报学与情报工作的回归[J]. 情报学报, 2017, 36(4): 331-337.

本来源，也是探索情报事物真实要素的基础保障；研究工具是研究数据采集、存储、分析与呈现的技术依托；研究内容是情报学探索事物本质与规律、实现情报学科创新的关键；研究方法是研究内容的重要支撑，也是情报学科成熟与专深的标志[①]。

表 6-4　大数据范式下的情报学研究变化

研究要素	影响类目	影响要素
研究数据	获取渠道	传统纸质出版物—电子出版物—大量非正式渠道数据（社交媒体数据、用户网络日志等）
	获取方式	静态、稳定、有序的客观数据—动态、多样、复杂的实时数据（流数据等）
	数据规模	有限的小规模数据—海量的大规模数据
	数据质量	单一小样本数据—多层面互补数据以及消歧数据
研究工具	数据采集	人工采集—各类数据采集方式（爬虫方式、传感方式等）
	数据存储	关系型数据库存储—分布式云存储（HBase、MongoDB 等）
	数据分析	简单算法模型—人工智能技术（深度学习、机器学习）、并行计算或认知计算等
	数据呈现	简单、低维图形—高维、智能图形（知识图谱、认知地图等）呈现
研究内容	研究介质	纸质出版物研究—数字资源研究—全数据资源研究（数据突破信息与知识，直接转化为情报）
	研究空间	实质物理空间—虚拟空间（互联网络、传感网络、通信网络）
	研究场景	文献资源研究—知识集成的智库研究、用户生成的用户行为研究、物品传感带来的情境研究等
	研究理论	布拉德福定律、扎根理论、文献计量学理论等—泛在智慧服务理论、大数据流程理论、智慧感知理论等
研究方法	参与方式	情报人员介入性方式—无监督学习的非介入性方式
	思维方式	部分事物的因果挖掘—整体的相关性探究
	计算方式	人工主导计算—自动化挖掘计算
	分析方式	综合演化、规律探索—融合、预测性研究

注：HBase 是一个分布式的、面向列的开源数据库；MongoDB 是一个基于分布式文件存储的数据库

在研究数据层面，大数据范式下数据的获取渠道、获取方式、数据规模与数据质量从以往小规模的文献数据转向海量、实时的复杂非正式渠道数据，为以往小样本、填充式的情报研究提供有力的数据补充。

在研究工具层面，数据采集根据不同数据源采用不同类型的爬取和传感方式，数据存储由关系型数据库存储转向分布式云存储，数据分析通过算法迭代和人工智能技术实现多源非结构化数据的抽取与挖掘，数据呈现向高维度、智能化的信息可视化技术发展，实现情报研究数据高效率、低成本的处理分析。

在研究内容层面，情报学研究介质从传统纸质文献转向数字资源，继而向全

---

① 马费成，张瑞，李志元. 大数据对情报学研究的影响[J]. 图书情报知识，2018，(5)：4-9.

数据资源转变，信息链更是发生直接性变化，从以往的"事实—数据—信息—知识—情报"，拓展延伸出"数据—情报"的直接过程，数据跳过信息和知识环节，直接转化成情报[①]；情报学研究空间从固定、有限的物理空间转向互联网络、通信网络和传感网络交织的虚拟空间；研究场景从文献资源的检索、组织与分析转向知识集成的智库服务、用户生成内容的行为分析等；研究理论从布拉德福等文献分布、检索、传播理论转向泛在智慧服务理论、大数据流程理论、智慧感知理论等。这些对于全面分析情报学研究介质、深入挖掘情报学发展规律、真实解释情报对象本质，无疑是深刻而科学的。

在研究方法层面，情报学研究的参与方式从情报人员介入性研究转向复杂网络式的无监督计算，思维方式从部分事物的深入因果挖掘转向事物整体性的相关探索分析，计算方式从人工主导计算转向计算机挖掘分析，分析方式从演化、规律性探究转向融合、预测性分析，新的研究方法扩展了情报学研究的思维边界，为情报学科发展注入了新的活力。

2）大数据思维下的情报工作

苏新宁[②]教授认为情报工作是社会发展的需要和科技进步的必然，也是将决策支持、高效管理和咨询服务融为一体的智慧活动，是情报学研究成果的实践场所，因而与情报学研究类似，情报工作的用户需求、数据基础、组织方式、分析方法、服务手段等层面也在大数据思维下不断扩展，如图 6-6 所示。

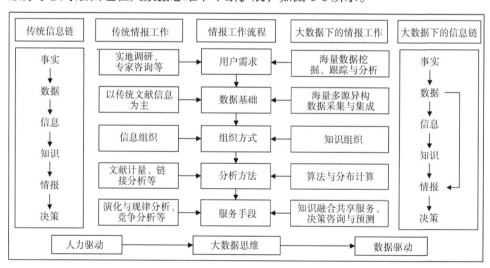

图 6-6　大数据思维下的情报工作变化

① 李品，杨建林. 基于大数据思维的情报学科发展道路探究[J]. 情报学报，2019，38(3)：239-248.
② 苏新宁. 不忘初心、牢记使命 展望情报学与情报工作的未来[J]. 科技情报研究，2019，1(1)：1-12.

情报学研究注重研究内容的变革，但情报工作更强调用户需求和服务手段的变化。在用户需求层面，从利用传统的定性、定量和实验研究方法向全源数据的深层次挖掘拓展，从基于小样本数据的推断分析转向细粒度数据的抽取计算和全样本数据的相关分析，通过多方位把握和持续性跟踪预判用户需求的发展态势，有效增强需求分析的精准性；在数据基础层面，从传统文献信息转向不同类型、不同维度、不同形式的全面数据采集与集成，与此同时，大数据思维下的多源数据融合理念，有利于情报工作在同一数据集中洞察不同的对象特性，同时也有助于对同一对象在不同数据集中的表征。在组织方式上，从传统的信息集成、组织与整合转向语义化、关联化和碎片化的知识组织，实现数据内在特征的共现。在分析方法上，从以往的链接分析、文献计量、内容分析转向以大数据技术为核心的算法与挖掘计算、复杂数据平台分析，为决策支持、趋势预测等提供数据分析支撑。在服务手段上，从传统的演化分析与规律探索、查新服务、竞争分析转向跨地域、跨平台的知识融合共享服务和决策咨询与预测机制，通过整合感知与认知技术，挖掘数据资源，实现数据到知识、知识到决策、决策到服务的智慧转换。

大数据带来的研究范式变革与思维方式改变，促使情报研究与情报工作面向更为复杂的数据结构、更为深层的组织处理、更为智慧的分析方法、更为精准的用户需求、更高质量的服务方式，情报研究与工作的开展、分析、管理以及利用，离不开大数据的支撑与保障，大数据为情报学与工作提供泛在数据支撑平台。

2. 基于云计算的情报资源集成

在大数据环境下，海量数据资源爆炸式地增长，数据集成与分析工具的需求日益增多，情报学与情报工作所涉及的技术工具也需不断提升。"工欲善其事，必先利其器。"先进的信息技术既是情报资源获取、分析与管理的关键性要素，也是情报分析与服务质量提高的重要护航手段，云计算的虚拟化技术和分布式的云聚合与云服务能力正为情报学与工作带来较大的便利。

云计算是通过互联网的快速连接与传输，将数据的存储与处理过程从单独的计算机或服务器转向云端虚拟的数据中心，并通过超强的计算能力实现资源的分散、聚合、获取与服务。云计算在情报学与情报工作中的应用可以归纳为两个层面，即情报资源的聚合与一站式服务，其实质是打破数据中心、存储设备、服务器间的物理划分，利用虚拟化技术和分布式计算能力形成情报资源的共享资源池，并对分布式情报资源进行统一的动态化管理和服务，从而为情报学与情报工作提供更广泛的资源存储平台、更高效的资源协调计算和更便捷的资源应用服务。

1）资源聚合下的情报学与情报工作

虚拟化和超强计算能力的云计算环境为情报学与情报工作的资源聚合带来了

全新的变化。不同于过去的情报资源整合强调以资源为核心、以资源的数字化和自动化为目标，实现各类异构资源的规范、有序重组和整合，并集中存储形成情报资源体系。云计算环境下的情报资源聚合注重以用户为中心，通过海量分布式资源的融合存储，发掘资源间的语义关联，全面揭示资源间的深度联系，构成立体可视的知识发现体系[①]。在大数据环境下，云计算面对的情报资源具有海量、多源和异构的特征，促使云存储具有海量的存储容量、可拓的存储空间、分布式的存储形式等特点。应用虚拟化和分布式技术，云计算通过协同工作平台并行整合云端存储器，实现对情报资源的分布存储和复制，利用不同数据节点的存储形式，增强情报资源的异地存储能力、高容错性和高可靠性。在数据存储的基础上，对多模态数据进行有效融合是情报资源聚合的必要路径。借助云计算的超级算力，从情报资源的内外部特征出发，利用形式概念分析、层次信息可视化、标签聚类、主题模型等技术发掘情报资源的内容语义和关联语义，实现情报资源在语义层面自下而上的深度聚合与知识发现，有效促进了情报学与情报工作的资源整合能力，提升情报资源的利用效率。

2）一站式服务下的情报学与情报工作

云计算环境所集成的一站式服务是指在情报资源聚合的基础上，依托云计算的基础设施即服务、平台即服务和软件即服务，形成情报资源的系统化应用，包括用户接口服务、资源调度服务、资源检索服务和资源共享服务。在用户接口服务中，云计算的虚拟并行运算环境为用户带来了无处不在、无处不包的泛在网络，通过泛在网络可以让用户在任何时间、任何地点获取云中的资源和服务，有效提升了用户对情报资源应用的便捷性。在资源调度服务中，云计算的分布式技术和并行计算能力变革了传统单节点或耗时的跨数据库资源调取模式，通过各数据节点的全面互联，利用集群技术实现情报资源的就近、优化和即时调度，显著提高了资源提取和反馈的速率。在资源检索服务中，不同于以往检索资源源于固定或有限的数据库、检索环节具有单一的连接性等特点，基于云计算的检索服务突破了单机检索限制，通过多节点的存储、匹配和调取模式，采用并发检索计算技术，实现全网情报资源的快速检索和优化排序，大幅提高了情报资源的检全率。在资源共享服务中，云计算提供的基础设施即服务、平台即服务和软件即服务允许用户透明地浏览、获取和使用云上的各类资源，最大限度地实现了情报资源的共享和协同服务，有力促进了情报资源的融通，推动情报资源的共建与共享。

云计算聚合了数据资源、存储资源、网络资源和计算资源，通过其虚拟化、并行化、自动化和集成化的情报资源存储、整合、管理与共享方式，极大增强

---

① 张云中. 从整合到聚合：国内数字资源再组织模式的变革[J]. 数字图书馆论坛，2014，(6)：16-20.

了情报资源的组织性和情报应用的交互性，为情报学与情报工作提供泛在组织支撑平台。

3. 基于区块链的情报组织

在情报研究与情报工作中不可避免地存在数据资源的共建共享问题，如数据多源异构、数据安全性差、数据可追溯性低、数据信任困难、数据共享程度低等。与云计算类似，区块链技术也可以解决数据资源的共建共享问题，更甚至相比于云计算，区块链具有的分散化分布式网络更易维护数据安全、保护数据隐私、实现去中心化，促使情报研究与情报工作真正实现数据资源的聚合与共享，提高情报机构与情报工作者的协同共享能力，促进情报分析与服务的提能升级。

区块链是基于互联网的分布式账本技术，其本质是一个去中心化的共享数据库，链上的数据具有防篡改、去中心化、可溯源、共同维护等特征。数据资源的安全和共享间的矛盾是情报学者历来较为重视的问题，区块链技术的出现，为数据问题的解决提供了新的方案，也引起了众多学者的关注。丁晓蔚和苏新宁[①]指出，对情报学而言，数据的不完整、不准确、不可信和不充分，以及"数据孤岛"和"信息孤岛"问题会妨碍情报分析、影响情报预测，而区块链的可信大数据、不可篡改、集体维护等特点则可以在一定程度上弥补此类缺陷；谷俊和许鑫[②]则针对人文社科领域数据共享中存在的溯源能力弱、数据追踪难等问题，利用区块链的联盟链与数据记录机制，构建了基于人文社科的数据共享联盟平台，促进人文社科数据的共建共享；还有学者着眼于数据安全问题，利用区块链的智能合约技术解决数据版权纠纷，通过智能合约技术实现具有约束力的数字化协议，限制使用者的使用内容，从而有效保障了知识产权[③]。

1）助推资源安全的情报学和情报工作

情报资源的安全性一直是情报学者十分关注和致力解决的问题，区块链技术中的不可篡改、加密算法和共识机制等特性有利于建立情报资源安全体系，保障数据的安全性和可靠性。区块链讲究不可篡改和数据可追溯，情报机构或情报工作者作为区块链上的一个节点，所有交易都会串联成链，并且各节点受共同制约形成防篡改机制，同时所有交易都会留有时间戳并支持数据定位，从而实现情报资源的溯源和产权确立，保障资源提供者的权益。区块链使用加密算法，采用密

---

① 丁晓蔚，苏新宁. 基于区块链可信大数据人工智能的金融安全情报分析[J]. 情报学报，2019，38(12)：1297-1309.

② 谷俊，许鑫. 人文社科数据共享模型的设计与实现：以联盟链技术为例[J]. 情报学报，2019，38(4)：354-367.

③ Manley S. On the limitations of recent lawsuits against Sci-Hub, OMICS, ResearchGate, and Georgia State University[J]. Learned Publishing，2019，32(4)：375-381.

码学保证情报资源在存储、传输以及访问中的安全，并通过多方的共同维护进一步保障情报工作者获取数据资源的一致性，增强情报分析中数据的可信性。区块链采用共识机制，情报机构或情报工作者对数据的真实性、隐私性、可验证性等达成共识，并利用智能合约形成数字化协议，从技术方面实现相应保障。伴随数据安全性的提高，情报机构或情报工作者将会更加信任所用数据和情报，促进情报资源的交流和共享，实现更具针对性和开放性的情报分析与服务。

2）实现资源共享的情报学与情报工作

区块链技术的高可靠性、安全性和溯源性促使情报机构以及情报用户间的信任关系发生变化，伴随溯源性能的建立，用户更为信任地利用情报资源；伴随数据安全性的提高，用户更为积极地交流与共享情报资源，有力促进了情报资源的共建共享。传统情报资源的共建共享主要由各情报机构或情报学者通过点对点或组成联盟实现，并且存在资源可追溯性能差、资源交换延迟滞后、资源协同共享性较差等问题。在区块链技术下，情报资源共建共享则主要通过去中心化这一特性来实现，基于共识机制，链中所有参与者的地位平等，各情报机构或情报工作者作为链上的节点同步拥有所有数据，确保了数据获取的一致性和即时性。同时，对于云计算中情报资源的共享存在一定篡改风险的问题，区块链将各数据区块按照时间节点进行相接，完整记录情报资源的交互历史，有效规避情报资源的篡改和伪造风险。在数据不可篡改、安全性高、可靠性强的基础上，情报用户降低信任成本，增强情报资源共享频率与范围，促进不同机构或学者间的交流协作，加强情报资源的挖掘速度和使用频率，促进情报研究与工作的广泛化、协同化和知识化，实现真正意义上的情报资源共建共享。

区块链作为特定的去中心化和分布式存取数据技术，主要应用于数据资源的处理。区块链确保情报资源在交流共享过程中的透明性、安全性和可控性，实现情报资源的全生命周期管理，增强多元主体间的相互信任和相互操作，既为情报分析与服务的开展提供安全广泛的资源基础，又为情报分析的基础设施架构带来坚实的支撑，从而构成情报学与情报工作中的泛在组织支撑平台。

4. 基于人工智能的情报服务模式

我国在《新一代人工智能发展规划》中指出，"到 2020 年……人工智能产业成为新的重要经济增长点，人工智能技术应用成为改善民生的新途径"[①]。人工智能作为对"智能"的深入研究，实现对人脑的模拟、部分替代或延展，以获取相

① 国务院印发《新一代人工智能发展规划》[EB/OL]. http://www.gov.cn/xinwen/2017-07-20/content_5212064.htm[2017-07-20].

应理论方法与科学技术，这与情报研究和情报工作需要利用人类智慧对数据或信息进行判读、研究与呈现具有相关性。伴随大数据时代的到来，以数据为基础的人工智能发展，为情报研究与工作提供了新的研究方法与手段，开辟了新的服务与局面，如图 6-7 所示。

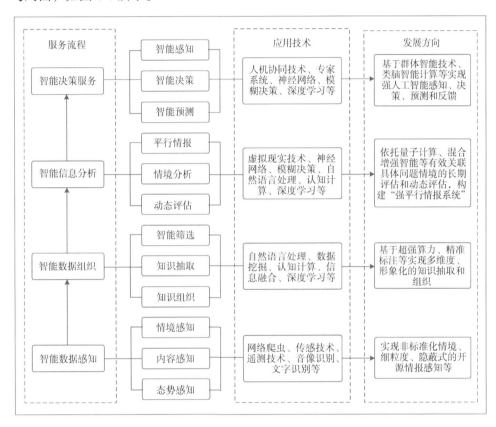

图 6-7　基于人工智能的情报服务模式

1）情报学与情报工作的智能层次

人工智能是指通过算法等技术实现机器对人类活动或者人类行为过程的智能模拟。感知智能、计算智能和认知智能被认为是人工智能的三个关键层面[1]，感知智能是使机器具有视觉、听觉、触觉等能力，也就是让机器能识别人类语言与事物，从而实现对不同场景的描述；计算智能是通过智能算法或技术模型的应用，促使机器实现海量异构的数据资源的高效处理；认知智能是让机器具有思考与理

① 王延飞，赵柯然，何芳. 重视智能技术 凝练情报智慧：情报、智能、智慧关系辨析[J]. 情报理论与实践，2016，39(2)：1-4.

解能力，能够模拟人类思维的过程，解决复杂性问题。感知智能是人工智能最基础的层面，也是人工智能技术发挥其价值的基础；计算智能则是对感知智能与认知智能的承接，向上对通过感知获取的海量数据进行计算处理，向下对处理数据进行智能分析；认知智能是人工智能的高级层次，是其智慧化的实现与表达。将人工智能技术应用于情报研究与情报工作，可以在海量多源异构的数据海洋中挖掘、处理、分析出可用情报，实现快速、实时、弹性的决策服务，从"数据世界"向"知识世界"甚至向"智慧世界"转化。

2）智能信息处理下的情报学与情报工作

智能信息处理包括对情报资源的感知处理和计算处理两个方面。情报资源是情报分析的基础，资源的处理则是情报研究与工作的直接支撑。面对海量多源异构的数据，及时深入地进行有效分析成为情报研究与工作的现实挑战，人工智能技术正是展开数据处理、驱动数据分析、实现数据判断的核心方法。区别于人工承担或简单机器处理的数据感知和处理方法，人工智能技术在感知处理上，可以自动有效地清洗和抽取文本、图片、视频等半结构化或非结构化数据，并将其转化为机器可识别的结构化数据，极大地提升了数据资源的转化效率。在计算处理方面，人工智能技术运用其高性能计算能力，进行数据资源的知识抽取，并利用自然语言处理等技术实现语义理解，提炼其中高层次知识片段，将隐性知识转化为机器可读取和可处理的结构化知识，最后将知识进行加工、组织和提炼入库，作为后续知识分析和决策服务的基础。人工智能技术实现海量数据中的知识挖掘与发现，大大降低了情报研究与工作对于海量数据资源的认知负担，有效提升了情报分析效率，促成情报决策服务的开展。

3）智能决策服务下的情报学与情报工作

情报分析的本质是通过各种资源、方法、技术分析出形成决策所需要的情报[①]。人工智能作为对大脑的延伸，可以有效促进情报向决策的转换，提升情报研究与工作中的决策保障能力。基于人工智能技术的决策服务包含有决策和预测两个层面，在智能决策上，通过计算智能应用自然语言理解技术，实现情报资源间的语义关联和知识发现，随后通过深度学习和知识推理，进行知识拓展，形成决策方案；情报预测能力是决策者对情报的智慧化需求，通过情报预测，可以优化情报、完善决策模型与决策方法、增强决策结果的可靠性。在情报预测上，通过对现实情报系统进行动态演化模拟，形成对问题情境的同步分析、交叉验证和智能匹配，实现复杂情报情境的预见。人工智能的应用，促进情报分析从知识向智慧转化，

---

① 王延飞, 刘记, 赵柯然, 等. 智能信息技术发展现状、趋势与影响透视[J]. 情报学进展, 2018, (1): 117-153.

推动决策服务向自动化、高效率、精准化和智能化方向发展，有效提升情报人员的决策服务、决策行为和决策支持能力。

人工智能拓展了情报资源自动化感知、知识化组织、智慧化转型的边界，为情报学与工作带来的影响是系统而深刻的，既实现了从数据到情报的直接过程，也实现了从知识决策到智慧决策的过程。通过数据感知分析决策所需情报，利用智能处理技术挖掘情报内涵，采用智能分析技术实现智慧决策，为情报学与情报工作构成泛在服务支撑平台。

5. 基于 5G 技术的情报融合展现

海量数据的爆炸式增长，加重了数据资源传输、共享、应用、呈现等压力。伴随大数据、云计算、区块链、人工智能等信息技术的发展，5G 技术的出现与结合，显著提升了海量数据资源的挖掘、应用和服务能力，情报用户可以无障碍地实时在线传输数据资源，优化其配置流程，加快其共享效率，促使原有的数据、信息、知识和情报管理向高层次的协同、交互、智慧的管理方式转变。

5G 技术是第五代移动通信技术，具有高速度、高可靠、高并发、低延时等特点。伴随大规模互联网、增强移动网络的深入应用，5G 技术将变革网络运营模式，深刻影响情报用户的网络行为[①]。阿里达摩院在《达摩院 2020 十大科技趋势》中指出，5G 网络将实现全新技术赋能，提升移动带宽，促进沉浸式交互模式，催生平行虚拟网络，加速多智能体间的协同，释放群体智能价值[②]。王陶冶等[①]认为，在高频传输技术、新型多天线传输技术和密集网络的支持下，5G 技术对大数据环境和技术的支撑性日益提升，人机交互实现深入发展，人工智能趋于人类智能，各领域的深度智能融合将成为现实。朱学芳等[③]认为 5G 技术为信息服务带来了新机遇，高频传输、虚拟现实等技术推动数字资源的管理与服务向智能化方向发展，促使"智慧+服务"应声落地，有效提升了信息的服务能力。可以发现，5G 技术以其高速度、低延时、增强现实（augmented reality，AR）等特征为各领域带来了泛在、即时、协同、仿真的智能化应用模式，情报研究与情报工作也不外如此。

1）万物互联下的情报学与情报工作

5G 技术的高速度、高并发、高兼容等网络构建特征带来了普遍连接，为海量数据的协同传输提供了强大的计算能力，促使情报研究与工作的海量数据挖掘和

---

① 王陶冶, 李利, 尹冰毅. 5G 技术与人工智能技术的融合发展展望[J]. 科技创新发展战略研究, 2019, 3(4): 59-61.

② 达摩院 2020 十大科技趋势[J]. 服务外包, 2020, (2): 74-75.

③ 朱学芳, 王贵海, 祁彬斌. 5G 时代数字信息资源智能服务研究内容及进展[J]. 情报理论与实践, 2020, 43(11): 16-21.

分析成为可能。一方面，5G 技术通过超高频段数据传输技术，实现数据信息高速度、短距离、低延迟通信，促使海量数据的传输容量、传输速率、连接规模得到大幅提升。另一方面，通过增强网络运营能力，加快情报资源从云计算系统或区块链的高速调取，实现快速有效的情报资源交流共享。同时，利用人工智能技术提高了设备抗干扰能力，扩大了网络覆盖范围，加快了情报资源的切换速度，实现了高效的情报资源分析过程。伴随 5G 技术与其他新兴信息技术的结合，情报研究与情报工作将会实现高速、便捷的情报资源传输过程，构成协同、高效的情报资源融合、管理和服务模式。

2）应用感知下的情报学与情报工作

5G 技术的低延时、高可靠、高并发等特征打破了时间与空间的限制、线上与线下的阻隔，实现了现实与虚拟的交互，为情报研究与工作的可视化呈现带来全新模式。可视化呈现和交互是情报研究与情报工作对外交流和应用的重要窗口，对于用户理解情报服务具有深刻意义。5G 技术结合虚拟现实和增强现实等技术通过感知交互、场景交互、渲染处理、网络传输、内容制作等，逼真复制出在视觉、听觉、触觉等方面高度接近现实的虚拟世界，通过虚实结合让用户体验高度沉浸式的可视化内容和交互服务，促使数字孪生成为现实，实现用户对情报研究与工作的立体、全面、深度理解，如通过 5G 技术实现多维立体的知识图谱构建，开展数字人文的多模态实物感知体验等。5G 技术在情报应用中实现的泛在虚拟、模拟仿真、孪生协同，为情报研究与工作带来了多形态化的展示分析和高智能化的服务模式。

5G 技术利用其高网络速度、高安全性和低延迟性等特征，弱化时空限制和物理限制，实现万物互联，改善情报资源的利用与分析环境，带动情报分析和服务向智能化、感知化、协同化和互动化趋势发展，为情报研究与工作提供了泛在网络支撑平台。

6.3.3　面向数智技术集成的情报学与情报工作

钱学森[①]先生认为，情报工作是对知识的激活和活化，情报系统是转化知识、产出情报、增值情报的智能系统。情报学与情报工作的重要技术之一即情报分析技术，不论是人工主导的分析方式还是智能化的分析模式，其最终目标都是形成决策所需的情报。但是不同的情报分析方法和手段，会带来不同的情报转化效

---

① 钱学森. 科技情报工作的科学技术[J]. 兵工情报工作，1983，(6): 3-10.

率，形成不同的情报转化结果。

情报学与情报工作的分析流程可以概括为情报需求和规划阶段、数据检索和采集阶段、数据融合和组织阶段、数据分析和凝练阶段以及数据呈现和传递阶段[①]。传统的情报学与情报工作分析流程如图 6-8 所示。

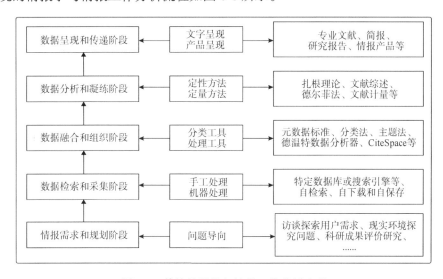

图 6-8　传统情报学与情报工作分析流程

在情报需求和规划阶段，主要以问题为导向，通过定性、定量、实验等方式探索用户需求，或依据现实社会环境探讨情报工作；在数据检索和采集阶段，依靠情报人员手工或使用简单机器从一定数据库或搜索引擎，对异构的数据信息资源进行自检索、自下载和自保存；在数据融合和组织阶段，通过元数据、分类法、主题法等分类工具进行半结构化或非结构化数据的处理与融合，通过软件处理工具进行情报资源的组织；在数据分析和凝练阶段，通常基于扎根理论、文献综述、德尔菲法等进行情报资源的定性分析，或者通过文献计量的定量分析方法实现情报演化分析等；在数据呈现和传递阶段，通过撰写专业文献、研究报告、简报等，或开发情报产品进行展示和流通。

数智技术集成下的情报学与情报工作分析流程如图 6-9 所示。

在情报需求和规划阶段，大数据环境与技术使得海量多源异构的数据资源异常丰富，为情报研究与工作提供了交互数据、感知数据、交易数据等全面数据资源，促使情报学与情报工作一方面基于显性数据确定分析问题，另一方面基于隐性数据挖掘数据间的内在关联，从而确定深度性或预测性的研究问题。在数据检

---

① 化柏林，李广建. 面向情报流程的情报方法体系构建[J]. 情报学报，2016，35(2)：177-188.

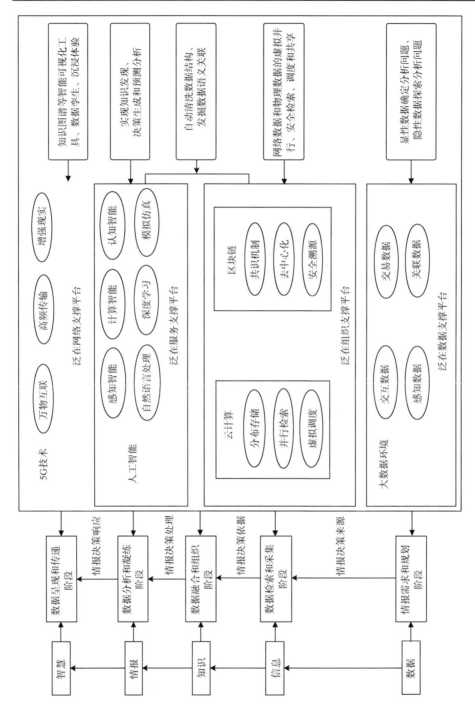

图6-9 数智技术集成下的情报学与情报工作分析流程

索和采集阶段，面对大数据环境下生成的网络数据和物理数据，运用分布式存储的云计算技术和保障数据安全的区块链技术，实现海量数据的云端一站式并行检索和调用。在数据融合和组织阶段，基于虚拟化的云计算技术、去中心化的区块链技术和感知计算的人工智能技术，自动清洗半结构化或非结构化数据，并发掘数据间的语义关联，揭示数据间的深层联系，融合构成广泛关联的情报资源体系。在数据分析和凝练阶段，通过发挥人工智能的感知智能、计算智能和认知智能，采用自动信息抽取技术、自然语言处理技术、深度学习、知识推理、仿真模拟等技术实现情报资源的知识发现、决策生成和预测分析，促进情报决策服务的智慧化发展。在数据呈现和传递阶段，通过人工智能技术实现知识图谱等智能可视化工具的应用，通过 5G 技术的高频传输、增强现实、人机交互等为情报决策的可视化提供多维立体的沉浸式体验。

　　元宇宙的兴起为数智时代情报学与情报工作带来新的发展空间，探索情报服务中元宇宙的应用黑箱是数智时代情报学与情报工作发展的必然选择。元宇宙是多种数据智能技术集成发展到高级阶段所产生的虚实联动的空间应用形态。"情报元宇宙"聚合大数据、云计算、人工智能、区块链和 5G 技术，形成数据资源在虚拟空间的立体可视化映射、存储和铺展，促进知识组织在虚拟空间的智能情景化抽取、关联和孪生，促成情报服务在虚拟空间的智慧精准化交互、预测和扩散，融通构成数智情报学与情报工作发展三阶段。在虚拟原生阶段，通过大数据映射和技术构建，构成与现实世界相对应的虚拟世界，形成"平行情报系统"，实现现实世界和虚拟世界的精确对应，通过在虚拟世界中映射出现实世界情报对象的关键特征数据，转化隐性知识，融合显性知识，形成对问题情境的同步分析、交叉验证和智能匹配，构成对复杂情报情境可智能化、客观化和交互化分析的仿真空间。在虚实共生阶段，实现对问题情境的主动监测和全面感知，结合沉浸式逼真虚拟环境、专家知识库、人机交互系统等形成人工智能内容生产，自动对知识推理产生新的情报，感知、凝练和推断情报对象的发展路径和发展态势，构建精准科学的情报价值感知模型和决策预判模型，形成自下而上的决策分析过程和决策生成方案。在虚实联动阶段，实现对现实世界和虚拟世界的平滑理解和无缝切换，在虚拟世界同步叠加用户多模态信息，创新和扩大情报感知、交互、生成和预测界限，利用虚拟空间情报要素适配突破现实世界的物理界限，拓展情报服务维度。

　　数据智能技术为情报研究与工作带来智能化的分析工具，有效解决了数据爆炸带来的认知负担和管理难题，充分变革了对海量多源数据的采集、处理、利用和分析方式，实现了情报分析与服务从数据到信息到知识再到智慧的转化，拓宽了情报分析与服务的广度与深度，促使情报学与工作向知识化、网络化和智慧化升级。

6.3.4　数智时代情报学与情报工作的发展趋势

数据智能时代并非简单的信息技术时代，而是实现颠覆性和战略性技术的时代。数智环境下，情报学与情报工作面临着把握情报学的定位、坚守情报学的核心、坚持情报学的方向的考验。数智技术和情报学与情报工作应构成何种关系？数智技术还会向何种方向发展？伴随数智技术的延伸，情报学的理论该如何支撑？这些都是值得并且亟待情报学界探究和解决的问题。

在数智技术和情报学与情报工作的关系上，我们应把握好其中的核心要点，即情报学与情报工作为数智技术的发展提供实践温床，数智技术为情报学与情报工作提供决策支持。情报学与情报工作必须支持国家战略需要、满足社会发展需求，实现情报智慧决策是其中重要路径。情报分析是情报决策实现的必要过程，而数智技术正是情报分析的应用手段，大数据恰好成为情报研究的对象，智能恰巧是智慧决策的表现①。因而，情报学与情报工作要正视数智技术的应用空间和范围，守好数智技术的应用界限，避免学科发展一味向技术发展倾斜，从而模糊学科界限、丢失学科特色、偏离学科内核。

在数智技术的发展上，一方面，大数据、云计算、人工智能、区块链和 5G 技术在实践应用过程中越发密切，技术之间相辅相成、相互促进，大数据是资源基础，云计算是基础分布式虚拟设施，人工智能是智慧化推力，区块链是资源安全与共享的保障，5G 是技术互联升级的网络支撑，技术之间的边界不断削弱，技术的深度交叉和集成将是未来的创新路径。另一方面，审视 Gartner 的战略技术趋势可以看到，安全和隐私技术作为对数据资源共建共享的信任基础，将成为未来技术发展的关键方向。同时，结合国家发展战略可以发现，量子计算和元宇宙将是战略技术发展的又一大趋势，虽然该技术的研究与发展应用处于新兴状态，何时能够实际应用于情报学与情报研究还尚不可知，但情报学可以开展量子计算和元宇宙的应用部署，以在未来适应甚至成为量子技术和元宇宙战略发展的关键部分。

在情报学理论发展上，数智技术的应用带来情报学与情报工作的提能升级，情报学理论也必须实现适应性发展，为情报学与情报工作提供机理支撑，避免情报学理论与实践的脱轨。数智技术应用于情报学的每一分析流程，因而情报学的理论发展一方面需要契合情报流程的变化，另一方面需要在原有基础理论的支持上，吸收跨学科技术理论，包括自然科学领域的信息论、计算机科学的机器学习理论、信息安全领域的网络信息安全服务理论、通信科学领域的用户交互理论等。同时，用户作为情报学与情报工作的主体，情报学理论的发展也需要重视人文价

---

① 王延飞，刘记，赵柯然，等. 智能信息技术发展现状、趋势与影响透视[J]. 情报学进展，2018, (1): 117-153.

值和人文伦理，做好技术与人文的理念结合。

6.4　情报学在国家安全战略中的应用拓展

德国著名的军事家卡尔·冯·克劳塞维茨（Carl von Clausewitz）在《战争论》中强调：战略实际上为了获得战争胜利而运用的一种规划，也就是说，在制定战略的过程中，需要考察拟定每个战局的方案，且规划其中的战斗，期望达到实现战斗胜利目标的结果。在中国许多古代文献中，谈及的战略概念，如"方略""兵略"等，通常都与军事、国家安全相关联。司马彪的《战略》应该是我国最早出现"战略"用语的文献古籍，这可以追溯到公元三世纪末西晋时期。不难发现，"战略"的内在核心含义，即强调"国家安全"。

因此，"国家战略"其实也可称作"国家安全战略"。在 2014 年 4 月 15 日的中央国家安全委员会第一次会议上，习近平强调，要准确把握国家安全形势变化新特点新趋势，坚持总体国家安全观，走出一条中国特色国家安全道路。习近平指出，既重视传统安全，又重视非传统安全，构建集政治安全、国土安全、军事安全、经济安全、文化安全、社会安全、科技安全、信息安全、生态安全、资源安全、核安全等于一体的国家安全体系[①]。

6.4.1　情报学支撑国家安全战略的历史考察

在第二次世界大战过后，情报学的概念首先逐步形成于欧美西方国家，至今仍处在不断发展与完善之中。

1. 国内外研究的历史沿革

国家安全情报工作由来已久，伴随着安全观的改变，内涵也随之发生变化，但是，以防御外敌为目标的境外军事情报工作，以维护政权为目标的境内安全情报工作，仍然是该工作领域的核心内容。国外被认为是奠定国家安全情报学基础的美国战略情报分析专家谢尔曼·肯特，在 1949 年根据自身的情报工作经验撰写出版了《战略情报：为美国世界政策服务》，他强调情报具备一定的学科属性，存在被广泛认可的专业术语、学说、方法与理论等[②]。自此以后，美国学界开始逐

---

①中央国家安全委员会第一次会议召开　习近平发表重要讲话[EB/OL]. https://www.gov.cn/xinwen/2014-04/15/content_2659641.htm[2014-05-15].

② Kent S. Strategic Intelligence for American World Policy[M]. New Jersey：Princeton University Press，1966：3-5.

步关注国家安全情报工作方面的研究，并迅速发展成为一门成熟的学科。谢尔曼·肯特侧重于公开搜索和情报分析，但对情报分析的对抗性、秘密人力搜集以及反情报与隐蔽行动等情报活动缺乏重视。艾伦·W. 杜勒斯（Allen W. Dulles）的《情报术》则将研究领域扩展到了技术情报、人力情报、隐蔽行动、反情报行动、开放与封闭社会的情报工作等内容①。杜勒斯强调反情报工作的重要性，他还认为情报分析是一种复杂的认知对抗，而不仅仅是一门纯粹的科学。在国内，春秋时期的《孙子兵法》就对军事情报工作进行过具体的描述。我国真正对国家安全情报工作的研究则开始于改革开放以后。1988 年，许果复的《军事情报学概论》在部队内部出版，该书强调了军事情报工作以及战略情报工作的工作流程，同时指出了当时国内国家安全情报工作研究存在的不足之处。随后，国内开始引进一批西方情报理论研究著作，在翻译、引介研究的基础上，国内也出现一批优秀研究成果，如李景龙的《情报分析：理论、方法与案例》，高金虎等的《中西情报史》《军事情报学》《情报分析方法论》《中西情报思想史》及《美国战略情报与决策体制研究》，申华的《美国国家情报管理制度研究》等。

2. 国家安全战略与情报体系之间关系

战略情报之父威廉·约瑟夫·多诺万（William Joseph Donovan）曾说：情报为战略制定与实施提供了重要保障，战略为情报收集与制作指明了方向。情报作为情报体系的输出产品，可以看出情报体系不仅是国家治理与发展的中坚力量，更是制定国家安全战略的基础保障。根据国家安全战略，需要进行国家情报体系的筹建、改革与完善，反过来，国家情报体系又能够促进国家安全战略的制定、调整与实施，可以说，两者之间必定存在着互动关系。第二次世界大战以后，美国国家安全战略从战争时期向和平时期过渡，其情报体系初期建设机制、职能也与战争时期出现较大不同，随着美国和苏联两个超级强国之间冷战的爆发，美国国家安全战略走向在战略背景以及自身国家特性的影响下发生改变，开始逐步对苏联实施遏制战略，其国家情报体系作为支撑国家安全战略的关键工具之一，也随之进行了相对应的调整,从而配合美国国家安全战略的需要。进入 21 世纪以来，"9·11"事件的爆发，再次影响了美国国家安全战略的走向，其国家情报体系也进行了自筹建以来最大的一次深化改革。

总的来说，建立国家情报体系是杜鲁门时期国家安全战略的需要，改革国家情报体系是小布什时期国家安全战略的需要，根据国家安全战略需求与调整方向来确定情报体系的发展方向，这就是国家安全战略在情报体系筹建和改革中发挥

---

① Dulles A W. The Craft of Intelligence[M]. New York：Harper&Row，1963：52，118，150-158.

的重要"领导作用"，相反，国家情报体系也影响着国家安全战略的制定与实施，一方面，可以提供情报信息支持服务决策；另一方面，可以通过情报行动直接获取战略利益，这就是国家情报体系在国家安全战略的制定与实施中发挥的重要"支撑作用"。因此，国家安全战略与国家情报体系两者之间必然是互动关系。

6.4.2　国家安全战略语境下情报学核心概念解析

在国家安全战略语境下的情报学研究，强调实用主义。国内外很多大学，也开设了相应的情报与国家安全课程。其领域研究涉及情报评估、情报立法、安全情报观、情报体系以及情报误判等核心概念，为支撑国家安全战略的制定与实施提供了理论依据。

1. 美国学者的国家安全情报观

国家安全情报的定义、概念、分类、特征、要素以及工作流程等是该领域基础理论的主要研究内容。譬如，"美国战略情报之父"谢尔曼·肯特的奠基之作《战略情报：为美国世界政策服务》，杜勒斯的《情报术》更是对谢尔曼·肯特的研究体系做了相应的完善工作。虽然以上两本著作诞生年代不同，但是其研究的主题还是一脉相承，并未出现较大的改变。此外，格雷戈里·特雷弗顿（Gregory Treverton）在《重塑信息时代的国家情报系统》一书中，从重塑情报界动力、开源情报革命、21 世纪前期的情报世界、情报和政策关系、情报工作军事化等方面讨论了 21 世纪早期的国家安全情报观，他曾任美国国家情报委员会副主席以及兰德公司研究员等职务，这对他的论述有着非常重要的作用。与之相类似的著作有《绝对真实：信息时代的情报工作》，布鲁斯·D. 伯科威茨（Bruce D. Berkowitz）与阿兰·E. 古德曼（Allan E. Goodman）详细论述了冷战结束后以及信息产业革命对美国情报工作的影响，强调冷战的结束不但改变其情报部门监控的方式，同时也改变了情报部门监控的内容，随着当时信息革命的爆发，对于情报工作中搜集、分析、加工等流程产生了深远影响，其情报机构也处在改革的中心。两位作者也认为必须要对当时的情报机构实行彻底的变革，不然将无法为美国决策者们提供有价值的国家安全情报。这类著作的主要研究对象为美国情报界，因此，其相关研究结论不能简单照搬应用于其他地区或国家的情报工作，但不容置疑的是，可以为其他地区或国家的情报工作提供有益参考。另外一个研究英国国家安全情报工作的著作——《和平与战争时期的情报力量》从历史的维度论述了英国国家安全情报工作的实践情况，同时与美国的情报工作相比较，探究了英国情报工作中所存在的问题与不足。

2. 情报误判

从根本上看，情报既可以用于支持己方的决策判断，也可以用于预判敌方的突然攻击。在第二次世界大战期间，交战国之间的突袭行动频发，譬如珍珠港事件、"巴巴罗萨"计划等，虽然当时美国和苏联都在事件爆发之前获取了一定的情报，但是未能阻止突袭事件的发生。珍珠港事件后，美国专门成立了相关调查委员会，调查该突袭事件缘由。美国兰德公司的罗伯塔·沃尔斯泰特（Roberta Wohlstetter）于1962年从情报分析的角度论述了珍珠港事件的成因，随即出版了《珍珠港：预警与决策》这本书。沃尔斯泰特强调在珍珠港事件爆发之前，美军的情报单位其实拥有了足够多的情报信息，能够预判日军的突袭，但由于大量的"噪声"，使得原本应该被重视的情报信息，在实际的情报分析中却被忽略，从而导致情报误判。

在情报分析中，不同的情报人员随着自身知识背景的不同，对同一情报信息可能有着不同的解读，这种先入为主的分析思维，不可避免地导致了情报误判现象的发生。沃尔斯泰特提出了"信号"与"噪声"等概念，前者指的是有利于情报分析人员更好地判断敌对方意图的情报信息，而后者则是指干扰情报分析人员的情报信息，以至于产生错误的情报分析报告。在案例研究中，学者通常只有在事件发生后，回溯整个事件的发生过程，才能找到重要的"信号"和干扰"噪声"，那么，这两者是否存在什么特质以便情报人员甄别，进而防止情报误判的事情发生。沃尔斯泰特的研究使得情报误判现象得到了学界的密切关注，甚至国际政治学等相关研究领域的学者也参与其中。研究内容也从一开始的"信号"和"噪声"的比率等特征，扩展到情报收集能力、共享能力以及情报分析人员的认知背景等诸多方面。不难发现，在美国情报学学界，对于情报误判现象的研究比较久远，可以说是贯穿了美国情报理论研究体系的整个脉络。

3. 国家安全情报体系

随着国际环境的剧烈变化，我国在国家安全领域不断地进行着有益的探索与实践，并积极筹建国家安全体系。实际上，近些年我国已经具备了构建国家情报体系的有利顶层领导机制与需求环境，应当考虑在国家安全体系下加强国家情报体系建设。美国从建国之初到如今的发达国家，情报活动不断发展壮大，从黑色内阁到战略情报局，从中央情报组到国家情报总监办公室，从无到有，再到如今成熟的国家情报体系，情报行动的"触角"遍布全球，为美国国家安全战略的制定与实施提供了有力支撑，且为维护美国国家利益提供坚实保障。因此，研究分析美国国家情报体系筹建与改革的过程，具有重大的研究意义。在研究分析美国情报体系结构的时候，学者根据美国《国家安全法》的规定，将列入中央情报总监的国家对外情报委员会（1947 年体制）中的情报机构所组成的国家情报体系作为研究对象。目前，该体系由美国国家情报总监（Director of National Intelligence）统领与协调，包括中央情报局（Central Intelligence Agency）在内的全美 16 个不同的情报机构。第二次世界大战以后，美国和苏联之间很快从热战时期伙伴关系转变为冷战时期敌对关系，此时，在国家安全战略的需求引导下，美国国家情报体系应运而生。杜鲁门时期为了满足对苏联遏制战略的需求，开始筹建国家情报体系。图 6-10 为遏制战略背景下美国国家情报体系架构，下面将针对各情报部门职能进行简要分析。

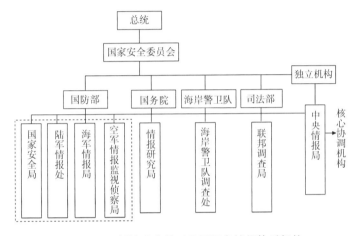

图 6-10　遏制战略背景下美国国家情报体系架构

中央情报局主要负责协调国家情报体系内各情报机构的工作，收集与分析涉外信息，目的在于协助美国总统以及政府高层要员对国家安全事务做决策。中央情报局主任常常被称为总统的"眼睛和耳朵"，可见其在国家决策事务中的重要地位。海岸警卫队调查处（Coast Guard Investigative Service）主要负责维护海事与港口安全，此外，还负责搜救和反毒品情报。该机构后来被纳入国土安全部，其主要是属于海岸警卫队的一个侦察部门，可以对管辖范围内的人员进行反情报、人员安全、犯罪调查等。国务院情报研究局（Bureau of Intelligence and Research）主要负责政治情报搜集，一般作为美国国务卿的首席情报咨询部门，也为其他政策部门，甚至是使馆人员、驻外大使等提供必要的支持。国家安全局（National Security Agency）主要负责通信监听、情报搜集，由国防部直接领导，但具有一定的独立性。国家安全局具有非常先进的技术侦察监听能力。陆军、海军、空军等军中情报部门，主要负责搜集国外军事情报，用于支持决策。联邦调查局（Federal Bureau of Investigation）主要负责大型警务情报以及反间谍行动。其于 2005 年还设立了分局，主要重组整合了联邦调查局内部各种国家安全项目及功能，目的在于提高联邦调查局维护国家安全的效率与实力。

"9·11"事件之前，美国国家安全战略及国家情报体系都是以冷战为背景架构的，随着非传统安全威胁的与日俱增，原有的战略与体系已经不能满足于国家需要。"9·11"事件之后，美国开始意识到自身所面对的安全威胁相对于冷战时期要更加碎片化、难以预测，之后的美国总统都根据当前环境特点，实时地改变国家情报体系机制，以应对非传统安全威胁的挑战。小布什时期，为了应对新型非传统国家安全威胁，其国家情报体系面临自筹建以来最大的一次深化改革。图6-11 为霸权战略背景下美国国家情报体系架构，下面将针对杜鲁门时期之后新增的情报部门职能进行简要分析。

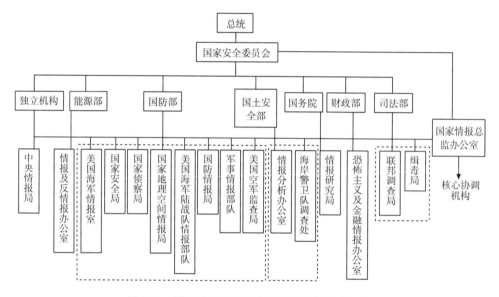

图 6-11　霸权战略背景下美国国家情报体系架构

国家情报总监办公室（Office of theDirector of National Intelligence）主要负责协调国家情报体系内各情报机构的工作，目的在于生产出高质量的情报产品。国防情报局（Defense Intelligence Agency）主要负责收集、生产以及整理国外军事情报，为相关决策者或军事指挥人员提供情报支持。国家地理空间情报局（National Geospatial-Intelligence Agency）主要负责收集、分析以及传递空间地理情报。国家侦察局（National Reconnaissance Office）主要负责侦察卫星及卫星情报信息收集。能源部情报及反情报办公室自身不具备情报搜集的能力，主要依靠其他情报机构提供原始信息或数据，再通过专业分析作研判，进而生产情报，譬如负责分析大规模杀伤性武器。财政部的恐怖主义及金融情报办公室主要负责收集金融情报以及反恐情报，目的在于为打击非法金融交易以及恐怖主义提供情报服务。司法部缉毒局（Drug Enforcement Administration）主要负责搜集涉及毒品方面的情报，为相关执法部门或政策部门提供情报服务。国土安全部情报分析办公室主要职责是预判国土威胁、搜集国土安全情报等。

4. 情报立法

情报立法是国家安全情报领域的一个重要议题，既要不能影响甚至侵犯一般公民的个人隐私与自由的权利，也要保障情报工作的顺利进行，那就必须让情报活动在法律的框架下正常运行。实际上，美国在一开始正式建设情报机构的时候，就确立了这个目标。在诸多研究安全情报工作的成果中，常常会有涉及情报立法的问题，如迪瓦恩与勒伯[①]的《情报的艺术：我的 30 年中情局情报生涯》就探究了在开放社会中涉及情报活动相关法制的问题。在舒尔斯基和斯密特[②]的《无声的战争：认识情报世界（第 3 版）》更是对关于美国情报机构的国会与公众监督、立法等问题，专门设立章节论述。刘猛等[③]以《中华人民共和国反恐怖主义法》为基础，详尽地从立法体系及规定等角度分析了我国反恐情报信息国际交流流程，提出了实施国际情报交流合作的具体建议，该团队还对美国、英国、俄罗斯等国家的反恐预警机制进行了深入探究。可以说，围绕着国家安全法、国家情报法、立法机制、情报人员身份保护法等的研究内容是该领域的研究重点。

6.4.3 支撑国家安全战略的情报学研究发展

情报学是研究情报搜集、处理、加工、分析与服务过程中相关理论、方法与技术的交叉型学科。随着人工智能技术的发展，大数据时代的到来，面向国家安全战略需求的情报学研究将面临更多的机遇与挑战，同时也促进了其研究领域的拓展与变革。

1. 现状分析

为了更好地分析我国面向国家战略的情报学领域的研究状况，我们以 CNKI 期刊数据库作为检索源，选取 CNKI 期刊数据库，来源类别勾选"核心期刊"和"CSSCI"，以"主题"作为检索字段，分别选取"国家安全""情报"作为检索词，研究论文年限选择 2000—2020 年，检索结果为 467 篇，检索日期为 2021

---

① 迪瓦恩 J，勒伯 V. 情报的艺术：我的 30 年中情局情报生涯[M]. 陈青，译. 北京：化学工业出版社，2016：76.
② 舒尔斯基 AN，斯密特 GJ. 无声的战争：认识情报世界（第 3 版）[M]. 罗明安，肖皓元，译. 北京：金城出版社，2011：87.
③ 刘猛，汪勇，梅建明. 中国反恐情报信息国际交流的法制规范与推进理路[J]. 情报杂志，2017，36(6): 16-21.

年 10 月 23 日。图 6-12 显示了这一期间在上述选定期刊中国家安全情报论文的发表情况（虚线为趋势线）。

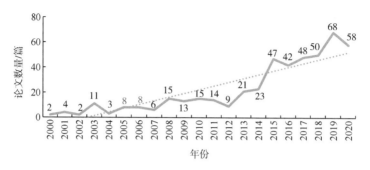

图 6-12　研究文献的年度分布

1）机构分布

借助 CiteSpace 进行计量分析，发现国家安全情报研究领域机构之间合作频次较少，多数机构都以孤点存在。该领域科研力量以高等院校组成为主，同时也出现了民间研究机构——北京和君咨询有限公司。我们进一步对相关数据进行分析发现，该领域研究具有一定的地域性，即相互合作的机构之间地理距离较近，譬如南京大学与南京邮电大学、北京大学与中国科学技术信息研究所，但军事类、公安类与综合类院校之间的合作频次较少，如中国人民公安大学、中国人民解放军外国语学院几乎没有相关合作机构。这些现象说明该领域研究还处于较为封闭的状态，机构之间缺乏一定的交流与合作，由于公安情报与军事情报从研究对象、研究方法上有所差异，如何恰当地融合军事与公安情报研究，构建新型国家安全情报学的研究主题和研究框架成为情报学界的重要使命。

以论文发表的第一署名机构作为计量标准，且对属于同一所大学的研究机构进行合并处理，如北京大学信息管理系与北京大学历史学系等，合并结果见表 6-5。2000—2020 年国家安全情报研究领域实力较强的前几名分别为中国人民公安大学、南京大学、北京大学、中国人民解放军外国语学院、武汉大学等。

表 6-5　2000—2020 年国家安全情报研究的主要机构

排名	研究机构	发文量/篇	排名	研究机构	发文量/篇
1	中国人民公安大学	32	6	黑龙江大学	11
2	南京大学	28	7	复旦大学	10
3	北京大学	19	8	北京和君咨询有限公司	10
4	中国人民解放军外国语学院	16	9	中国科学技术信息研究所	7
5	武汉大学	16	10	中国人民解放军国防科技大学	6

2）高产作者分析

在 CiteSpace 软件中选取网络节点类型，进行作者合著网络分析，从而反映出国家安全情报研究领域的作者合作情况，如图 6-13 所示。图 6-13 揭示出该研究领域科研人员之间的合作频次较少，且属于不同机构的科研人员合作密度偏低。近 20 年来，国家安全情报研究领域发文频次较高的作者有梅建明、高金虎、赵冰峰、马德辉、张家年、吴常青等。此外，发现 3 个高产作者合作群，分别为 A、B、C 三个区域。

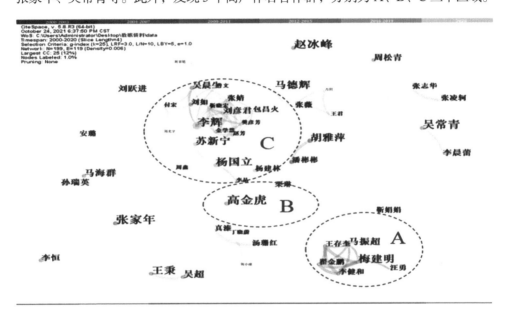

图 6-13　2000—2020 年国家安全情报研究领域作者合著知识图谱

在 A 区域内，有梅建明、李健和、马振超、翟金鹏、汪勇等，以梅建明为中心的作者群以《中华人民共和国反恐怖主义法》为基础，详尽地从立法体系及规定等角度分析了我国反恐情报信息国际交流流程，提出了实施国际情报交流合作的具体建议，该团队还对美国、英国、俄罗斯等国家的反恐预警机制进行了深入探究[1][2][3][4][5]。

① 刘猛，汪勇，梅建明. 中国反恐情报信息国际交流的法制规范与推进理路[J]. 情报杂志，2017，36(6)：16-21.

② 汪勇，梅建明. 当前反恐斗争的特点、挑战及应对策略[J]. 中国人民公安大学学报（社会科学版），2016，32(1)：19-23.

③ 梅建明，李健和，马振超，等. 美国反恐怖预警机制研究[J]. 中国人民公安大学学报（社会科学版），2009，25(1)：1-9.

④ 王存奎，李健和，梅建明，等. 英国反恐怖预警机制研究[J]. 中国人民公安大学学报（社会科学版），2008，24(6)：39-45.

⑤ 李健和，马振超，梅建明，等. 俄罗斯反恐预警机制研究[J]. 中国人民公安大学学报（社会科学版），2008，(4)：1-6.

在 B 区域中，有高金虎、谢晓专、武洋、马千繁等（因阈值问题，图 6-13 无法显示低于阈值的作者），以高金虎为中心的作者群系统性地分析了 1949—1999 年我国国家安全情报学术史，该团队主要以对美国情报界的分析为基础，对我国国家安全情报工作发展、国家情报体制改革、国家安全情报学科建设等方面提出诸多对策[1][2][3][4][5]。

在 C 区域中，有苏新宁、杨建林、杨国立、李辉等，以苏新宁为中心的作者群强调"总体国家安全观"思想对情报方法研究的影响，将有助于情报学界把握学科建设的内容及方向，此外，还探究了军民情报学融合的相关问题，从军民情报学关系、融合理论与文化基础、融合动力与活力等方面对军民情报学融合基础进行了分析[6][7][8][9]。

3）高被引数据分析

汤森路透（Thomson Reuters）基本每年都会使用论文引用次数来预测诺贝尔自然科学奖，由于一般具有突破性进展的论文研究的引用率都会在短时间内迅速攀升，因此通过分析科学研究引文数据，汤森路透可以大致判定各个学术领域具有最重大影响的研究人员和研究机构。选取研究数据中被引频次≥5 的 178 篇论文进行分析，相关数据见表 6-6。

表 6-6　2000—2020 年国家安全情报研究领域高被引文献数据（被引频次≥5）

总被引数/篇	篇均被引数/篇	总下载数/篇	篇均下载数/篇	下载被引比
3 931	20.58	193 559	1 013.4	49.23

我们通过软件绘制出 2000—2020 年国家安全情报研究领域高被引文献数据知识图谱，如图 6-14 所示。

---

① 谢晓专，高金虎. 中国国家安全情报学术史（1949—1999 年）：历史范式主导的情报论[J]. 情报理论与实践，2020，43(4)：24-31.

② 高金虎. 试论国家情报体制的管理：基于美国情报界的考察[J]. 情报杂志，2014，33(2)：1-5，9.

③ 高金虎. 一个情报强国的崛起路径：以美国为例[J]. 情报杂志，2020，39(1)：1-9，62.

④ 武洋，马千繁，高金虎. 从美国《情界指令》看美国情报界的法治精神[J]. 情报杂志，2019，38(8)：7-14.

⑤ 高金虎. 论国家安全情报工作：兼论国家安全情报学的研究对象[J]. 情报杂志，2019，38(1)：1-7.

⑥ 陈芬，苏新宁. 我国情报学学科发展现状与未来思考[J]. 情报学报，2019，38(9)：988-996.

⑦ 杨建林. "总体国家安全观"思想对情报方法研究的影响[J]. 现代情报，2020，40(3)：3-13，37.

⑧ 苏新宁. 不忘初心、牢记使命 展望情报学与情报工作的未来[J]. 科技情报研究，2019，1(1)：1-12.

⑨ 李品，杨国立，杨建林. 面向国家安全与发展决策支持的情报服务体系框架研究[J]. 情报理论与实践，2020，43(2)：9-14.

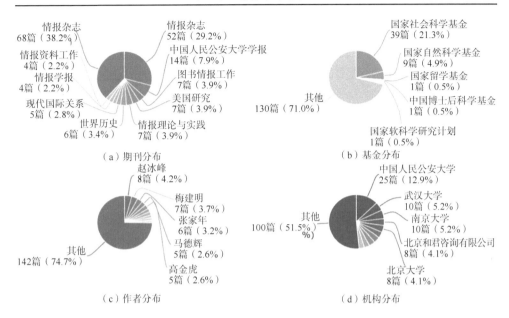

（a）期刊分布　　　　（b）基金分布

（c）作者分布　　　　（d）机构分布

图 6-14 2000—2020 年国家安全情报研究领域高被引文献数据知识图谱（被引频次≥5）

由于阈值选择，图中有些区域未显示数据

　　由图 6-14 可知，从高被引文献的刊载期刊来看，《情报杂志》《中国人民公安大学学报》为国家安全情报研究领域高被引论文的刊载期刊核心杂志，值得关注的是该研究领域的高被引文献期刊来源中也出现了《美国研究》《世界历史》《现代国际关系》等其他学科类别期刊，通过进一步对原始数据进行分析，发现还有《法律科学（西北政法大学学报）》《世界经济与政治论坛》《中国行政管理》等期刊。这表明国家安全情报研究已成为一个情报学与国际关系学、政治学、经济学、历史学等多学科交叉研究领域，促进了各学科间的协同合作发展。从高被引文献的资助项目来看，国家社会科学基金、国家自然科学基金为该研究领域的主要课题资助来源，但同时也发现该领域成果受国家科研基金的资助比例偏低的现象。从高被引文献的作者分布来看，赵冰峰、梅建明、张家年、马德辉、高金虎等学者的高被引论文篇数较多。赵冰峰所属机构为北京和君咨询有限公司，他以认知对抗理论为基础，提出了面向国家安全与发展的情报体系与情报学科构建对策，还深入探究了国家情报、国家安全与国家发展之间的互动关系[1][2][3]。张家年系统性地分析了美国国家安全情报体系结构和运作流程，包含法律与监管体系、智库影响、培训和教育体系以及国家安全情报理论研究等，他认为我国国家安全情

① 赵冰峰. 论国家情报与国家安全及国家发展的互动关系[J]. 情报杂志，2015，34(1)：1-7.

② 赵冰峰. 论面向国家安全与发展的中国现代情报体系与情报学科[J]. 情报杂志，2016，35(10)：7-12.

③ 赵冰峰. 论国家情报体系的基本属性、系统运筹与对外政策[J]. 情报杂志，2018，37(2)：1-7.

报体系实际构建及运作过程中，还应以"总体国家安全观"思想为指导，并提出了有益思路①②③。马德辉系统性地梳理了科技、公安、军事、竞争等情报领域的活动发展，倡导构建国家情报委员会与国家安全与情报智库，此外，还应筹措情报学研究基金，设立全国情报学术组织及高等情报学院④⑤⑥⑦。从高被引文献的机构分布来看，排名前3的研究机构分别为中国人民公安大学、武汉大学、南京大学。

4）研究热点和研究主题分析

一般来说，学术论文中的高频关键词，常常被用来作为判定一个研究领域热点课题的标准。选取关键词的网络节点类型，设置合适的参数，见图6-15。

图6-15给我们提供了一个分析线索，据此，进一步对关键词词频分析可知，从高频关键词词频角度分析，2000—2020年我国国家安全情报研究领域的主要研

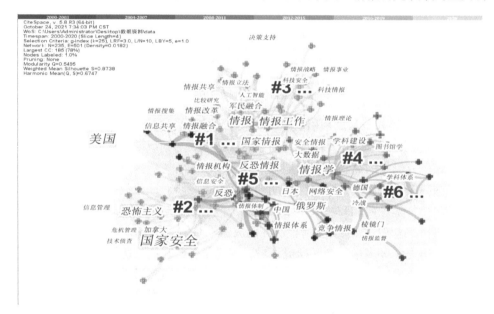

图6-15　2000—2020年我国国家安全情报研究高频关键词共现图谱

　　① 张家年，马费成. 美国国家安全情报体系结构及运作的研究[J]. 情报理论与实践，2015，38(7)：7-14.

　　② 张家年，马费成. 我国国家安全情报体系构建及运作[J]. 情报理论与实践，2015，38(8)：5-10.

　　③ 张家年，卓翔芝，谢阳群，等. 创新情报科技保障国家安全：IARPA的研究机制与启示[J]. 情报杂志，2016，35(1)：1-7.

　　④ 包昌火，马德辉，李艳. Intelligence视域下的中国情报学研究[J]. 情报杂志，2015，34(12)：1-6，47.

　　⑤ 马德辉. 论中国公安情报学学科专业发展及研究框架[J]. 情报杂志，2014，33(9)：1-7.

　　⑥ 马德辉，苏英杰. "Intelligence Studies"视域下的中国公安情报学若干基本问题研究[J]. 情报理论与实践，2013，36(5)：50-57，49.

　　⑦ 马德辉，黄紫斐. 美国《国家情报战略》的演进与国家情报工作的新变化、新特点与新趋势[J]. 情报杂志，2015，34(6)：1-4，11.

究热点有美国、恐怖主义、总体国家安全观、情报机构、情报工作、反恐情报、国家安全、情报学、军民融合、安全情报、学科建设等。课题组进一步借助 CiteSpace 软件对关键词进行聚类计算,可以提炼出六类我国国家安全情报领域的研究主题:第一,围绕着棱镜门、反恐措施、恐怖分子、国际恐怖活动、反恐机制、国际反恐合作等研究内容的"反恐情报"主题;第二,围绕着情报学教育、学科建设、人才培养、情报学等研究内容的"情报学科"主题;第三,围绕着中央情报局、俄罗斯安全机构、情报机构、英国情报处、军民融合、情报部门等研究内容的"情报机制"主题;第四,围绕着总体国家安全观、国家安全战略、国家情报工作、安全情报等研究内容的"情报战略"主题;第五,围绕着国家安全委员会、国际关系、外交政策、情报支持等研究内容的"外交情报"主题;第六,围绕着国家安全法、国家情报法、立法机制、情报人员身份保护法等研究内容的"情报立法"主题。

关键词突现率是反映关键词出现频次变化速度的指标,借助 CiteSpace 计算出 2000—2020 年国家安全情报研究领域高突现率关键词,如图 6-16 所示。

Keywords	Year	Strength	Begin	End	2000—2020年
国家安全	2000	3.278	2015	2020	
情报学	2000	3.8788	2016	2020	
情报工作	2000	7.4756	2017	2020	
总体国家安全观	2000	4.8537	2018	2020	
安全情报	2000	3.1924	2018	2020	

图 6-16　2000—2020 年国家安全情报研究领域高突现率关键词

Keywords 表示关键词,Year 表示年份,Strength 表示突现强度,Begin 表示开始年份,End 表示结束年份

图 6-16 可知,2000—2020 年国家安全情报研究领域高突现率关键词为国家安全、情报学、情报工作、总体国家安全观、安全情报。其中,情报工作突现率(7.4756)最高,其次为总体国家安全观(4.8537)。通过数据分析,导致情报工作与总体国家安全观两个关键词分别自 2017 年和 2018 年出现频次增长较快的现象,可能存在以下两个方面的原因:第一,2017 年,南京大学信息管理学院苏新宁教授主持的国家社会科学基金重大项目"情报学学科建设与情报工作未来发展路径研究"在学术界产生了一定影响,导致相关研究热度迅速上升。第二,在 2018 年 4 月 17 日的 19 届中央国家安全委员会第 1 次会议上,习近平总书记强调,要彻底落实"总体国家安全观"思想①,这是自 2014 年 4 月 15 日首次提

---

① 习近平主持召开十九届中央国家安全委员会第一次会议并发表重要讲话[EB/OL]. https://www.gov.cn/xinwen/2018-04/17/content_5283445.htm?eqid=f266beea0002596900000066463a5c4[2018-04-17].

出"总体国家安全观"之后，再次在重大会议中重点强调，对国内相关研究领域具有一定的导向性。

5）研究主题内容的演化分析

虽然对 2000—2020 年国家安全情报研究领域，做了整个时段的关键词频次分析，但这种数据计量方式，容易忽略关键词频次逐年累积效应的影响，从而无法辨别该领域研究主题内容的演进趋势。

因此，借助 Cite Space 软件前沿关键词共现时区分析功能来探究①②反恐情报、情报学科、情报机制、情报战略、外交情报、情报立法等六类研究主题研究内容的演进过程可以发现，有的研究主题内容在不断地被深化，如从最初的如何提升培训人员的情报意识，到后来的工作机制以及情报运作体系的构建，从最初的注重军事情报服务，到后来的更加注重总体国家安全观下的安全情报服务。张家年和马费成③从总体国家安全观理论视角出发，研究了中国情报工作的内涵、作用及流程，概述了国内情报工作在新时代背景下面临的机遇和挑战，提出"情报工作+"的融合措施。有的研究主题内容在达到成熟期后，逐渐被后续研究内容所代替，如从最初的针对国外情报机制研究，到后来国内特色的情报体系构建研究。孙瑞英④通过分析《孙子兵法》包含的情报战争重要理论方法，基于"总体国家安全观"思想理论，提出具有我国特色国家情报战略的运筹策略。有的研究主题中则出现了全新的研究内容，如生物识别技术在安全领域的应用、总体国家安全观思想指导下的军民融合研究等。周松青和袁胜育⑤通过探究美国在生物识别发展制度的顶层设计，分析实现生物识别多元体系兼容的方法以及对美国情报体系之间的信息共享与兼容的影响，揭示出美国建立生物识别体系的关键因素，主张借鉴美国经验，为中国国土安全和国家安全建立生物识别体系网。

从以上分析来看，国家安全情报研究领域机构之间的合作频次较少，且合作呈现出较强的地域性，研究还处于较为封闭的状态。因此，在"总体国家安全观"理论思想的引领下，如何恰当地融合军事类、公安类与综合类院校情报研究，构建新型国家安全情报学的研究主题及研究框架成为当前学界共同使命。从学科发展角度来看，该领域经历了从批判性研究到描述性研究，再到学术性研究转型的

---

① 赵蓉英,许丽敏. 文献计量学发展演进与研究前沿的知识图谱探析[J]. 中国图书馆学报,2010,36(5)：60-68.

② 赵蓉英, 王菊. 图书馆学知识图谱分析[J]. 中国图书馆学报, 2011, 37(2)：40-50.

③ 张家年, 马费成. 总体国家安全观视角下新时代情报工作的新内涵、新挑战、新机遇和新功效[J]. 情报理论与实践, 2018, 41(7)：1-6, 13.

④ 孙瑞英. 面向文化自信的中国特色国家情报战略运筹研究：基于《孙子兵法》的"三维"战略布局[J]. 现代情报, 2020, 40(7)：43-51.

⑤ 周松青, 袁胜育. 美国生物识别对中国的启示[J]. 情报杂志, 2017, 36(12)：52-57.

发展过程。从研究路径上来看，该领域呈现出西学东渐、中体西用的发展脉络。从研究内容上来看，该领域表征为从零散史料到汇编史实，再到系统理论的演进轨迹。

2. 国家战略背景下的情报学发展方向

情报学的发展被烙下了深深的时代印记，研究领域与国家战略、技术进步、社会科学需求等息息相关，前沿领域和研究热点都有其相对应的发展背景。在科技、安全、经济等全球化竞争日益加剧的背景下，我国政府推出总体国家安全观、中国特色新型智库建设以及国家大数据战略等重大发展方向，国家安全情报学领域的未来发展，应当把握新机遇，迎接新挑战，产生出更多高价值理论与应用研究成果，服务国家大局，回应时代需求。

1）聚焦于国家安全研究

早在 2014 年，我国国家安全委员会第一次会议上，习近平就提出了"总体国家安全观"的思想理论，强调既重视发展问题，又重视安全问题，发展是安全的基础，安全是发展的条件[①]。2015 年，在第十二届全国人大三次会议解放军代表团全体会议上，习近平强调把军民融合发展上升为国家战略，是我们长期探索经济建设和国防建设协调发展规律的重大成果，是从国家安全和发展战略全局出发作出的重大决策。并指出，今后一个时期军民融合发展，总的是要加快形成全要素、多领域、高效益的军民融合深度发展格局，丰富融合形式，拓展融合范围，提升融合层次[②]。2017 年，我国颁布了《中华人民共和国国家情报法》，这一法律的颁布更加推动了我国情报工作、情报学科的发展，使得情报活动具备了法律的依据。

在 2018 年 4 月 17 日的 19 届中央国家安全委员会第一次会议上，习近平再次强调[③]，全面贯彻落实总体国家安全观，必须坚持统筹发展和安全两件大事，既要善于运用发展成果夯实国家安全的实力基础，又要善于塑造有利于经济社会发展的安全环境；坚持人民安全、政治安全、国家利益至上的有机统一，人民安全是国家安全的宗旨，政治安全是国家安全的根本，国家利益至上是国家安全的准则，实现人民安居乐业、党的长期执政、国家长治久安；坚持立足于防，又有效处置

---

① 史玮.中央国家安全委员会第一次会议召开习近平发表重要讲话[EB/OL]. https://www.gov.cn/xinwen/2014-04/15/content_2659641.htm[2014-04-15].
② 习近平的两会时间（十）：系统阐述军民融合发展的三个看点[EB/OL]. http://www.xinhuanet.com/politics/2015lh/2015-03/12/c_1114623628.htm[2015-03-12].
③ 高游. 国家安全有多重要，总书记这么说[EB/OL]. http://www.ncha.gov.cn/art/2021/4/15/art_722_167183.html[2021-04-15].

风险；坚持维护和塑造国家安全，塑造是更高层次更具前瞻性的维护，要发挥负责任大国作用，同世界各国一道，推动构建人类命运共同体；坚持科学统筹，始终把国家安全置于中国特色社会主义事业全局中来把握，充分调动各方面积极性，形成维护国家安全合力。在国家安全学一级学科中，以探究国家安全情报工作的理论、揭露国家安全情报工作方法与规律、引导国家安全情报工作实践为主旨的国家安全情报学，应占有一席之地。这种大环境下，情报学学科的发展轨迹将发生改变，即面向国家安全与发展的情报学学科建设成为一个重要方向。在国家安全体系中情报工作的作用主要体现在以下四个方面：①情报搜索与收集，预判敌对方的意图并及时发现安全威胁；②反情报与反间谍，主要遏制敌对方收集情报的能力，维护保障国家利益，避免遭遇侵犯；③情报分析，为国家高层提供决策支持，做好战术、战略分析；④情报共享，为提高国家各部门之间协同工作效率作保障。实际上，在涉及国家安全要素的作用下，当前的情报学研究也发生了新的变化，研究角度、研究对象、研究方法及研究内容都呈现出新特点与规律。

2）聚焦于金融安全研究

在全球大国竞争的背景下，经济金融化和金融全球化的趋势愈发显现，国家金融安全将面临巨大挑战。因此，金融情报学的应用发展将变得尤为必要。2017年，习近平就强调，金融是国家重要的核心竞争力，金融安全是国家安全的重要组成部分[1]，防止发生系统性金融风险是金融工作的永恒主题。要把主动防范化解系统性金融风险放在更加重要的位置，科学防范，早识别、早预警、早发现、早处置，着力防范化解重点领域风险，着力完善金融安全防线和风险应急处置机制[2]。物联网、区块链、5G等信息技术的高速发展，使得金融数据的信息量以几何级数量增长，情报领域的许多数据分析技术与方法，能够为金融安全情报研究提供良好的基础，可以对海量的金融数据进行处理、挖掘及分析。面向国家金融安全与发展的金融情报学主要关注七大方面的问题：①金融监管与创新博弈中的金融安全情报问题；②数字货币发行与人民币国际化过程中的金融安全情报问题；③金融科技深化发展过程中的金融安全情报问题；④金融监管过程中的金融安全情报问题，如反逃税、反洗钱、反恐怖融资等；⑤金融危机预警机制与金融系统性风险预防机制中的金融安全情报问题；⑥国际金融战与金融制裁过程中的金融

---

① 习近平主持中共中央政治局第十三次集体学习并讲话[EB/OL]. https://www.gov.cn/xinwen/2019-02/23/content_5367953.htm[2019-02-23].

② 高游. 国家安全有多重要，总书记这么说[EB/OL]. http://www.ncha.gov.cn/art/2021/4/15/art_722_167183.html [2021-04-15].

安全情报问题；⑦跨境资本流动监管过程中的金融安全情报问题①。

3）聚焦于科技安全研究

国内科技情报工作起源于国家发展需要，中华人民共和国成立初期，部分西方国家对我国实施了孤立与遏制政策，在科技、经济上进行全面封锁与禁运。1956年，为了落实国家《1956—1967 年科学技术发展远景规划纲要》中第五十七项任务"科学技术情报的建立"，我国成立了第一家综合性科技情报机构——中国科学院科学情报研究所（现中国科学技术信息研究所前身），随后相继成立了行业部门所属的行业性科技情报机构和地方科技主管部门所属的区域性科技情报机构，建立了我国科技情报组织体系，发展形成了中国特色科技情报工作体系。经历了半个多世纪的发展，我国走出了一条中国特色科技情报研究道路，即在特殊的国际政治环境中，为了满足我国科技生产需求，形成的自主发展研究路线。在国际竞争环境日益严峻的情况下，中美两国的科技博弈摩擦也变得激烈且持久。但目前我国在部分领域的科技实力还存在诸多不足，这些领域的"卡脖子"技术问题有待解决。同时，我国的科技成果外流现象也引起了国家领导层的高度重视。2021 年，正值我国"十四五"规划开局之年，党的十九届五中全会在《中共中央关于制定国民经济和社会发展第十四个五年规划和 2035 年远景目标的建议》中指出，坚持创新在我国现代化建设全局中的核心地位，把科技自立自强作为国家发展的战略支撑，面向世界科技前沿、面向经济主战场、面向国家重大需求、面向人民生命健康，深入实施科教兴国战略、人才强国战略、创新驱动发展战略，完善国家创新体系，加快建设科技强国。因此，科技安全研究是面向国家战略的情报学领域重点发展方向之一。

4）聚焦于智库研究

2015 年，我国颁布《关于加强中国特色新型智库建设的意见》，其中就强调中国特色新型智库是党和政府科学民主依法决策的重要支撑，是国家治理体系和治理能力现代化的重要内容，是国家软实力的重要组成部分。随着构建新型高端智库的需求日益强烈，情报的定位与功能也发生了改变。智库的主要职能是支持决策，这与情报机构的职能有部分重叠，可以说智库研究与情报研究在研究对象、内容以及工作流程等方面有一定的相关性。因此，面向国家新型智库的建设研究是情报学理论与实践的又一次发展机遇。"耳目、尖兵、参谋"等被视为情报在支持国家安全与发展中的重要价值所在，而在社会经济与科技发展过程中，情报

---

① 于潇,张原锟,张树青. 发展面向国家金融安全与发展的金融情报学的战略思考[J]. 情报杂志,2022,41(3):65-71.

学更是承担着引领科学发展的作用，为政府高层提供了决策依据。因此，在我国面临构建新型国家智库的历史时刻，情报学学界应该积极参与其中，既可以为中国特色新型智库的构建提供必要的方法、技术、人才以及理论支持，又可以探索研究情报机构向智库化方向转型的途径。此外，应当注重厘清情报工作与情报教育之间的关系，进而能为国家特色的新型智库定向输送高端情报人才。

5）聚焦于大数据研究

随着科学信息技术的迅速发展与广泛运用，人们步入了大数据时代，各行各业每时每秒都在不断地产生新的数据。大数据其实是指目前使用一般的软件无法处理的数据集合，是一种多样化、高增长率的数据资产，需要借助新的处理模式，才能使之突出信息价值的数据集合。可以看出，大数据虽然自身不是某项技术，但客观上它促使了新方法、新技术的研发。大数据不但改变了人类的生活方式，也促使了科学研究范式的转变。目前，普遍认同的观点是大数据具有 5V 特征，即海量性（volume）、高速性（velocity）、多样性（variety）、低价值密度性（value）、真实性（veracity）。值得关注的是，传统的情报研究中注重数据的准确性，而大数据背景下，以数据驱动的研究范式更加注重概率、趋势分析，两者在这点上有着明显的区别，为了适应新的时代背景特点，数据分析的思维方式必须发生几大改变，如转变抽样思维与结构化思维、注重事件的相关性等。因此，在大数据背景下，国家安全情报研究领域迎来了新的挑战与机遇，也使得安全情报的收集、存储、处理、分析等每一个流程环节必须发生转变，这将成为新的研究热点领域。

6）聚焦于国际竞争研究

全球化的进程加速了人类生活方式的改变，与之同时，情报工作的外部影响因素也发生改变。世界各国之间的联系比以往任何时代都更加密切，传统安全与非传统安全威胁相互交织在一起，安全边界变得不再清晰，甚至安全主体也变得多元化，各种政府或非政府组织和机构，甚至个人都参与到跨国联系的洪流中。为了应对这种强烈的外部变化，情报工作必须重新定位、调整自身的情报职能，进而优化情报工作流程。比如，2012 年，美国政府利用"信息安全"的名义，对我国中兴公司和华为公司进行制裁。2018 年，美国又纠集欧洲等西方国家对华为公司进行技术封杀。再比如，时至 2021 年，中美之间一系列的贸易摩擦，都反映出随着国际联系的密切，国家与国家之间的竞争也愈演愈烈，面对国际竞争所伴随的国家安全威胁，必须要强化我国科技情报、竞争情报等领域的研究能力。可以说，在科技、经济、安全等国际问题中，不论是经济贸易纠纷谈判，还是高新技术竞争，都需要国家的情报能力支持。因此，情报研究在国际竞争情报、国际反恐情报、外交情报等研究领域也需要进一步探索。

6.4.4　支撑国家安全战略的情报学发展对策

大国战略博弈全面加剧，习近平多次强调"放眼世界，我们面对的是百年未有之大变局"①。国际体系和国际秩序正在发生深度调整，我国在国家安全领域不断地进行着有益的探索与实践，并积极筹建国家安全体系。实际上，近些年我国已经具备了构建国家情报体系的有利顶层领导机制与需求环境，应考虑在国家安全情报体系下加强国家情报体系建设。因此，新形势下的情报学发展应当要面向国家安全战略需求，努力产出具有自身学科特色的研究成果，进而服务于国家发展需求、引领和推动学科进步。

1. 关注国家情报战略领域

其实早在 1949 年，我国就颁布过《中共中央关于情报工作的决定》的政策文件，可以说，这是我国情报工作领域内的纲要性文件。现在看来，这实际上可以被看作我国早期的"国家情报战略"。我国情报学研究应该关注国家情报战略领域。当前，作为世界第二大经济体，我国对内有维持政治稳定、社会安全，对外有维护国家主权利益、领土完整等多重压力，面对的各种传统与新型非传统安全不利因素逐年增多，制定新一轮的国家情报战略变得尤为重要，其内容具体应该包括以下几点：①战略性地扫描我国当前所处的周边及内部环境，全面提高我们预警潜在威胁的能力；②描述我国国家情报工作的未来愿景，注重情报价值观的建立，塑造特色的情报文化；③拟定我国国家情报工作的长、中以及短期目标，为维护国家利益提供更加优质的情报服务保障；④建立情报机构的监督机制，促进各情报机构的高效运行；⑤查找、改善我国情报体系中存在的不足与漏洞。

2. 确立国家安全战略的引领地位

党的二十大以来，以习近平同志为核心的党中央领导集体具有科学布局与发展的长远眼光，尤其注重国家战略规划，为迎接新时期的中国，指明了未来的发展方向。全面建成社会主义现代化强国，总体战略安排分两步走：从 2020 年到 2035 年基本实现社会主义现代化；从 2035 年到本世纪中叶把我国建成富强、民

---

① 历史趋势中的长时段变迁[EB/OL]. http://theory.people.com.cn/n1/2020/0103/c40531-31533123.html[2020-01-03].

主、文明、和谐、美丽的社会主义现代化强国。我国国家战略的涉及范围已经不再限于外交、政治等领域，还包括了经济、能源、粮食、环境等新型非传统领域。习近平①总书记在党的二十大报告中对"推进国家安全体系和能力现代化，坚决维护国家安全和社会稳定"做出专章论述和战略部署，鲜明提出"以新安全格局保障新发展格局"的重大要求，充分体现了党中央统筹发展和安全、协调推进构建新发展格局和新安全格局、实现高质量发展和高水平安全动态平衡的重要战略考量。由此可见，中国正处在战略实施与调整的重要时期，需要有强大的国家情报体系发挥支撑作用，强化情报的服务能力，为我国国家战略的实施与调整提供稳固保障。应当在国家战略的引导下筹建国家情报体系，完善相关机制、职能设置，更好地满足我国国家战略需求。我国情报学要注重研究国家安全战略与情报体系之间的互动关系。

3. 加强情报教育和培训体系建设

情报教育是情报工作发展的根基，如果教育培训体系内没有优秀的情报人才的输出，那么高质量的情报工作将无从谈起，因此，强化情报教育与培训是非常有必要的。目前，我国的情报学教育主要偏向于以图书馆为主的信息学方向，而以国家安全为主的涉及公安、经济、科技、军事、外交等的情报学教育少之又少，且每个领域之间相关联系较少，合作频次较低，可以说，目前我国的情报学教育很难满足我们未来可见的情报工作人才需求。

国家安全情报教育的范围非常广泛，不仅需要情报学的专业人才，也需要其他专业人才的加入，进行专业的培训，投身于情报工作领域。在情报学人才培养中，除了重视情报学专业技能外，还应强调政治学、心理学、计算机科学、军事、外交等跨学科知识的融合。因此，建议设立情报学一级学科，甚至建立国家级别的情报大学，培养真正的情报人才。

4. 组建国家级情报研究院

目前我国虽然也注重情报实践，但是不同的领域情报联系较少，且缺乏优秀的情报理论成果指导情报实践活动。建议组建国家级别的情报研究院，将高等院校、情报机构以及科研院所等单位的合作研究搭建起来，深化情报理论分析，研究具有中国特色社会主义的情报理论成果，进一步加强情报服务在国家安全工作方面的关键作用，强化情报"耳目、尖兵、参谋"的重要职能。

---

① 习近平：高举中国特色社会主义伟大旗帜 为全面建设社会主义现代化国家而团结奋斗——在中国共产党第二十次全国代表大会上的报告[EB/OL]. https://www.gov.cn/xinwen/2022-10/25/content_5721685.htm?eqid=878fbf26000286050000006646b1331[2022-10-25].

5. 完善国家情报法律体系

2015 年颁布的《中华人民共和国国家安全法》，在我国国家安全领域具有重大意义，因为它第一次在正式的法律内容中提及了"情报"的概念，且明确建设国家安全体系。早在 1993 年就颁布了的《中华人民共和国国家安全法》中主要是针对反间谍方面的工作做出了具体规定，并未解析清楚国家安全含义方面的内容。但是，我国 2015 年的《中华人民共和国国家安全法》中将情报直接定性为了"情报信息"，而根据对情报工作的研究，可以发现情报是"两面手"，一方面是情报信息，另一方面是情报行动，它们都是保障国家安全利益的关键手段，因此，情报学研究领域，应该就我国特色的情报立法体系进行理论与实践的论证研究，尽快完善我国情报法律的相关内容，为"情报行动"提供法治保障。

索　引